"十三五"国家重点出版物出版规划项目

面向可持续发展的土建类工程教育丛书

"十三五"江苏省高等学校重点教材（编号：2020-2-252）

道路勘测设计

主编　程建川　卞凤兰
参编　于　斌　刘洪波　陈　飞

机械工业出版社

本书是在东南大学团队多年的教学、科研、道路工程设计和软件开发的基础上编写而成的,力求体现道路勘测设计的新理念、新方法和新技术。在编写理念上,本书强调对道路几何设计原理和方法的介绍,并借助道路计算机辅助设计软件理解几何设计理论和方法,以强化本书的实践性特征。

本书主要包括道路勘测设计的目标及控制要素,道路平面、纵断面、横断面设计,道路选线与定线,道路平面交叉与立体交叉设计,公路交通工程及沿线设施,道路计算机辅助设计,并包含道路设计新理念和道路设计的安全评价等内容。

本书可作为道路桥梁与渡河工程、交通工程和土木工程专业的教材,也可供从事公路、城市道路及相关道路工程设计的工程技术人员和科研人员参考。

本书配有授课PPT、习题参考答案、视频等教学资源,免费提供给选用本书的授课教师,需要者请登录机械工业出版社教育服务网(www.cmpedu.com)注册下载。

图书在版编目(CIP)数据

道路勘测设计/程建川,卞风兰主编. —北京:机械工业出版社,2021.11(2025.1重印)
(面向可持续发展的土建类工程教育丛书)
"十三五"国家重点出版物出版规划项目
ISBN 978-7-111-69577-6

Ⅰ.①道… Ⅱ.①程… ②卞… Ⅲ.①道路测量-高等学校-教材②道路工程-设计-高等学校-教材 Ⅳ.①U412

中国版本图书馆CIP数据核字(2021)第230430号

机械工业出版社(北京市百万庄大街22号 邮政编码100037)
策划编辑:李 帅　　　　责任编辑:李 帅 舒 宜
责任校对:李 杉 张 薇　封面设计:张 静
责任印制:单爱军
北京虎彩文化传播有限公司印刷
2025年1月第1版第4次印刷
184mm×260mm·16.25印张·401千字
标准书号:ISBN 978-7-111-69577-6
定价:49.90元

电话服务　　　　　　　　网络服务
客服电话:010-88361066　机 工 官 网:www.cmpbook.com
　　　　　010-88379833　机 工 官 博:weibo.com/cmp1952
　　　　　010-68326294　金 书 网:www.golden-book.com
封底无防伪标均为盗版　机工教育服务网:www.cmpedu.com

前　　言

"道路勘测设计"是土木工程（道路桥梁方向）、道路桥梁与渡河工程、交通工程等专业的核心课程。党的二十大报告提出了"交通强国"，随着我国公路基础设施建设的快速发展、城市化进程的加快，以人为本、安全第一、环境友好、生态保护等规划发展新理念的践行，道路勘测设计技术的迅猛发展，公路、城市道路相关设计标准、规范的不断更新，对"道路勘测设计"课程配套教材的结构、内容提出了新要求。

本书精炼道路几何设计的传统知识点，着重反映道路规划设计新理念、勘测设计新技术、道路几何设计新方法，并以工程实际为抓手，进行教材的编撰；同时，将知识点和课程思政元素视频通过二维码链接等方式提供给读者，增强教材的时代感和易用性。

全书由程建川和卞凤兰主编并统稿。全书共9章，第1、2、4章由程建川、于斌编写，第3、6、8章由卞凤兰编写，第5章由陈飞编写，第7、9章由刘洪波编写。

本书在编写过程中参考了相关的同类教材，我国公路、城市道路的现行标准、规范；本书中涉及的工程案例资料由华设设计集团股份有限公司（原江苏省交通规划设计研究院股份有限公司）、招商局重庆交通科研设计院有限公司提供。在此谨向参考文献作者和行业专家表示衷心的感谢。

限于编者的能力和水平，书中难免有不足或不当之处，敬请读者批评指正，以便我们进一步修订完善。

程建川

于东南大学

目　　录

前言
第 1 章　绪论 ……………………………………………………………………………………… 1
  1.1　道路交通概论 …………………………………………………………………………… 1
  1.2　我国道路发展简介 ……………………………………………………………………… 2
  1.3　道路的分类分级与技术标准 …………………………………………………………… 3
  1.4　道路勘测设计的基本程序 ……………………………………………………………… 8
  1.5　本课程任务和要求 ……………………………………………………………………… 9
第 2 章　道路平面设计 ………………………………………………………………………… 11
  2.1　概述 …………………………………………………………………………………… 11
  2.2　直线 …………………………………………………………………………………… 13
  2.3　圆曲线 ………………………………………………………………………………… 14
  2.4　缓和曲线 ……………………………………………………………………………… 18
  2.5　平面线形设计方法 …………………………………………………………………… 23
  2.6　平面线形组合 ………………………………………………………………………… 28
  2.7　平面设计成果 ………………………………………………………………………… 32
第 3 章　道路纵断面设计 ……………………………………………………………………… 38
  3.1　概述 …………………………………………………………………………………… 38
  3.2　纵坡设计 ……………………………………………………………………………… 40
  3.3　竖曲线设计 …………………………………………………………………………… 49
  3.4　平面、纵断面线形组合设计 ………………………………………………………… 56
  3.5　纵断面设计方法 ……………………………………………………………………… 60
第 4 章　道路横断面设计 ……………………………………………………………………… 64
  4.1　道路横断面布置与形式 ……………………………………………………………… 64
  4.2　道路横向组成部分的宽度 …………………………………………………………… 68
  4.3　分车带设计 …………………………………………………………………………… 75
  4.4　道路路拱横坡与超高设计 …………………………………………………………… 77
  4.5　道路行车视距及其保证 ……………………………………………………………… 87
  4.6　横断面设计及成果 …………………………………………………………………… 92
第 5 章　道路选线与定线 ……………………………………………………………………… 102
  5.1　概述 …………………………………………………………………………………… 102
  5.2　道路设计新理念与总体设计 ………………………………………………………… 103

5.3 选线 ·· 106
5.4 定线方法 ·· 126

第6章 道路平面交叉设计
6.1 交叉口交通特征分析 ·· 130
6.2 交叉口的类型 ·· 131
6.3 平面交叉设计的原则及有关规定 ·· 136
6.4 交叉口的交通组织设计 ·· 138
6.5 交叉口的几何设计 ··· 144
6.6 环形交叉口设计 ··· 162

第7章 道路立体交叉设计
7.1 概述 ··· 168
7.2 互通式立交形式选择 ·· 171
7.3 互通式立交设计 ··· 178
7.4 立交设计案例 ·· 200

第8章 公路交通工程及沿线设施
8.1 交通安全设施 ·· 215
8.2 服务设施 ··· 227
8.3 管理设施 ··· 232

第9章 道路计算机辅助设计
9.1 概述 ··· 236
9.2 互动式道路及立交CAD+BIM系统——迪威普（DVIP）···················· 237
9.3 数据管理与交互 ··· 238
9.4 道路与立交设计核心功能及实现 ·· 239
9.5 道路与立交建模 ··· 249
9.6 BIM等专业功能拓展 ·· 252

参考文献 ··· 254

第 1 章 绪 论

> **学习目标：**
> 1. 了解道路运输的特点；
> 2. 熟悉道路发展的历史、现状与规划，明确对道路设计的要求（宏观：布局、等级配比等；微观：安全、通畅等）；
> 3. 掌握道路的分类、分级原则和方法；
> 4. 理解道路等级选用与设计指标和设计车辆、设计速度、交通量、通行能力等设计控制要素的关系；
> 5. 了解道路设计的流程；
> 6. 掌握本课程的主要内容、教学目标以及和相关课程的关系。

■ 1.1 道路交通概论

道路勘测设计
的主要任务

交通运输由铁路、道路、水运、航空及管道五种运输方式组成（道路交通，也称为道路运输，是其重要组成部分），它们在共同促进国民经济发展的前提下，既有明确分工，又密切结合，相辅相成地组成为一个统一的综合运输体系。铁路运输在大宗客货运输、远程运输中起主要作用；水运以低廉的运价显示其经济效益；航空运输在快速运送旅客、运载贵重紧急物资方面起重要作用；管道运输多用于液态、气态及散装粉状货物（如石油、煤气等）的运输。

道路运输具有以下特点：
1) 高度的灵活性。汽车能迅速地集中与分散，在时间和数量方面受限制小。
2) 服务的便利性。汽车可以深入到客、货运输的始发点与到达点，无须中间转运，即所谓的"门到门"方式，也是其他运输方式必不可少的补充。

道路在本书中指公路和城市道路。公路是指城市郊区以外的道路，连接城乡间的较长距离的道路；城市道路是指城市范围内的道路，不仅主要担负日常的交通运输任务，而且是布置城市公用管线、街道绿化、组织沿街建筑和划分街坊的基础，并在一定程度上影响城市沿街建筑的日照、通风和建筑艺术，因此，城市道路是城市市政设施的重要组成部分。

1.2 我国道路发展简介

道路的历史反映人类社会发展的历史。我国的道路发展有着悠久的历史。相传公元2000多年前就有轩辕氏造舟车。目前已出土的夏朝（约公元前2070—前1600年）陶器上有车轮花纹，商朝（公元前1600—前1046年）甲骨文字中有牛马拉车的记载，这些足以说明当时已有道路的存在。

有文字记载以来，可以找到不少有关道路建设的记载。如《诗经·小雅》篇中载："周道如砥，其直如矢"，说明道路平整，线形顺直；又如《周礼·考工记》载："匠人营国，方九里，旁三门。国中九经九纬，经涂九轨，……，城隅之制九雉，经涂九轨，环涂七轨，野涂五轨。"这种城市道路网的规划方案几乎一直沿用到近代，成为道路网规划的典型图式之一。秦始皇（公元前259—前210年）统一六国后，为了巩固政权和方便商贾，开始修建气魄宏伟、纵横全国的道路网。据《汉书·贾山传》载："秦为驰道于天下，东穷燕齐，南极吴楚，江湖之上，濒海之观毕至。道广五十步，三丈而树，厚筑其外，隐以金锥，树以青松。"

但是，新中国成立前我国经历了漫长的封建社会，特别是由于帝国主义的侵略，沦为半封建、半殖民地社会，使得我国的交通事业迟迟不能得到发展。直到新中国成立前夕，我国才修建了13万km左右的公路，能勉强维持通车的公路不过7.5万km，城市道路雏形也仅存在于沿海几个大城市。

新中国成立以来，经过70余年的建设，特别是改革开放以后，交通运输事业得到巨大的发展。就公路而言，截至2020年年底，公路总里程达到519.81万km，其中，高速公路里程16.10万km，稳居世界前列，我国成为当之无愧的道路交通大国。

但是，目前我国道路建设整体上仍存在密度不足、东西部欠平衡、局部道路等级不足等问题，需要在今后不断完善；同时，目前我国交通建设已经进入了道路建设与养护、管理、服务并重的阶段，因此，发挥综合交通运输体系的作用提高、公众对交通运输的满意度已是当前新挑战。

截至2020年年底，我国全面完成了《"十三五"现代综合交通运输体系发展规划》制定的任务。

十九大报告明确提出要建设"交通强国"，意味着我国将在新时代开启建设交通强国新征程。2019年9月19日，中共中央、国务院印发《交通强国建设纲要》，明确从2021年到21世纪中叶，我国将分两个阶段推进交通强国建设。到2035年，基本建成交通强国。现代化综合交通体系基本形成，拥有发达的快速网、完善的干线网、广泛的基础网，城乡区域交通协调发展达到新高度；基本形成"全国123出行交通圈"（都市区1h通勤、城市群2h通达、全国主要城市3h覆盖）和"全球123快货物流圈"（国内1d送达、周边国家2d送达、全球主要城市3d送达）。即"三张交通网、两个交通圈"。

其中，发达的快速网主要由服务品质高、运行速度快的高速铁路、高速公路、民用航空组成。完善的干线网主要由运行效率高、服务能力强的普速铁路、普通国道、航道、油气管道组成。广泛的基础网主要由覆盖空间大、通达程度深、惠及面广的普通省道、农村公路、支线铁路、支线航道、通用航空组成。

1.3 道路的分类分级与技术标准

1.3.1 道路的分类

道路功能与分类分级

道路可按行政管理体制，道路所在地区性质、道路利用目的以及建筑材料等方面来分类。

1) 按行政管理体制分类。一般可分为：①国道；②省道；③县道；④乡道；⑤专用道路。

2) 按道路所在地区性质分类。可分为：①城市道路；②公路；③农业道路；④公园道路。

3) 按道路利用目的分类。可分为：①公共交通性道路；②厂矿用道路；③游览等文化娱乐性道路；④汽车专用道路；⑤林业道路；⑥农业道路；⑦军用道路；⑧商业性道路。

4) 按建筑材料分类。可分为：①非铺装道路，指未铺路面的道路；②铺装道路，指铺有路面的道路。而路面又可分砂石路面、碎石路面、水泥混凝土路面及沥青路面等。

1.3.2 道路的分级

道路根据在国民经济中的作用，自然条件的复杂程度，行车种类、速度、担负的运量和服务对象不同，在技术完善程度方面有着各种不同的要求，故可按此来分为不同的等级。

1. 公路的分级

我国交通运输部颁布的《公路工程技术标准》(JTG B01—2014)，根据交通量及其使用任务、性质将公路分为以下五个等级：

1) 高速公路为专供汽车分方向、分车道行驶，全部控制出入的多车道公路。高速公路的年平均日设计交通量宜在15000辆小客车以上。

2) 一级公路为供汽车分方向、分车道行驶，可根据需要控制出入的多车道公路。一级公路的年平均日设计交通量宜在15000辆小客车以上。

3) 二级公路为供汽车行驶的双车道公路。二级公路的年平均日设计交通量宜为5000~15000辆小客车。

4) 三级公路为供汽车、非汽车交通混合行驶的双车道公路。三级公路的年平均日设计交通量宜为2000~6000辆小客车。

5) 四级公路为供汽车、非汽车交通混合行驶的双车道或单车道公路。双车道四级公路年平均日设计交通量宜在2000辆小客车以下；单车道四级公路年平均日设计交通量宜在400辆小客车以下。

《公路路线设计规范》(JTG D20—2017) 中相关技术指标在后续章节也会用到。

2. 城市道路的分级

《城市道路工程设计规范》（CJJ 37—2012）（2016年版）根据道路在城市道路系统中的地位、交通功能及对沿线建筑物的车辆和行人进出的服务功能等，将城市道路分为快速路、主干路、次干路和支路四个等级，并应符合以下规定：

1）快速路应中央分隔、控制出入口间距及形式，应实现交通连续通行，单向设置不应少于两条车道，并应设有配套的交通安全与管理设施。

快速路两侧不应设置吸引大量车流、人流的公共建筑物的出入口。

2）主干路应连接城市各主要分区，应以交通功能为主。主干路两侧不宜设置吸引大量车流、人流的公共建筑物的出入口。

3）次干路应与主干路结合组成干路网，应以集散交通的功能为主，兼有服务功能。

4）支路宜与次干路和居住区、工业区、交通设施等内部道路连接，应以解决局部地区交通和服务功能为主。

《城市道路工程设计规范》规定各级城市道路设计速度见表1-1。

表1-1 各级城市道路的设计速度

道路等级	快速路			主干路			次干路			支路		
设计速度/(km/h)	100	80	60	60	50	40	50	40	30	40	30	20

注：本表取自《城市道路工程设计规范》（CJJ 37—2012）。

1.3.3 道路设计的控制要素

道路设计的控制要素

如前所述，道路等级的选用和设计车辆、设计速度、交通量、通行能力有直接关系。

1. 设计车辆

公路路线与路线交叉几何设计所采用的设计车辆应根据公路功能、车辆组成等因素选用，各代表车型的外廓尺寸，如图1-1所示，公路设计车辆外廓尺寸见表1-2，城市道路设计车辆外廓尺寸见表1-3，并应符合以下规定：

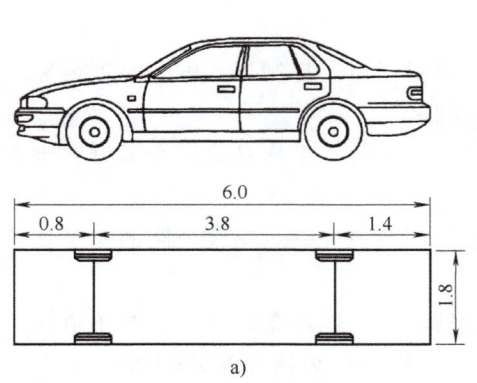
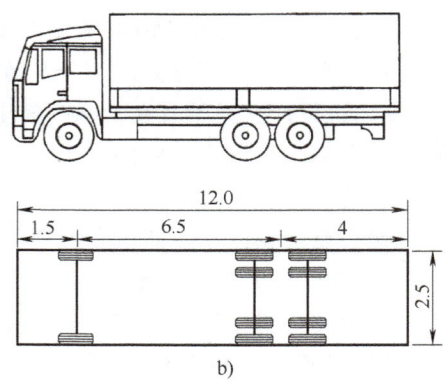

图1-1 各代表车型的外廓尺寸（单位：m）
a）小客车 b）载重汽车

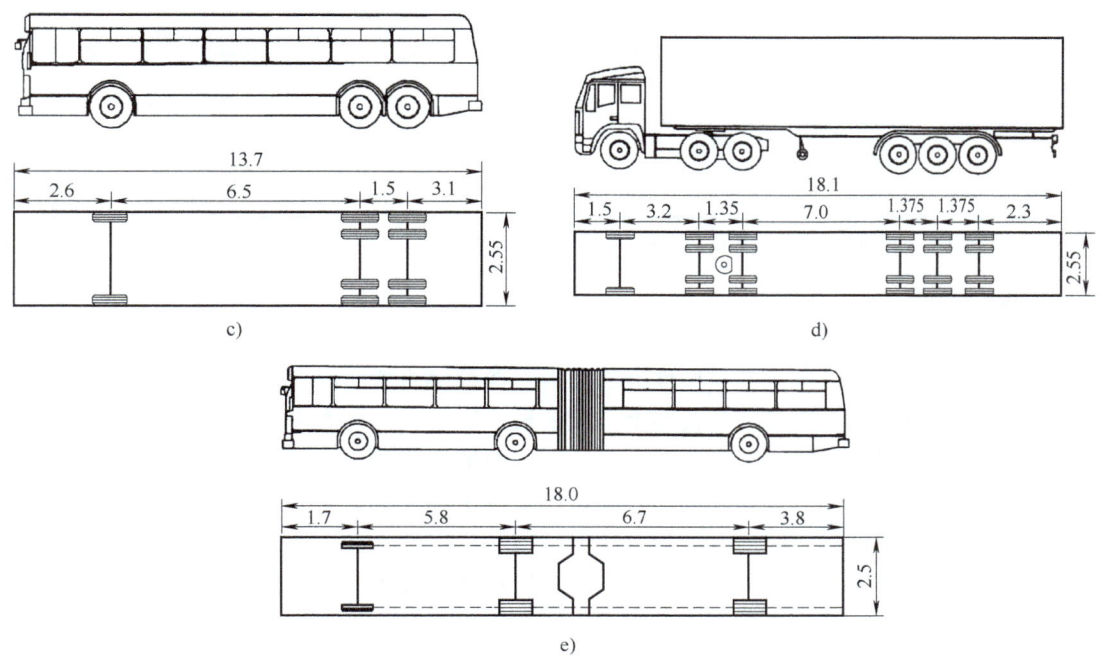

图 1-1 各代表车型的外廓尺寸（单位：m）（续）
c) 大型客车 d) 铰接列车 e) 铰接客车

1) 干线公路和主要集散公路应满足所有设计车辆的通行要求。
2) 次要集散公路应满足小客车、载重汽车和大型客车的通行要求。
3) 支线公路应满足小客车和大型客车的通行要求。
4) 有特殊通行要求的公路，其设计车辆可经论证确定。

表 1-2 公路设计车辆外廓尺寸 （单位：m）

车辆类型	总长	总宽	总高	前悬	轴距	后悬
小客车	6.0	1.8	2.0	0.8	3.8	1.4
载重汽车	12	2.5	4.0	1.5	6.5	4.0
大型客车	13.7	2.55	4.0	2.6	6.5+1.5	3.1
铰接列车	18.1	2.55	4.0	1.5	3.3+11	2.3
铰接客车	18	2.5	4.0	1.7	5.8+6.7	3.8

注：1. 本表取自《公路路线设计规范》（JTG D20—2017）。
2. 铰接列车的轴距"3.3+11"中的 3.3m 为第一轴至铰接点的距离，11m 为铰接点至最后轴的距离。
3. 城市道路设计中机动车设计车辆应包括小客车、大型车和铰接车三种，非机动车包括自行车和三轮车。

表 1-3 城市道路设计车辆外廓尺寸 （单位：m）

车辆类型	总长	总宽	总高	前悬	轴距	后悬
小客车	6.0	1.8	2.0	0.8	3.8	1.4
大型车	12	2.5	4.0	1.5	6.5	4.0

（续）

车辆类型	总长	总宽	总高	前悬	轴距	后悬
铰接车	18	2.5	4.0	1.7	5.8+6.7	3.8
自行车	1.93	0.60	2.25	—	—	—
三轮车	3.40	1.25	2.25	—	—	—

注：本表取自《城市道路工程设计规范》（CJJ 37—2012）。

2. 设计速度

考查汽车的行驶速度有以下几个指标：

1）最高时速——汽车按其机械性能和动力性能可能达到的最高速度。

2）经济时速——汽车在一般公路上行驶的最经济（耗油、磨耗最小）的时速。

3）平均技术速度——汽车在公路上实际行驶的平均速度。

4）技术速度——公路各路段不同技术条件下的限制车速，例如小半径曲线、最大纵坡等路段的车速。

5）V_{85}——路段运行车速从低到高排位第85分位值的速度，常用于表征路段的实际运行速度。

我国《公路工程技术标准》中的设计速度应是确定公路几何形状的基本车速，是用以设计各级公路受限制部分（如最小平曲线半径、最大纵坡等）的主要依据，通常可以认为是在天气良好、交通密度小的情况下，一般驾驶员能够保持安全而舒适行驶的最大速度。设计速度的选择体现了对不同等级、不同地形类别公路使用质量与服务水平的整体要求，其数值和车速指标并不相等。对平原微丘区高等级公路，设计速度更接近最高时速；对山岭重丘区低等级公路，设计速度更接近技术速度。

3. 交通量

交通量是指单位时间内通过道路某断面的交通流量（车辆数目）。

在道路勘测设计中，使用最广泛的是年平均日交通量（AADT）和设计小时交通量。

（1）设计交通量　道路设计交通量应在规划交通量的基础上，考虑交通量在时间上的高峰特点求得。公路远景预测设计年限既要考虑适应一定时期内的交通需求，又要兼顾公路投资和结构物使用年限，因而应有所差异。

（2）设计小时交通量　公路设计小时交通量宜采用年第30位小时交通量，也可根据当地公路小时交通量的变化特征，采用年第20~40位小时交通量，即最为经济合理时位的交通量。

（3）通行能力　通行能力是指道路设施在正常的公路条件、交通条件和驾驶行为等情况下，在一定的时段（通常取1h）内可能通过设施的最大车辆数。通行能力反映出道路设施所能疏导交通流的能力，作为公路规划、设计和运营管理的重要参数。

1.3.4　技术标准的掌握与运用

技术标准是根据一定数量的车辆在道路上以一定的设计速度行驶时，对路线和各项工程的设计要求列成指标，并统一地规定下来。它是根据理论和总结道路设计、修建的经验而拟定的，它反映了我国当前道路建设的技术方针和发展水平，因此在设计道路时应遵守。

由于我国幅员辽阔，各地地理位置和自然条件各不相同，故在满足基本要求的前提下，应视具体情况，结合实际灵活应用《公路工程技术标准》。使用《公路工程技术标准》时必须防止两种倾向：一是不考虑路线的作用和运输发展的需要，采用低标准以压缩工程费用；二是盲目轻率，贪大求全，采用高标准，既增加了投资，又多占用土地。

道路技术标准的正确掌握取决于两个方面：一是在计划任务书编制阶段，道路技术等级的选定要正确合理，因为计划任务书是进行勘测设计的主要依据，为了正确选定道路的技术等级，必须进行可行性研究，为编制计划任务书提供科学依据；二是根据计划任务书中已选定的技术等级，在勘测设计过程中，对各项具体指标正确合理地掌握。实践证明，在计划任务书中正确规定技术等级，不等于合理掌握道路技术标准，还应针对道路的重要程度、远景规模、地形特点等情况，进一步拟定在已定等级的前提下，具体掌握技术指标的原则，以防采用的技术指标出现偏高或偏低的现象。

一条较长的道路（一般为公路）往往跨过不同的地带类型，连接不同运量的集散点。确定道路技术等级和技术标准时，还应密切结合路线所经地区的地形以及路段的运量大小，可以全线采用一个技术等级，也可适当分段采用不同的技术等级和标准，但分段不宜过于频繁，一般情况下，高速公路、一级公路不小于20km；二级公路不小于15km；三级公路不小于10km；四级公路不小于5km。等级或标准变换的交界点应选择在视野开阔、方便驾驶员判断情况变化、行车速度容易变更处，并应设置相应的标志。为保证行车安全，分界点前后的路线平面、纵断面、横断面技术标准应由高等级到低等级，或由低等级到高等级设置渐变的过渡段，而不应突变。如路线交通量没有变化，只从地形和节省投资出发，在前后两高标准路段之间插入低标准路段，往往形成"盲肠"，阻塞交通。在此情况下，则应尽可能采用各种工程措施，或适当增大工程量，使其尽可能和前后标准一致。

当路线近期规划与远景规划交通量相差很大时，为了发挥投资的效益，可考虑分期修建。采用分期修建时，要全面考虑，统筹安排，既要使前期工程能够满足近期使用的要求，又要使前期工程在后期仍能充分利用，还应考虑到便于后期工程的施工，防止因扩建而造成断绝交通的影响。在平面、纵断面、横断面三个面中，平面、纵断面是较永久的，一经修建，很难逐步提高，其中平面尚可做局部改动，如将小半径改大，而纵断面要改变纵坡，以提高标准，则原路设施都将废弃，故应尽可能采用较高标准，一次建成。至于横断面等各项结构物，特别是路面，则比较容易分期修建。因此，在具体规划分期修建的规模时，应按计划任务书的要求掌握如下原则：如工程量不大，路基一般应按照计划一次完成；如工程艰巨，或为了节约占地，也可设计漫水桥、过水路面的方案以及暂时利用渡口或河底线通车；沿河线遇到较大深沟，可先绕沟，降低指标，减少工程，待后期再修建沟口直跨的桥梁。如第一期工程路基减窄不多，小桥、涵洞（包括涵洞处路基）仍可考虑按设计标准一次完成；如路基先做单车道，除桥涵可考虑分期修建外，防护工程尽可能留到后期修建，必须在第一期做的，应一次按设计完成；路面可根据交通量发展先做低一级路面，通过养护逐步提高路基的强度，为后期铺筑高一级路面创造条件，并应注意第一期工程的线形、路基宽度、路面结构类型等方面对以后路面加宽、加厚的影响。

当现有道路不能满足近期交通的需要时，应有计划地改善线形，改建危桥，改渡为桥，改建路面等，使其逐步提高使用质量和通行能力。改建工程必须按计划任务书确定的改建技术等级与标准，针对地质水文情况严重不良地段，才考虑大段改线或另选新线。必须防止忽视旧路的利用，片面追求高标准，及过分迁就旧路，不顾及标准的两种偏向。

1.4 道路勘测设计的基本程序

道路勘测设计的基本程序，如图 1-2 所示。

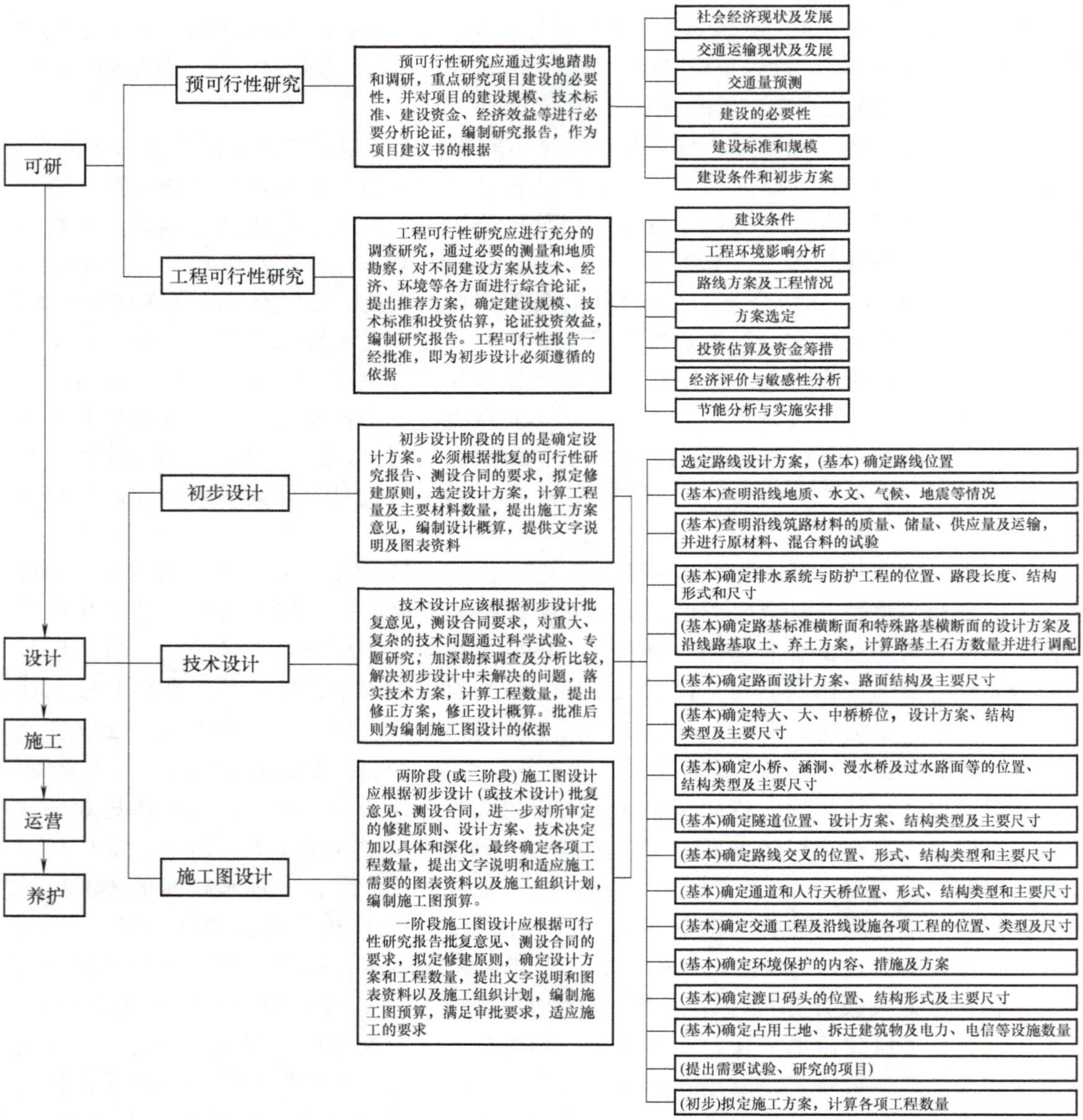

```
可研 ─┬─ 预可行性研究 ── 预可行性研究应通过实地踏勘
      │                    和调研，重点研究项目建设的必要
      │                    性，并对项目的建设规模、技术标
      │                    准、建设资金、经济效益等进行必
      │                    要分析论证，编制研究报告，作为
      │                    项目建议书的根据
      │   ├── 社会经济现状及发展
      │   ├── 交通运输现状及发展
      │   ├── 交通量预测
      │   ├── 建设的必要性
      │   ├── 建设标准和规模
      │   └── 建设条件和初步方案
      │
      └─ 工程可行性研究 ── 工程可行性研究应进行充分的
                          调查研究，通过必要的测量和地质
                          勘察，对不同建设方案从技术、经
                          济、环境等各方面进行综合论证，
                          提出推荐方案，确定建设规模、技
                          术标准和投资估算，论证投资效益，
                          编制研究报告。工程可行性报告一
                          经批准，即为初步设计必须遵循的
                          依据
          ├── 建设条件
          ├── 工程环境影响分析
          ├── 路线方案及工程情况
          ├── 方案选定
          ├── 投资估算及资金筹措
          ├── 经济评价与敏感性分析
          └── 节能分析与实施安排

设计 ─┬─ 初步设计
      ├─ 技术设计
      └─ 施工图设计
施工
运营
养护
```

图 1-2 道路勘测设计的基本程序

（初步设计阶段的目的是确定设计方案。必须根据批复的可行性研究报告、测设合同的要求，拟定修建原则，选定设计方案，计算工程量及主要材料数量，提出施工方案意见，编制设计概算，提供文字说明及图表资料）

（技术设计应该根据初步设计批复意见，测设合同要求，对重大、复杂的技术问题通过科学试验、专题研究，加深勘探调查及分析比较，解决初步设计中未解决的问题，落实技术方案，计算工程数量，提出修正方案，修正设计概算。批准后则为编制施工图设计的依据）

（两阶段（或三阶段）施工图设计应根据初步设计（或技术设计）批复意见、测设合同，进一步对所审定的修建原则、设计方案、技术决定加以具体和深化，最终确定各项工程数量，提出文字说明和适应施工需要的图表资料以及施工组织计划，编制施工图预算。
一阶段施工图设计应根据可行性研究报告批复意见、测设合同的要求，拟定修建原则，确定设计方案和工程数量，提出文字说明和图表资料以及施工组织计划，编制施工图预算，满足审批要求，适应施工的要求）

- 选定路线设计方案，（基本）确定路线位置
- (基本)查明沿线地质、水文、气候、地震等情况
- (基本)查明沿线筑路材料的质量、储量、供应及运输，并进行原材料、混合料的试验
- (基本)确定排水系统与防护工程的位置、路段长度、结构形式和尺寸
- (基本)确定路基标准横断面和特殊路基横断面的设计方案及沿线路基取土、弃土方案，计算路基土石方数量并进行调配
- (基本)确定路面设计方案、路面结构及主要尺寸
- (基本)确定特大、大、中桥桥位、设计方案、结构类型及主要尺寸
- (基本)确定小桥、涵洞、漫水桥及过水路面等的位置、结构类型及主要尺寸
- (基本)确定隧道位置、设计方案、结构类型及主要尺寸
- (基本)确定路线交叉的位置、形式、结构类型和主要尺寸
- (基本)确定通道和人行天桥位置、形式、结构类型和主要尺寸
- (基本)确定交通工程及沿线设施各项工程的位置、类型及尺寸
- (基本)确定环境保护的内容、措施及方案
- (基本)确定渡口码头的位置、结构形式及主要尺寸
- (基本)确定占用土地、拆迁建筑物及电力、电信等设施数量
- (提出需要试验、研究的项目)
- (初步)拟定施工方案，计算各项工程数量

1.5 本课程任务和要求

1.5.1 本课程的主要内容和教学目标

"道路勘测设计"是土木工程、道路桥梁与渡河工程、交通工程等专业的核心课程之一，本书作为"道路勘测设计"课程的教材，其主要内容包括道路勘测设计目标、流程和控制要素，道路路线设计，道路选线与定线，道路交叉，道路沿线设施以及道路计算机辅助设计技术。具体如下：

1）道路路线设计，也称道路几何设计，道路线形设计，核心是道路平面、纵断面、横断面设计的原理与方法，是每一条道路都必备的设计内容。

2）道路选线与定线，确定道路路中线的过程，是从道路工程规划、设计、施工、运营、管理全生命周期的角度看问题，从可行性研究直到施工图设计，都存在道路选线、定线的优化问题。

3）道路交叉，包括平面交叉和立体交叉，显然这是从路网、多条路的关系的角度看问题，需要解决道路相互交叉的问题。

4）道路沿线设施，"道路内"与包括道路沿线设施的"道路外"共同构成了完整的道路系统。

5）道路计算机辅助设计技术，道路勘测设计新技术突飞猛进，是落实"六个坚持、六个树立"道路设计理念，落实总体设计要求，是完成各类道路设计成果不可或缺的利器。

通过本课程的学习，希望达到以下目标：

1）了解道路勘测设计的主要任务，掌握道路勘测设计的基础知识，理解人、车、环境对道路设计的约束和影响，培养学生发现问题、解决问题的基本能力。

2）掌握路线设计理论和方法，掌握路线平面、纵断面、横断面设计及相互配合，熟悉平交口平面与竖向设计方法，具备应用道路计算机辅助设计软件的能力。

3）掌握路线选线和定线基本原则和技术方法，具备使用仪器测设道路路线的能力。

4）熟悉立交设计流程，了解道路排水系统及沿线设施、道路景观与环境设计的要求，培养学生整体分析、解决道路设计与自然环境及社会环境关系问题的能力。

5）培养沟通和团队合作能力，熟悉道路勘测设计的新理念与新技术，了解国外相关道路设计规范，并有服务全球的意识和继续学习的能力。

1.5.2 本课程特点和学习要求

道路是三维空间的带状结构物，由路基、路面、桥涵、隧道等工程结构物组成。传统上，可将道路设计分为几何（线形）设计和结构设计两大类。"道路勘测设计"课程显然属于道路几何设计一类。

目前，大多数高校针对道路几何设计的课程均定名为"道路勘测设计"，课程学时大多为48或54学时，其内容融合了"公路勘测设计"和"城市道路设计"两门课程的主要内容。本课程实践性强，要求理论与实践相结合，本课程要求配有1~3周的课程设计，或野外或室内，以系统地检验课程教学内容，增强学生解决道路复杂工程问题的能力，强化计算机辅助道路设计的能力，实地利用测绘设备的能力以及团队合作和个人沟通的能力。

本教材对"道路勘测设计"课程的学习同时体现了教育信息化和道路勘测设计技术的最新发展。为此，对课程知识点和专业能力要求设置了电子资源的二维码链接，并提供了免费的教育版的道路 CAD 系统供课程辅助学习。这样的做法带来两个好处，一是教材可以大为精简；二是目前在业界，道路设计成果几乎都由计算机辅助设计系统完成，在保留最必要的手工计算及绘图的基础上，教学中尽早利用计算机辅助道路设计软件，总体上是大大有益于路线设计理论与方法的掌握。

习　题

1. 交通运输方式有哪些？道路运输的特点是什么？
2. 道路分级的基本依据是什么？公路和城市道路各分为几级？
3. 《公路工程技术标准》中为什么要规定各级公路的设计速度？
4. 作为道路设计指标的设计速度，其数值应由哪些因素来确定？
5. 道路设计为什么除应满足近期交通量需要外，还应满足远期交通量的需要？近、远期的年限一般分别为多少年？
6. 试述道路工程可行性研究在道路勘测设计中的意义和作用。
7. 如何正确地使用《公路工程技术标准》与《公路路线设计规范》？

第 2 章 道路平面设计

> **学习目标：**
> 1. 掌握平面线形要素和机动车行驶轨迹的关系；
> 2. 掌握直线、圆曲线及缓和曲线的特点、适用条件及参数计算；
> 3. 理解平面线形设计方法原理，包括直线型和曲线型两种方法，并具备用计算机辅助工具完成平面线形设计的能力；
> 4. 掌握各种典型的平面线形组合及其适用条件；
> 5. 读懂平面设计成果，并初步具备生成平面设计成果的能力。

■ 2.1 概述

道路路线是指地面上道路的中线，也称路中线，是一条空间线。路中线在水平面上的投影称为路线的平面线形；沿着中线竖直地剖切，再展开就成为纵断面；路中线各点的法向剖切面是横断面（图 2-1）。为了满足汽车行驶对道路的要求，应结合地形、地貌等情况分别对路线的平面、纵断面以及横断面进行考虑。

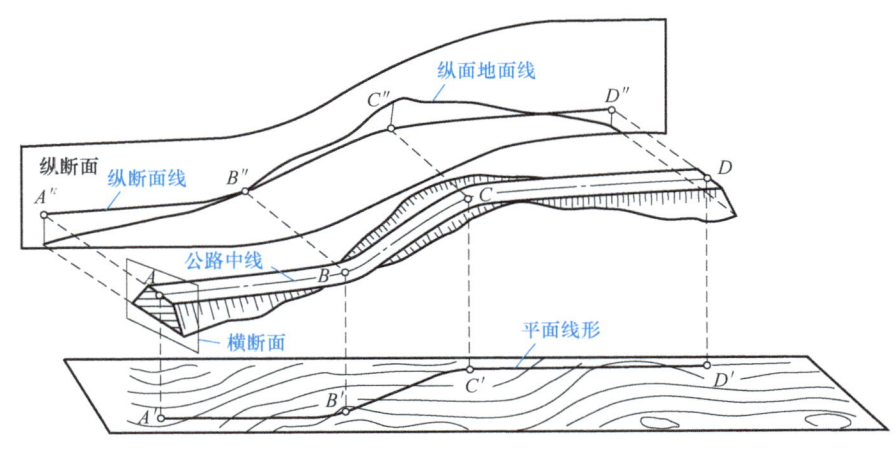

图 2-1 道路路线平面、纵断面、横断面示意图

平面设计是指道路中线的平面线形设计,是道路设计的龙头工作。

平面线形设计的主要任务是确定路中线的走向和位置。如果路中线上任意点 P 的桩号、坐标、方位角等信息确定了,那么路中线的走向和位置也就确定了。

2.1.1 平面线形基本单元

理想的道路线形设计应是直接对三维的道路线形进行设计,以保证行车的安全和环境协调。但目前,各国广泛应用的道路路线设计方法仍是:首先确定道路的平面线形,然后是纵断面和横断面设计,调整平面线形,直至平面、纵断面、横断面配合满意为止。

道路的平面线形和汽车行驶的轨迹密切相关。如图2-2所示,汽车行驶的轨迹对应着三种平面线形单元:直线、圆弧和缓和曲线(回旋曲线)。三种线形单元的衔接关系是,车辆由直线(无离心力、无方向盘转动)驶入圆弧段(有离心力、方向盘保持不动)时,当圆弧半径小于不设超高最小半径时,需要设置缓和曲线(离心力和方向盘均在变动)。线形单元与曲率关系,如图2-3所示。当圆弧半径很大,离心力很小时,可不设缓和曲线而直接过渡;当圆弧半径较大,离心力较小时,必须设置缓和曲线进行过渡。

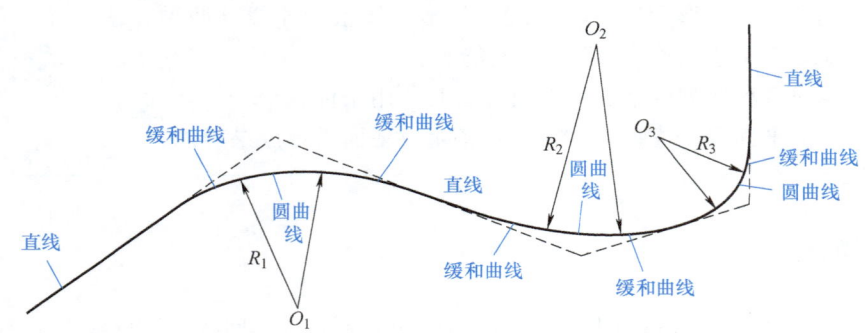

图 2-2 汽车行驶轨迹

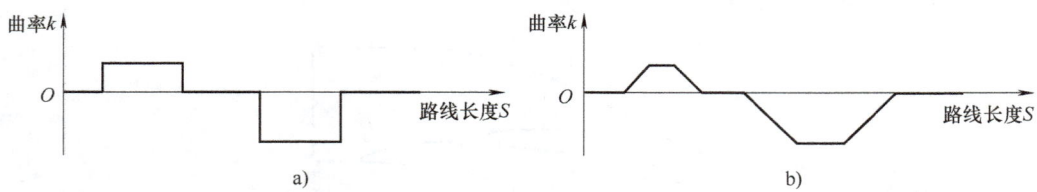

图 2-3 线形单元与曲率关系
a)不设缓和曲线 b)设缓和曲线

平面线形设计的主要任务是确定路中线的走向和位置,也就是如何将三种平面线形单元有机地结合在一起。以下分别对三种平面线形单元进行介绍。

2.1.2 平面线形设计的基本原则

平面线形设计的基本原则如下:

1）满足总体设计的要求，有整体优化的理念。平面线形应与地形、地物相适应，宜直则直，宜曲则曲，不片面追求直曲，这是美学、经济和环境保护的要求。

2）连续、均匀的过渡，避免突变、频变。为使一条道路上的车辆尽量以均匀的速度行驶，应注意各线形要素保持连续、均衡，避免出现技术指标的突变和频繁变化。

3）满足各种约束条件，考虑平面、纵断面、横断面配合协调等。在平面线形设计中，应考虑纵断面、横断面设计的要求，与纵断面横断面相协调。特别是平原微丘区的道路，平曲线指标一般较高，平曲线较长，与铁路、主要道路及河流交叉的地方往往是纵断面线形的控制点。在设计平面线形时，应考虑平原微丘区道路纵断面设计的特殊性，为纵断面设计留有余地，以利于平纵线形组合设计。

2.2 直线

直线

直线是平面线形中最简单的线形，但如何用好直线并不简单。直线段具有路线短捷、测设简单、便于施工、能提供较好的超车条件等优点，适用于地形平坦、前进视线无障碍处，如平原区，直线作为主要线形较为适宜。但在道路设计中，过短和过长的直线都是不好的线形，应对直线的最大长度和最小长度加以限制。

2.2.1 直线的最小长度

在传统的线形设计观念里，认为路线主要由直线组成，曲线仅在直线交点加以顺接圆滑，即路线由曲线连接直线而成；但反之，也可以认为，路线由直线连接曲线而成。直线连接的曲线只有两类：同向曲线和反向曲线（图2-4）。《公路路线设计规范》规定，直线长度不宜过短，其最小长度为：设计速度大于或等于60km/h时，同向曲线间直线长度（单位：m）以不小于行车速度（单位：km/h）的6倍为宜；反向曲线间直线长度（单位：m）以不小于行车速度（单位：km/h）的2倍为宜。设计速度小于或等于40km/h时，可参照上述执行。

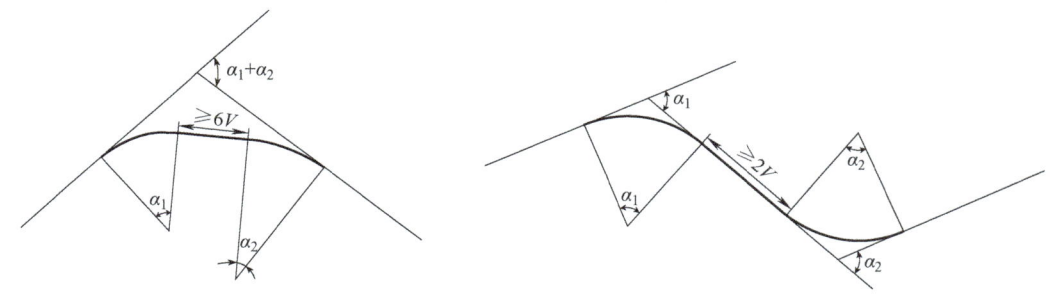

图2-4 直线连接同向曲线和反向曲线时的最小长度

注：V 为行车速度。

当同向曲线间的直线段过短时，称为断背曲线，对行车非常不利，应避免；当反向曲线间的直线段过短时，对行车也不利，也应避免。

2.2.2 直线的最大长度

大量的工程实践表明,长直线对行车的安全与舒适不利。表 2-1 给出了各国对直线段最大长度的规定,我国在设计规范的制定中,已参考。

表 2-1 各国对直线段最大长度的规定

国别	规定值	折算行驶时间/s	折算行驶距离/m	备注
美国	180s 行程	180	50V	相对值
德国	20V 行程	72	20V	相对值
日本	20V 行程	72	20V	相对值
苏联	8km	—	—	绝对值
西班牙	72s 行程	72	20V	相对值

我国目前的《公路路线设计规范》规定,直线的最大长度应有所限制。当采用长的直线线形时,为弥补景观单调之缺陷,应结合沿线具体情况采取相应的技术措施。没有规定直线段的最大长度,主要原因是我国幅员辽阔,各地的情况差异太大,对直线的最大长度量化确有困难。目前,在高等级公路以及变化单调的环境中,直线的最大长度倾向于按小于 $20V$ 选用;在城镇附近以及有环境变化的地点,大于 $20V$ 是可以接受的;而在大戈壁、大草原上的公路,限制直线的最大长度是非常困难的。

圆曲线

■ 2.3 圆曲线

道路上的曲线段一般均采用不同半径的圆曲线。《公路路线设计规范》规定,各级公路不论转角大小均应设置圆曲线。

2.3.1 圆曲线半径

圆曲线的半径和车辆在曲线段安全行驶的要求密切相关,要求保证车辆在弯道上行驶的纵向和横向稳定性。具体见以下分析。

图 2-5 为车辆在弯道上纵向和横向受力示意图。

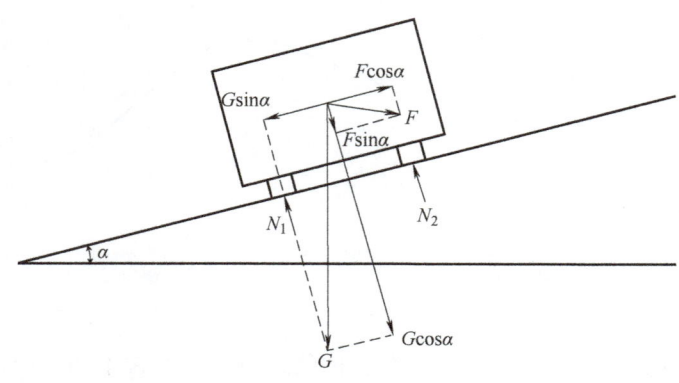

图 2-5 车辆在弯道上纵向和横向受力示意图

$$R = V^2/127(\mu \pm i) \tag{2-1a}$$

式中　R——圆曲线半径（m）;

　　　V——设计速度（km/h）;

　　　μ——横向力系数;

　　　i——路面横坡度，外侧取"-"，内侧取"+"。

由式（2-1a）可知：

汽车在外侧车道行驶时

$$R_{外} = V^2/127(\mu - i) \tag{2-1b}$$

汽车在内侧车道行驶时

$$R_{内} = V^2/127(\mu + i) \tag{2-1c}$$

显然，在上述计算公式中，当 V、i 及 μ 取相同数值时，$R_{外}$ 大于 $R_{内}$，即汽车在外侧车道行驶所需的半径大于汽车在内侧车道行驶所需的半径。因此，在双向横坡的圆曲线中，计算半径 R 需采用式（2-1b）计算。标准中不设置超高的圆曲线半径就是按式（2-1b）计算的。

如前所述，在工程困难地段，常采用将外侧车道路面升高，变成与内侧车道同坡的单坡断面，使重力的分力在内外两侧车道上均与离心力相反，从而减小横向力，使圆曲线半径可采用较小值。这样的设置称为超高。设置超高的圆曲线中，半径 R 的计算采用式（2-1c）。一般超高后的道路横坡以 i_h 表示，则式（2-1c）可写为

$$R_{\min} = V^2/127(\mu + i_h) \tag{2-2}$$

《公路工程技术标准》中最小圆曲线半径的值就是按式（2-2）计算的。

由前述公式知，为求得圆曲线半径的 R 值，必须研究允许采用的横向力系数 μ 值。确定横向力系数 μ 值需考虑以下几个方面：

（1）汽车在圆曲线上行驶的稳定性　为保证汽车在曲线上行驶的横向抗滑稳定性，必须使横向力 X（$X=\mu G$）的极限值不超过轮胎和路面之间的横向摩阻力 $G\varphi_y$，即

$$X = \mu G \leq G\varphi_y$$

$$\mu \leq \varphi_y$$

式中　φ_y——横向摩阻系数，一般 $\varphi_y = (0.6 \sim 0.7)\varphi$，$\varphi$ 为附着系数。

因此汽车在弯道上的稳定条件为

$$R \geq \frac{V^2}{127(\varphi_y + i_h)} \tag{2-3}$$

根据经验，一般在干燥路面上 φ_y 为 0.4～0.8；汽车在潮湿的沥青路面上高速行驶时，降低到 0.25～0.40；路面结冰和积雪时，降到 0.20 以下。

（2）汽车在圆曲线上行驶对驾驶员与乘客的心理影响　在选定圆曲线半径时，除了保证汽车不会产生滑移外，还要保证驾驶者与乘客的舒适，根据实地试验，曲线对驾驶员与乘客的心理影响如下：

1）当 $\mu < 0.10$ 时，不感到有曲线存在，很平稳。

2）当 $\mu = 0.15$ 时，略感到有曲线存在，但尚平稳。

3）当 $\mu = 0.20$ 时，已感到有曲线存在，稍感到不平稳。

4）当 $\mu = 0.35$ 时，感到曲线存在，已感到不稳定。

5）当 $\mu \geq 0.40$ 时，非常不稳定，站立不住，有倾倒危险。

综上，可得出结论，即横向力系数最好不大于 0.10，在条件不允许时，最大不应超过 0.20。

（3）汽车在圆曲线上行驶时，燃料与轮胎的消耗情况　采用的 μ 值不同，燃料和轮胎的消耗也有不同。研究资料证明，汽车在曲线上行驶的燃料消耗和轮胎的磨耗要比直线的大，并随横向力系数的增加而增加，如 $\mu = 0.10$ 时，燃料消耗增加 10%，轮胎磨耗增加 1.2 倍；$\mu = 0.15$ 时，燃料消耗增加 15%，轮胎磨耗增加 2 倍；$\mu = 0.20$ 时，燃料消耗增加 20%，轮胎磨耗增加 2.9 倍。因此，从汽车营运经济出发，μ 值以不超过 0.15 为宜。

综合上述三方面来看，可以得出结论：对于不设超高的圆曲线半径宜采用 $\mu \leq 0.10$，当地形条件较为复杂并须设置超高时，可将 μ 值提高到 0.15~0.20。

根据公式计算并结合我国的具体情况，《公路路线设计规范》规定了公路圆曲线最小半径，见表 2-2。

表 2-2　公路圆曲线最小半径

设计速度/(km/h)		120	100	80	60	40	30	20
圆曲线最小半径（一般值）/m		1000	700	400	200	100	65	30
圆曲线最小半径（极限值）/m	$I_{max} = 4\%$	810	500	300	150	65	40	20
	$I_{max} = 6\%$	710	440	270	135	60	35	15
	$I_{max} = 8\%$	650	400	250	125	60	30	15
	$I_{max} = 10\%$	570	360	220	115	—	—	—
不设超高的圆曲线最小半径/m	路拱 ≤ 2%	5500	4000	2500	1500	600	350	150
	路拱 ≥ 2%	7500	5250	3350	1900	800	450	200

注：1. "一般值"为正常情况下的采用值；"极限值"为条件受限时的可采用值；"I_{max}"为可采用的最大超高值；"—"为不考虑采用对应最大超高值的情况。
　　2. 本表取自《公路路线设计规范》（JTG D20—2017）。

在选定各级公路的圆曲线半径时，原则上应采用较大的半径以提高公路使用质量。在一般情况下，宜采用大于或等于表 2-2 所列不设超高的半径；当受地形或其他条件限制时，可采用该表所列的一般最小半径；当地形受限制或因特殊困难，而且超高值有可能增大的情况下，可采用极限最小半径。

为保证行车安全，位于平坡或下坡的长直线段尽头的曲线，其半径应按车辆加速后可能出现的车速进行设计，不得采用接近或等于该级公路的曲线最小半径。

《城市道路工程设计规范》规定圆曲线最小半径值，见表 2-3。

表 2-3　城市道路圆曲线最小半径

设计速度/(km/h)		100	80	60	50	40	30	20
不设超高最小半径/m		1600	1000	600	400	300	150	70
设超高最小半径/m	一般值	650	400	300	200	150	85	40
	极限值	400	250	150	100	70	40	20

注：本表取自《城市道路工程设计规范》（CJJ 37—2012）。

2.3.2 圆曲线计算

《公路路线设计规范》规定，当圆曲线半径小于不设超高的最小半径时，应设置回旋曲线。若圆曲线半径大于不设超高的最小半径时，圆曲线可直接与直线相接，可认为不设缓和曲线的圆曲线的计算是设缓和曲线的圆曲线计算的特殊情况。圆曲线的计算包括曲线要素计算、主点桩号计算和坐标计算。

一般来说，直线与圆曲线直接相接的情况较少，且计算简单。不设缓和曲线的圆曲线要素，如图 2-6 所示，其计算公式为

切线长 $$T = R \tan \frac{\alpha}{2} \tag{2-4}$$

曲线长 $$L = \alpha \frac{\pi}{180} R \tag{2-5}$$

外矢距 $$E = R \sec \frac{\alpha}{2} - R \tag{2-6}$$

校正值 $$J = 2T - L \text{（又称为超距或差距）} \tag{2-7}$$

式中 R——圆曲线半径（m）；
  　　L——圆曲线长度（m）；
  　　α——交点偏角（°）。

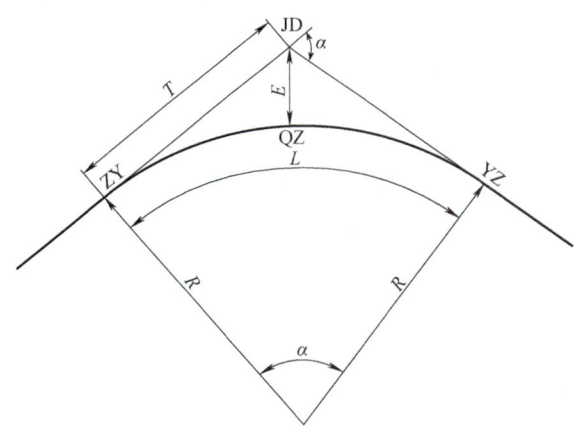

图 2-6　不设缓和曲线的圆曲线要素图

图 2-6 中，JD 为交点，ZY 为曲线起点，YZ 为曲线终点，QZ 为曲线中点，α 为交点偏角，起点至终点的弧长即曲线长。

由式（2-4）~式（2-7）可知，当 α 为定值时，敷设圆曲线主要取决于圆曲线的半径 R 值。采用大半径的圆曲线，可以降低运输费用，并提高车辆行驶的安全和舒适程度，但由于地形、地物、水文地质等条件的限制，或者为了减少工程数量等原因，有时需要采用较小的圆曲线半径。这就提出了本节所要解决的首要问题：在满足安全、迅速、经济及舒适的前提下，圆曲线半径的最小值可取多大。

当汽车在双坡横断面的弯道上行驶时，在车速相同的情况下，汽车在外侧车道行驶所受

到的横向力比在内侧车道行驶所受到的横向力大,也就是说,外侧车道汽车行驶的稳定性比内侧车道汽车行驶的稳定性更不利。因此,双坡横断面的弯道半径值应由外侧行驶的情况来确定,其值也比由内侧行驶来确定的大,为使弯道(圆曲线)半径采用较小的值,可将外侧车道升高,使内、外侧车道构成向内侧单向倾斜的横断面,这样设置称为超高。

同时,由于汽车在曲线上行驶时,各个车轮的行驶半径不同,内侧后轮的行驶半径最小,而外侧前轮的行驶半径最大,汽车(行驶在曲线上)所占路面的宽度比在直线段上行驶大,因而就要求将路面加宽。

2.4 缓和曲线

缓和曲线

由 2.3 节所述可知,当圆曲线半径小于不设超高的最小圆曲线半径时需设置超高,若半径小于或等于 250m,则还需加宽路面。这样就使得直线段(双坡横断面)与曲线段(单向的超高横坡)的线形不能直接相连,而需要在其间加设一缓和段(也称为过渡段)使之过渡,另外,汽车在圆曲线上按设计速度做等速行驶时,不仅需要保持车速不变,还需要保持汽车前轮有一个恒定的转向角 α。这样,汽车在进入圆曲线前,也需一个使汽车前轮的转向角从 0 渐增至 α 的缓和段。

综上所述,缓和曲线的设置主要考虑以下三个方面:

1) 使汽车从半径为无穷大的直线段上逐渐地改变汽车行驶轨迹的半径而驶入半径为 R 的圆曲线上的一个过渡段,这个过渡段必然是曲线,称为缓和曲线。

2) 使路面从直线段的双坡横断面逐渐变化为单坡(超高)横断面的过渡段,称为超高缓和段。

3) 从直线段上的正常断面逐渐增至圆曲线上的全加宽的过渡段,称为加宽缓和段。

上述三个方面中,1) 和 2) 对所需的缓和段长度起控制作用,在一般情况下,3) 是在所定缓和段内进行缓和,不决定缓和段的长度(不设缓和曲线及超高而仅有加宽时例外)。

缓和段的长度采用上述两种缓和(即缓和曲线和超高缓和段)所需长度中的大者。缓和段长度一经确定就应在其中同时进行缓和。但是,并非各种缓和都必须在缓和段内进行,需要何种缓和应由圆曲线段的实际情况而定,当圆曲线半径足够大时(大于不设超高的最小平曲线半径及大于 250m),则什么缓和都不需要,也即不必在直线与曲线之间加设缓和段,直线与曲线可直接相连。

不仅在直线与曲线相连时需要设置缓和段,在曲线与曲线相连时,当两曲线的曲率差较大,或超高横坡度不同,或路面加宽值不等,也需设置缓和段。

2.4.1 缓和曲线形式

当汽车从直线段驶向曲线段时,汽车的径向加速度($a = v^2/\rho$)将从直线段上的零逐渐变化为曲线段上的 a_{max}(在圆曲线上曲率半径 $\rho = R$,所以 $a_{max} = v^2/R$)。显然,在变化过程中,如果行驶速度保持不变(推导缓和曲线方程的一个假设条件),加速度 a 的数值应该和时间成正比。这就是说缓和曲线的条件是 $v =$ 常数时,$da/dt =$ 常数。令 $I = da/dt =$ 常数,称为加速度的增长率（也称为加速率，单位：m/s^2）。

缓和曲线一般方程是根据汽车匀速由直线（圆曲线）驶入圆曲线（直线）时，汽车前轮的转向角由零（平曲线相适应的角度）逐渐增至（减至）与平曲线相适应的角度（0°），也即曲率半径由无穷大（圆曲线曲率半径相等）逐渐变至与圆曲线曲率半径相等（无穷大）的过程推导出来的。推导得出：汽车按等速并按一定的角加速度行驶时，其行驶轨迹的弧长与曲率半径乘积为一常数，即 $rl = C$。

2.4.2 缓和曲线长度

按缓和曲线的作用可知，缓和曲线的长度 L_s 应该足够使汽车能平顺地由直线段过渡到圆曲线段，并对离心力的增长率应予一定限制。此外，缓和曲线的长度亦需满足驾驶者操作方向盘所需的必要时间。

1. 根据离心加速度的增长率计算缓和曲线长度

缓和曲线长度的计算公式为

$$L_s = C/R = V^3/RI \tag{2-8}$$

从行车的平稳和乘客的感受情况考虑，加速度的增长率 I 不应超过某一允许值，在设计公路缓和曲线时建议采用 $0.3 \sim 1.3 m/s^3$。

设 $I = 0.6 m/s^2$，则缓和曲线的长度计算公式为

$$L_s = 0.035 V^3/R \tag{2-9}$$

2. 根据驾驶者操作方向盘所需时间求缓和曲线长度

缓和曲线的长度若过于短，将致使驾驶者来不及操作调整而不能适应前面变化的情况，故应对汽车在缓和曲线上行驶的最短行程时间进行规定。

在缓和曲线上行驶时，驾驶者操作方向盘的最合理时间为 $3 \sim 5s$。缓和曲线长度可用下式计算

$$L_s \geq vt = Vt/3.6 \tag{2-10}$$

式中 t——最短行程时间（s），一般双车道公路建议 $t = 3.0s$；无分隔带或分隔带较窄的四车道公路 $t = 4s$；交叉口或山岭区 t 可小至 $2.5s$。

《公路工程技术标准》规定的不同设计速度下缓和曲线最小长度见表2-4。

表 2-4 不同设计速度下缓和曲线最小长度

设计速度/(km/h)	120	100	80	60	40	30	20
缓和曲线最小长度/m	100	85	70	50	35	25	20

注：本表取自《公路路线设计规范》（JTG D20—2017）。

由于缓和段的长度采用缓和曲线和超高缓和段两种缓和所需长度中的大者，因此缓和曲线长度的采用值还应不小于超高缓和段的长度。

2.4.3 缓和曲线计算

计算公式及示图 2-7 和图 2-8 中的符号意义如下：

ZH——第一缓和曲线起点；

HY——第一缓和曲线终点；
HZ——第二缓和曲线起点；
YH——第二缓和曲线终点；
l——缓和曲线起点至缓和曲线上任何一点的距离（m）；
L_s——缓和曲线起点至终点的距离，即缓和曲线长度（m）；
r——缓和曲线上某点的曲率半径（m）；
R——缓和曲线终点的曲率半径（m）；
A——缓和曲线参数（m）；
β——缓和曲线上任何一点切线与坐标 x 轴所成的角度（rad）；
β_0——缓和曲线终点（圆曲线起点）处切线与坐标 x 轴所成的角度，亦称缓和曲线中心角（rad）；
φ——ZH 点至缓和曲线任何一点的偏角值（rad）；
φ_0——ZH 点至 HY 点的偏角值（rad）。

1. 缓和曲线的计算公式

以直缓点（ZH）到缓圆点（HY）段的缓和曲线为例，建立以直缓点（ZH）为原点，过直缓点（ZH）的切线方向为 x 轴，法线方向为 y 轴的缓和曲线坐标系，如图 2-7 所示。

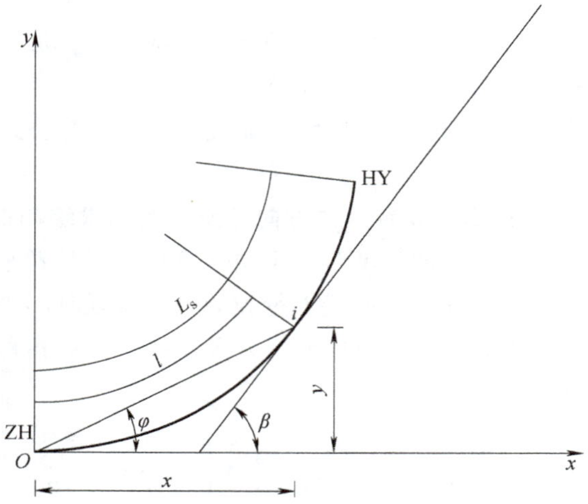

已知：缓和曲线上任意一点 i 距 ZH 点曲线长度为 l，缓和曲线长度为 L_s，缓和曲线终点（HY）处曲率半径为 R。

在我国道路工程中，《公路路线设计规范》规定，缓和曲线采用回旋曲线。回旋曲线上任意一点的曲率半径 r 随该点至起点的曲线长度 l 的变化而变化，其基本公式为

$$rl = A^2 \quad (2\text{-}11)$$

式中 A——回旋曲线参数（m）。

图 2-7 缓和曲线坐标系

在缓和曲线终点上，有

$$RL_s = A^2 \quad (2\text{-}12)$$

图 2-7 中，对缓和曲线上任意点 i 取微分变换，得

$$\begin{cases} x = \int_0^l \cos\beta \, dl \\ y = \int_0^l \sin\beta \, dl \end{cases} \quad (2\text{-}13)$$

同时，根据弧长与半径的关系可得

$$d\beta = \frac{1}{r_i} dl \quad (2\text{-}14)$$

推导得

$$\begin{cases} x = l - \dfrac{l^5}{40R^2L_s^2} - \cdots \\ y = \dfrac{l^3}{6RL_s} - \dfrac{l^7}{336R^3L_s^3} + \cdots \end{cases} \quad (2\text{-}15)$$

式（2-15）为缓和曲线的直角坐标方程，在实际应用时一般取前两项。

在线路工程中，为保证测量精度，一般采用国家坐标系统（大地坐标）建立一个贯穿全线统一的坐标系，根据路线地理位置和几何关系计算出线路上各点的统一坐标。以缓和曲线起点为原点建立切线直角坐标系 xOy（图2-7），则缓和曲线上任意一点在大地坐标系中的坐标为

$$\begin{cases} X = X_{ZH} + x\cos\gamma_{ZH} - \xi y\sin\gamma_{ZH} \\ Y = Y_{ZH} + x\sin\gamma_{ZH} + \xi y\cos\gamma_{ZH} \end{cases} \quad (2\text{-}16)$$

式中　X——缓和曲线上任一点在大地坐标系中的 x 坐标；

　　　Y——缓和曲线上任一点在大地坐标系中的 y 坐标；

　　　X_{ZH}——缓和曲线起点（ZH）在大地坐标系中的 x 坐标；

　　　Y_{ZH}——缓和曲线起点（ZH）在大地坐标系中的 y 坐标；

　　　γ_{ZH}——缓和曲线起点（ZH）的坐标方位角（rad）；

　　　x——缓和曲线上任一点在以缓和曲线起点为原点建立切线直角坐标系 xOy 坐标系中的 x 坐标；

　　　y——缓和曲线上任一点在以缓和曲线起点为原点建立切线直角坐标系 xOy 坐标系中的 y 坐标；

　　　ξ——当缓和曲线位于 ZH 点切线右侧时，$\xi = 1$；当缓和曲线位于 ZH 点切线左侧时，$\xi = -1$。

2. 缓和曲线的主要性质

（1）缓和曲线方程的特性　由式（2-11）和式（2-12）可看出缓和曲线参数 A 为常数，这说明缓和曲线上任一点的半径与该点至缓和曲线始点的距离成反比。

（2）缓和曲线中心角　缓和曲线中心角等于缓和曲线终点（HY）处切线与坐标横轴所成的角度，其值为

$$\beta_0 = \frac{L_s}{2R} \quad (2\text{-}17)$$

（3）ZH 点至缓和曲线上任一点 i 的偏角 φ　其计算公式为

$$\varphi = \arctan\frac{y_i}{x_i} \quad (2\text{-}18)$$

由于 φ 很小，可近似认为 $\varphi = \tan\varphi$（弧度），即

$$\varphi = \frac{y_i}{x_i} \quad (2\text{-}19)$$

式中　x_i——缓和曲线上任一点 i 在以缓和曲线起点为原点建立切线直角坐标系 xOy 坐标系中的 x 坐标；

y_i——缓和曲线上任一点 i 在以缓和曲线起点为原点建立切线直角坐标系 xOy 坐标系中的 y 坐标。

ZH 点至 HY 点的总偏角为

$$\varphi_0 = \frac{y_0}{x_0} \tag{2-20}$$

式中 x_0——缓和曲线上 HY 点在以缓和曲线起点为原点建立切线直角坐标系 xOy 坐标系中的 x 坐标；

y_0——缓和曲线上 HY 点在以缓和曲线起点为原点建立切线直角坐标系 xOy 坐标系中的 y 坐标。

（4）能否安置下缓和曲线的判断条件　缓和曲线大致上是一半在圆曲线外设置，而另一半在圆曲线内设置。因此，在圆曲线段，设置缓和曲线的条件应为圆曲线的长度（未设置缓和曲线时）大于或等于缓和曲线长度。当圆曲线长度等于缓和曲线长度时，两条缓和曲线将在弯道中点相接；当圆曲线长度小于缓和曲线长度时，此圆曲线段不能设置所规定的缓和曲线，这时需缩短缓和曲线长度或增大圆曲线半径。

设置缓和曲线的条件也可按圆曲线中心角 α 及缓和曲线中心角 β_0 来表示。当设置缓和曲线时，伸入圆曲线部分的缓和曲线所对应的角为 β_0，因此在圆曲线两端伸入缓和曲线后，圆曲线中心角 α 将减少 $2\beta_0$。所以，设置缓和曲线的条件为

$$\alpha - 2\beta_0 \geqslant 0 \tag{2-21}$$

2.4.4　带缓和曲线的平曲线计算

平曲线计算

直线—缓和曲线—圆曲线—缓和曲线—直线相接的形式较为普遍，带缓和曲线的圆曲线要素图，如图 2-8 所示。敷设缓和曲线的圆曲线的主要几何要素按以下公式确定。

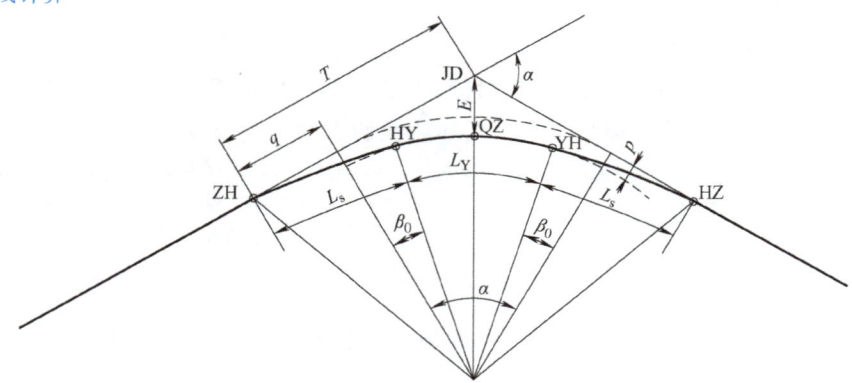

图 2-8　带缓和曲线的圆曲线要素图

1. 曲线要素计算

切线增长值

$$q = \frac{L_s}{2} - \frac{L_s^3}{240R^2} \tag{2-22}$$

内移值

$$p = \frac{L_s^2}{24R} - \frac{L_s^4}{2688R^3} \tag{2-23}$$

缓和曲线角 $$\beta_0 = \frac{L_s}{2R}\frac{180°}{\pi} \tag{2-24}$$

切线长 $$T = (R+p)\tan\frac{\alpha}{2}+q \tag{2-25}$$

曲线长 $$L = L'+2L_s = (\alpha-2\beta_0)\frac{\pi}{180}R+2L_s \tag{2-26}$$

外矢距 $$E = (R+p)\sec\frac{\alpha}{2}-R \tag{2-27}$$

校正值 $$J = 2T-L\quad（又称为超距或差距） \tag{2-28}$$

式中 R——圆曲线半径（m）；
　　L_s——缓和曲线长度（m）；
　　L'——圆曲线长度（m）；
　　α——交点偏角（°）。

图 2-8 中，JD 为交点，ZH 为曲线起点，HZ 为曲线终点，HY 与 YH 为缓和曲线与圆曲线相接处，QZ 为曲线中点，α 为交点偏角，起点至终点的弧长即曲线长。

2. 主点桩号计算

在完成平曲线各个线形要素的计算后，就可以根据各曲线要素以及导线交点坐标计算并校核各主点桩号，具体如下：

ZH： $$ZH = JD-T \tag{2-29}$$

HY： $$HY = ZH+L_s \tag{2-30}$$

QZ： $$QZ = ZH+\frac{L}{2} \tag{2-31}$$

YH： $$YH = HY+L' = HZ-L_s \tag{2-32}$$

HZ： $$HZ = ZH+L \tag{2-33}$$

JD： $$JD = HZ-T+J\quad（为校核计算） \tag{2-34}$$

3. 坐标计算

目前，由于计算机软件的普及，手工计算已经逐渐摒弃，坐标计算多由计算机完成。因此本书不再赘述。

2.5 平面线形设计方法

所谓平面线形设计方法，就是利用已有的控制点信息及约束条件，合理地确定道路中线的走向和位置，即确定路中线上任意一点的桩号、平面坐标、方位（角）、转向等信息。目前，在国内外的道路平面线形设计中，最常用的有直线型和曲线型两类设计方法。

2.5.1 直线型设计方法

直线型设计方法也称导线型设计方法，简称导线法。直线型设计以直线为主体，先定导线，后定曲线。在布设过程中，导向线控制路线走向，圆曲线、缓和曲线充当直线的配角，起导线交点线形和行车过渡的作用，并未将直线、圆曲线、缓和曲线视为一个统一的整体来加以运用。目前，在工程实践中，直线型设计方法使用最为广泛（图2-9）。

然而直线型设计将路线人为地分为直线段和曲线段两部分。进行曲线敷设时，又人为地将其划分为由基本线形要素组合而成的若干种组合类型，并针对各组合类型研究计算方法。但在高等级公路互通式立交匝道线形设计或以曲线为主的路线线形设计中，由于路线导线难以确定，或由于线形组合特殊、复杂，采用直线型方法进行曲线敷设和计算都非常困难。如立交主线为曲线时，其内侧匝道往往会出现S形线形组合，而S形曲线的公共导线位置难以人为确定，因而难以借助直线型设计方法计算求解；再如当出现卵形线形组合时，传统意义上的导线也不存在。另外，直线型设计由于受到导线的限制，在一些地形和地物约束严格的路段，设计方面主要考虑的是曲线要素值如何满足规范，忽略了与地形地物条件的协调；或在一些无约束路段，线形要素取值过大，导致大填大挖，从而造成对自然环境的破坏和工程造价的增加。

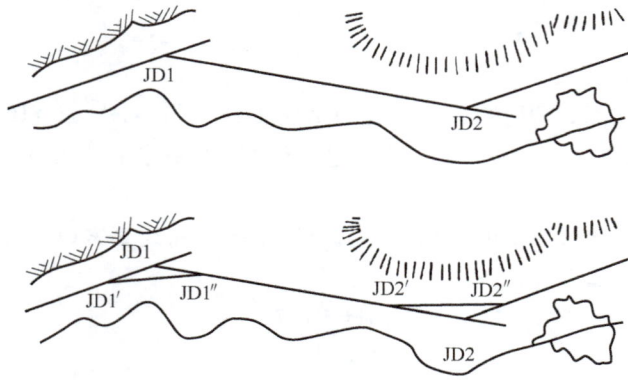

图2-9　直线型平面设计方法示意图

例2-1　某公路设计速度为60km/h，平面线形示意图，如图2-10所示。JD1处右转的转角为45°05′20″，桩号为K4+895.25，JD2处左转的转角为38°24′38″，JD1到JD2的距离为356.00m，正对JD2弯道内侧有一障碍物距交点的距离为15.00m，如果JD1处的半径R_1取250m，缓和曲线长度L_{s1}取70m。请计算JD1处的曲线要素及主点桩号，并确定JD2处的圆曲线半径和缓和曲线长度。

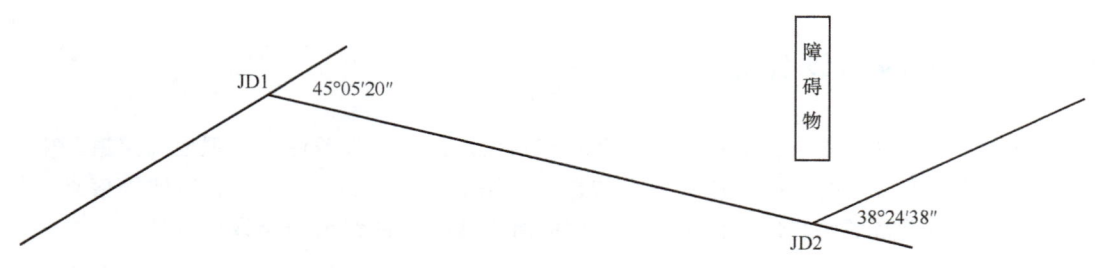

图2-10　平面线形示意图

解：

（1）曲线要素计算：

本书中，考虑计算及工程特点，距离、长度、高度等计算取2位小数，角度取至秒；实践中，需依实际要求确定。

$$q = \frac{L_s}{2} - \frac{L_s^3}{240R^2} = \left(\frac{70}{2} - \frac{70^3}{240\times250^2}\right)\text{m} = 34.98\text{m}$$

$$p = \frac{L_s^2}{24R} - \frac{L_s^4}{2688R^3} = \left(\frac{70^2}{24\times250} - \frac{70^4}{2688\times250^3}\right)\text{m} = 0.82\text{m}$$

$$\beta_0 = \frac{L_s}{2R}\frac{180°}{\pi} = 8°1'12''$$

$$T = (R+p)\tan\frac{\alpha}{2} + q = \left[(250+0.82)\tan\frac{45°05'20''}{2} + 34.98\right]\text{m} = 139.10\text{m}$$

$$L = (\alpha - 2\beta_0)\frac{\pi}{180°}R + 2L_s = \left[(45°5'24''-2\times8°1'12'')\times\frac{\pi}{180°}\times250 + 2\times70\right]\text{m} = 266.74\text{m}$$

$$E = (R+p)\sec\frac{\alpha}{2} - R = \left[(250+0.82)\sec\frac{45°05'20''}{2} - 250\right]\text{m} = 21.57\text{m}$$

$$J = 2T - L = (2\times139.10 - 266.74)\text{m} = 11.46\text{m}$$

(2) 主点桩号计算：

ZH = K4+895.25−139.10 = K4+756.15

HY = K4+756.15+70 = K4+826.15

QZ = K4+756.15 + $\frac{266.74}{2}$ = K4+889.52

YH = K5+022.89−70 = K4+952.89

HZ = K4+756.15+266.74 = K5+022.89

校核：JD = HZ−T+J = K4+895.25，表明计算无误。

(3) R_2 和 L_{s2} 分析计算：

由于 JD1 和 JD2 间距为 356.00m，JD1 处切线长为 139.10m，根据《公路路线设计规范》中反向曲线间直线最小长度 120m（2V）要求，若 JD1、JD2 做成 S 形曲线，则 JD2 处外矢距 E（距障碍物距离）大于 15m，因此 JD1 和 JD2 须做成满足 2V 要求的反向曲线。因此，对于 JD2 处平曲线布设来说，切线长须小于 96.90m，外矢距须小于 15.00m。选定 L_{s2} = 50m，根据外矢距以及切线长反算 R_2 并取整得 200m。经验算，满足各项规范要求。

综上，JD2 处取圆曲线半径为 200m，缓和曲线长度为 50m。

2.5.2 曲线型设计方法

曲线型设计方法也称模式法，和直线型设计方法相比，曲线型设计方法最主要的区别是没有交点。曲线型设计方法的示意图，如图 2-11 所示，它首先根据地形、地物等约束设置圆弧（尽可能大半径，半径无穷大即为直线），然后在圆弧与圆弧间用缓和曲线相连。目前，在工程实践中，由于设计习惯、设计文件格式的要求等原因，直线型设计方法应用最为广泛。但对于立交（包括城市立交）匝道平面布线，因受地形、地物的限制较多，采用导线控制线位时，选择的曲线参数难以满足多个约束条件（包括地形、地物、规范要求等），往往造成不必要的拆迁。而利用曲线型方法，先结合地形、地物约束情况构筑线形骨架，再选取适当的回旋曲线进行连接，使得整个线形能够较好地满足各方面的限制条件。事实上，以曲线为主的平面线形能较好地与地形、地物相配合，减少土石方数量，同时能较好地与风景相协调，使沿线景观优美，曲线方向富于变化，驾驶员行车注意力集中，从而减少交通事故。其实，曲线型设计方法是一般性的、通用的方法，而直线型设计方法是曲线型设计方法的特例，它们的异同点见表2-5。

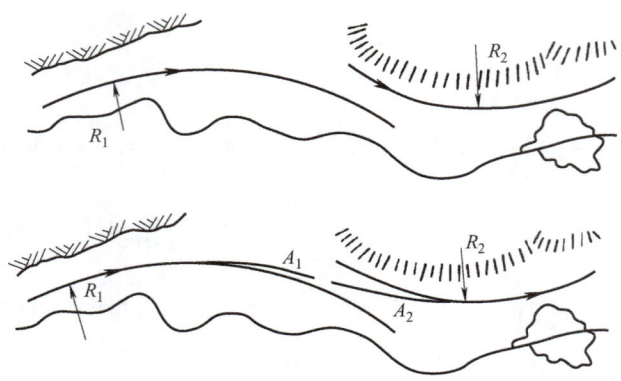

图2-11 曲线型设计方法的示意图

表2-5 直线型设计方法与曲线型设计方法异同点

设计方法	是否有交点及其桩号	线形单元参数确定	布线特点
直线型	有	根据经验和约束给定圆曲线、缓和曲线的参数；多解、多种参数组合	直线控制为主，在交点敷设曲线，和地形、地物的协调相对刚性
曲线型	无	根据约束给定控制线位走向的两个或多个圆弧（也可以是直线），在圆弧间迭代生成缓和曲线，通常是唯一解	曲线控制为主，能较好地和地形、地物协调

曲线型平面设计方法，如图2-12~图2-15所示。

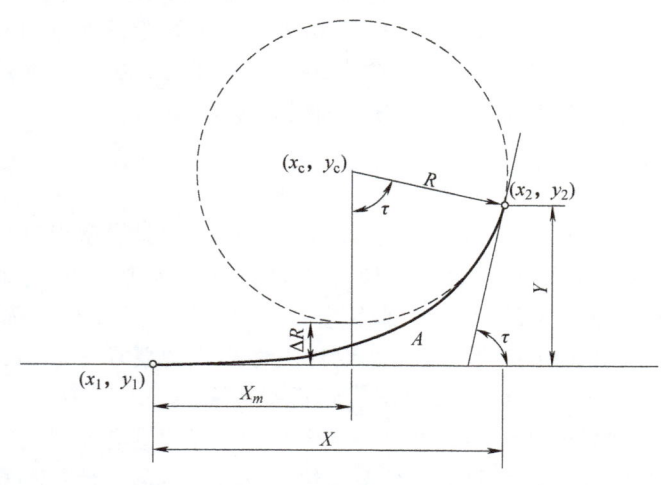

图2-12 曲线型平面设计方法（直—圆形）

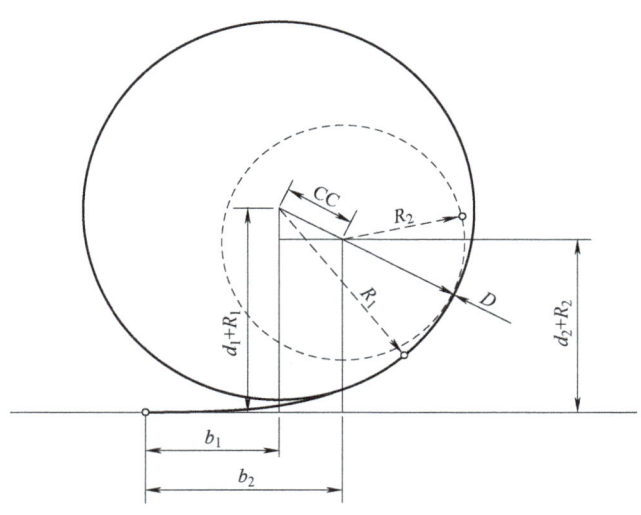

图 2-13 曲线型平面设计方法（卵形）

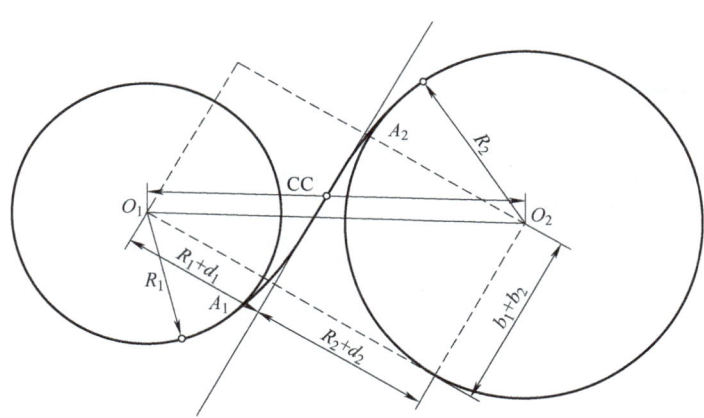

图 2-14 曲线型平面设计方法（S 形）

当直线和圆的位置已定，即已知直线上两点坐标 x_1、y_1 和 x_2、y_2，圆心坐标 x_c、y_c 和半径 R（图 2-12），则圆与直线的最短间距为

$$\Delta R = \frac{|k(x_c - x_1) - (y_c - y_1)|}{\sqrt{1+k^2}} - R \quad (2\text{-}35)$$

其中，$k = \dfrac{y_2 - y_1}{x_2 - x_1}$。

以此为依据，可求得缓和曲线

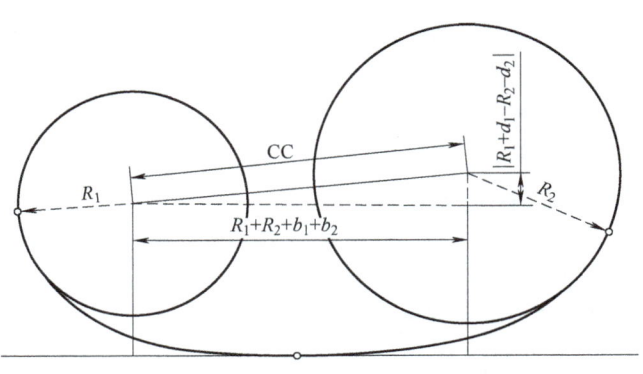

图 2-15 曲线型平面设计方法（C 形）

参数 A 的近似值作为迭代初值，即

$$A = R\left[56 \times \left(1 - \sqrt{1 - \frac{6}{7}\frac{\Delta R}{R}}\right)\right]^{1/4} \tag{2-36}$$

如图 2-12 所示，圆半径 R 以及圆心坐标已定，并且直线的位置已经确定。将上式中 A 的近似值代入进行计算，可得

$$L = \frac{A^2}{R} \tag{2-37}$$

$$\beta = \frac{L}{2A^2} \tag{2-38}$$

设缓和曲线与圆曲线相切处坐标为 X 和 Y，则

$$\begin{cases} X = \sum_{k=1}^{n}(-1)^{k+1}\dfrac{L}{(4k-3)}\prod_{j=1}^{2k-2}\left(\dfrac{\tau}{j}\right) \\ Y = \sum_{k=1}^{n}(-1)^{k+1}\dfrac{L}{(4k-1)}\prod_{j=1}^{2k-1}\left(\dfrac{\tau}{j}\right) \end{cases} \tag{2-39}$$

则

$$\Delta R' = Y + R\cos\beta - R \tag{2-40}$$

精确的 A 值求出的 $\Delta R'$ 应与 ΔR 相等。因此可以利用 A 的近似值为迭代初值，以 $\varepsilon = |\Delta R - \Delta R'|$ 为目标函数，通过迭代计算，算出满足精度要求的 A 值。可以发现，最终有且只有一个满足要求的缓和曲线值。由于计算过于烦琐，一般通过软件来进行求解。

以 S 形曲线为例，曲线型设计方法即用两段完整回旋线反向连接两个圆（图 2-14）。由于这两段回旋参数 A_1 与 A_2 可能相等，也可能不相等，因此，为了搜索确定 A 值必须首先输入 A_1 与 A_2 比值或确定其中的一个 A 值，否则无法求解。此时，两圆的圆心位置及半径都为已知，由此可求出两圆心间距 CC。而给定 A_1、A_2 值，根据回旋线计算公式即可求出 d_1、d_2、b_1 和 b_2，从而可求出此时两圆的圆心间距 CC′ 为

$$CC' = \sqrt{(R_1 + d_1 + R_2 + d_2)^2 + (b_1 + b_2)^2} \tag{2-41}$$

由 $\Delta R = \dfrac{CC - R_1 - R_2}{2}$ 求出 A_1 的近似值作为迭代值，以 $\varepsilon = |CC - CC'|$ 为目标函数，通过迭代计算得到满足精度要求的 A_1、A_2 值。

根据上述求解过程可以发现，只要在给定两圆位置、半径以及某一缓和曲线初始值的情况下，通过迭代计算，最终有且只有一组满足要求的缓和曲线值。同时，由于计算过于烦琐，一般通过软件来进行 A_1、A_2 的求解。

2.6　平面线形组合

上述内容描述了单个交点的基本线形和直线连接同向或反向曲线的要求，本节将进一步说明平面线形的各种组合。

2.6.1　直线与曲线的组合

路线的行车平顺性要求直线与曲线彼此协调而有比例地交替。路线直曲的变化应缓和匀

顺。平面曲线的半径、长度与相邻的直线长度应相适应。过长的直线段会使司机感到疲倦，是事故发生的原因之一，例如，德国的公路设计规范（RAL）规定，曲线半径的大小取决于相连接直线的长度 L。当 $L \leqslant 500 \mathrm{m}$ 时，$R > L$；当 $L > 500 \mathrm{m}$ 时，$R \geqslant 500 \mathrm{m}$。

直线与曲线配合不好的线形应予避免。例如，长直线顶端应避免小半径曲线。同向曲线间的短直线可用大半径的曲线来代替。反向曲线间应有适当长度的直线，这段直线也可用缓和曲线（回旋线）来代替。

直线与曲线的组合得当，将能提高车辆在该线形上的行驶质量。例如，高速公路线形以圆曲线及回旋线为主，其间有适当长度的直线，将能给司机以适当的刺激。

2.6.2 曲线与曲线的组合

曲线之间的组合应使线形连续均匀，没有突变。

圆曲线是曲线组成的基本要素，它的组合有以下几种：

（1）基本形曲线 基本形曲线如图 2-16 所示，平曲线按照直线—回旋线—圆曲线—回旋线—直线顺序的组合形式称为基本形曲线。当两回旋线的参数值相等，称为对称基本形；参数值不相等时称为非对称基本形；不设缓和曲线时，称为简单形。基本形中的回旋线参数、圆曲线最小长度都应符合有关规定。从线形的协调性考虑，回旋线、圆曲线、回旋线的长度之比宜设计成 1∶1∶1～1∶2∶1。

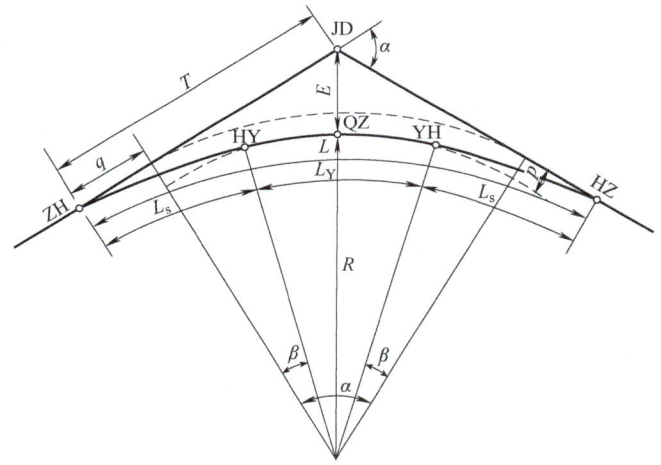

图 2-16 基本形曲线

（2）卵形曲线 卵形曲线是指用一个回旋线连接两个同向圆曲线的组合形式（图 2-17）。卵形曲线共用回旋线的参数 A 宜为 $R_2/2 \leqslant A \leqslant R_2$（$R_2$ 为小圆半径），两圆曲线半径之比以满足 $R_2 : R_1 = 0.2 \sim 0.8$ 为宜，两圆曲线的间距以 $D/R_2 = 0.003 \sim 0.03$ 为宜（D 为两圆曲线间的最小间距）。卵形曲线的回旋线不是从原点开始的完整回旋线，而是使用曲率从 $1/R_1$ 到 $1/R_2$ 这一段的不完整回旋线。

（3）凸形曲线 两个同向回旋线间不插入圆曲线而径向连接的组合形式称为凸形曲线（图 2-18）。凸形曲线尽管在连接点处曲率是连续的，但因中间圆曲线长度为零，对驾驶操作不利，所以只有在地形受限制的山嘴等处使用。

（4）S 形曲线 如图 2-19 所示，两个反向圆曲线用两段反向回旋线连接的组合形式称为 S 形曲线。S 形曲线相邻两回旋线参数宜相等；当采用不等参数时，参数之比应小于 2.0，有条件时，以小于 1.5 为宜。两圆曲线半径之比以 1/3～1 为宜。

（5）C 形曲线 如图 2-20 所示，两同向回旋线在曲率为零处连接的组合形式称为 C 形曲线。C 形曲线连接处的曲率为零，对行车和视觉均不利，所以 C 形曲线仅在地形条件特别困难和路线严格受限处方可采用。

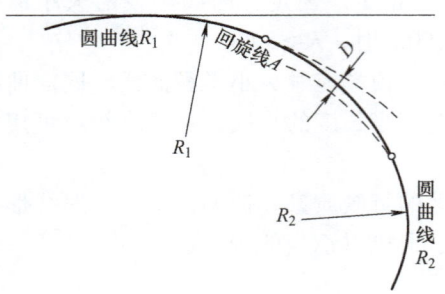

图 2-17　卵形曲线

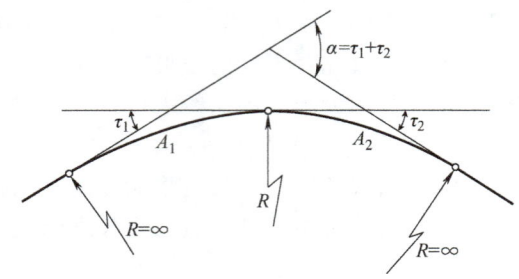

图 2-18　凸形曲线

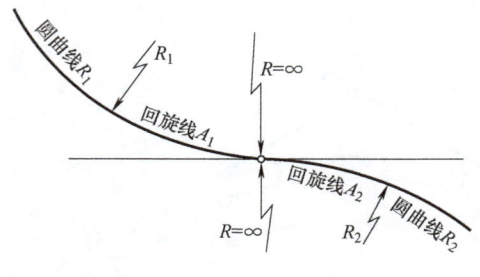

图 2-19　S 形曲线

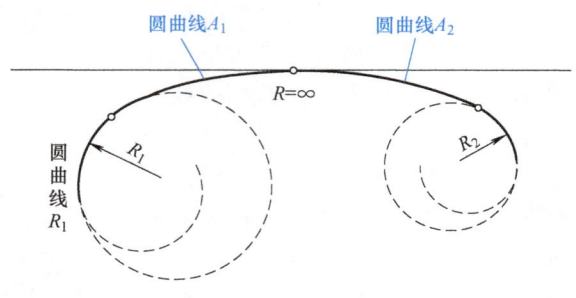

图 2-20　C 形曲线

（6）复曲线　复曲线是指两个或两个以上半径不同，转向相同的圆曲线内切或者外切相连接而形成的平曲线（图 2-21）。当四级公路复曲线的两圆曲线超高不同时，应按超高坡差从公切点向较大半径曲线内插入超高加宽过渡段，其长度为两超高缓和长度之差或超高坡差相应的超高缓和长度。

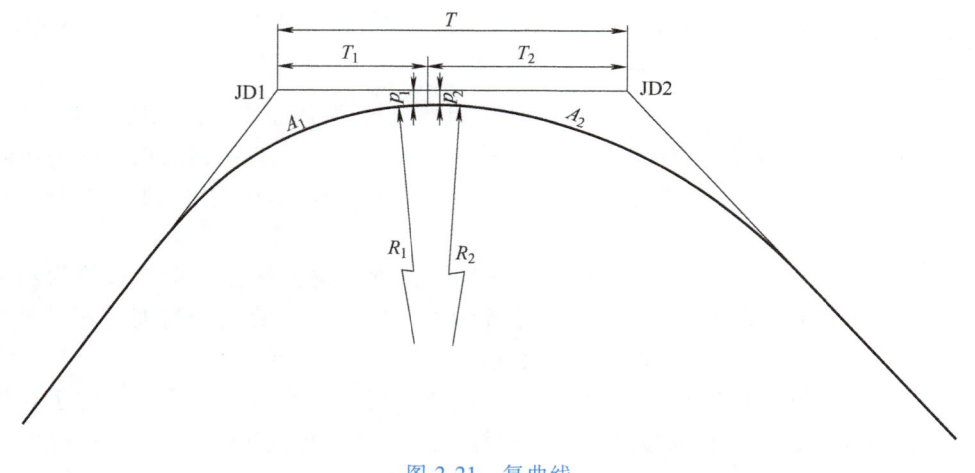

图 2-21　复曲线

（7）复合曲线　复合曲线是指两个或两个以上同向缓和曲线在曲率相等处直接相连、

组合而成的曲线（图 2-22）。

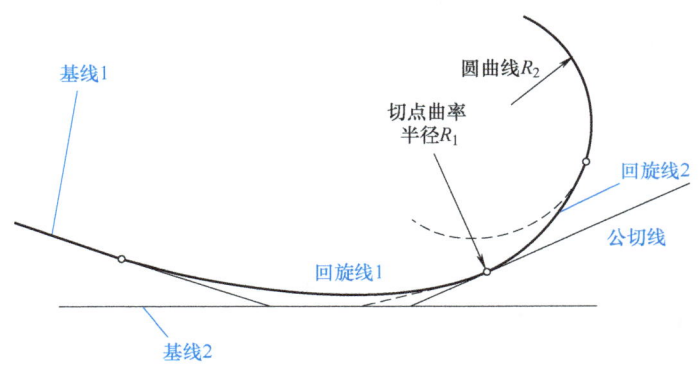

图 2-22　复合曲线

（8）回头曲线　当山区因地形地质条件限制，自然展线困难时所设置的回头形状的曲线称作回头曲线。（圆心角接近于或大于 180°）（图 2-23）。

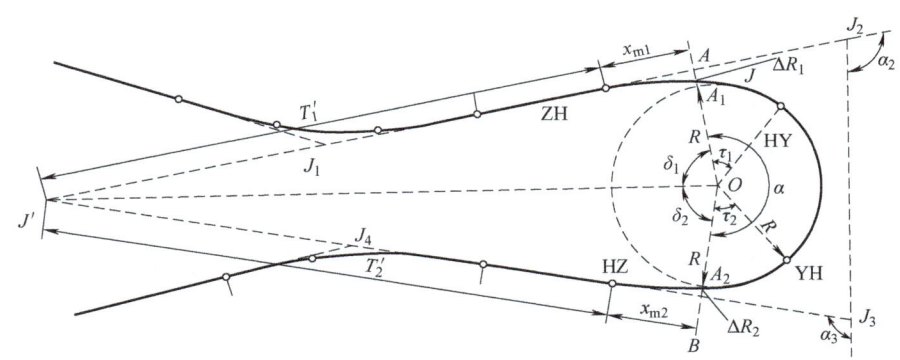

图 2-23　回头曲线

回头曲线设计指标见表 2-6。

表 2-6　回头曲线设计指标

项　目	公路等级			
	三　级			四　级
设计速度/(km/h)	40		30	20
回头曲线设计速度/(km/h)	35	30	25	20
主曲线最小半径/m	40	30	20	15
缓和曲线最小长度/m	35	30	25	20
超高横坡度（%）	6	6	6	6
双车道路面加宽值/m	2.5	2.5	2.5	3.0
最大纵坡（%）	3.5	3.5	4.0	4.5

相邻两回头曲线之间应争取有较长的距离。由一个回头曲线终点至下一个回头曲线起点的距离，在二、三、四级公路上分别不应小于200m、150m、100m。回头曲线最短长度在二、三、四级公路分别为120m、100m、80m。

回头曲线前后线形要有连续性，两头以布置过渡性曲线为宜，还应布置限速标志，并采取保证通视良好的技术措施。

2.7 平面设计成果

道路平面设计完成后，即可获得一些图、表成果，具体可参见交通部公布的《公路工程基本建设项目设计文件图表示例》。这里仅就直线、曲线及转角表、逐桩坐标表和路线平面设计图加以说明。

2.7.1 直线、曲线及转角表

直线、曲线及转角表是直线型平面设计方法的主要成果之一，全面表达了路线的基本要素和直曲关系等信息。直线、曲线及转角表如图2-24所示。

2.7.2 逐桩坐标表

逐桩坐标表是道路中桩放样的重要资料，是较高等级道路平面设计的重要成果之一。逐桩坐标表即各个中桩的坐标（图2-25）。

2.7.3 路线平面设计图

路线平面图是平面设计的主要成果之一。它综合反映了路线的平面位置、线形和尺寸，还反映了沿线人工构造物和工程设施的布置以及道路与周围环境、地形、地物的关系。

一般公路路线平面图采用1∶2000的比例尺，平原微丘区也可采用1∶5000的比例尺，路线平面图上应标出路中心线及其里程桩号、平曲线要素、水准点、大中桥、路线交叉（注明形式及结构类型）、隧道、主要沿线设施的位置及县以上分界线等，其带状宽度为中线两侧各200~250m。

高等级公路尚应示出坐标格网、导线点、交点坐标表、桥涵、隧道、路线交叉、沿线排水系统、沿线主要设施的布置等。路线位置应标出中心线、中央分隔带、路基边线、坡脚（或坡顶）线及曲线主要桩位，比例尺用1∶1000或者1∶2000。带状宽度为路中线两侧各100~200m。

城市道路平面图一般采用的比例尺为1∶1000~1∶500，两侧范围应在红线以外各20~50m，应标明路中心线、远、近期的规划红线、行车道线、人行道线、停车场、绿化带、交通岛、人行横道线、沿街建筑物出入口（接坡）、各种地上和地下管线的走向位置、雨水进水、窨井等，注明交叉口及沿线里程桩。弯道及交叉口处应注明曲线要素、交叉口侧石的转弯半径等。

公路和城市道路平面设计图实例详见以下公路路线平面图（图2-26）和城市道路路线平面图（图2-27）。

直线、曲线及转角表

交点号	交点坐标 X	交点坐标 Y	交点桩号	转角值 左转 (° ′ ″)	转角值 右转 (° ′ ″)	曲线要素值（米） 半径 R	第一缓和曲线参数 A_1	第一缓和曲线长度 L_1	第二缓和曲线参数 A_2	第二缓和曲线长度 L_2	第一切线长度 T_1	第二切线长度 T_2	曲线长度 L	外矢距 E	曲线位置 第一缓和曲线起点 ZH	第一缓和曲线终点 HY(ZY)	曲线中点 QZ	第二缓和曲线起点 YH(YZ)	第二缓和曲线终点 HZ	直线长度及方向 直线长度/m	交点间距/m	计算方位角 (° ′ ″)	备注
起点	202897.451	116833.044	K0+000																	0	97.353	338°47′17″	
JD1	202988.209	116797.820	K0+097.353	36°3′23″		210	110	57.619	110	57.619	97.353	97.353	189.773	11.535	K0+000	K0+057.619	K0+094.886	K0+132.154	K0+189.773	277.386	445.930	302°43′54″	
JD2	203229.325	116422.698	K0+538.35	22°2′41″		230	110	52.609	110	52.609	71.191	71.191	141.102	4.833	K0+467.158	K0+519.767	K0+537.71	K0+555.652	K0+608.261	0	200.333	280°41′13″	
JD3	203266.475	116225.840	K0+737.402		52°57′50″	200	108.021	58.343	108.021	58.343	129.141	129.141	243.222	24.237	K0+608.261	K0+666.603	K0+729.872	K0+793.14	K0+851.482	187.335	463.890	333°39′3″	
JD4	203682.170	116019.946	K1+186.231	55°9′7″		200	130	84.500	130	84.500	147.414	147.414	277.017	27.308	K1+038.818	K1+123.318	K1+177.326	K1+231.335	K1+315.835	172.739	386.449	278°29′55″	
JD5	203739.283	115637.741	K1+554.87	9°28′33″		500	160	51.200	129.309	33.442	66.296	58.930	125.014		K1+488.574	K1+539.774	K1+551.081	K1+580.146	K1+613.588	0	149.432	269°1′22″	
JD6	203736.734	115488.330	K1+704.09		14°48′18″	500	150	45	230.511	106.271	90.503	115.178	204.834		K1+613.588	K1+658.588	K1+716.005	K1+712.151	K1+818.422	0	293.712	283°49′40″	
JD7	203806.933	115203.131	K1+996.956	64°50′25″		200	141.820	100.564	141.820	100.564	178.534	178.534	326.900	39.418	K1+818.422	K1+918.986	K1+981.872	K2+044.757	K2+145.321	0	326.731	218°59′15″	
JD8	203552.971	114997.568	K2+293.518		49°8′27″	220	143.683	93.840	143.683	93.840	148.196	148.196	282.527	23.735	K2+145.321	K2+239.161	K2+286.585	K2+334.009	K2+427.848	0	360.719	268°7′42″	
JD9	203541.190	114637.041	K2+640.371	84°48′0″		200	108.198	58.534	108.198	58.534	212.523	212.523	354.542	71.802	K2+427.848	K2+486.382	K2+605.119	K2+723.856	K2+782.391	0	356.516	183°19′42″	
JD10	203185.276	114616.342	K2+926.384		22°9′59″	450	223.792	111.295	223.792	111.295	143.993	143.993	285.389	9.720	K2+782.391	K2+893.686	K2+925.085	K2+956.485	K3+067.78	0	327.595	205°29′41″	
JD11	202889.580	114475.337	K3+251.382	45°22′45″		300	185.705	114.954	185.705	114.954	183.602	183.602	352.559	27.152	K3+067.78	K3+182.734	K3+244.06	K3+305.385	K3+420.339	0	342.899	160°6′55″	
JD12	202567.125	114591.966	K3+579.636		33°57′16″	350	190.949	104.175	190.949	104.175	159.297	159.297	311.591	17.297	K3+420.339	K3+524.514	K3+576.135	K3+627.755	K3+731.93	0	355.603	194°4′12″	
JD13	202222.190	114505.517	K3+928.236	53°2′5″		300	166.252	92.132	166.252	92.132	196.306	196.306	369.822	36.587	K3+731.93	K3+824.063	K3+916.841	K4+009.62	K4+101.752	0	331.565	141°2′6″	
JD14	201964.388	114714.020	K4+237.011		28°24′13″	360	177.885	87.898	177.885	87.898	135.259	135.259	266.362	12.271	K4+101.752	K4+189.65	K4+234.933	K4+280.217	K4+368.115	0	337.446	169°26′19″	
JD15	201632.659	114775.870	K4+570.301	31°14′47″		490	252.003	129.604	252.003	129.604	202.187	202.187	396.825	20.280	K4+368.115	K4+497.718	K4+566.527	K4+635.336	K4+764.94	0	371.852	138°11′32″	
JD16	201355.486	115023.758	K4+934.604		19°54′31″	550	283.173	145.795	283.173	145.795	169.665	169.665	336.903	10.040	K4+764.94	K4+910.735	K4+933.391	K4+956.048	K5+101.843	0	424.257	158°6′3″	
JD17	200961.842	115181.995	K5+356.435	80°31′26″		250	144.760	83.822	144.760	83.822	254.592	254.592	435.173	79.145	K5+101.843	K5+185.665	K5+319.43	K5+453.195	K5+537.016	388.288	753.132	77°34′37″	
JD18	201123.861	115917.493	K6+035.556		23°24′37″	360	160	71.111	160	71.111	110.251	110.251	218.202	8.243	K5+925.305	K5+996.416	K6+034.406	K6+072.395	K6+143.506	282.257	467.873	100°59′14″	
JD19	201034.690	116376.790	K6+501.129	9°43′1″		650	150	34.615	245.345	92.607	75.365	98.790	173.845		K6+425.764	K6+460.379	K6+512.686	K6+507.002	K6+599.609	0	196.136	91°16′13″	
JD20	201030.341	116572.878	K6+696.955	21°54′1″		280	160	91.429	103.770	38.458	97.346	76.184	171.969		K6+599.609	K6+691.037	K6+685.593	K6+733.119	K6+771.577	0	220.562	69°22′12″	
JD21	201108.052	116779.297	K6+915.955	48°31′8″		220	140.108	89.228	140.108	89.228	144.378	144.378	275.528	22.960	K6+771.577	K6+860.806	K6+909.341	K6+957.876	K7+047.105	0	215.104	20°51′4″	
JD22	201309.069	116855.861	K7+117.831		16°39′42″	280	128.876	59.318	128.876	59.318	70.726	70.726	140.743	3.515	K7+047.105	K7+106.423	K7+117.476	K7+128.53	K7+187.848	0	178.116	37°30′46″	
JD23	201450.354	116964.323	K7+295.237	42°2′54″		200	110	60.500	110	60.500	107.389	107.389	207.276	15.080	K7+187.848	K7+248.348	K7+291.486	K7+334.624	K7+395.124	5.333	112.722	355°27′52″	
终点	201562.723	116955.410	K7+400.457																				
合计													6087.118							1313.339			

XX设计院	XX工程 施工图设计	直曲转角表	设计	校核	审核	图表号	日期

图 2-24 直线、曲线及转角表

逐桩坐标表

桩号	坐标 X	坐标 Y	桩号	坐标 X	坐标 Y	桩号	坐标 X	坐标 Y
K0+000	202997.451	116833.044	K0+519.767	203217.555	116437.304	K1+000	203515.287	116102.604
K0+020	202916.056	116825.705	K0+520	203217.658	116437.095	K1+020	203533.209	116093.727
K0+040	202934.406	116817.756	K0+540	203225.672	116418.778	K1+038.818	203550.072	116085.375
K0+057.619	202950.113	116809.783	K0+555.652	203230.815	116403.998	K1+040	203551.131	116084.850
K0+060	202952.188	116808.614	K0+560	203232.066	116399.834	K1+060	203569.012	116075.889
K0+080	202969.059	116797.887	K0+580	203236.982	116380.451	K1+080	203586.661	116066.484
K0+100	202984.833	116785.604	K0+600	203240.988	116360.857	K1+100	203603.829	116056.231
K0+120	202999.368	116771.876	K0+608.261	203242.527	116352.741	K1+120	203620.208	116044.764
K0+132.154	203007.538	116762.881	K0+620	203244.727	116341.210	K1+123.318	203622.823	116042.722
K0+140	203012.536	116756.833	K0+640	203248.861	116321.643	K1+140	203635.440	116031.815
K0+160	203024.446	116740.770	K0+660	203254.051	116302.333	K1+160	203649.303	116017.411
K0+180	203035.553	116724.139	K0+666.603	203256.107	116296.058	K1+180	203661.659	116001.695
K0+189.773	203040.848	116715.925	K0+680	203260.898	116283.550	K1+200	203672.384	115984.823
K0+200	203046.378	116707.322	K0+700	203269.583	116265.543	K1+220	203681.371	115966.966
K0+220	203057.192	116690.498	K0+720	203280.021	116248.493	K1+231.335	203685.658	115956.475
K0+240	203068.006	116673.673	K0+740	203292.110	116232.570	K1+240	203688.536	115948.302
K0+260	203078.820	116656.849	K0+760	203305.727	116217.934	K1+260	203694.015	115929.072
K0+280	203089.634	116640.025	K0+780	203320.738	116204.730	K1+280	203698.212	115909.520
K0+300	203100.448	116623.201	K0+793.14	203331.287	116196.899	K1+300	203701.577	115889.806
K0+320	203111.263	116606.376	K0+800	203336.990	116193.087	K1+315.835	203703.966	115874.151
K0+340	203122.077	116589.552	K0+820	203354.191	116182.892	K1+320	203704.572	115870.032
K0+360	203132.891	116572.728	K0+840	203371.920	116173.637	K1+340	203707.528	115850.251
K0+380	203143.705	116555.904	K0+851.482	203382.200	116168.522	K1+360	203710.483	115830.471
K0+400	203154.519	116539.079	K0+860	203389.832	116164.741	K1+380	203713.439	115810.691
K0+420	203165.333	116522.255	K0+880	203407.755	116155.864	K1+400	203716.395	115790.910
K0+440	203176.147	116505.431	K0+900	203425.677	116146.988	K1+420	203719.351	115771.130
K0+460	203186.961	116488.607	K0+920	203443.599	116138.111	K1+440	203722.306	115751.349
K0+467.158	203190.832	116482.585	K0+940	203461.521	116129.234	K1+460	203725.262	115731.569
K0+480	203197.751	116471.767	K0+960	203479.443	116120.357	K1+480	203728.218	115711.789
K0+500	203208.176	116454.700	K0+980	203497.365	116111.480	K1+488.574	203729.485	115703.309

桩号	坐标 X	坐标 Y
K1+500	203731.164	115692.007
K1+520	203733.929	115672.199
K1+539.774	203736.186	115652.555
K1+540	203736.208	115652.330
K1+560	203737.740	115632.390
K1+580	203738.473	115612.405
K1+580.146	203738.475	115612.259
K1+600	203738.485	115592.406
K1+613.588	203738.278	115578.820
K1+620	203738.170	115572.408
K1+640	203737.964	115552.410
K1+668.588	203738.185	115533.824
K1+660	203738.227	115532.412
K1+680	203738.242	115512.439
K1+700	203741.054	115492.523
K1+712.151	203742.544	115480.464
K1+720	203743.661	115472.695
K1+740	203746.994	115453.363
K1+760	203750.908	115433.841
K1+780	203755.252	115413.841
K1+800	203759.879	115394.383
K1+818.422	203764.263	115376.491
K1+840	203764.640	115374.958
K1+860	203769.339	115355.518
K1+880	203773.620	115335.982
K1+900	203777.089	115316.288
K1+918.986	203779.347	115296.420
K1+920	203780.000	115277.451
K1+940	203779.987	115276.437
	203778.686	115256.488

图 2-25 逐桩坐标表

第2章 道路平面设计

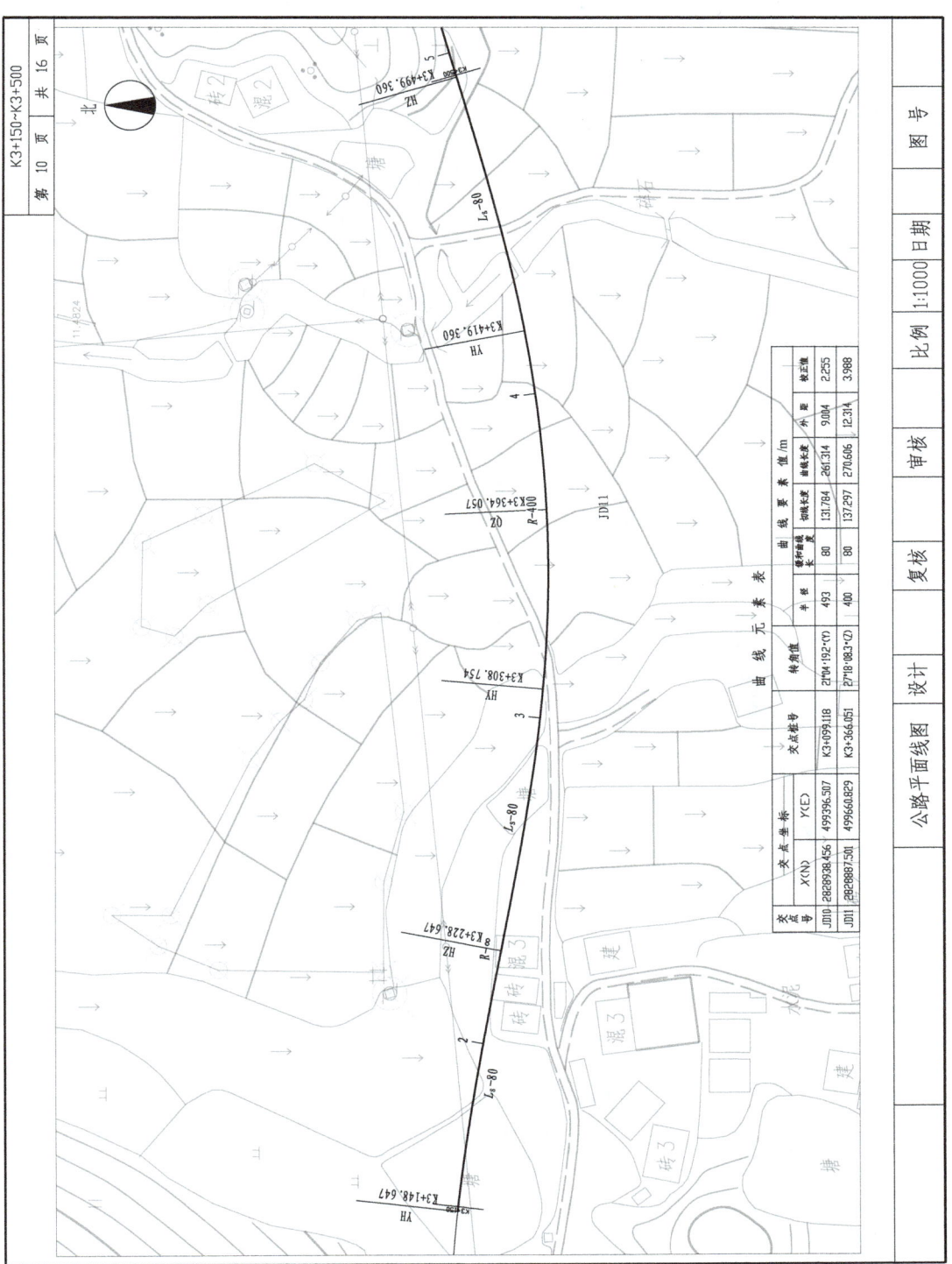

图 2-26 公路路线平面图

道路勘测设计

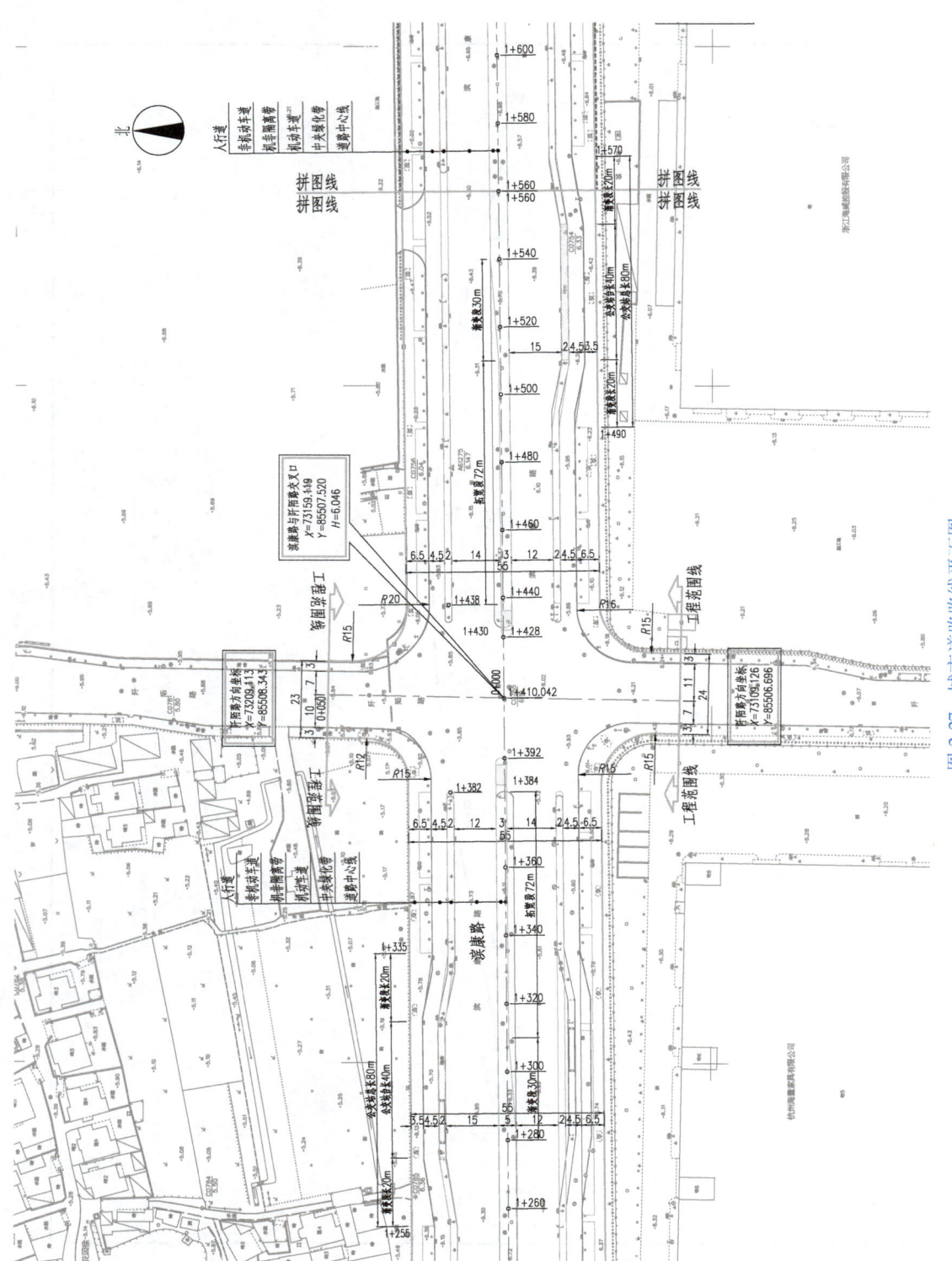

图 2-27 城市道路路线平面图

习 题

1. 圆曲线半径的选定应考虑哪些因素？
2. 何为横向力系数？其最大值可为多大？设计时应如何选用？
3. 汽车在小半径平面弯道上做高速行驶时，为什么会表现出横向的不稳定情况？为什么汽车高速行驶时在弯道的内侧要比在外侧显得稳定？
4. 为什么要设置缓和曲线？其长度取决于什么？
5. 圆曲线的极限最小半径和不设超高最小半径的计算式有何不同？
6. 平面线形有哪些几何要素？其组合形式有哪些？
7. 何为复曲线？同向复曲线间不设缓和曲线而径相连接的条件是什么？其根据是什么？
8. 同向复曲线间不设缓和曲线，两圆曲线径相连接时，两曲线间要否设置超高缓和段？若要设置，则超高缓和段长度如何计算？又如何设置？
9. 城市道路中线某交点偏角 $\alpha=55°$，其旁有一重要建筑物，基础尺寸 6m×10m，外边缘距交点最短距离有 25m，欲保留该建筑物（图 2-28），试问该弯道可能最大和最小的半径值各为多少？已知该路设计车速为 40km/h，道路宽度 24m，路拱横坡 2%，横向力系数 $\mu=0.1$。

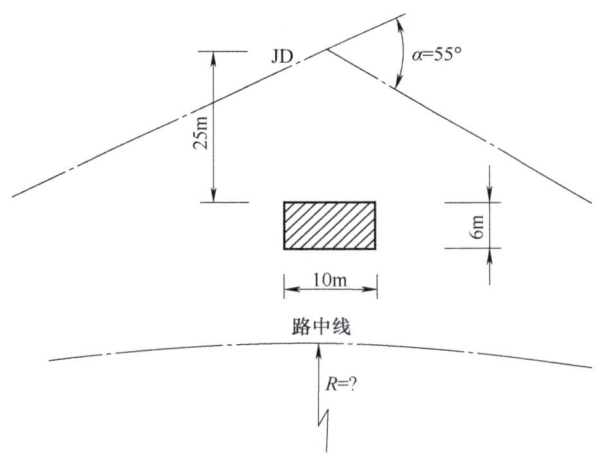

图 2-28 路线设计示意图

10. 某平原区二级公路，设计速度为 80km/h，现平面上有两个相邻交点 JD3 和 JD4，其间距为 700.00m，α_3 右偏 15°3′24″，α_4 右偏 16°10′12″，JD3 桩号为 K5+281.07。若 JD3 处的圆曲线半径选用 2000m，试完成 JD3 及 JD4 处的平曲线设计，并计算 JD4 的主点桩号。

第 3 章　道路纵断面设计

学习目标：
1. 理解地面高程、设计高程和填挖高度之间的关系；
2. 掌握纵坡设计的技术指标要求，包括纵坡的大小和长度；
3. 掌握竖曲线的特点、适用条件及参数计算，并初步具备利用计算机辅助设计软件完成竖曲线设计的能力；
4. 掌握平面、纵断面线形组合设计的原则、形式及要求；
5. 理解纵断面线形设计与周围地形地物、填挖方、行车安全、通行能力之间的关系，并初步具备完成纵断面设计的能力；
6. 理解爬坡车道、避险车道的作用和设计要求。

3.1　概述

道路平面设计完成后，可以得到道路中线的平面位置，但平面位置只能反映道路中线的线形变化，不能反映道路中线的高低起伏情况，因此还需进行纵断面设计。道路纵断面是指通过道路中线的竖向剖面。只有将道路平面和纵断面设计成果相结合才能反映道路中线的空间位置。

纵断面及纵坡概念的串讲

反映路线纵断面形状、位置及尺寸的图形称为路线纵断面图，如图 3-1 所示，纵断面图是纵断面设计的最终成果，也是路线设计文件的重要组成之一。

在纵断面图中，路中线原地面各点的高程称为地面高程，所有桩号地面高程的连线称为地面线，地面线是一条不规则的折线，它反映路中线原地面的高低起伏变化情况，地面线显然不能直接作为行车路线，应进行纵断面设计。

纵断面设计后的高程情况用设计高程来表达，《公路路线设计规范》（JTG D20—2017）对设计高程规定如下：

（1）新建公路的路基设计高程　高速公路和一级公路宜采用中央分隔带的外侧边缘高程；二级公路、三级公路、四级公路宜采用路基边缘高程，在设置超高、加宽路段为设超高、加宽前该处边缘高程。

（2）改建公路的路基设计高程　宜按新建公路的规定执行，也可视具体情况而采用中央分隔带中线或行车道中线高程。

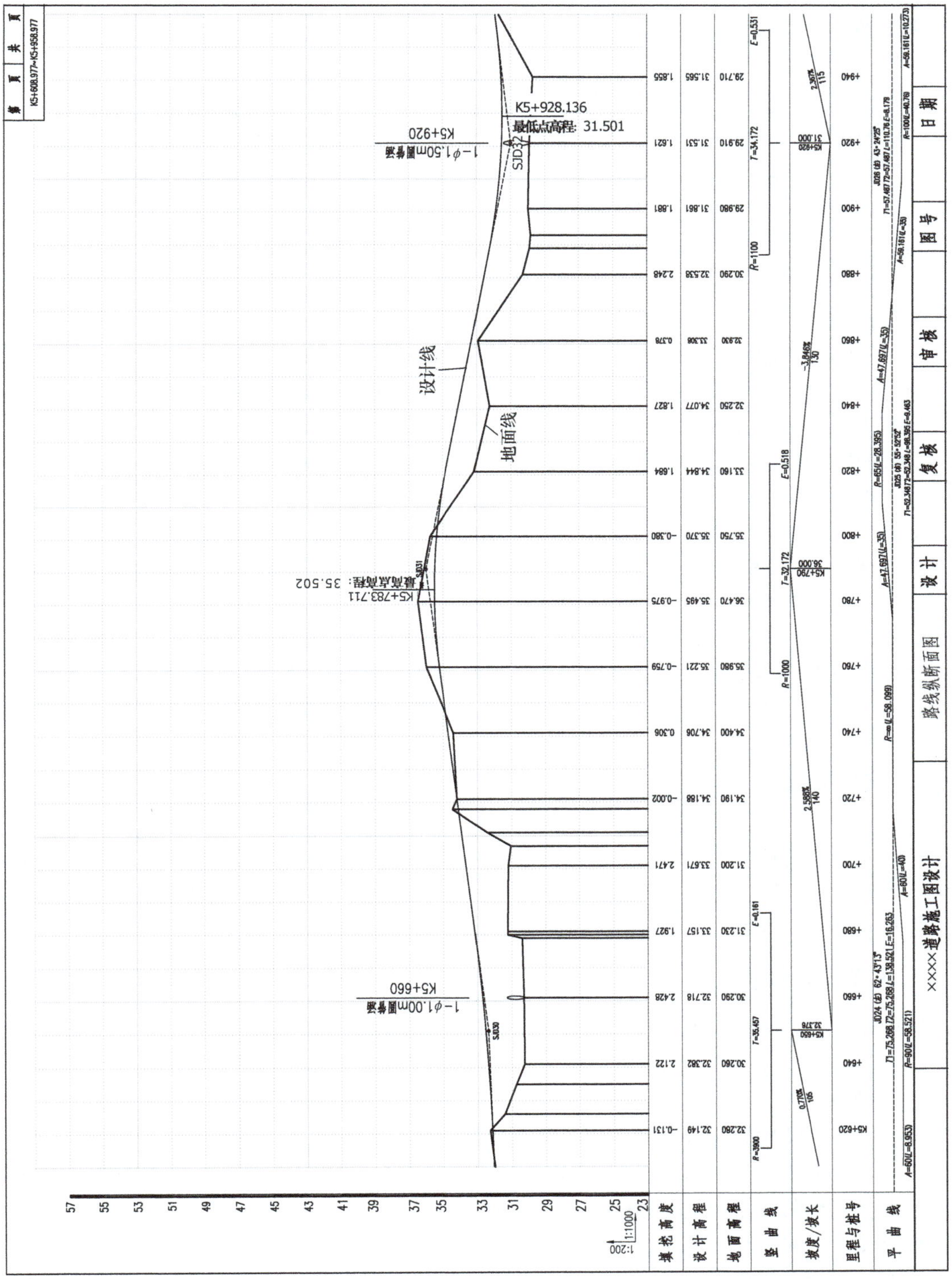
第 页 共 页
K5+608.977~K5+958.977
1:1000
1:200
填挖高度
设计高程
地面高程
竖曲线
坡度/坡长
里程与桩号
平曲线
设计线
地面线
K5+928.136
最低点高程: 31.501
K5+783.711
最高点高程: 35.502
1-φ1.50m圆管涵
K5+920
1-φ1.00m圆管涵
K5+660
××××道路施工图设计
路线纵断面图
设计
复核
审核
图号
日期

图 3-1　路线纵断面图

（3）其他特殊情况下的路基设计高程

1）沿河及可能受水浸淹的路段，按设计高程推算的最低侧路基边缘高程，应高出表 3-1 规定的洪水频率计算水位加壅水高、波浪侵袭高和 0.50m 的安全高度。

表 3-1　路基设计洪水频率

公路等级	高速公路	一级公路	二级公路	三级公路	四级公路
设计洪水频率	1/100	1/100	1/50	1/25	按具体情况确定

注：本表取自《公路路线设计规范》（JTG D20—2017）。

2）沿水库上游岸边的路段，按设计高程推算的最低侧边缘高程，应考虑水库水位升高后地下水位壅升，以及水库淤积后壅水曲线抬高及浪高的影响；在寒冷地区还应考虑冰塞壅水对水位增高的影响。

3）大、中桥桥头引道（在洪水泛滥范围内）的按设计高程推算的路基最低侧边缘高程，应高于该桥设计洪水位（包括壅水和浪高）至少 0.50m；小桥涵附近的路基最低侧边缘高程应高于桥（涵）前壅水水位至少 0.50m（不计浪高）。

4）城市周边地区的公路路基设计洪水频率应结合城市防洪标准，考虑救灾通道、排洪和泄洪需求综合确定。

各个桩号的设计高程与地面高程之差称为该桩号的填挖高度，填挖高度的大小反映了路基的填挖情况。当设计线在地面线上方时，路基需填筑成路堤，当设计线在地面线下方时，路基需开挖成路堑。

各桩号设计高程的连线称为设计线，它是设计人员综合考虑技术、经济等因素后确定的，设计线由坡度线和衔接两相邻坡度线的竖曲线组成。纵断面设计的任务就是根据地面线的情况设计出符合行车要求且经济美观的设计线，即坡度线和竖曲线。

3.2　纵坡设计

任意两个相邻变坡点的竖向高差与水平距离的比值称为这两点之间坡度线的纵坡，纵坡的大小及长短不仅影响汽车的行驶，还与经济性及线形的美观等有关，纵坡设计的过程是一个反复比较、优化的过程。

3.2.1　纵坡设计标准

纵坡设计标准是指对纵坡设计的技术指标要求，这些指标包括纵坡的大小、长短等，是纵坡设计首先要掌握的基本内容。

1. 最大纵坡

最大纵坡是在纵坡设计过程中各级公路允许采用的最大坡度值，它是纵断面设计的一项重要指标，最大纵坡的大小直接影响行车安全、路线里程、使用质量、运营成本及工程造价。由于小客车克服坡度的能力较强，因此最大纵坡的确定主要考虑载重汽车，纵坡过大对载重汽车行驶很不利，其上坡时，为克服坡度阻力需增大牵引力，从而降低车速，妨碍后续的快速行驶车辆，使超车需求增多，这不仅降低通行能力，也降低了行车安全性；而下坡时制动次数增加会使制动过热、制动效能减弱，易发生交通事故。最大纵坡的确定应综合考虑载重汽车的爬坡能力、公路通行能力、下坡制动安全性、交通事故率、油耗、环境保护、工程投资等多种因素，还要结合地形、交通结构差异、经济发展状况等。《公路路线设计规范》对公路最大纵坡的规定见表 3-2。城市道路机动车道最大纵坡应符合表 3-3 的规定。

表 3-2　公路最大纵坡

设计速度/(km/h)	120	100	80	60	40	30	20
最大纵坡（%）	3	4	5	6	7	8	9

注：1. 设计速度为 120km/h、100km/h、80km/h 的高速公路，受地形条件或其他特殊情况限制时，经技术经济论证，最大纵坡可增加 1%。
2. 改扩建公路设计速度为 40km/h、30km/h、20km/h 的利用原有公路的路段，经技术经济论证，最大纵坡可增加 1%。
3. 四级公路位于海拔 2000m 以上或积雪冰冻地区的路段，最大纵坡不应大于 8%。
4. 本表取自《公路路线设计规范》（JTG D20—2017）。

表 3-3　城市道路机动车道最大纵坡

设计速度/(km/h)		100	80	60	50	40	30	20
最大纵坡（%）	一般值	3	4	5	5.5	6	7	8
	极限值	4	5	6	6	7	8	8

注：1. 新建道路应采用小于或等于最大纵坡一般值；改建道路、受地形条件或其他特殊情况限制时，可采用最大纵坡极限值。
2. 除快速路外的其他等级道路，受地形条件或其他特殊情况限制时，经技术经济论证后，最大纵坡极限值可增加 1.0%。
3. 积雪或冰冻地区的快速路最大纵坡不应大于 3.5%，其他等级道路最大纵坡不应大于 6.0%。
4. 本表取自《城市道路工程设计规范》（CJJ 37—2012）。

2. 高原纵坡的折减

对于高原地区公路，随着海拔高度的增加，大气压力、空气温度和密度都逐渐减小。空气密度的减小使汽车发动机的正常操作状态受到影响，从而使汽车的动力性能受到影响。另外，空气密度变小，散热能力减低，发动机易过热，经常持久使用低档，容易使发动机过热，并易使汽车水箱中的水沸腾而破坏冷却系统。设计速度小于或等于 80km/h，位于海拔 3000m 以上高原地区的公路，最大纵坡应按表 3-4 的规定予以折减。最大纵坡折减后若小于 4%，则仍采用 4%。

表 3-4　高原纵坡折减值

海拔高度/m	3000~4000	4000~5000	5000 以上
纵坡折减（%）	1	2	3

注：本表取自《公路路线设计规范》（JTG D20—2017）。

3. 最小纵坡

为了保证挖方地段、设置边沟的低填方地段和横向排水不畅路段的排水，以防积水渗入路基而影响其稳定性，公路纵坡不宜小于 0.3%。横向排水不畅的路段或长路堑路段，采用平坡（0%）或小于 0.3% 的纵坡时，其边沟应做纵向排水设计。

4. 坡长

坡长是指纵断面上两相邻变坡点间的水平直线距离。坡长的限制有两方面：最小坡长限制和最大坡长限制。

（1）最小坡长　从行车来看，纵坡坡段太短，纵坡变换频繁，尤其是纵坡短促起伏，驾驶员需频繁换档，易导致驾驶疲劳。换档引起能量、油料和时间的损失，加速齿轮、离合器和轮胎的磨耗。同时，在变坡的凹形、凸形竖曲线处，造成超重、失重，特别在车速较高时，使乘客很不舒适。因此，限制最小坡长，防止频繁变坡，对保证行车的安全和舒适是必要的。

从线形几何构成来看，纵断面一般由"竖曲线—直坡段—竖曲线"组成，纵坡最小长度至少应能满足设置竖曲线的需要。设计为了突出工程经济性而大量采用短纵坡，限制纵坡最小坡长对线形设计无疑是必要的。

在公路纵断面设计中，公路纵坡最小坡长取 9~12s 的行程为宜，《公路路线设计规范》规定公路最小坡长应满足表 3-5 的规定。城市道路机动车道最小坡长见表 3-6。

表 3-5　公路最小坡长

设计速度/(km/h)	120	100	80	60	40	30	20
最小坡长/m	300	250	200	150	120	100	60

注：本表取自《公路路线设计规范》(JTG D20—2017)。

表 3-6　城市道路机动车道最小坡长

设计速度/(km/h)	100	80	60	50	40	30	20
最小坡长/m	250	200	150	130	110	85	60

注：本表取自《城市道路工程设计规范》(CJJ 37—2012)。

（2）最大坡长　长距离的陡坡对汽车行驶不利。连续上坡会导致车辆（尤其是载重汽车）运行速度降低，影响通行能力和服务水平，造成路段拥堵；上坡路段车辆速度的降低，也会增加大、小车型之间的行驶速度之差，引发交通事故，因此应对陡坡的长度有所限制。不同纵坡的最大坡长应符合表 3-7 的规定。

表 3-7　不同纵坡的最大坡长　　　　　　　　　　　（单位：m）

设计速度/(km/h)		120	100	80	60	40	30	20
纵坡坡度（%）	3	900	1000	1100	1200	—	—	—
	4	700	800	900	1000	1100	1100	1200
	5	—	600	700	800	900	900	1000
	6	—	—	500	600	700	700	800
	7	—	—	—	—	500	500	600
	8	—	—	—	—	300	300	400
	9	—	—	—	—	—	200	300
	10	—	—	—	—	—	—	200

注：本表取自《公路路线设计规范》(JTG D20—2017)。

城市道路机动车道及非机动车道最大坡长限制见表3-8和表3-9。

表3-8 城市道路机动车道最大坡长限制

设计速度/(km/h)	100	80	60			50			40		
纵坡（%）	4	5	6	6.5	7	6	6.5	7	6.5	7	8
最大坡长/m	700	600	400	350	300	350	300	250	300	250	200

注：本表取自《城市道路工程设计规范》（CJJ 37—2012）。

表3-9 城市道路非机动车道最大坡长限制

纵坡（%）		3.5	3.0	2.5
最大坡长/m	自行车	150	200	300
	三轮车	—	100	150

注：1. 非机动车道纵坡宜小于2.5%；当大于或等于2.5%时，纵坡最大坡长应符合本表规定。
　　2. 本表取自《城市道路工程设计规范》（CJJ 37—2012）。

5. 缓和坡段

载重汽车在较大的上坡路段上爬坡时，速度会逐渐折减降低，坡度越大坡长越长，速度折减越严重。设置缓和坡段的目的是给载重汽车提供一个能够加速的纵坡条件，使其行驶速度能恢复并保持在最低限速以上。

各级公路的连续上坡路段，应根据载重汽车上坡时的速度折减变化，在不大于表3-7规定的纵坡长度之间设置缓和坡段。其设置应符合以下规定：

1）设计速度小于或等于80km/h时，缓和坡段的纵坡应不大于3%；设计速度大于80km/h时，缓和坡段的纵坡应不大于2.5%。

2）缓和坡段的长度应大于表3-5的规定。

6. 平均纵坡

平均纵坡是指在一定长度范围内，路线在纵向所克服的高差值与水平距离之比，即

$$i_{平均} = \frac{H}{L} \tag{3-1}$$

式中　$i_{平均}$——路段的平均纵坡；

　　　H——路段的相对高差（m）；

　　　L——路段的长度（m）。

公路纵断面设计即使完全符合最大纵坡、坡长限制及缓和坡段的规定，还不能保证使用质量。在山区道路设计中，由于高差较大，有时会采用一段陡坡加一段缓和坡段这样的台阶式纵断面线形，有时路段虽然单一陡坡并不大，甚至也有缓和坡段，但由于平均纵坡较大，上坡使用低速档较久，易致车辆水箱开锅。下坡则因刹车发热、失效而导致事故发生。因此，有必要控制平均纵坡。这样既可保证路线长度的平均纵坡不致过陡，也可以免除局部地段所使用过大的平均纵坡。

《公路路线设计规范》规定，二级公路、三级公路和四级公路的越岭路线连续上坡或下坡路段，相对高差为200~500m时，平均纵坡不应大于5.5%；相对高差大于500m时，平均纵坡不应大于5%。任意连续3km路段的平均纵坡宜不大于5.5%。

考虑到部分货车性能较低，下坡时的持续制动能力也偏低，高速公路和一级公路连续长、陡下坡的平均坡度与连续坡长不宜超过表 3-10 的规定；超过时，应进行交通安全性评价，提出路段速度控制和通行管理方案，完善交通工程和安全设施，并论证增设货车强制停车区。

表 3-10　连续长、陡下坡的平均坡度与连续坡长

平均坡度（%）	<2.5	2.5	3.0	3.5	4.0	4.5	5.0	5.5	6.0
连续坡长/km	不限	20.0	14.8	9.3	6.8	5.4	4.4	3.8	3.4
相对高差/m	不限	500	450	330	270	240	220	210	200

注：本表取自《公路路线设计规范》(JTG D20—2017)。

7. 合成坡度

合成坡度是指在设有超高的平曲线路段，路线纵坡与超高横坡度所合成的坡度。合成坡度是矢量合成，方向符合平行四边形法则，如图 3-2 所示，其大小计算公式为

$$i_合 = \sqrt{i_纵^2 + i_h^2} \qquad (3-2)$$

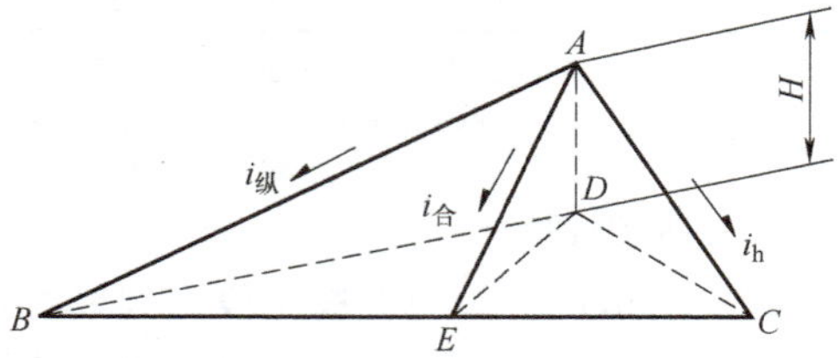

式中　　$i_合$——合成坡度；

　　　　$i_纵$——纵坡；

　　　　i_h——超高横坡度。

图 3-2　合成坡度

为了尽可能地避免陡坡与急弯的组合对行车产生的不利影响，应将合成坡度限制在某一范围之内。最大合成坡度的限值一般是根据横向和纵向的受力分析计算，再根据公路等级和地形类别确定的。《公路路线设计规范》规定的公路最大合成坡度见表 3-11。

表 3-11　公路最大合成坡度

公路技术等级	高速公路、一级公路				二、三、四级公路				
设计速度/(km/h)	120	100	80	60	80	60	40	30	20
合成坡度值（%）	10.0	10.0	10.5	10.5	9.0	9.5	10.0	10.0	10.0

注：本表取自《公路路线设计规范》(JTG D20—2017)。

当陡坡与小半径圆曲线重叠时，宜采用较小的合成坡度。下述情况其合成坡度必须小于 8%：

1) 冬季路面有积雪、结冰的地区。

2) 自然横坡较陡的傍山路段。

3) 非汽车交通量较大的路段。

合成坡度关系到路面排水。合成坡度过小则排水不畅，路面积水易使汽车滑移，前方车辆溅水造成的水膜影响通视，使行车易发生事故。为此，各级公路最小合成坡度不宜小于 0.5%。当合成坡度小于 0.5% 时，应采取综合排水措施，保证路面排水畅通。

8. 爬坡车道

（1）爬坡车道的定义　爬坡车道是陡坡路段正线行车道上坡方向右侧增设的供载重汽

车行驶的专用车道。

（2）设置爬坡车道的原因　在道路纵坡较大的路段上，当载重汽车的比例较大时，由于载重汽车爬坡时需要克服较大的坡度阻力，会导致载重汽车车速下降，载重汽车与小客车的速差变大，超车频率增加，对行车安全不利。不仅如此，速差较大的车辆混合行驶，必将减小快车的行驶自由度，导致通行能力降低。

为了消除上述种种不利影响，宜在陡坡段增设爬坡车道，把载重车从正线车流中分离出去，这样可提高小客车行驶的自由度，确保行车安全，增加路段通行能力。

（3）爬坡车道设置的条件　爬坡车道的设置是陡坡路段坡长受限制后的补充措施，即在陡坡路段满足坡长限制的规定后，行车速度和通行能力仍不能满足正常要求时，需考虑设置爬坡车道。

车辆在公路上行驶的自由度不仅受交通量大小的制约，还要受载重车辆因在长、大纵坡上减速慢行而产生的阻车限制，在双车道上表现尤为突出。小客车在上坡道上的速度变化不大，而载重汽车却会因爬坡能力不足而减速行驶，结果在车道上两种车辆的速度差增大，超车需求增多，"强超硬会"的可能性增大，危及行车安全。多车道公路由于设置了超车车道，只有在交通量和重型车比例达到一定程度后，载重汽车才会对车辆运行产生严重影响。

四车道高速公路、四车道一级公路以及二级公路连续上坡路段，当纵坡对载重汽车的上坡运行速度、路段通行能力、安全等产生严重影响时，应对载重汽车上坡运行速度的降低值和设计通行能力进行验算，符合下列情况之一者，宜在上坡方向行车道右侧设置爬坡车道：

1）沿连续上坡方向，载重汽车的运行速度降低到表3-12的允许最低速度以下时，宜设置爬坡车道。

2）单一纵坡坡长超过表3-7中的规定或上坡路段的设计通行能力小于设计小时交通量时，宜设置爬坡车道。

3）经设置爬坡车道与改善主线纵坡不设爬坡车道技术经济比较论证，设置爬坡车道的效益费用比和行车安全性较优时。

表3-12　上坡方向允许最低速度

设计速度/(km/h)	120	100	80	60	40
允许最低速度/(km/h)	60	55	50	40	25

注：本表取自《公路路线设计规范》（JTG D20—2017）。

从保证公路通行能力的角度出发，凡是上坡路段坡长超过限制坡长时都应设置爬坡车道，消除载重汽车对交通流的影响。但如果不考虑载重车辆的比例，则这种设计的经济性不好。因为从行车感受来讲，多数驾驶者虽然难以承受整个公路长度内的拥堵，但可以忍受局部路段的排队行驶，特别是在山区地形环境下。因此，在交通量较小的公路上，即使纵坡长度超过了限制坡长，但若阻车只是偶尔现象，则可不设置爬坡车道。

（4）爬坡车道设置方法

1）爬坡车道的横断面布置。如图3-3所示，爬坡车道设于上坡方向正线行车道右侧，宽度一般为3.5m，包括设于其左侧路缘带的宽度0.5m。

爬坡车道

图 3-3 爬坡车道横断面组成（单位：m）

因爬坡车道的行车速度低于主线行车速度，故爬坡车道的超高小于主线的超高，超高值应符合表 3-13 的规定。超高横坡的旋转轴应为爬坡车道内侧边缘线。

表 3-13 爬坡车道的超高值

主线的超高坡度（%）	10	9	8	7	6	5	4	3	2
爬坡车道的超高坡度（%）		5			4			3	2

注：本表取自《公路路线设计规范》(JTG D20—2017)。

爬坡车道的曲线加宽值应采用单个车道曲线加宽的规定。

高速公路、一级公路爬坡车道长度大于 500m 时，应按照规定在其右侧设置紧急停车带。

2）爬坡车道的平面布置。爬坡车道的平面布置，如图 3-4 所示，其由分流渐变段、爬坡车道和汇流渐变段组成。

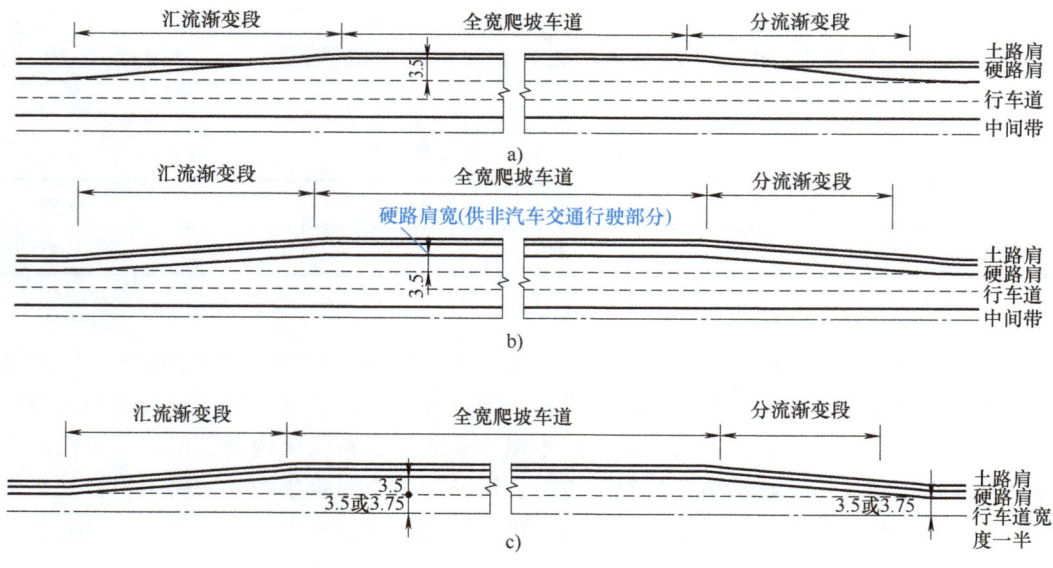

图 3-4 爬坡车道的平面布置（单位：m）
a) 高速公路 b) 一级公路 c) 二级公路

爬坡车道起点应位于陡坡路段上载重汽车运行速度降低至"允许最低速度"之处；爬坡车道的终点，应设于载重汽车爬经陡坡路段后恢复至"允许最低速度"处，或陡坡路段后延伸的附加长度的端部（图3-5）。陡坡路段后延伸的附加长度见表3-14。

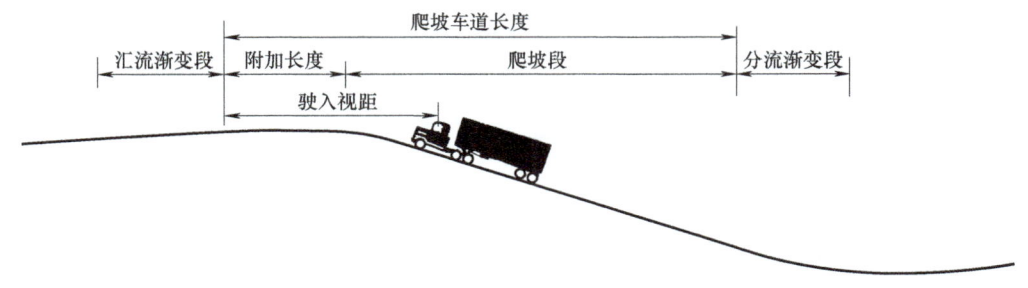

图 3-5 典型爬坡车道

表 3-14 陡坡路段后延伸的附加长度

附加段纵坡（%）	下坡	平坡	上坡			
			0.5	1.0	1.5	2.0
附加长度/m	100	150	200	250	300	350

注：本表取自《公路路线设计规范》（JTG D20—2017）。

设计爬坡车道时，应综合考虑其与线形设计的关系，起、终点应设置在通视良好、便于辨认和过渡平顺的位置。相邻两爬坡车道相距较近时，宜将两爬坡车道直接相连。爬坡车道起点、终点处应要求设置分流、汇流渐变段，其长度见表3-15。

相邻两爬坡车道相距较近时，宜将两爬坡车道直接相连。

表 3-15 爬坡车道分流、汇流渐变段长度

公 路 等 级	分流渐变段长/m	汇流渐变段长/m
高速公路、一级公路	100	150~200
二级公路	50	90

注：本表取自《公路路线设计规范》（JTG D20—2017）。

9. 避险车道

连续长、陡下坡路段，应结合交通安全性评价论证设置避险车道。避险车道应设置在长、陡下坡路段的右侧视距良好的适当位置，其宽度不应小于4.50m。有条件时，宜在避险车道右侧平行设置救援车道。图3-6为避险车道设置示意图。

避险车道是一种容错性的工程措施，应客观认识设置避险车道的作用。尽管设置避险车道能够在一定程度上减轻、减小因车辆失控之后的各类事故的严重程度和损失，但从本质上并不能减小因车辆制动失效、车辆失控而引发事故的概率。因此对于连续长、陡下坡路段应通过交通安全性评价，在完善路段交通工程和路侧安全设施的同时，应重点通过实施有效的交通组织管理、路段速度控制与管理等措施来解决同类路段的通行安全性问题。

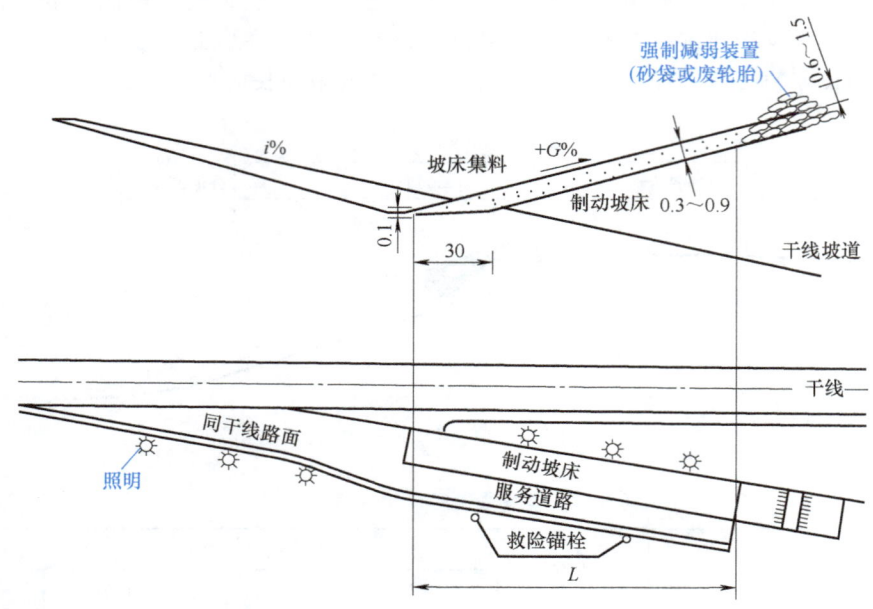

图 3-6 避险车道设置示意图（单位：m）

10. 其他有关纵坡的规定

除了以上对纵坡所做的规定以外，对于某些特殊地段，纵坡设计时还有特殊规定。桥上及桥头路线的纵坡应符合以下规定：

1）小桥处的纵坡应随路线纵坡设计。
2）大、中桥上的纵坡不宜大于 4%，桥头引道纵坡不宜大于 5%，引道紧接桥头部分的线形应与桥上线形相配合。
3）易结冰、积雪的桥梁，桥上纵坡宜适当减小。
4）位于城镇混合交通繁忙处的桥梁，桥上及桥头引道纵坡均不得大于 3%。

隧道及其洞口两端路线的纵坡应符合下列规定：

1）隧道内的纵坡应大于 0.3% 并小于 3%，但短于 100m 的隧道不受此限。
2）高速公路、一级公路的中、短隧道，当条件受限制时，经技术经济论证后，最大纵坡可适当加大，但不宜大于 4%。
3）隧道内的纵坡可设置成单向坡；地下水发育的隧道及特长、长隧道可采用人字坡。位于市镇附近非汽车交通比例较大的路段，纵坡可根据具体情况适当放缓。

3.2.2 纵坡值的运用及纵坡设计要求

纵坡值的运用应符合下列要求：

1）纵断面线形设计时应充分结合沿线地形等条件，宜采用平缓的纵坡，最小纵坡不宜小于 0.3%。对于采用平坡或小于 0.3% 的纵坡路段，应进行专门的排水设计。
2）各级公路不宜采用最大纵坡值和不同纵坡最大坡长值，只有在为争取高度利用有利地形，或避开工程艰巨地段等不得已时，方可采用。

在纵坡设计过程中应符合以下的要求：

1）平原地形的纵坡应均匀、平缓。
2）丘陵地形的纵坡应避免过分迁就地形而起伏过大。
3）越岭线的纵坡应力求均匀，不宜采用最大值或接近最大值的坡度，也不宜采用在连续设置不同纵坡最大坡长值的陡坡间夹短距离缓坡的纵坡线形。
4）山脊线和山腰线，除结合地形不得已时采用较大的纵坡外，在可能条件下应采用平缓的纵坡。

3.3 竖曲线设计

3.3.1 与竖曲线设计相关的概念

竖曲线设计

纵断面设计线上坡度发生变化的点称为变坡点，如图 3-7 所示中的 A、B 点。纵断面设计线上两相邻坡度的代数差称为变坡角，变坡角通常用 ω 表示，i_1、i_2 为相邻的两个坡度，且上坡为正，下坡为负，则 $\omega_1 = i_2 - i_1$，$\omega_2 = i_3 - i_2$。当汽车行驶在变坡点时，为了缓和因车辆动能变化而产生的冲击和保证视距，必须插入竖曲线。竖曲线的线形可采用圆曲线或抛物线。当 ω 为"−"时，变坡点在竖曲线的上方，这时的竖曲线称为凸形竖曲线。当 ω 为"+"时，变坡点在竖曲线的下方，这时的竖曲线称为凹形竖曲线。

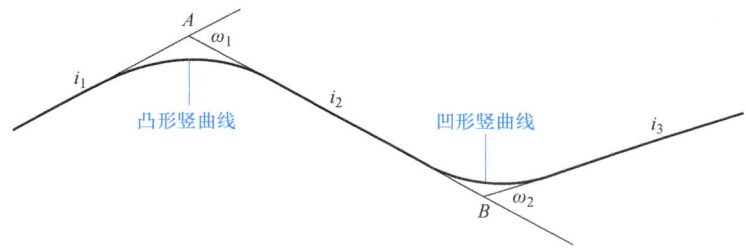

图 3-7 变坡点、变坡角与竖曲线示意图

3.3.2 竖曲线的设计标准

竖曲线的设计标准包括竖曲线的半径和长度，由于竖曲线有凹形和凸形之分，且设置凹形竖曲线和凸形竖曲线的目的不同，因此设计标准也不相同，具体如下。

1. 凹形竖曲线的极限最小半径

凹形竖曲线的极限最小半径主要应满足三方面的要求：一是缓和冲击的要求；二是夜间行车保证前灯有足够的照射距离；三是跨线桥下有足够的行车视距。保证这三方面要求的极限最小半径分别推导如下：

（1）缓和冲击所需的极限最小半径　汽车行驶在竖曲线上时，会产生径向的离心力，离心力的方向是背离圆心，这个力使汽车在凹形竖曲线上产生增重，这种增重达到某种程度时，乘客会有不舒服的感觉，对汽车的悬挂系统也有不利影响，所以在确定竖曲线半径时，对离心加速度应加以限制，根据经验，离心加速度 a 限制在 0.28m/s^2 以下比较合适，此时最小半径为

$$R_{\min} = \frac{v^2}{a} = \frac{(V/3.6)^2}{a} = \frac{V^2}{12.96a} = \frac{V^2}{12.96 \times 0.28} = \frac{V^2}{3.60} \text{(m)} \qquad (3\text{-}3)$$

式中　V——设计速度（km/h）；

　　　v——设计速度（m/s）。

（2）夜间行车保证前灯照射距离所需要的极限最小半径　夜间行车时为了保证行车安全，前灯的照射距离应不小于行车视距，据此可推导出极限最小半径。如图3-8所示，设汽车前灯高度为h，前灯照射角为β。

根据竖曲线计算公式，有

$$BC = \frac{S^2}{2R} \qquad (3\text{-}4)$$

根据图形，有

$$BC = h + S\tan\beta \qquad (3\text{-}5)$$

两式联解得

$$R = \frac{S^2}{2(h + S\tan\beta)} \qquad (3\text{-}6)$$

式中　S——前灯照射距离（m），应满足行车视距，一般用停车视距；

　　　h——前灯高度（m），取$h=0.75$m；

　　　β——前灯照射角，取$\beta=1.5°$。

将h、β的值代入可得

$$R_{\min} = \frac{S^2}{1.5 + 0.0524S} \text{(m)} \qquad (3\text{-}7)$$

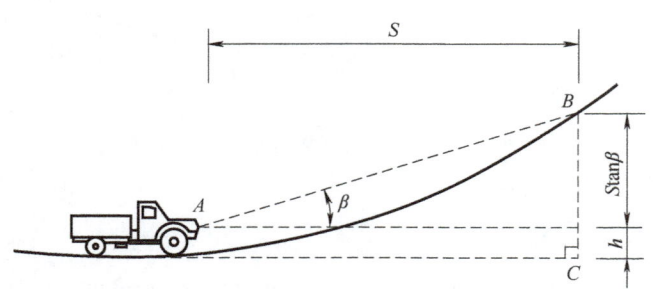

图3-8　保证夜间行车前灯照射距离所需的极限最小半径

（3）保证跨线桥下的行车视距所需的极限最小半径　如图3-9所示，跨线桥下竖曲线半径太小，则不能满足行车视距的要求。

当$L<S$时，根据推算

$$R_{\min} = \frac{2S}{\omega} - \frac{19.27}{\omega^2} \qquad (3\text{-}8)$$

当$L \geq S$时，根据推算

$$R_{\min} = \frac{S^2}{19.27} \qquad (3\text{-}9)$$

具体推算过程略。以 $R_{\min}=\dfrac{S^2}{19.27}$ 作为控制值。

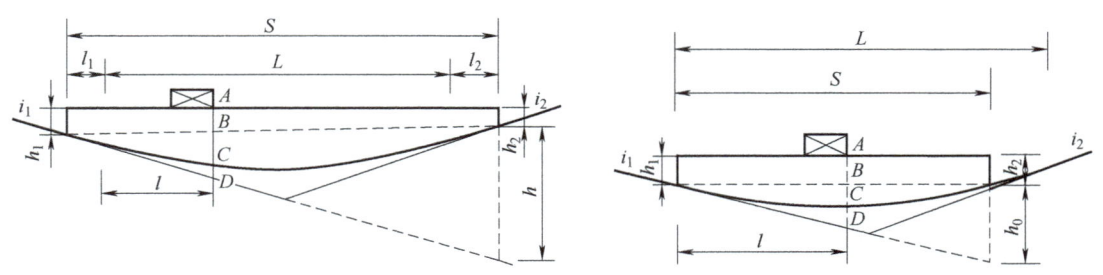

图 3-9　保证跨线桥下的行车视距所需的极限最小半径

综合前面（1）、（2）、（3）的推导过程，凹形竖曲线极限最小半径的计算见表 3-16。

表 3-16　凹形竖曲线极限最小半径的计算

设计速度 /(km/h)	停车视距 S/m	缓和冲击所需半径/m $\dfrac{V^2}{3.60}$	夜间前灯照射距离所要求的半径/m $R_{\min}=\dfrac{S^2}{1.5+0.0524S}$	保证跨线桥下视距所要求的半径/m $R_{\min}=\dfrac{S^2}{19.27}$	《公路路线设计规范》采用的极限最小半径/m
120	210	4000	3527	2286	4000
100	160	2778	2590	1328	3000
80	110	1778	1666	628	2000
60	75	1000	1036	292	1000
40	40	444	445	83	450
30	30	250	293	47	250
20	20	111	157	21	100

2. 凸形竖曲线的极限最小半径

凸形竖曲线的极限最小半径的确定主要是为了缓和冲击和保证纵向行车视距，推导过程如下：

（1）缓和冲击所需要的极限最小半径　汽车在凸形竖曲线上行驶时，径向的离心力产生减重，使乘客有不舒服的感觉，根据前面的推导，这时的极限最小半径

$$R_{\min}=\dfrac{V^2}{3.60} \tag{3-10}$$

（2）满足视距要求的极限最小半径　凸形竖曲线半径过小，路面上凸，会直接影响行车视距。按规定的视距即可推出计算极限最小半径的公式。如图 3-10 所示，分以下两种情况。

1）当 $S \leqslant L$ 时

$$h_m=\dfrac{l_m^2}{2R} \tag{3-11}$$

$$h_w = \frac{l_w^2}{2R} \qquad (3\text{-}12)$$

由几何条件

$$S = l_w + l_m \qquad (3\text{-}13)$$

将式（3-11）和式（3-12）代入式（3-13）得

$$S = \sqrt{2R}\,(\sqrt{h_w} + \sqrt{h_m}) \qquad (3\text{-}14)$$

式中　h_w——障碍物高度（m），取 $h_w = 0.1$ m；

　　　h_m——驾驶人视线高度（m），取 $h_m = 1.20$ m；

　　　l_w——竖曲线顶点 A 距物点的距离（m）；

　　　l_m——竖曲线顶点 A 距目点的距离（m）；

　　　S——要求的行车视距（m），按停车视距考虑；

　　　L——竖曲线长度（m）。

将 h_w、h_m 的值代入式（3-14）并整理，得

$$R_{\min} = \frac{S^2}{3.98} \qquad (3\text{-}15)$$

2）当 $S > L$ 时，根据推导（推导过程略）可得

$$R_{\min} = \frac{2S}{\omega} - \frac{3.98}{\omega^2} \qquad (3\text{-}16)$$

式中　S——要求的行车视距（m），取停车视距；

　　　ω——变坡角。

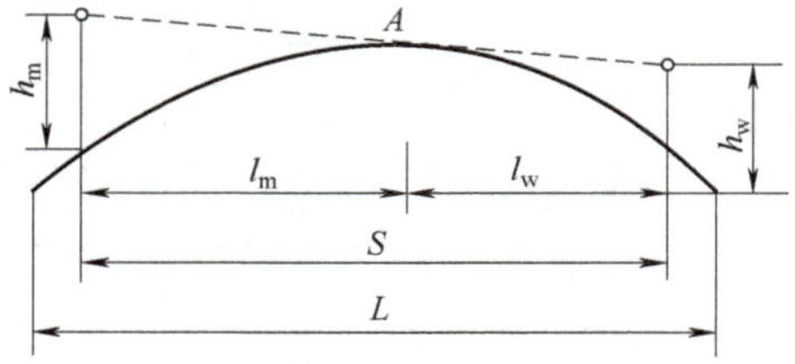

图 3-10　凸形竖曲线满足视距要求的极限最小半径

根据推导过程，取 $R_{\min} = \frac{S^2}{3.98}$ 作为制定标准的依据，凸形竖曲线极限最小半径计算见表 3-17。

表 3-17　凸形竖曲线极限最小半径计算

设计速度/(km/h)	缓和冲击所需的曲线半径/m $R_{\min} = \frac{V^2}{3.60}$	满足视距要求所需的曲线半径/m $R_{\min} = \frac{S^2}{3.98}$	《公路路线设计规范》采用的极限最小半径/m
120	4000	11080	11000
100	2778	6432	6500
80	1778	3040	3000
60	1000	1413	1400
40	444	402	450
30	250	226	250
20	111	101	100

3. 竖曲线的一般最小半径

竖曲线的极限最小半径是保证行车安全和舒适所必需的最小值，该值在地形等特殊原因不得已时方可采用。在实际设计中，为了安全和舒适，应采用极限最小半径的 1.5~2.0 倍或更大值作为一般最小半径。

4. 竖曲线的最小长度

当变坡角较小时，即使采用较大的竖曲线半径，竖曲线的长度也很短，汽车行驶时驾驶员会有变坡太急的感觉，且过短的竖曲线会对行车造成冲击。一般规定竖曲线的最小长度按 3s 设计速度行程长度确定。

《公路路线设计规范》规定的竖曲线最小半径与竖曲线长度见表 3-18。

表 3-18　竖曲线最小半径与竖曲线长度

设计速度/(km/h)		120	100	80	60	40	30	20
凸形竖曲线半径/m	一般值	17000	10000	4500	2000	700	400	200
	极限值	11000	6500	3000	1400	450	250	100
凹形竖曲线半径/m	一般值	6000	4500	3000	1500	700	400	200
	极限值	4000	3000	2000	1000	450	250	100
竖曲线长度/m	一般值	250	210	170	120	90	60	50
	极限值	100	85	70	50	35	25	20

注：1. 本表取自《公路路线设计规范》（JTG D20—2017）。
　　2. 表中所列"一般值"为正常情况下的采用值；"极限值"为条件受限制时，经技术经济论证后的采用值。

3.3.3　竖曲线设计的一般要求

竖曲线是否平顺，在视觉上往往是构成纵断面线形优劣的主要因素。纵断面线形不好的主要原因往往是设置过多的竖曲线、竖曲线半径小或竖曲线长度小。竖曲线设计应满足以下的一般要求：

1）设计速度大于或等于 60km/h 的公路，竖曲线设计宜采用长的竖曲线和长直线坡段的组合。有条件时宜采用大于或等于表 3-19 所列视觉所需要的最小竖曲线半径值。

表 3-19　视觉所需要的最小竖曲线半径值

设计速度 V/(km/h)	竖曲线半径/m	
	凸形	凹形
120	20000	12000
100	16000	10000
80	12000	8000
60	9000	6000

注：本表取自《公路路线设计规范》（JTG D20—2017）。

2）竖曲线应选用较大的半径。竖曲线设计，首先应确定合适的半径，在不过分增加工程量的情况下，宜选用较大的竖曲线半径，特别是前后两相邻纵坡处的变坡角较小时，更应采用大半径的竖曲线。当地形条件受限制时，应采用大于或接近于竖曲线最小半径的"一般值";地形条件特殊困难而不得已时,方可采用竖曲线最小半径的"极限值"。

3) 同向竖曲线间,特别是同向凹形竖曲线之间,直线坡段接近或达到最小坡长时,宜合并设置为单曲线或复曲线。

4) 双车道公路在有超车需求的路段,应考虑超车视距要求,采用较大的凸形竖曲线半径或设置必要的标志、标线等设施。

3.3.4 竖曲线设计计算

竖曲线设计计算的内容包括半径的选择、几何要素的计算、计算设竖曲线后各中桩的设计高程以及点绘竖曲线,以下分别介绍。

1. 半径的选择

1) 选择半径应符合标准规范规定的要求。
2) 在不过分增加土石方工程数量的情况下,为使行车舒适,尽量采用较大的半径。
3) 有时需结合标高控制的要求,确定合适的外距,按外距推算半径。
4) 有时考虑相邻竖曲线的连接,需按切线长度推算半径。
5) 过大的竖曲线半径可能给水排水带来不利,选择半径时应注意。
6) 夜间行车交通量大的路段,考虑前灯照射距离受到限制,选择半径时应适当加大,以使其有较长的照射距离。

2. 几何要素的计算

(1) 竖曲线如采用抛物线(图 3-11)

变坡角
$$\omega = i_1 - i_2 \quad (3\text{-}17)$$

曲线长
$$L = R\omega \quad (3\text{-}18)$$

切线长
$$T = \frac{L}{2} \quad (3\text{-}19)$$

外距
$$E = \frac{T^2}{2R} = \frac{R\omega^2}{8} = \frac{T\omega}{4} \quad (3\text{-}20)$$

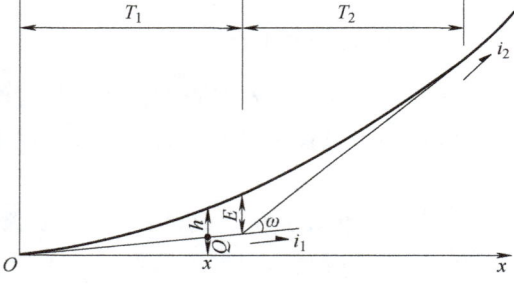

图 3-11 竖曲线几何要素计算

竖曲线起点桩号 = 变坡点桩号 − T　　　　　　　　　　　　　　(3-21)

竖曲线终点桩号 = 变坡点桩号 + T　　　　　　　　　　　　　　(3-22)

竖曲线起点高程 = 变坡点高程 ± Ti_1 (凹形竖曲线取"+"凸形竖曲线取"−")　(3-23)

竖曲线终点高程 = 变坡点高程 ± Ti_2 (凹形竖曲线取"+"凸形竖曲线取"−")　(3-24)

任意一点标高改正值
$$y = \frac{x^2}{2R} \quad (3\text{-}25)$$

任意一点到竖曲线起点的距离

x = 任意点桩号 − 竖曲线起点桩号　　　　　　　　　　　　　(3-26)

式中　ω——变坡点前后坡段纵坡值代数差;

L——竖曲线长度；

R——抛物线顶点曲率半径；

T——切线长度；

E——竖曲线外距；

y——任意一点标高改正值；

x——任意一点到竖曲线起点的距离。

（2）竖曲线如采用圆曲线

变坡角
$$\omega = i_1 - i_2 \tag{3-27}$$

曲线长
$$L = R\omega \tag{3-28}$$

切线长
$$T = R\tan\frac{\omega}{2} \tag{3-29}$$

外距
$$E = R\left(\frac{1}{\cos\frac{\omega}{2}} - 1\right) \tag{3-30}$$

$$\text{竖曲线起点桩号} = \text{变坡点桩号} - T \tag{3-31}$$

$$\text{竖曲线终点桩号} = \text{变坡点桩号} + T \tag{3-32}$$

$$\text{竖曲线起点高程} = \text{变坡点高程} \pm Ti_1 \text{（凹形竖曲线取"+"凸形竖曲线取"-"）} \tag{3-33}$$

$$\text{竖曲线终点高程} = \text{变坡点高程} \pm Ti_2 \text{（凹形竖曲线取"+"凸形竖曲线取"-"）} \tag{3-34}$$

任意一点标高的改正值
$$y = \sqrt{R^2 - x^2} \tag{3-35}$$

任意一点到竖曲线起点的距离
$$x = \text{任意点桩号} - \text{竖曲线起点桩号} \tag{3-36}$$

3. 计算设竖曲线后任意点的设计高程

$$\text{切线高程} = \text{变坡点高程} \pm (T-x)i \text{（凹形竖曲线取"+"凸形竖曲线取"-"）} \tag{3-37}$$

$$\text{设计高程} = \text{切线高程（坡度线高程）} \pm y \text{（凹形竖曲线取"+"凸形竖曲线取"-"）} \tag{3-38}$$

4. 点绘竖曲线

将求得的设计高程点绘在纵断面图上，将所有的设计高程点连接起来即得出所设计的竖曲线。

例 3-1 某二级公路相邻两坡段的纵坡 $i_1 = +3\%$，$i_2 = -2\%$，如图 3-12 所示，变坡点处的里程桩号为 K4+480，该处高程为 213.45m，如竖曲线半径取 2000m，试计算竖曲线上的设计高程。

解：（1）竖曲线参数计算

变坡角　　　　　　　$\omega = i_2 - i_1 = -2\% - 3\% = -5\% = -0.05$ 凸形竖曲线

竖曲线长度　　　　　$L = R\omega = (2000 \times 0.05)\text{m} = 100\text{m}$

切线长度　　　　　　$T = L/2 = (100/2)\text{m} = 50\text{m}$

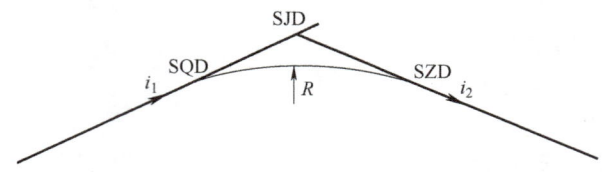

图 3-12　竖曲线计算算例

外距　　　　　　　　　$E = \dfrac{T^2}{2R} = \dfrac{50^2}{2 \times 2000}\text{m} = 0.63\text{m}$

（2）竖曲线设计成果计算

竖曲线起点桩号 = K4+480−50 = K4+430

竖曲线终点桩号 = K4+480+50 = K4+530

竖曲线起点高程 = (213.45−50×3%)m = 211.950m

竖曲线终点高程 = (213.45−50×2%)m = 212.450m

按桩距为 10m 的整桩号法计算各桩的设计高程，竖曲线两侧高差变化具有对称性，计算结果见表 3-20。

表 3-20　竖曲线计算结果　　　　　　　　　　　　　　　（单位：m）

桩　号	切线高程	距离 x	高程改正	设计高程
K4+430	211.95	0	0.00	211.95
K4+440	212.25	10	0.03	212.23
K4+450	212.55	20	0.10	212.45
K4+460	212.85	30	0.23	212.63
K4+470	213.15	40	0.40	212.75
K4+480	213.45	50	0.63	212.83
K4+490	213.25	40	0.40	212.85
K4+500	213.05	30	0.23	212.83
K4+510	212.85	20	0.10	212.75
K4+520	212.65	10	0.03	212.63
K4+530	212.45	0	0.00	212.45

平面、纵断面线形组合设计

3.4　平面、纵断面线形组合设计

道路线形虽然是选线定线后，按照平面、纵断面、横断面分别进行设计的，但是最终影响驾驶行为的不是平面、纵断面、横断面单个方面，而是空间线形和周围环境。即使平面、纵断面设计各自均按标准规范进行，但如果平面、纵断面线形组合不好，则不能得到汽车行驶所需的理想的空间线形。因此，平面、纵断面线形组合设计具有十分重要的意义，必须予以重视。在做平面线形设计时，一定要考虑到纵断面线形问题。同样，在做纵断面线形设计时，一定要与平面线形协调、配合。尤其是对于设计速度大于或等于 60km/h 的公路线形设计，必须注重平面、纵断面线形的合理组合，以及驾驶者在视觉和心理方面的要求。

3.4.1 平面、纵断面线形组合设计的原则

平面、纵断面线形组合设计的原则如下：

1）线形组合设计中，各技术指标除应分别符合平面、纵断面规定值外，还应考虑横断面对线形组合与行驶安全的影响。应避免平面、纵断面、横断面的最不利值相互组合的设计。

2）在确定平面、纵断面的各相对独立技术指标时，各自除应相对均衡、连续外，还应考虑与之相邻路段的各技术指标值的均衡、连续。

3）线形组合设计除应保持各要素间内部的相对均衡与变化节奏的协调外，还应注意同公路外部沿线自然景观的适应和地质条件等的配合。

4）路线线形应能自然地诱导驾驶者的视线，并保持视线的连续性。

3.4.2 平面、纵断面线形组合的形式

由于平面线形由直线和平曲线组成，纵断面线形由直坡段和竖曲线组成，竖曲线又有凹形竖曲线与凸形竖曲线两种，因此平面、纵断面线形的组合形式有以下几种（图3-13）：

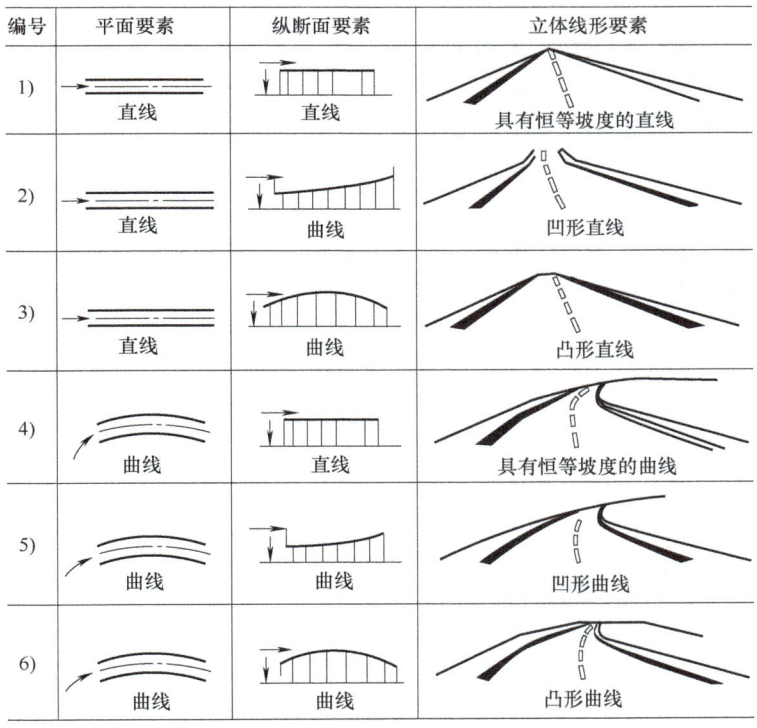

图 3-13 空间线形的组合形式

1）平面直线与纵断面直坡段组合。
2）平面直线与纵断面凹形竖曲线组合。
3）平面直线与纵断面凸形竖曲线组合。
4）平面平曲线与纵断面直坡段组合。

5）平面平曲线与纵断面凹形竖曲线组合。

6）平面平曲线与纵断面凸形竖曲线组合。

对于第1）种组合，平面上为直线，纵断面上为直坡段，这样的线形组合是最简单的，但由于这样的组合线形单调，如果周围的景观缺乏变化，驾驶员会感到疲劳或频繁超车，造成行车事故。设计时可考虑通过路侧设施或绿化、美化的方法调节单调的视觉。

对于第2）种组合，不仅具有较好的视距条件，而且由于纵断面上设有凹形竖曲线，使空间线形不再单调。可通过这种线形组合改善第1）种组合单调的线形。

对于第3）种组合，由于视距条件差，因此应尽量避免。无法避免时应采用较大的竖曲线半径。

对于第4）种组合只要平曲线半径选择适当，纵坡不太陡，就能获得较好的视觉和心理感受，设计时主要检查合成坡度是否超限。

第5）和6）种组合形式是平面、纵断面线形组合的比较常见的较复杂的形式。组合时如果位置得当、指标均衡可以获得优美的空间线形，相反，会出现一些不良的后果，在设计中应引起重视。

3.4.3　平面、纵断面线形组合设计的要求

平面、纵断面线形组合设计的要求如下：

1）平面、纵断面线形宜相互对应，且平曲线宜比竖曲线长。当平、竖曲线半径均较小时，其相互对应程度应较严格；随着平、竖曲线半径的同时增大，其对应程度可适当放宽；当平、竖曲线半径均大时，可不严格相互对应。

如图 3-14 和图 3-15 所示，理想的平面、纵断面线形组合是平、竖曲线的顶点对应重合，相位相互对应，且平曲线稍长于竖曲线。因为此时得到的立体线形具有同一个三维曲率，线形在空间是连续的，不是扭曲的。如果在平面、纵断面线形设计时没有很好地考虑相互配合问题，未能把路线作为立体线形来对待，要实现平面、纵断面曲线一一对应是很困难的。当然，有时平面、纵断面线形不遵循"一一对应"的原则，也不会损坏立体线形的质量。透视图检验和实践证明，当纵坡坡差较小，或竖曲线半径很大时，平竖曲线的组合对立体线形则显得不敏感。

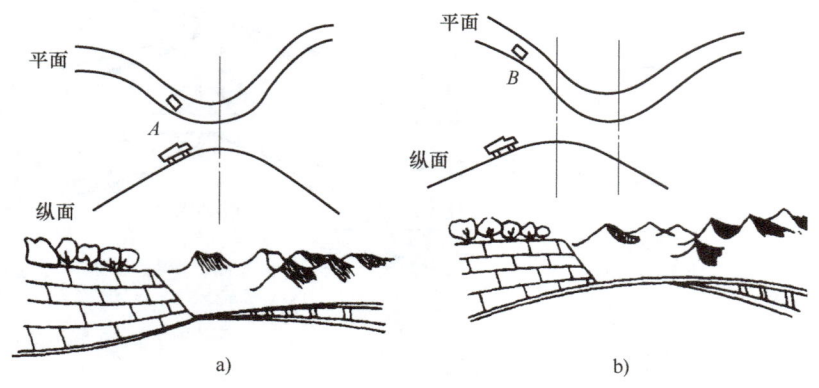

图 3-14　平、竖曲线顶点对应重合
a）平、竖曲线重合　b）平、竖曲线错位

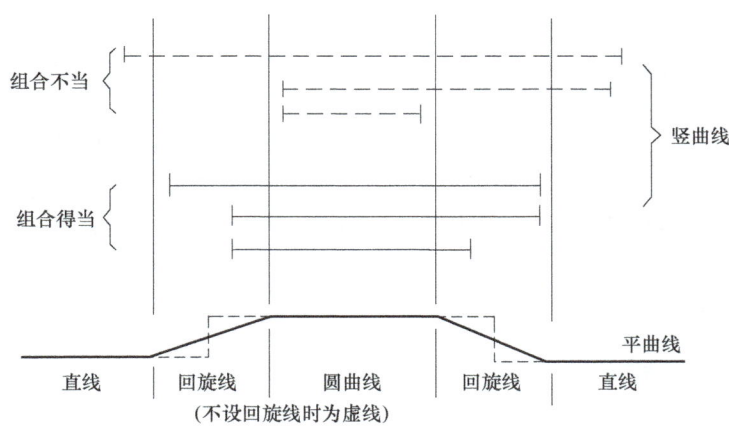

图 3-15 平曲线与竖曲线的位置

使平曲线与竖曲线半径的大小均衡是保证立体线形协调、平顺、连续的基本要求。在纵断面线形反复起伏且坡长不是很大,竖曲线半径也不可能设置得很大的情况下,仅在平面设计时使用大半径的平曲线不能获得协调连续平顺的线形,同时可能会导致工程费用的增加。根据经验,平曲线半径如果不大于 1000m,竖曲线半径为平曲线半径的 10~20 倍,便可达到线形的均衡性。

当平、竖曲线难以对应时,宜将两者拉开适当距离,使平曲线位于直坡上或竖曲线位于直线上。

2) 长直线不宜与坡陡或半径小且长度短的竖曲线组合。

3) 长的平曲线内不宜包含多个短的竖曲线;短的平曲线不宜与短的竖曲线组合。图 3-16 为平曲线与多个竖曲线的不良组合。

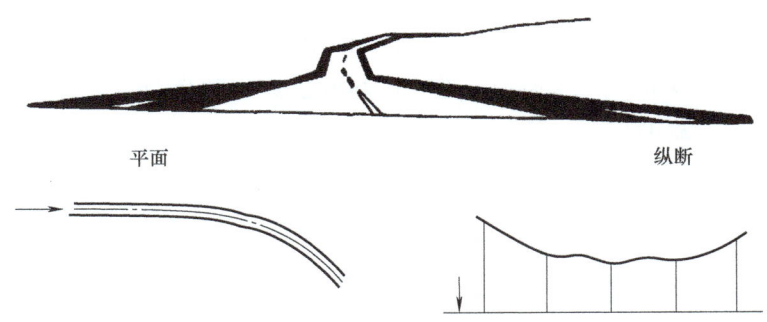

图 3-16 平曲线与多个竖曲线的不良组合

4) 半径小的圆曲线起、讫点,不宜接近或设在凸形竖曲线的顶部或凹形竖曲线的底部。

5) 长的竖曲线内不宜设置半径小的平曲线。

6) 凸形竖曲线的顶部或凹形竖曲线的底部,不宜同反向平曲线的拐点重合。

7) 复曲线、S 形曲线中的左转圆曲线不设超高时,应对其安全性予以验算。

8) 应避免在长下坡路段、长直线路段或大半径圆曲线路段的末端接小半径圆曲线的组合。

平面线形及纵断面线形组合设计完毕,可以通过《公路项目安全性评价规范》的要求进行安全性评价,并可进一步完善要求。

3.5 纵断面设计方法

纵断面设计方法

纵断面设计的主要内容是根据道路等级、沿线自然条件和构造物控制标高等，确定路线合适的标高、各坡段的纵坡度和坡长，并设计竖曲线。基本要求是纵坡均匀平顺，起伏和缓，坡长和竖曲线长短适当，平面与纵面组合设计协调，以及填挖经济、平衡。这些要求虽在选、定线阶段有所考虑，但要在纵面设计中具体地加以实现。

3.5.1 纵断面线形设计的要求

纵断面线形设计的要求如下：

1）纵断面线形应平顺、圆滑、视觉连续，并与地形相适应，与周围环境相协调。

2）纵坡设计应考虑填挖平衡，并利用挖方就近作为填方，以减轻对自然地面横坡与环境的影响。

3）相邻纵坡之代数差小时，应采用大的竖曲线半径。

4）连续设置长、陡纵坡的路段，上坡方向应满足通行能力的要求，下坡方向应考虑行车安全，并结合前后路段各技术指标设置情况，采用运行速度对连续上坡方向的通行能力及下坡方向的行车安全性进行检验。

5）路线交叉处前后的纵坡应平缓。

6）位于积雪冰冻地区的公路，应避免采用陡坡。

3.5.2 纵断面设计的方法及步骤

纵断面最重要的设计成果是纵断面图，纵断面设计的过程实际上就是完成纵断面图的过程，纵断面设计的方法和步骤，就是完成纵断面图的方法和步骤，具体如下：

（1）准备工作　纵断面设计前，首先要收集和熟悉有关资料，领会设计意图和要求；其次根据沿线桩号的地面高程，点绘地面线，并填写相关内容。

（2）标注控制点　控制点是指影响纵坡设计的高程控制点。控制点可分为两类，第一类是控制性的控制点，控制路线纵坡设计时必须通过它或从其上方或下方通过。这类控制点主要有路线的起点和终点、越岭线垭口、重要桥涵、地质不良地段的最小填土高度，最大挖深、沿溪线的设计洪水位、隧道进出口、平面交叉和立体交叉点、铁路道口、城镇规划标高以及其他因素限制路线必须通过的高程控制点等。第二类是参考性的控制点，即经济点。对于地面横坡较陡的公路，除了应标出控制性质的控制点外，还应考虑各横断面上横向填挖基本平衡的经济点，以降低工程造价。经济点有以下三种情况：

1）当地面横坡不大时，可在中桩地面标高上下找到填方和挖方基本平衡的标高，纵坡通过此标高时，在该横断面上挖方数量基本等于填方数量，该标高为其经济点（图3-17a）。

2）当地面横坡较陡时，填方往往不易填稳，有时坡脚伸得较远，采用多挖少填甚至全部挖出路基的方法比砌石护坡经济，这时多挖少填或全挖路基的标高为经济点（图3-17b）。

3）当地面横坡很陡而无法填方时，需砌筑挡土墙，此时应全部挖出路基或深挖，该全部挖出或深挖路基的标高为其经济点（图3-17c）。

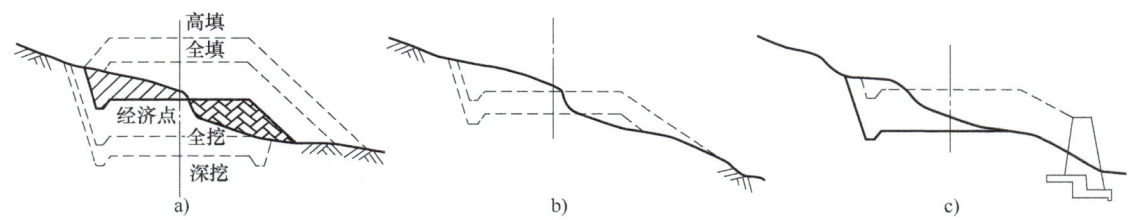

图 3-17　横断面上的经济点
a）半填半挖　b）多挖少填　c）全挖路基

（3）试坡　在已标出"控制点"和"经济点"的纵断面图上，根据技术指标和选线意图，结合地面起伏变化，本着以"控制点"为依据，照顾多数"经济点"的原则，在这些点位间进行穿插与取直，试定出若干直坡线。对各种可能坡度线方案反复比较，最后定出既符合技术标准，又满足控制点要求，且土石方较节省的设计线作为初定坡度线，将前后坡度线延长交汇出变坡点的初步位置。

（4）调整　将所定坡度与选线时的坡度安排比较，两者应基本相符，若有较大差异时应全面分析，权衡利弊，决定取舍。然后对照技术标准检查设计的最大纵坡、最小纵坡、坡长限制等是否满足规定，平面、纵断面组合是否适当，以及路线交叉、桥隧和连接线等处的纵坡是否合理。若有问题应进行调整。调整的方法是对初定坡度线平抬、平降、延伸、缩短或改变坡度值。

（5）核对　选择有控制意义的重点横断面，如高填深挖、地面横坡较陡路基、挡土墙、重要桥涵以及其他重要控制点等，检查填挖是否过大、坡脚是否落空或过远、挡土墙是否工程过大、桥梁是否过高或过低等。若有问题应及时调整纵坡。在横坡陡峻地段核对更为重要。

（6）定坡　经调整核对无误后，逐段把直坡线的坡度值、变坡点桩号和标高确定下来。变坡点一般要调整到 10m 的整桩号上，相邻变坡点桩号之差为坡长。

（7）设置竖曲线　坡度线、变坡点确定后，在变坡点处设置竖曲线。确定竖曲线半径，计算竖曲线要素及设计高程，最后点绘竖曲线。

3.5.3　纵断面图

纵断面（设计）图是道路设计重要技术文件之一，也是纵断面设计的最后成果。纵断面图采用直角坐标，以横坐标表示里程桩号，纵坐标表示高程。为了明显地反映沿中线地面起伏形状，通常横坐标比例尺采用 1∶2000（城市道路采用 1∶1000～1∶500），纵坐标采用 1∶200（城市道路为 1∶100～1∶50）。

纵断面图是由上、下两部分内容组成的。上部主要用来绘制地面线和纵坡设计线，也用以标注竖曲线及其要素；坡度及坡长（有时标在下部）；沿线桥涵及人工构造物的位置、结构类型、孔数和孔径；与道路、铁路交叉的桩号及路名；沿线跨越的河流名称、桩号、常水位和最高洪水位；水准点位置、编号和标高；断链桩位置、桩号及长短链关系等。下部主要用来填写有关内容，一般自下而上分别填写：直线及平曲线，里程桩号，地面标高，设计标高，填、挖高度，土壤地质说明，设计排水沟沟底线及其坡度、距离、标高、流水方向（视需要而标注）。图 3-18 为纵断面设计图。

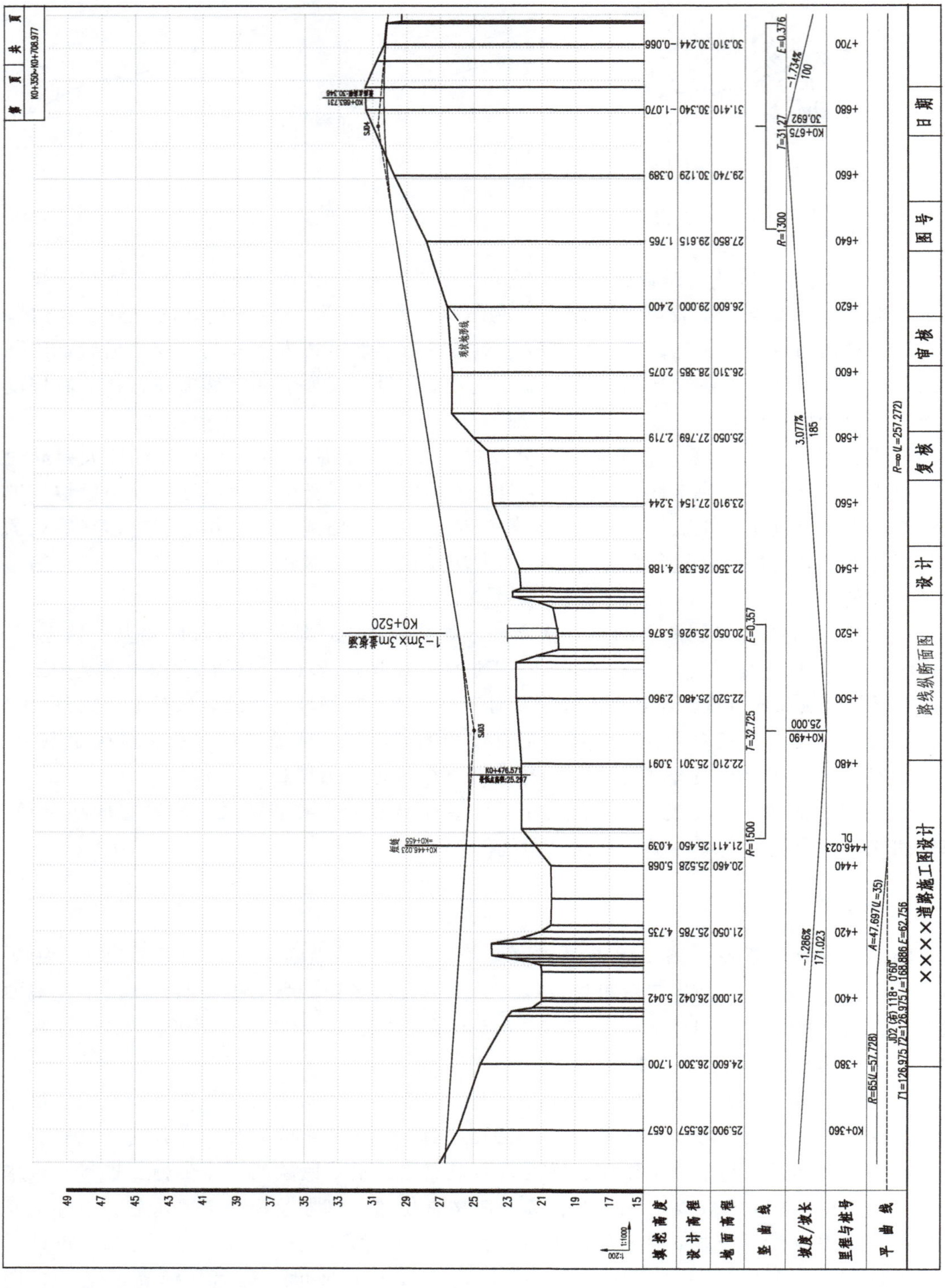
××××道路施工图设计
路线纵断面图
设计
复核
审核
图号
日期
填挖高度
设计高程
地面高程
竖曲线
坡度/坡长
里程与桩号
平曲线
1-3m×3m盖板涵
K0+520

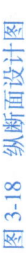

图 3-18 纵断面设计图

习 题

1. 在设计纵断面时，应综合考虑哪几方面的要求？你认为这些要求应如何得到满足？
2. 在高原地区，汽车行驶时会遇到什么特殊困难？为什么要降低最大允许纵坡值？
3. 试述路线纵断面设计的一般原则和步骤。
4. 何为断背曲线？在平面、纵断面线形中设置断背曲线将产生何种不良现象？
5. 设在桩号 K4+800.00 处为一纵坡转折点，其设计标高 $H=100.00$m，进入转坡点前后的纵坡分别为 3% 升坡与 2% 的降坡；现欲插入一个半径 4000m 的凸形竖曲线，试求该竖曲线的长度、切线长度、外距、竖曲线起始点桩号及每隔 20m 整桩处竖曲线各点的标高。
6. 某公路与铁路平交，其设计车速为 60km/h，要求交叉点的两端至少各有 20m 长较平坦的路段。已知其中一端由交叉点 A 到竖曲线转折点 O 的距离为 30m，坡差 $\omega=0.02$（图 3-19）。试问该竖曲线的半径最大为多少？验算选用值是否满足最小竖曲线半径的要求。

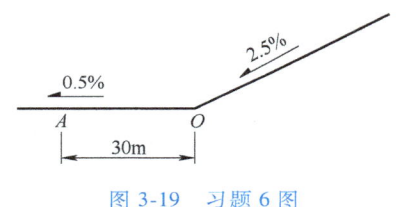

图 3-19 习题 6 图

第 4 章　道路横断面设计

> **学习目标：**
> 1. 掌握公路和城市道路的断面布置和形式；
> 2. 掌握横断面各主要组成部分及参数选择；
> 3. 掌握超高和加宽的计算；
> 4. 掌握弯道的行车视距保障及计算；
> 5. 具备设计横断面图、路基设计表及土石方工程数量计算与调配的能力。

　　道路的线形对于道路的路中线而言，是一条空间线。实际上，道路是具有一定宽度的带状结构物。沿着道路宽度方向，垂直于路中线所作的剖面，称为道路横断面。

　　由于在"路基路面工程"课程中，将详细论述路基、路面设计的内容，因此本章主要论述道路横断面宽度及布置形式、道路横坡度与路拱形式、断面变化、路基设计表及路基土石方计算与调配等内容。

道路横断面组成

4.1　道路横断面布置与形式

　　道路中线上任意一点的法向切面是道路横断面，道路横断面由设计线和地面线组成。设计线包括行车道、非机动车道、人行道、路肩、分隔带、边沟、边坡、截水沟、护坡道等；地面线是表征原地面起伏变化的线。设计线与地面线结合可以反映出该处横断面的填挖情况。

4.1.1　公路横断面布置与形式

1. 公路横断面布置

　　公路横断面布置与各部分尺寸要根据公路功能、设计交通量、交通组成、设计速度、地形条件等因素确定。其首要任务是保证公路功能、公路通行能力、运营安全畅通，需要兼顾用地省、投资少等要求，将公路工程经济效益与社会效益最大化。

　　高速公路、一级公路通常将上下行车辆分开，路基标准横断面分为整体式和分离式两类。其中，整体式断面是用分隔带分离上下行车辆，分离式是将上下行车辆放在不同平面和纵断面上，形成两条"独立道路"。整体式路基标准横断面应由车道、中间带（中央分隔带、左侧路缘带）、路肩（右侧硬路肩、土路肩）等部分组成。分离式路基标准横断面应由车道、路肩（右侧硬路肩、左侧硬路肩、土路肩）组成。二级公路路基标准横断面应由车道、路肩等部分组成。当货车比例较高时，可根据需要局部增设超车车道；慢行车辆较多时，可根据需要采用加宽硬路肩的方式设置慢车道。三级公路、四级公路路基的标准横断面应由车道、路肩等部分组成，四级公路采用单车道时，应设置错车道。公路典型横断面组成，如图 4-1 所示。

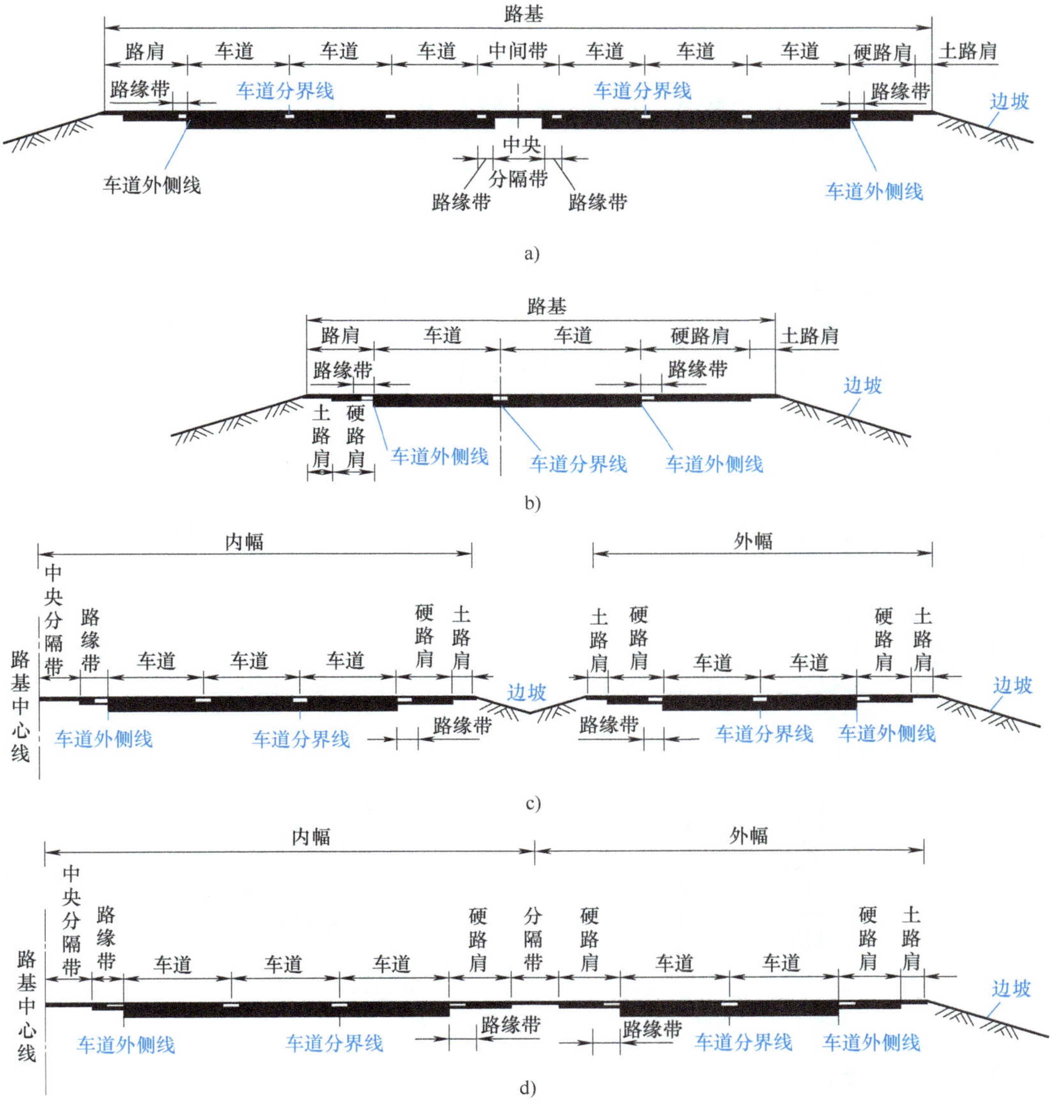

图 4-1 公路典型横断面组成

a) 高速公路、一级公路一般整体式断面形式 b) 高速公路、一级公路一般分离式断面形式（右幅断面）
c) 高速公路分离复合式断面形式（右幅断面） d) 高速公路整体复合式断面形式（右幅断面）

注：本图取自《公路路线设计规范》（JTG D20—2017）。

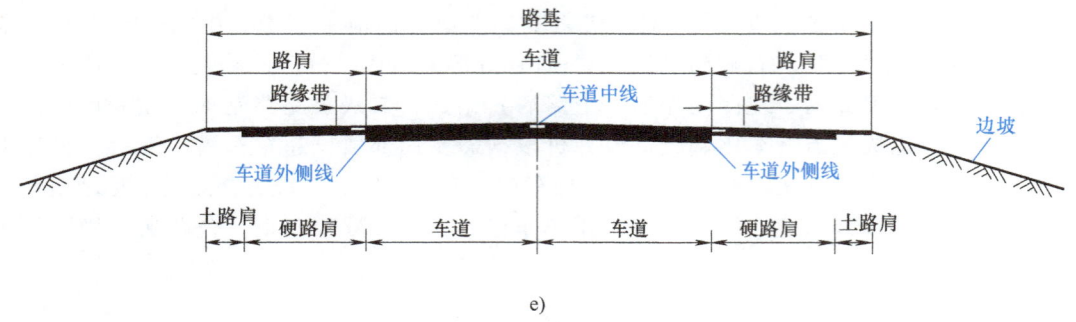

图 4-1 公路典型横断面组成（续）

e）二级公路、三级公路、四级公路一般路基断面形式

注：本图取自《公路路线设计规范》（JTG D20—2017）。

公路路基宽度为行车道与路肩宽度之和，当设有中央分隔带、路缘带、变速车道、爬坡车道、紧急停车带、慢行车道或路上设施时，均应包括这些部分的宽度。

2. 公路横断面形式

（1）单幅双车道　单幅双车道公路是指整体式供双向行车的双车道公路，这类公路适应的交通量范围大，最高达 15000 辆小客车/昼夜（pcu/d）。设计速度范围为 20～80km/h。对混合行驶相互干扰较大的路段，可设置侧分带、非机动车道和人行道，实现非机动车与机动车分离行驶。

（2）双幅多车道　双幅多车道是指设分隔带的或分离的四车道及以上多车道公路。有些分离式路基于利用地形或处于风景名胜区等因素考虑，做成两条独立的单向行车公路。此类公路车速高、通行能力大，每条车道能负担的交通量比一条双车道公路还多，且行车顺畅、事故率低，适用于高速公路和一级公路。

（3）单车道　单车道是指交通量小、地形复杂、工程艰苦的山区公路或地方道路，采用设置错车道的单车道公路。单车道适用于地形复杂或通行交通量极小的四级公路。此类公路造价低，但是交通量小，车速低，为满足错车需要，仍需要设置错车道。

4.1.2　城市道路横断面布置与形式

绿色抉择：被动屋、
自行车、生态城（1）

绿色抉择：被动屋、
自行车、生态城（2）

1. 城市道路横断面布置

城市道路横断面设计应按道路等级、服务功能、交通特性，结合各种控制条件，在规划红线宽度范围内合理布设，同时设计应满足远期交通功能需要。分期修建时应近远期结合，使近期工程成为远期工程的组成部分，并应预留管线位置，控制道路用地，给远期实施留有余地。城市建成区道路不宜分期修建。改建道路应采取工程措施与道路交通管理相结合的方

法布设横断面。

横断面宜由机动车道、非机动车道、人行道、分车带、设施带、绿化带等组成，特殊断面还可包括应急车道、路肩和排水沟等。

2. 城市道路横断面形式

横断面可分为单幅路、两幅路、三幅路、四幅路及特殊形式的断面。城市道路横断面形式，如图 4-2 所示。

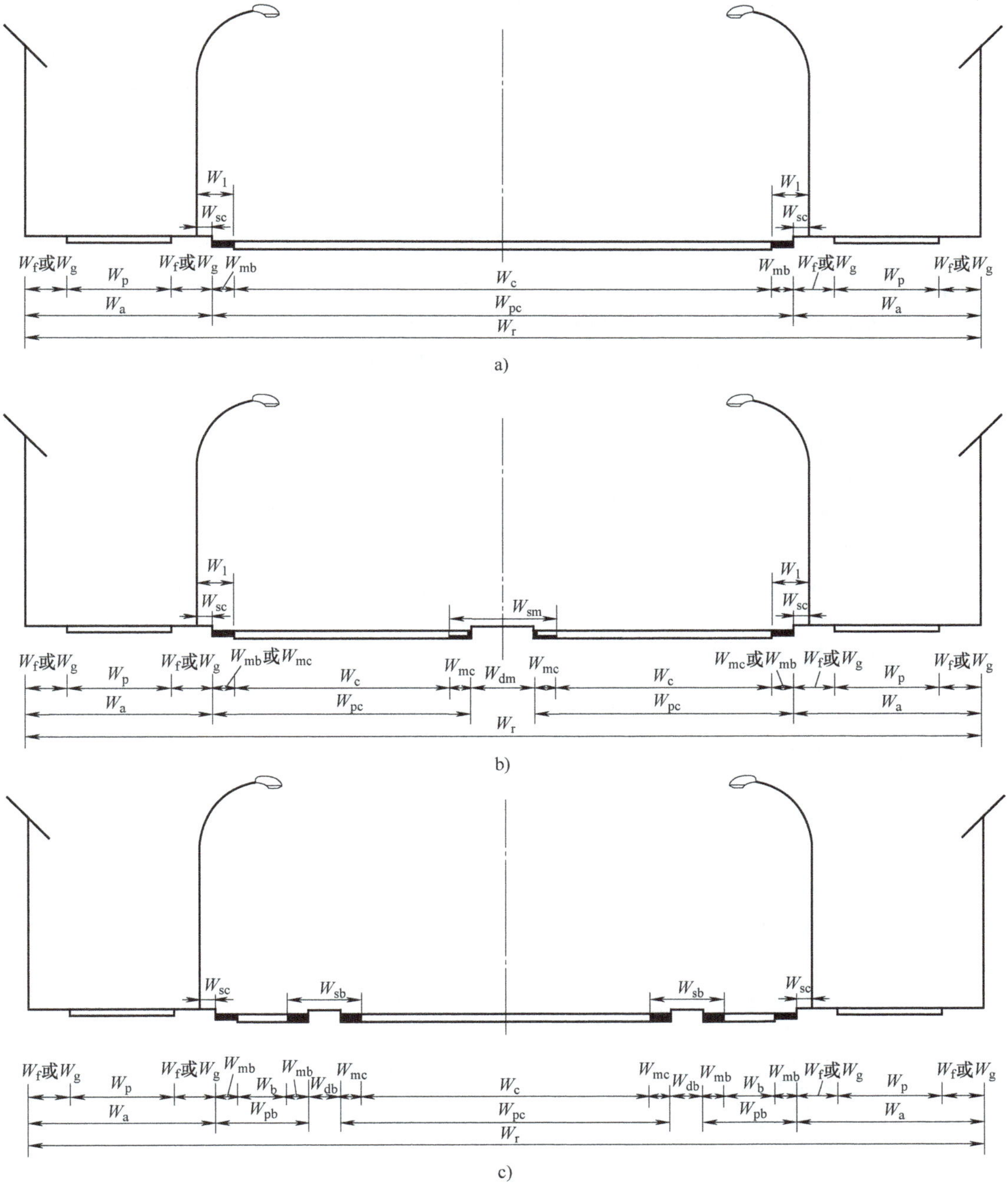

图 4-2 城市道路横断面形式
a) 单幅路 b) 两幅路 c) 三幅路

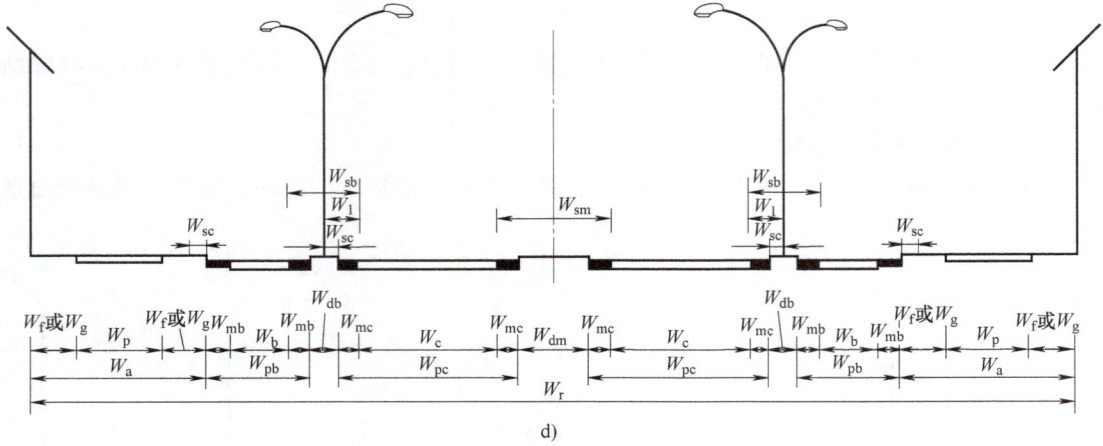

图 4-2 城市道路横断面形式（续）

d）四幅路

不同等级道路断面形式选择原则如下：

1）快速路两侧设置辅路时，应采用四幅路；当两侧不设置辅路时，应采用两幅路。

2）主干路宜采用四幅路或三幅路；次干路宜采用单幅路或两幅路；支路宜采用单幅路。

3）对设置公交专用车道的道路，横断面布置应结合公交专用车道位置和类型全断面综合考虑，并应优先布置公交专用车道。

4）同一条道路宜采用相同形式的横断面。当道路横断面变化时，应设置过渡段。

5）桥梁与隧道横断面形式、行车道及路缘带宽度应与路段相同。

6）特大桥、大中桥分隔带宽度可适当缩窄，但应满足设置桥梁防护设施的要求。

4.2 道路横向组成部分的宽度

4.2.1 机动车车道的宽度

在道路上供每一纵向车列安全行驶的地带，称为一条车道；一条车道所必须的宽度，称为车道宽度。

车道的宽度主要取决于车辆的外形尺寸及行车速度，即确定车道宽度时，须考虑车厢的宽度及不同速度下车辆横向摆动的幅度，使车辆行驶时车轮与路面边缘间、并列的两行汽车间，均保持一定的距离，以保证安全通行。

设计中，机动车车道宽度的采用值见表 4-1 和表 4-2。

表 4-1 一条机动车车道最小宽度

车型及车道类型	设计速度/（km/h）	
	>60	≤60
大型车或混行车道/m	3.75	3.50
小客车专用车道/m	3.50	3.25

表 4-2　车道宽度

设计速度/(km/h)	120	100	80	60	40	30	20
车道宽度/m	3.75	3.75	3.75	3.50	3.50	3.25	3.00

注：1. 八车道及以上公路在内侧车道（内侧第1、2车道）仅限小客车通行时，其车道宽度可采用3.5m。
　　2. 以通行中、小型客运车辆为主且设计速度为80km/h及以上的公路，经论证车道宽度可采用3.5m。
　　3. 四级公路采用单车道时，车道宽度应采用3.5m。
　　4. 设置慢车道的二级公路，慢车道宽度应采用3.5m。
　　5. 需要设置非机动车道和人行道的公路，非机动车道和人行道等的宽度，宜视实际情况确定。

仅供机动车（不包括非机动车）行驶的全部车道的宽度，称为机动车行车道宽度。
设计机动车车道应注意的问题如下：

1）双向车道数一般不宜超过6条。在一些城市主干道上，同一行驶方向的车道数往往不止1条，在多车道的情况下，同向行驶的车辆由于超车、绕越、停车等原因，将影响另一车道的通行能力。一般来说，越靠近路中心线的车道受影响越小。因此，在无分隔带的行车道上，靠近路中心线的车道通行能力最大；靠近侧面的车道，其通行能力最小，其影响用折减系数 a 来表示。据观测，自路中心线起第1条车道的折减系数为1.00，其余车道的折减系数依次为：第2条车道为0.80~0.90；第3条车道为0.70~0.80；第4条车道为0.60~0.70；第5条车道为0.45~0.60。

由以上的折减系数值可以看出，设计的车道数越多，则靠路边的车道其折减系数越小。例如，自路中心线算起的第4和第5条车道，其通行能力经折减后，仅为第1条车道通行能力的一半。因此，设计过多的车道，对于增加道路通行能力的作用是不大的；相反，会造成交通过分集中和交通混乱，给交通组织管理工作带来困难。如果设计车道数满足不了交通量发展的要求，则应从改善道路网、修建平行道路、调整交通组织、合理改善城市布局等方面来解决，以疏散道路的交通负荷。

2）一般行车道两个方向的车道数相等，车道的总数是偶数，根据实际情况，有时也可采用奇数车道，如：①在某些双向不均匀系数较大的道路上，可利用交通管理措施，把其中一条车道的行车方向，随时间不同而转为相反方向，也就是把一条车道供两个方向使用，只是在使用时间上加以限制；②在交通量不大、各类机动车混合行驶的道路上，可采用三车道，把其中的一条车道供超车用。

3）同一路线各路段在城市中所处位置不同，各个路段的交通量、交通动态和道路的定线条件也不一致，机动车行车道宽度不应强求一致。但在同一条路线上，特别是在直线段上，变化过多或过于突然，对于行车也是不利的。

4.2.2　非机动车车道宽度

非机动车车道是供自行车、三轮车等车辆行驶的道路。目前，我国城市道路上行驶的非机动车辆以自行车为主，除少数山城自行车受限制外，自行车数量约为城市人口数量的1/3~1/2，因此，如何处理好自行车交通是解决城市交通的重要方面，也是解决非机动车交通的根本。

非机动车车道的宽度以考虑自行车车道的宽度为主，兼顾其他非机动车车辆通过的可能性即可。

1. 自行车车道的宽度

自行车车道的宽度等于所需的车道数乘以一条车道所需的宽度。

人骑在自行车上的通行净空高为 2.25m，外加 0.25m 的安全净高，在整个宽度上要求的净空高度为 2.50m；车把宽度 0.50m，加上两侧各 0.25m 的横向摆动安全净空，故一条自行车车道宽度为 1.00m。自行车车道的两侧应留有各 0.25m 的安全距离。每条自行车车道宽度为 1.00m，这样单一车道宽度为 1.50m，如设计两条自行车道的宽度则为 2.50m，三条车道为 3.50m，四条车道为 4.50m，以此类推，自行车车道标准宽度，如图 4-3 所示。

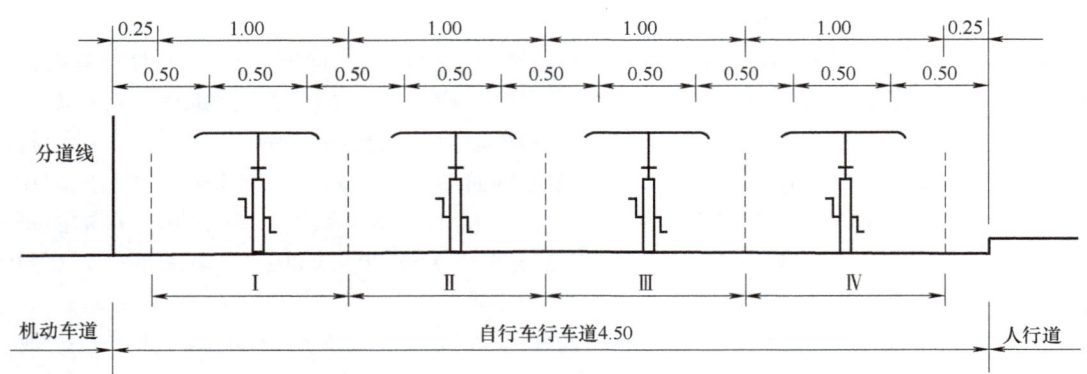

图 4-3 自行车行车道标准宽度（单位：m）

2. 非机动车车道宽度

非机动车车道宽度见表 4-3。

表 4-3 非机动车车道宽度

车 辆 种 类	每条非机动车车道宽度/m
自行车	1.0
三轮车	2.0

对于与机动车道合并设置的非机动车道，车道数单向不应小于两条，宽度不应小于 2.50m；非机动车专用道宽度应包括车道宽度及两侧路缘带宽度，单向不宜小于 3.50m。

3. 非机动车道在横断面上的布置

非机动车道一般都是沿街道两侧对称地布置在机动车道和人行道之间，但是当机动车辆行车速度较快，或车道较宽，或机动车道与非机动车道之一达到饱和时，为了避免机动车与非机动车互相干扰，提高车道的通行能力与安全，可考虑把非机动车道分开设置，其布置形式，如图 4-4 所示。

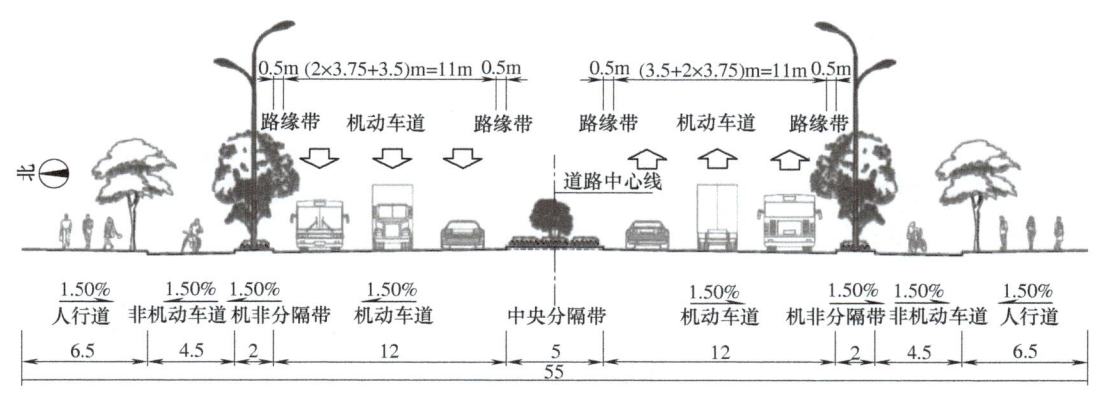

图 4-4 非机动车道布置形式

4.2.3 人行道的宽度及其布置

城市交通主要由车辆和行人交通两部分组成。人行道是城市道路上的重要组成部分，它设计得合理与否，会影响车道上的车辆交通，如人行道设计得不够宽或修建的铺面不好，高低不平，积水泥泞等，行人难免就要占用车道步行，影响交通和行车安全。

人行道的首要功能是供行人步行交通，其次是供植树、立杆、布置交通标志和阅报栏等，它下面的空间还可用来埋设地下管线。

人行道的设计主要包括：人行道宽度和横坡的确定，以及人行道的布置。

1. 人行道宽度

根据上述人行道的功能，人行道的总宽度应由行人步行道宽度和种植绿化带、布设地面杆柱、设置橱窗报栏、沿街房基散水宽度等用地宽度组成；此外，应考虑在人行道底下埋设地下管线所需要的宽度。

（1）步行交通需要的宽度　和计算车道宽度的方法相似，步行道的宽度等于一条步行带的宽度乘以步行带条数；而步行带条数则取决于要求通过的高峰小时人流量（人/h）和一条步行带的通行能力（人/h），用计算式来表示，即

$$\omega_p = N_w / N_{wl} \tag{4-1}$$

式中　ω_p——步行道宽度（m）；

　　　N_w——人行道高峰小时行人流量（人/h）；

　　　N_{wl}——1m 宽步行道的设计行人通行能力（人/h）。

一条步行带所需的宽度与行人携带物品的方式有关，一般在 0.60~0.90m 内变化。

在一般的道路上，一条步行带宽度可平均取 0.75m；而在火车站、港口码头、大型商店、商场等附近的道路以及全市性干道上，考虑到携带物品的行人众多，一条步行带宽度则平均取 0.90m。

（2）在人行道上植树立杆和埋设地下管线等需要的宽度　在人行道上种植绿化带、布设电线杆柱、布置橱窗阅报栏等，其宽度可视具体需要而定；沿街房基散水宽度一般

为 0.50m。

把（1）中求得的步行道宽度，另外加上植树、立杆、布置橱窗阅报栏、房基散水等用地宽度，即可得到人行道宽度（单侧）。

当管线埋设在人行道下面时，人行道的宽度应考虑到既能满足步行交通的需要，又要满足敷设管线的要求。例如，埋设电力、电信、电缆和给水管四种管线所需的最小宽度为 4.5m，加上行道树和路灯杆的最小占地宽度为 1.5m，则单侧人行道宽度至少为 6.0m（图 4-5）。在用地较紧张的城市，在同样宽度的人行道下面，往往需要考虑埋设更多的管道。

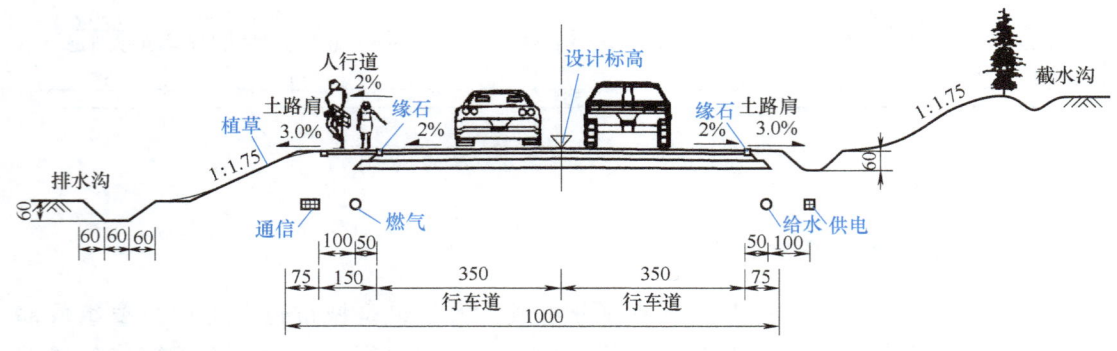

图 4-5 人行道上绿化带、管线所占的宽度

从保障行道树生长良好出发，人行道宽度应不小于 5m。

（3）人行道的最小宽度值 为了使街道各部分的宽度协调，一般认为，街道总宽度与单侧人行道宽度之比在 5∶1~7∶1 范围内是比较合适的。

当种植单排行道树时，绿化带最小宽度为 1.5m。

表 4-4 及表 4-5 分别列出了不同设施独立设置时占用宽度和人行道的最小宽度。

表 4-4 不同设施独立设置时占用宽度

项 目	宽度/m
行人护栏	0.25~0.5
灯柱	1.0~1.5
邮箱、垃圾箱	0.6~1.0
长凳、座椅	1~2
行道树	1.2~1.5

表 4-5 人行道的最小宽度

项 目	人行道最小宽度/m	
	一般值	最小值
各级道路	3.0	2.0
商业或公共场所集中路段	5.0	4.0
火车站、码头附近路段	5.0	4.0
长途汽车站	4.0	3.0

2. 人行道横坡

为了保证行车安全，人、车互不干扰，人行道一般要高出行车道 0.08~0.20m，常采用 0.15m。其横坡一般采用直线型向侧右方向倾斜。横坡的大小视铺砌材料与满足排水要求而定，一般在 0.3%~3.0% 范围内选择，为提高排水效果，人行道的横坡宜稍大些，在有铺砌的人行道上，其横坡一般采用 2%。

3. 人行道的布置

人行道需要与行车道分隔，且要保证车辆与其装载货物的突出部分不致碰撞旁边的人，也要设法阻止行人在非规定的地点穿越街道。

通常，人行道高出行车道 8~20cm，多对称布置在行车道的两侧。在受地形、地物限制或有其他特殊情况时，两边可不等宽或仅在一边布置。单边布置的人行道多见于傍山或靠河的狭路。

步行道在人行道横向的部位视沿街建筑的性质及红线宽度而不同。例如，若沿街为住宅，步行道宜距离房屋 3~5m，若沿街为商店，则宜紧靠或设两条平行的步行道，一条靠商店，便于购货与参观，另一条靠行车道，便于过路，中间则夹以绿化带。

人行道的布置形式如图 4-6 所示。

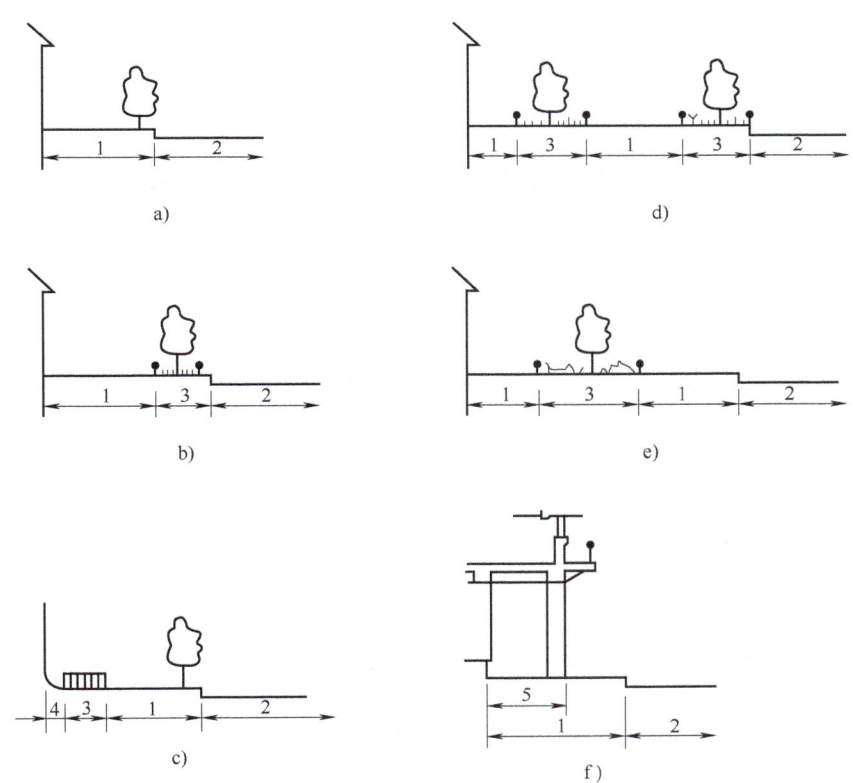

图 4-6 人行道的布置形式
1—步行道 2—行车道 3—绿化带 4—散水 5—骑楼

图 4-6a 为在靠侧石一边设树穴单排种植行道树，适用于路幅较窄、两旁有商店或公共

文化机关的道路上。图 4-6b 为行人与行车道之间用绿化带隔开，在人行横道处将绿化带断开设出入口，对人、车分离有利，行车道上的灰尘、泥水对行人影响较小，适用于行人过街密度大、行车密度高的地段。图 4-6c 为绿化带布置在建筑物前面，但须沿房屋墙脚砌护坡，以防积水影响房基稳定，适用于住宅区道路。图 4-6d、e 为在人行道上布置两条步行地带，避免行人之间干扰和影响，适用于市中心设有很多大商店及公共文化机构的路段。图 4-6f 为步行道设置在高层建筑的骑楼下，以利行人躲避风、雨、日晒，适用于南方炎热多雨地区或旧城道路的扩建。

国内外一些城市，为避免汽车在市中心的过度集中，防止交通阻塞，会在市中心商业区划出一定范围作为禁止车辆通行的步行街，使人流和车流分开，且公共交通的车站必须靠近步行街，通过步行街把车站、商店、文化生活服务设施等连接起来，有效地保证了行人的安全。

4.2.4 路肩的作用和宽度

在不设专用人行道的郊区道路与等级较高的公路上，路面（行车道）的外侧应设路肩。路肩由硬路肩（包括路缘带）及保护性路肩（通称土路肩）组成。路肩示意图如图 4-7 所示。左侧路肩适用于双幅路或四幅路设中间带或两幅路中间设排水沟的断面。

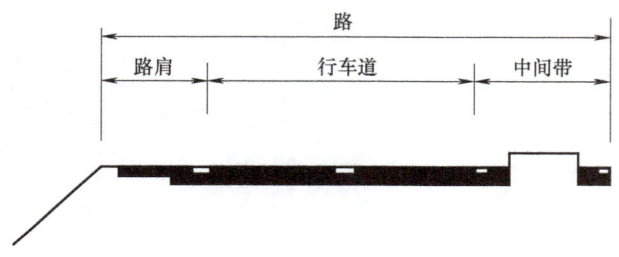

图 4-7　路肩示意图

1. 路肩的作用

路肩的作用是在保护路面稳定、保证侧向余宽的同时，兼供植树，立电力、电信杆，堆放养路材料及行人、非机动车通行之用（当设置与机动车并行或分隔的非机动车车道时，路肩的作用不考虑非机动车通行）。

2. 路肩宽度

（1）决定路肩宽度的因素

1）路肩植树时，树干距路基边缘不小于 0.5m。一侧路肩植两行路树时，行距不小于 1.5m。

2）照明、无轨电车、电力、电信等杆线，靠近路面栽立时，电杆与路树的间距不小于 1.5m。靠近路基边缘栽立时，电杆中心距路基边缘不小于 0.5m。

3）养路料堆底宽一般为 1m，堆放位置在路肩上一般置于树间，料堆底外侧距路面边缘为 0.2~0.3m。

4）沿路面两侧栽立电杆，两行电杆间的宽度，当一侧有公共交通停车站时仍应保证双向机动车道畅通，此时两行电杆的间距应不小于 12.0m，若路面宽度为 7.0~7.5m 时，电杆距路面边缘为 2.25~2.5m；若路面宽度为 10.0~11.0m 时，电杆距路面边缘为 0.5~1.0m；当路面宽度为 12.0m 或大于 12.0m 时，每侧电杆距路面边缘则不小于 0.5m。

5）双车道线路面宽度为 7.0m 左右时，每侧植一行路树，则两行路树的间距应不小于 9.0m。

（2）郊区型地面快速路断面宜在机动车车道外侧设硬路肩与土路肩，硬路肩宽度不应小于 2.50m，土路肩宽度不应小于 0.75m。

硬路肩铺装一般应具有承受车辆荷载的能力，在正常气候条件下，具有足够的强度和稳定性，不发生翻浆、滑溜、泥尘等情况，硬路肩内的路缘带结构、厚度应与路面相同，其他部分可适当减薄。

不设硬路肩时，土路肩宽度不得小于 1.25m。

保护性路肩宽度应满足安设护栏、杆柱、交通标志牌，以及栽植树木等的需要，快速路不应小于 0.75m，其他道路最小宽度不得小于 0.50m，如有公交车辆停靠站，应另行设计保护性路肩，一般为土路肩，或块料护砌。

《公路工程技术标准》规定各级公路的右侧和左侧路肩宽度见表 4-6 和表 4-7。

表 4-6 右侧路肩宽度

公路技术等级（功能）		高速公路			一级公路（干线功能）		一级公路（集散功能）和二级公路		三级公路、四级公路		
设计速度/(km/h)		120	100	80	100	80	80	60	40	30	20
右侧硬路肩宽度/m	一般值	3.00(2.50)	3.00(2.50)	3.00(2.50)	3.00(2.50)	3.00(2.50)	1.50	0.75	—	—	—
	最小值	1.50	1.50	1.50	1.50	1.50	0.75	0.25			
土路肩宽度/m	一般值	0.75	0.75	0.75	0.75	0.75	0.75	0.75	0.75	0.50	0.25（双车道）0.50（单车道）
	最小值	0.75	0.75	0.75	0.75	0.75	0.50	0.50			

注：1. 正常情况下，应采用"一般值"；在设爬坡车道、变速车道及超车道路段，受地形、地物等条件限制路段及多车道公路特大桥，可论证采用"最小值"。
2. 高速公路和作为干线的一级公路以通行小客车为主时，右侧硬路肩宽度可采用括号内数值。
3. 高速公路局部设计速度采用 60km/h 的路段，右侧硬路肩宽度不应小于 1.50m。

表 4-7 高速公路、一级公路分离式路基的左侧路肩宽度

设计速度/(km/h)	120	100	80	60
左侧硬路肩宽度/m	1.25	1.00	0.75	0.75
左侧土路肩宽度/m	0.75	0.75	0.75	0.50

4.3 分车带设计

分车带是专为组织与分离交通在路面宽度以内设置的带状非行车部分，分车带在道路横断面中占有一定的宽度，它与路面画线、活动车带、墩不同，设置分车带后，路面就划分为固定的二、三、四幅路，而不设分车带的则称为单幅路。

4.3.1 分车带的设置

分车带的设置主要取决于交通情况，当机动车每车道每小时交通量大于500辆，车速高于50km/h，在同一时间同向或对向的机动车与非机动车高峰小时交通量相差不大，路幅宽度大于35m，单向布置双车道可供超车时，可采用分车带。对于车速不高，交通量不大，路幅较窄的情况，为节约用地、节省建设投资、发挥机动车道与非机动车道相互借用、调剂车道宽度和集中路灯便于照明，可不设置固定分车带，而采用活动分车墩等办法划分车道，临时组织交通，将来进一步改造。

4.3.2 分车带的作用

分车带的主要作用如下：

1）分隔各车流的范围，使车辆分流渠化行驶，防止车辆相互干扰，并防止车辆中途回转和向左右横穿。

2）为过街行人提供避让的地带。

3）中间带分隔对向行驶车流，防止多车道上行驶车辆误入对向车道而发生对撞事故。

4）在道路交叉口部分，利用中间带的宽度，可提供加设左转弯车道的位置，有利于交通组织。

5）提供道路交通标志，照明杆柱、绿化等用地，对于郊区侧面低平的中间带，必要时允许车辆紧急闯入以缓解或防止事故。

4.3.3 分车带的宽度

分车带由分隔带和两侧路缘带组成，根据其作用与位置不同，分车带分为中间分车带（简称中分带）及两侧分车带（简称两侧带）。

分车带的宽度由上下各部分组成，随车速而异。城市道路分车带最小宽度见表4-8。

表4-8 城市道路分车带最小宽度

类 别		中间带		两侧带	
设计速度/(km/h)		≥60	<60	≥60	<60
路缘带宽度/m	机动车道	0.50	0.25	0.50	0.25
	非机动车道	—	—	0.25	0.25
安全带宽度 W_{sc}/m	机动车道	0.50	0.25	0.25	0.25
	非机动车道	—	—	0.25	0.25
侧向净宽 W_1/m	机动车道	1.00	0.50	0.75	0.50
	非机动车道	—	—	0.50	0.50
分隔带最小宽度/m		2.00	1.50	1.50	1.50
分车带最小宽度/m		3.00	2.00	2.50（2.00）	2.00

注：1. 侧向净宽为路缘带宽度与安全带宽度之和。
2. 两侧带分隔带宽度中，括号外为两侧均为机动车道时取值；括号内数值为一侧为机动车道，另一侧为非机动车道时的取值。
3. 分隔带最小宽度值系按设施带宽度为1m考虑的，具体应用时，应根据设施带实际宽度确定。

《公路工程技术标准（2003年版）》对高速公路和一级公路的中央分隔带宽度做出了具体的规定，包括一般条件下应采用的"一般值"和条件受限路段可采用的"最小值"。《公路工程技术标准（2014年版）》修订时，经全国调研发现，对中央分隔带宽度指标取用存在较大争议，既有反映"一般值"较宽的，也有反映"最小值"不足的。因此，不再指定出中央分隔带推荐值，但强调：中央分隔带宽度应从对向隔离、安全防护的主要功能出发，综合考虑中央分隔带护栏的防护形式和防护能力确定。

4.3.4 分车带的设置构造

分车带的构造与本身的作用、横断面形式、两旁建筑物出入口等有关。

1）市内道路的分车带禁止车辆驶入，分车带以侧石围砌，高出路面0.10~0.20m，在人行横道及公交车站处，断开或不断开均需加面层铺砌，郊区宽度在3m以上的中间带，必要时允许车辆闯入以缓解事故，侧石可以低平，或用斜式，分车带略下凹，以作中央集水槽之用，且应有排水设施。

2）分车带随路面纵横坡度设立，当非机动车道与机动车道为反向坡时，为了坡底纵向排水顺畅，外侧带应位于一侧坡面上。

坡面雨水通过外侧带的预留缝流入坡底的进水口，可减少雨水进水口。

3）分车带不应太宽，应杜绝人、车任意横穿道路，干扰正线交通，分车带每50~100m长设3~5m长断口一道，或根据人行横道间距布置，快速路、主干路应尽量延长人车横过处断口的距离。

沿街单位每日机动车辆出入多于30车次者，在次干路、支路可适当留一断口，其他路不留，有条件者应将出入口设于单位侧旁小路上。

4）分车带除林荫道外，均应按街心花坛形式栽植草皮、低矮常青灌木或低矮常青花木，不宜种植高大树冠的乔木。

4.4 道路路拱横坡与超高设计

4.4.1 道路路拱横坡与形式

人行道、行车道、绿化带，在道路横向单位长度内升高或降低的数值，称为它们的横坡度 i，其计算公式为

$$i = \tan\alpha = h/d \tag{4-2}$$

式中　α——横坡水平夹角（°）；

　　　h——路边线与路中线设计高程差（m）；

　　　d——路边线至路中线的水平距离（m）。

横坡值以百分数或小数表示，如2.0%或0.02。道路横坡示意图，如图4-8所示。

为了使人行道、行车道与绿化带上的雨水通畅地流入街沟或边沟，必须使它们有一定的横坡。横坡大小主要取决于路面材料与道路纵坡度，也应考虑人行道、行车道、绿化带的宽度，及当地气候条件的影响。

绿化带的横坡过大，易使植物根部的土壤被冲刷，一般取值为0.5%~1.0%。

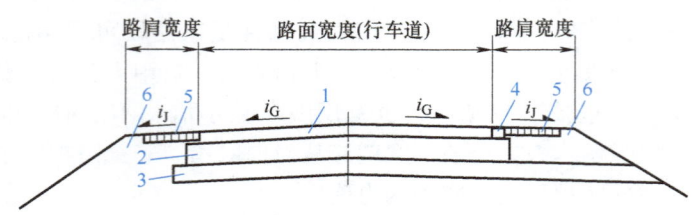

图 4-8　道路横坡示意图

1—面层（包括面层上层、面层下层、磨耗层和连接层）　2—基层（包括底基层）
3—垫层　4—路缘石　5—加固路肩　6—土路肩　i_G—路拱横坡度　i_J—路肩横坡度

人行道横坡通常采用直线形向侧石方向倾斜，为既有利于排水又防止行人滑溜，横坡值随铺砌材料和降雨强度不同，为 1.5%～3.0%。

车辆在表面有水的路面上行驶容易打滑，很不安全；路表水一旦渗入路基，将造成路面迅速破坏，大大缩短它的使用年限。为尽快排除地表水，行车道一般采用双向坡面，由路中线向两边倾斜，形成路拱，拱顶到街沟底的高度称为路拱矢高或路拱高度。

行车道面层越粗糙、纵坡越小，水在路面上流动越缓慢，路拱横坡就要做得大些；但是，为行车安全起见，又要求行车道面尽可能平整，因此在设计路拱横坡时，应按有利于路面排水和保证行车平衡的原则，力求合理解决好这一矛盾。

不同路面面层类型的路拱横坡度见表 4-9。

表 4-9　不同路面面层类型的路拱横坡度

路面面层类型	路拱横坡度（%）	路面面层类型	路拱横坡度（%）
水泥混凝土路面	1.0～2.0	半整齐和不整齐石块路面	2.0～3.0
沥青混凝土路面	1.0～2.0		
其他黑色路面	1.5～2.5	碎石、砾石等粒料路面	2.5～3.5
整齐石块路面	1.5～2.5	低级路面	3.0～4.0

在公路和郊区道路上的保护性路肩（土路肩）横坡度一般应比路拱横坡度大 1.0%～2.0%。

路拱的形式有抛物线形、直线接抛物线形、折线形等。可根据路面宽度及路面类型采用：低等级公路可采用抛物线形路拱，高等级公路一般采用直线接抛物线形路拱，多车道的水泥混凝土路面可采用折线形路拱。

4.4.2　道路加宽设计

圆曲线加宽设计

车辆在圆曲线上行驶时，由于各车轮轨迹半径不同，导致各轮轨迹不重合，其中内侧车轮轨迹半径由前向后逐渐减小，形成内轮差。城市道路上行驶的大货车、大客车在转弯过程中，如未考虑内轮差影响，极易引发交通安全事故。为保证行驶顺畅与安全，应增加曲线内侧路面宽度。

1. 加宽计算

双轴车辆加宽值几何关系，如图 4-9 所示。

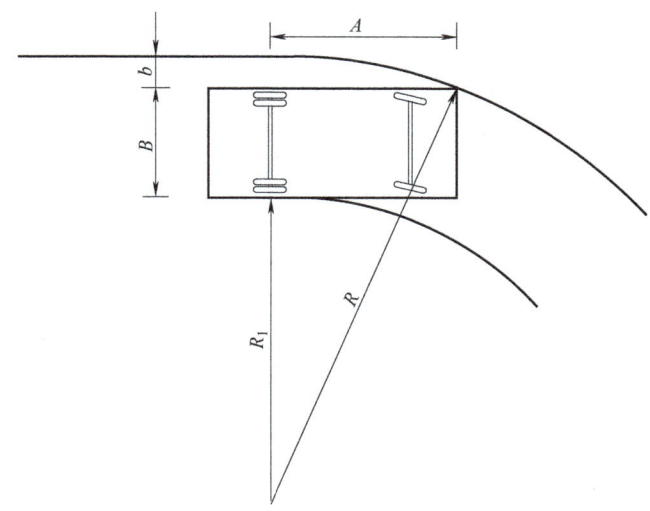

图 4-9　双轴车辆加宽值几何关系图

由几何关系知

$$b = R - (R_1 + B) \tag{4-3}$$

因

$$R_1 + B = \sqrt{R^2 - A^2} = R - \frac{A^2}{2R} - \frac{A^4}{8R^3} - \cdots \tag{4-4}$$

故

$$b = \frac{A^2}{2R} + \frac{A^4}{8R^3} + \cdots \tag{4-5}$$

式（4-5）第二项后可忽略，则单车道加宽为

$$b = \frac{A^2}{2R} \tag{4-6}$$

式中　A——汽车后轴至前保险杠距离（m）；
　　　R——圆曲线半径（m）。

当车道数为 N 时

$$b_N = \frac{NA^2}{2R} \tag{4-7}$$

根据道路实测，汽车转弯产生的内轮差还与车速 v 相关，单车道摆动加宽值计算的经验公式为

$$b' = \frac{0.05v}{\sqrt{R}} \tag{4-8}$$

因此，考虑车速影响，圆曲线上路面加宽值计算公式为

$$b_N = N\left(\frac{A^2}{2R} + \frac{0.05v}{\sqrt{R}}\right) \tag{4-9}$$

二、三、四级公路的圆曲线半径小于或等于250m时,应设置加宽。双车道公路路面加宽值应符合表4-10的规定,圆曲线加宽值应根据公路功能、技术等级和实际交通组成确定。

表4-10 双车道公路路面加宽值 （单位：m）

加宽类别	设计车辆	圆曲线半径								
		200~250	150~200	100~150	70~100	50~70	30~50	25~30	20~25	15~20
1	小客车	0.4	0.5	0.6	0.7	0.9	1.3	1.5	1.8	2.2
2	载重汽车	0.6	0.7	0.9	1.2	1.5	2.0	—	—	—
3	铰接列车	0.8	1.0	1.5	2.0	2.7	—	—	—	—

2. 加宽过渡

路面由直线段过渡到圆曲线段需设置加宽过渡段。在加宽过渡段,路面宽度发生变化,加宽过渡的设计根据道路性质与等级可采用不同的方法。

(1) 比例过渡　加宽过渡段内按长度成比例逐渐加宽称为比例过渡（图4-10），加宽过渡段内任意点的加宽值计算公式为

$$b_x = \frac{L_x}{L} b \tag{4-10}$$

式中　L_x——任意点距过渡段起点的距离（m）；

L——加宽过渡段长度（m）；

b——圆曲线上的全加宽（m）。

比例过渡设置简单,但加宽后路面内侧边线与行车轨迹不完全吻合,过渡段起点、终点连接不平顺,路容不美观,此类方法适用于二、三、四级公路。

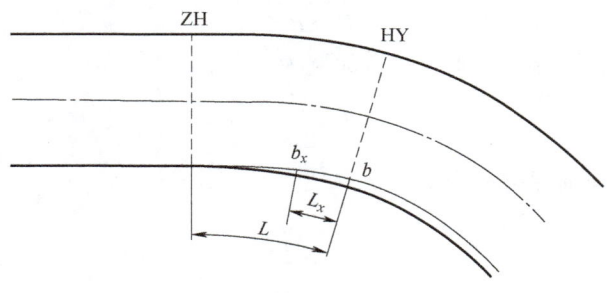

图4-10　比例过渡

(2) 高次抛物线过渡　在加宽过渡段内插入高次抛物线称为高次抛物线过渡,抛物线上任意点的加宽值计算公式为

$$b_x = (4k^3 - 3k^4) b \tag{4-11}$$

其中,

$$k = \frac{L_x}{L}$$

采用此方法加宽后,路面内侧边缘连接平顺,路容美观,适用于高速公路和一级公路。

(3) 回旋线过渡　在加宽过渡段路面内侧插入回旋线,称为回旋线过渡。采用此方法

路面边线与行车轨迹相符，行车舒适、线形美观，适用于高速公路和一、二级公路路段，具体如下：

1）位于大城市近郊的路段。
2）桥梁、高架桥、挡土墙、隧道等构造物处。
3）设置各种安全防护设施的路段。

3. 加宽过渡段长度

当平曲线设有缓和曲线或超高过渡段时，加宽过渡段采用与缓和曲线或超高过渡段相同的长度；当平曲线设有超高过渡段但不设缓和曲线时，加宽过渡段可采用和超高过渡段相同的长度；当平曲线既不设缓和曲线，又不设超高过渡段时，加宽过渡段应按长度不小于10m，渐变率为1∶15的要求设置。

4.4.3 道路超高设计

1. 超高的作用与超高值计算

车辆在弯道上行驶，为了抵抗离心力的作用，常需设置超高。车辆匀速行驶时，圆曲线上所产生的离心力是常数，超高横坡度应是与圆曲线半径相适应的全超高。由于缓和曲线上曲率变化，离心力也发生变化，因此缓和曲线上的超高也需要逐渐变化。从直线段的双向路拱横坡渐变到圆曲线段单向横坡的路段，称为超高过渡段。

极限最小半径与最大超高率对应，在任意半径下，超高值与横向力系数的关系为

$$i_h + \mu = \frac{V^2}{127R} \tag{4-12}$$

要确定 i_h 的值，先要明确 i_h 和 μ 的分配比例，对于不同的道路需选取不同的分配方法。

2. 超高过渡方式

（1）无中间带道路的超高过渡方式　超高过渡方式是确定路面和路肩合理抬高或降低的方式，涉及道路断面的轴线、旋转轴、高程基准等，如图4-11所示。当超高值等于路拱横坡度时，超高过渡方式为：将圆曲线段外侧行车道绕道路中线旋转抬高，至与内侧行车道横坡相等，构成单向横坡。

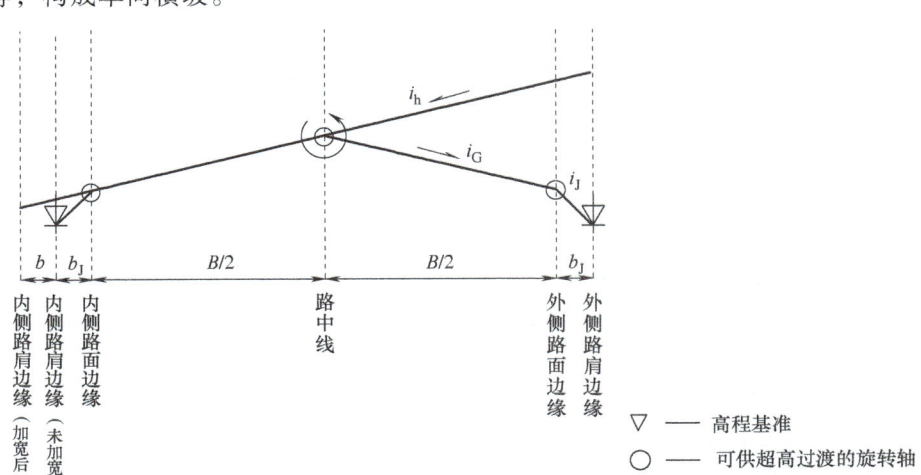

图4-11　无中间带道路的超高过渡方式

当超高值大于路拱横坡度时，可采用以下三种过渡方式：

首先在 1~2m 的距离内，抬高路肩至路面横坡，然后同路面一道旋转或平移（实际工程会有不同，做此简化假定有利于初学），然后按以下三种方式过渡。

1）绕内边线旋转。先将外侧行车道绕道路中线旋转，至与内侧行车道构成单向横坡后，整个断面绕内侧车道边线旋转，至达到超高值（图 4-12a）。

2）绕中线旋转。先将外侧行车道绕道路中线旋转，至与内侧行车道构成单向横坡后，整个断面绕道路中线旋转，至达到超高值（图 4-12b）。

3）绕外边线旋转。先将外侧行车道绕外侧车道边线旋转，内侧车道平行下降，至内外侧行车道构成单向横坡后，整个断面绕外侧车道边线旋转，至达到超高值（图 4-12c）。

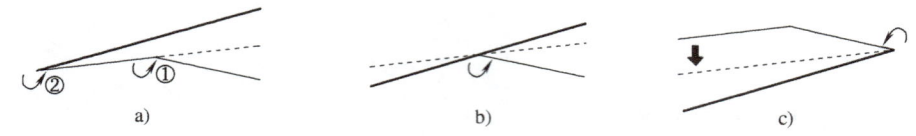

图 4-12　无中间带道路的超高过渡方式
a) 绕内边线旋转　b) 绕中线旋转　c) 绕外边线旋转

（2）有中间带道路的超高过渡方式

1）绕中央分隔带中线旋转。先将外侧行车道绕中央分隔带边缘线旋转，至内外侧车道横坡相同后，整个断面一起绕中央分隔带中线旋转，至达到超高值，此时中央分隔带倾斜（图 4-13a）。

2）绕中央分隔带边缘线旋转。将内外侧行车道分别绕中央分隔带边线旋转，使各自成为独立的单向超高断面，此时中央分隔带维持原状（图 4-13b）。

3）绕各自行车道中线旋转。将内外侧行车道分别绕各自的中线旋转，使各自成为独立的单向超高断面，此时中央分隔带一侧升高、一侧降低（图 4-13c）。

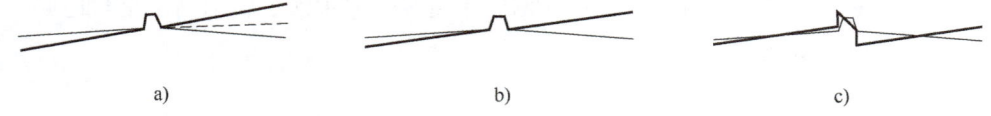

图 4-13　有中间带道路的超高过渡方式
a) 绕中央分隔带中线旋转　b) 绕中央分隔带边缘线旋转　c) 绕各自行车道中线旋转

（3）六车道及其以上车道数的公路宜增设路拱线　高速公路、一级公路，当采用中央分隔带外缘为旋转轴时，即使超高渐变率大于 1/330，在纵坡较平缓的情况下，行车道横向排水也会因断面较宽而难以达到满意的效果。为避免这种不良现象的发生，除采取减小超高过渡段长度、加大超高渐变率、在回旋线的某一区段内设置超高等措施外，还可以在行车道中间增设路拱线以减小流水行程，改善排水条件，从而减轻路面积水情况。

3. 超高过渡段长度

道路从双向路拱变化至设定超高值时，为保证行车顺畅、路容美观以及排水顺畅，需要设置超高过渡段。公路最小超高过渡段长度计算公式为

$$L_c = \frac{\Delta_i B}{P} \tag{4-13}$$

式中　L_c——超高过渡段长度（m）；

　　　Δ_i——超高横坡度与路拱横坡度代数差（%），当绕内边线旋转时，$\Delta_i = i_h$，当绕中线旋转时，$\Delta_i = i_h + i_G$；

　　　B——超高旋转轴至行车道（设置路缘带时为路缘带）外侧边缘的宽度（m）；

　　　P——超高渐变率，旋转轴线与行车道（设置路缘带时为路缘带）外边线之间的相对坡度。

超高过渡段长度计算值应取 5 的整数倍，且不小于 10m。

从行车舒适性来看，从双向路拱路段至超高路段的长度越长，行车舒适性越好。但当路线纵坡较小时，过渡段长度越长，路面排水越困难。因此，超高过渡段长度的设置需要在平面设计时综合考虑：

1）通常情况下，确定缓和曲线长度时，已考虑了超高过渡段所需最短长度，此时 $L_c = L_s$。

2）若计算得到 $L_c > L_s$，则应修改平面线形，使 $L_c \leq L_s$，当平面线形无法修改时，可将超高过渡段起点向前移动。

3）若计算得到 $L_c < L_s$，只要超高渐变率 $p \geq 1/330$，仍可取 $L_c = L_s$。

4）高速公路和一级公路一般设有较长的缓和曲线，可考虑仅在缓和曲线的某一区段内进行超高过渡，或者以超高过渡至与路拱横坡相等时的单向横坡作为分界点，分两段进行超高过渡。

5）四级公路不设缓和曲线时，应将超高过渡段设置在直线段上，若直线段长度不足，则允许将超高过渡段按1∶1分配在直线段和圆曲线段。

在超高过渡段，需要重点关注横坡度为 0 附近的路段，对其进行路面排水分析，并采取相应措施确保排水顺畅。

4. 超高值计算

平曲线设置超高后，道路中线和内、外侧边线与设计高程差 h，应计算并列于"路基设计表"中，以便于施工。

（1）无中间带道路绕内边线旋转

无中间带道路绕内边线旋转超高过渡方式，如图 4-14 所示，其计算公式见表 4-11。

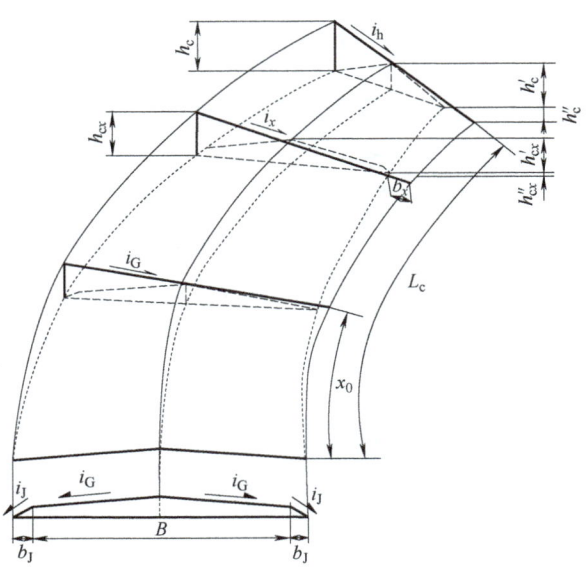

图 4-14　绕内边线旋转超高过渡方式

注：以路肩边缘点为高程基准点。i_x 为 x 距离处路拱横坡度；b_x 为 x 距离处路基加宽值；x_0 为与路拱同坡度的单向超高点到超高过渡段起点距离。

表 4-11　绕内边线旋转超高值计算公式

超高位置		计算公式		注
		$x \leq x_0$	$x > x_0$	
圆曲线上	外缘 h_c		$b_J i_J + (b_J + B) i_h$	1. x 距离处的加宽值: $$b_x = \frac{x}{L_c} b$$ 2. 临界断面距过渡段起点: $$x_0 = \frac{i_G}{i_h} L_c$$ 3. x 距离处路拱横坡度 ($x \geq x_0$): $$i_x = \frac{x}{L_c} i_h$$
	中线 h'_c		$b_J i_J + \frac{B}{2} i_h$	
	内缘 h''_c		$b_J i_J - (b_J + b) i_h$	
过渡段上	外缘 h_{cx}	$b_J(i_J - i_G) + \frac{x}{x_0}(2 b_J + B) i_G$	$b_J i_J + (b_J + B) \frac{x}{L_c} i_h$	
	中线 h'_{cx}	$b_J i_J + \frac{B}{2} i_G$	$b_J i_J + \frac{B}{2} \frac{x}{L_c} i_h$	
	内缘 h''_{cx}	$b_J i_J - (b_J + b_x) i_G$	$b_J i_J - (b_J + b_x) \frac{x}{L_c} i_h$	

注: h_c 为路基外缘最大抬高值; h'_c 为路中线最大抬高值; h''_c 为路基内缘最大降低值; h_{cx} 为 x 距离处路基外缘抬高值; h'_{cx} 为 x 距离处中线抬高值; h''_{cx} 为 x 距离处路基内缘降低值。

绕内边线旋转,过渡段上外缘抬高值与过渡段起点距离的关系,如图 4-15 所示。

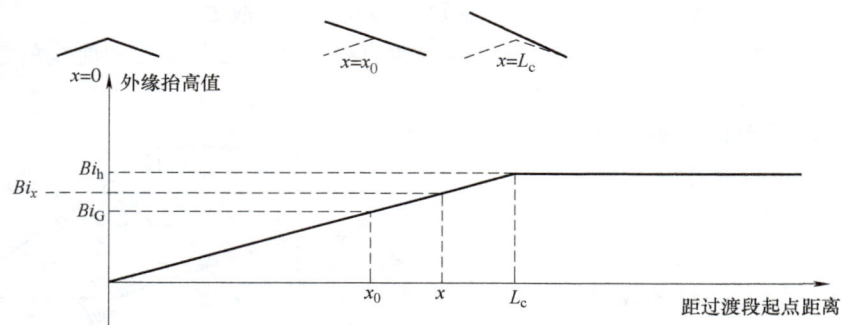

图 4-15　外缘抬高值与过渡段起点距离的关系

（2）无中间带道路绕中线旋转　无中间带道路绕中线旋转超高过渡方式,如图 4-16 所示,绕中线旋转超高值计算公式见表 4-12。

表 4-12　绕中线旋转超高值计算公式

超高位置		计算公式		注
		$x \leq x_0$	$x > x_0$	
圆曲线上	外缘 h_c		$b_J(i_J - i_G) + \left(b_J + \frac{B}{2}\right)(i_G + i_h)$	1. x 距离处的加宽值: $$b_x = \frac{x}{L_c} b$$ 2. 临界断面距过渡段起点: $$x_0 = \frac{2 i_G}{i_G + i_h} L_c$$
	中线 h'_c		$b_J i_J + \frac{B}{2} i_G$	
	内缘 h''_c		$b_J i_J + \frac{B}{2} i_G - \left(\frac{B}{2} + b\right) i_h$	

（续）

超高位置		计算公式		注
		$x \leq x_0$	$x > x_0$	
过渡段上	外缘 h_{cx}	$b_J(i_J - i_G) + \left(b_J + \dfrac{B}{2}\right)(i_G + i_h)\dfrac{x}{L_c}$		3. x 距离处路拱横坡度：$i_x = \dfrac{i_h + i_G}{L_c}x - i_G$
	中线 h'_{cx}	$b_J i_J + \dfrac{B}{2} i_G$		
	内缘 h''_{cx}	$b_J i_J - (b_J + b_x) i_G$	$b_J i_J + \dfrac{B}{2} i_G - \left(b_J + \dfrac{B}{2} + b_x\right)\left(\dfrac{i_h + i_G}{L_c}x - i_G\right)$	

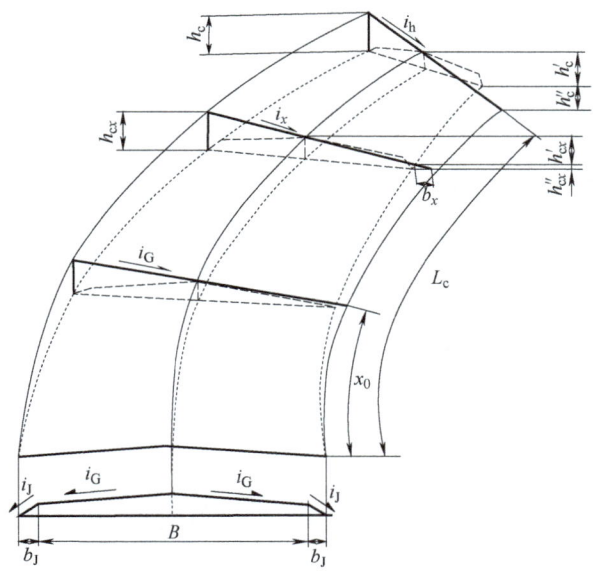

图 4-16　绕中线旋转超高过渡方式

绕中线旋转，过渡段上坡度与过渡段起点距离的关系如图 4-17 所示。

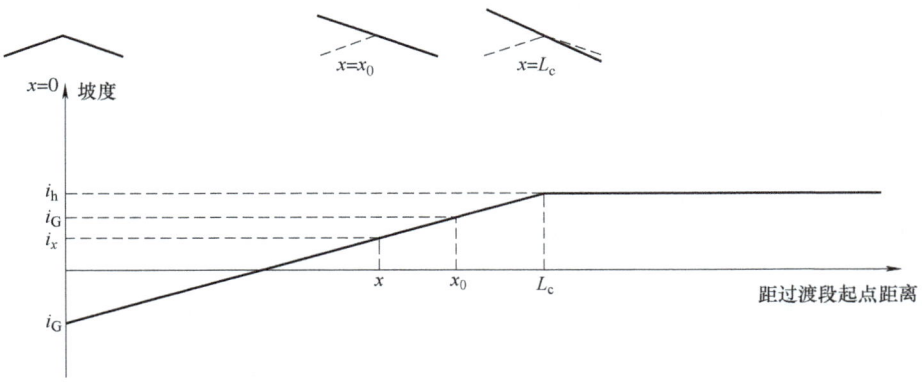

图 4-17　过渡段上坡度与过渡段起点距离的关系

例 4-1 某山岭区双车道公路，设计速度60km/h，路面宽7m，路肩宽0.75m。JD8桩号为K87+952.00，偏角$\alpha_{右}=46°37'$，圆曲线半径$R=160$m，路面横坡$i_G=0.02$，路肩横坡$i_J=0.04$，试完成此平曲线的加宽（线性）和超高（绕中轴旋转）设置。

解：（1）判定是否设置超高和加宽，确定公路断面参数

$i_h = V^2/127R - \mu = 60^2/(127×160) - 0.12 = 0.06$

查《公路路线设计规范》得：加宽值$b=0.70$m，超高渐变率$p=1/175$

因此：

$L_c = B(i_G+i_h)/2p = [7×(0.02+0.06)/(2×1/175)]\text{m} = 49.00\text{m}$

缓和曲线长度需综合考虑超高、曲线过渡、连续行驶速度和加宽的要求，即

$L_s = \max(L_c, 0.035×V^3/R, V/1.2, 15b) = \max(49.00\text{m}, 47.25\text{m}, 50.00\text{m}, 10.50\text{m}) = 50.00\text{m}$

取$L_c = L_s = 50.00$m

（2）计算主点桩号

1）计算曲线段的曲线元素：计算图示参看平曲线元素计算图示（图2-8）。

$q = \dfrac{L_s}{2} - \dfrac{L_s^3}{240R^2} = \left(\dfrac{50}{2} - \dfrac{50^3}{240×160^2}\right)\text{m} = 24.98\text{m}$

$p = \dfrac{L_s^2}{24R} - \dfrac{L_s^4}{2688R^3} = \left(\dfrac{50^2}{24×160} - \dfrac{50^4}{2688×160^3}\right)\text{m} = 0.65\text{m}$

$\beta_0 = \dfrac{L_s}{2R}\dfrac{180°}{\pi} = \dfrac{50\text{m}}{2×160\text{m}}×\dfrac{180°}{\pi} = 8°57'00''$

$T = (R+p)\tan\dfrac{\alpha}{2} + q = (160\text{m}+0.65\text{m})\tan\dfrac{46°37'}{2} + 24.98\text{m} = 94.21\text{m}$

$L = (\alpha - 2\beta_0)\dfrac{\pi}{180°}R + 2L_s = (46°37'12'' - 2×8°57'00'')×\dfrac{\pi}{180°}×160\text{m} + 2×50\text{m} = 180.19\text{m}$

$E = (R+p)\sec\dfrac{\alpha}{2} - R = (160\text{m}+0.65\text{m})\sec\dfrac{46°37'}{2} - 160\text{m} = 14.93\text{m}$

$J = 2T - L = (2×94.21 - 180.19)\text{m} = 8.23\text{m}$

2）主点桩号：

ZH = K87+952.00 − 94.21 = K87+857.79

HY = K87+857.79 + 50 = K87+907.79

QZ = K87+857.79 + $\dfrac{180.19}{2}$ = K87+947.89

YH = K88+037.98 − 50 = K87+987.98

HZ = K87+947.89 + $\dfrac{180.19}{2}$ = K88+037.98

验算：JD = QZ + $\dfrac{J}{2}$ = K87+947.89 + $\dfrac{8.23}{2}$ = K87+952.00（验算正确）

（3）计算平曲超高和加宽 为清晰显示，超高、加宽计算见表4-13。

其中：道路中线超高值 = (0.04×0.75 + 0.02×3.50)m = 0.10m

缓和曲线起点处外侧超高值 = [(0.04 − 0.02)×0.75]m = 0.02m

K87+897.79 处内侧超高值 $=\left\{0.10-(4.25+0.48)\times\left[\dfrac{40}{50}\times(0.06+0.02)-0.02\right]\right\}\text{m}=-0.11\text{m}$

缓和曲线终点处外侧超高值 $=(0.10+4.25\times0.06)\text{m}=0.36\text{m}$

表 4-13 超高、加宽计算

桩号	说明	距离 x/m	路基超高值/m			路基加宽值/m	
			左	中	右	左（外侧）	右（内侧）
	正常断面		0.00	0.10	0.00		
K87+857.79	起点（ZH）	0	0.02	0.10	0.02		0.00
K87+867.79		10	0.08	0.10	0.01		0.14
K87+877.79		20	0.15	0.10	0.01		0.28
K87+887.79		30	0.22	0.10	−0.03		0.42
K87+897.79		40	0.29	0.10	−0.11		0.56
K87+907.79	终点（HY）	50	0.36	0.10	−0.20		0.70
全超高、全加宽段（圆曲线段）							
K87+987.98	终点（YH）	50	0.36	0.10	−0.20		0.70
K87+997.98		40	0.29	0.10	−0.11		0.56
K88+007.98		30	0.22	0.10	−0.03		0.42
K88+017.98		20	0.15	0.10	0.01		0.28
K88+027.98		10	0.08	0.10	0.01		0.14
K88+037.98	起点（HZ）	0	0.02	0.10	0.02		0.00
	正常断面		0.00	0.10	0.00		0.00

4.5 道路行车视距及其保证

行车视距及其保证

4.5.1 行车视距类型

车辆行驶过程中，驾驶员应能随时看到汽车前方一定距离的路程，一旦发现前方道路上有障碍物或迎面来车，需要能够及时采取措施，避免发生交通事故，这一最短距离称为行车视距。行车视距是否充分，直接关系到行车安全与否，是道路设计和运营质量的重要指标之一。行车视距可分为以下几类：

1）停车视距（Stopping Sight Distance）：汽车行驶时，驾驶员自看到前方车辆时起，至到达障碍物前安全停止所需的最短距离。

2）会车视距：两辆车相向行驶，驾驶员自看到前方车辆时起，至安全会车时为止，两辆汽车行驶所需的最短距离。

3）错车视距：在没有明确划分车道线的双车道道路上，两对向行驶汽车相遇，自发现后采取减速避让措施至安全错车所需的最短距离。

4）超车视距（Passing Sight Distance）：在双车道道路上，后车超越前车时，自开始驶离原车道处起,至可见对向来车并能超车后安全驶回原车道所需的最短距离。

5)识别视距(Decision Sight Distance):也称为应变视距,是车辆行进中,遇到非预期或较复杂的资讯、路况(可能影响驾驶人识别、认知其潜在的危险性)时,驾驶员通过以充分有效变换适当车道、车速、车向或停止,完成安全行驶所需的距离。

其中,停车视距最短,它是任何情况都必须满足的;会车视距、错车视距和超车视距是双车道道路特有的,超车视距最长,在双车道道路中,要保证一定比例的路段能满足超车视距;识别视距是对道路出入口路段的视距要求。

4.5.2　行车视距保证

1. 高速公路、一级公路视距保证

此类道路应采用停车视距。对于一般路段,每条车道停车视距不应小于表 4-14 规定。

表 4-14　高速公路、一级公路停车视距

设计速度/(km/h)	120	100	80	60
停车视距/m	210	160	110	75

注:本表取自《公路路线设计规范》(JTG D20—2017)。

2. 二级、三级、四级公路视距保证

此类道路应采用会车视距,受地形条件或其他情况限制而采取分道行驶措施的路段,可采用停车视距,并不应小于表 4-15 规定。

表 4-15　二级、三级、四级公路会车视距与停车视距

设计速度/(km/h)	80	60	40	30	20
会车视距/m	220	150	80	60	40
停车视距/m	110	75	40	30	20

注:本表取自《公路路线设计规范》(JTG D20—2017)。

3. 超车路段视距保证

二级、三级、四级公路双车道公路,应间隔设置满足超车视距的路段。具有干线功能的二级公路宜在 3min 的行驶时间内,提供一次满足超车视距要求的超车路段,并应符合表 4-16 规定。

表 4-16　超车视距最小值

设计速度/(km/h)		80	60	40	30	20
超车视距最小值/m	一般值	550	350	200	150	100
	极限值	350	250	150	100	70

注:本表取自《公路路线设计规范》(JTG D20—2017)。

4. 高速公路、一级公路以及大型车比例较高的二级、三级公路的下坡路段视距保证

应采用下坡段货车停车视距对相关路段进行检验。各级公路下坡段货车停车视距不应小于表 4-17 规定。

表 4-17 下坡段货车停车视距 (单位：m)

设计速度/(km/h)		120	100	80	60	40	30	20
纵坡坡度（%）	0	245	180	125	85	50	35	20
	3	265	190	130	89	50	35	20
	4	273	195	132	91	50	35	20
	5	—	200	136	93	50	35	20
	6	—	—	139	95	50	35	20
	7	—	—	—	97	50	35	20
	8	—	—	—	—	—	35	20
	9	—	—	—	—	—	—	20

注：本表取自《公路路线设计规范》(JTG D20—2017)。

5. 出入口路段识别视距保证

各级公路的互通式立体交叉、服务区、停车区、客运汽车停靠站等各类出口路段应满足识别视距要求，并应符合以下规定：

1）不同设计速度对应的识别视距宜符合表 4-18 的规定。

表 4-18 识别视距

设计速度/(km/h)	120	100	80	60
识别视距/m	350（460）	290（380）	230（300）	170（240）

注：1. 括号中为行车环境复杂、路侧出口提示信息较多时应采取的视距值。
　　2. 本表取自《公路路线设计规范》(JTG D20—2017)。

2）受地形、地质等条件限制路段，识别视距可采用 1.25 倍的停车视距，但应进行必要的限速控制和管理措施。

4.5.3 弯道的视距保证

在道路曲线段，曲线内侧可能会有树林、房屋、边坡、道路设施等阻碍驾驶员视线，称为"暗弯"。在设计阶段需要对"暗弯"进行视距检查，若无法保证视距，应将阻碍视线的障碍物清除。视距检查的方法为，沿驾驶员视点轨迹线绘制视角边线，形成连续的包络线（图 4-18），检查包络线内是否存在障碍物。

1. 视距曲线与横净距

视距曲线是指沿着驾驶员视点轨迹每隔一定间隔绘出一系列与视点相切的外边缘线（图 4-19），AB 是驾驶员视点轨迹线，从该轨迹线上的不同位置（图 4-19 中的 1、2、3……）引出一系列视线（图 4-19 中的 1-1′、2-2′、3-3′……），其弧长都等于视距 S，与这些视线相切的曲线称为视距曲线。在弯道各点的横净距是驾驶员视点轨迹线与视距曲线之间的最大距离。横净距可根据不同情况进行计算。驾驶员视点一般取离地面 1.20m，距离内侧车道路面内缘 1.5m（不包括加宽），在弯道各点的横断面中，驾驶员视点轨迹与视距曲线之间的距离称为横净距，用 h 表示；h_0 为障碍物到驾驶员视点距离。若某一截面横净距小于行车轨迹至障碍物距离，则视距能够得到保证，反之则无法保证视距。

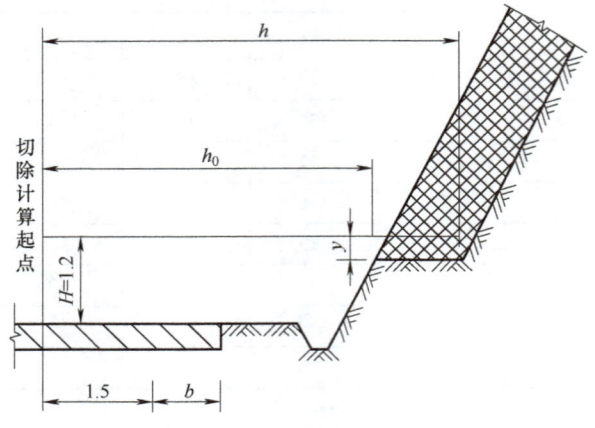

图 4-18　横净距示意图

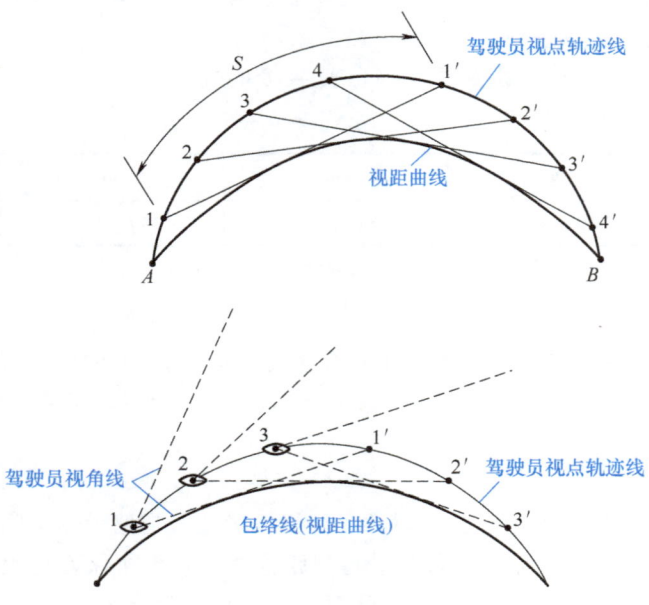

图 4-19　视距曲线示意图

2. 横净距计算

横净距的计算可分为不设缓和曲线的横净距计算和设缓和曲线的横净距计算两种情况：

（1）不设缓和曲线的横净距计算　当平曲线不设缓和曲线时，横净距计算方法如下：

1）平曲线长度 $L>$ 视距 S（图4-20）。

由图4-20可知

$$h = R_s - R_s \cos \frac{\gamma}{2} \tag{4-14}$$

$$\gamma = \frac{180S}{\pi R_s} \tag{4-15}$$

式中　　h——横净距（m）；
　　　　R_S——驾驶员在弯道内侧行驶时视点轨迹的曲线半径（m）；
　　　　γ——视距对应的圆心角（°）。
　　　　S——视距（m）。

2）平曲线长度 $L \leqslant$ 视距 S（图4-21）。

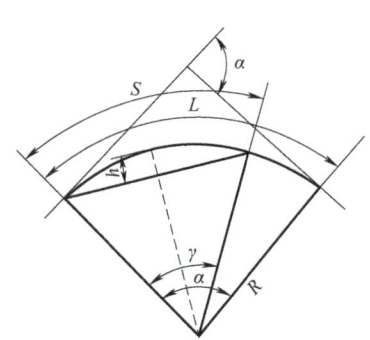
图4-20　平曲线长度 $L>$ 视距 S

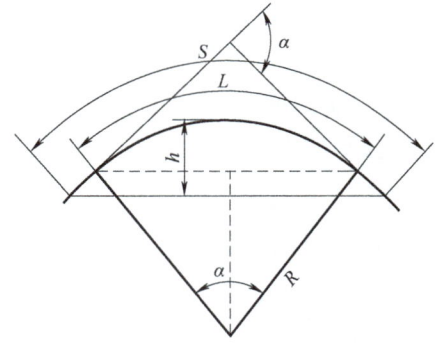
图4-21　平曲线长度 $L \leqslant$ 视距 S

由图4-21可知

$$h = R_S - R_S \cos\frac{\alpha}{2} + \frac{S-L}{2}\sin\frac{\alpha}{2} \tag{4-16}$$

$$\alpha = \frac{180L}{\pi R_S} \tag{4-17}$$

式中　　α——道路转角（°）；
　　　　L——曲线长度（m）。

（2）设缓和曲线的横净距计算

1）圆曲线长度 $L'>$ 视距 S（图4-22）。

此情况下，横净距计算方法同不设缓和曲线的横净距计算中的平曲线长度 $L>$ 视距 S 情况，可将圆曲线长度 L' 代入平曲线长度 L 中，参照式（4-14）、式（4-15）计算横净距。

2）圆曲线长度 $L'<$ 视距 $S<$ 平曲线长度 L（图4-23）。

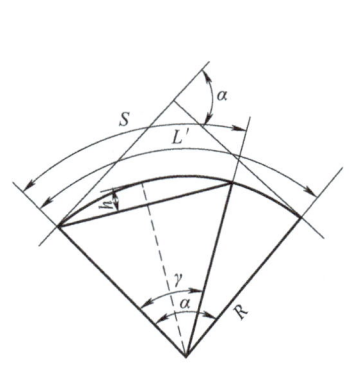
图4-22　圆曲线长度 $L'>$ 视距 S

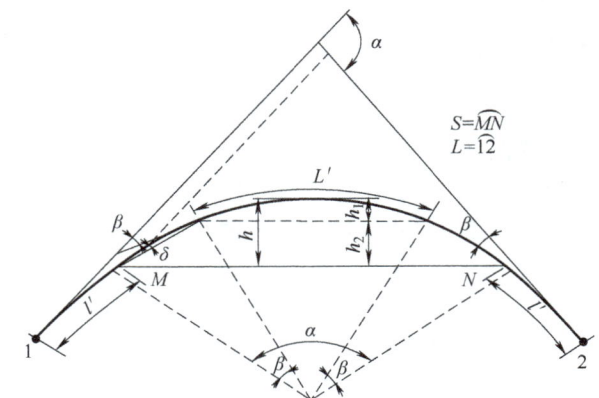
图4-23　圆曲线长度 $L'<$ 视距 $S<$ 平曲线长度 L

由图 4-23 可知

$$h = h_1 + h_2 = R_S - R_S \cos\frac{\alpha-2\beta}{2} + (l-l')\sin\left(\frac{\alpha}{2}-\delta\right) \quad (4\text{-}18)$$

其中，$\delta = \arctan\left\{\dfrac{1}{6R_S}\left[1+\dfrac{l'}{l}+\left(\dfrac{l'}{l}\right)^2\right]\right\}$

$l' = \dfrac{L-S}{2}$

式中　β——回旋线角（°）；

　　　l——缓和曲线长度。

（3）平曲线长度 $L \leqslant$ 视距 S（图 4-24）。

由图 4-24 可知

$$h = h_1 + h_2 + h_3 = R_S - R_S \cos\frac{\alpha-2\beta}{2}$$

$$+ l\sin\left(\frac{\alpha}{2}-\delta\right) + \frac{S-L}{2}\sin\frac{\alpha}{2} \quad (4\text{-}19)$$

其中，$\delta = \arctan\dfrac{1}{6R_S}$

值得注意的是，按公式计算出的横净距，是平曲线上的某一段视距曲线上需清除的最大横净距，而在整个平曲线上不同横断面的横净距是不一样的。若在平曲线全程上按照最大横净距进行清除障碍，会造成工程浪费，因此往往使用视距曲线图解法来完成视距检查。根据视距曲线，在视点轨迹线和

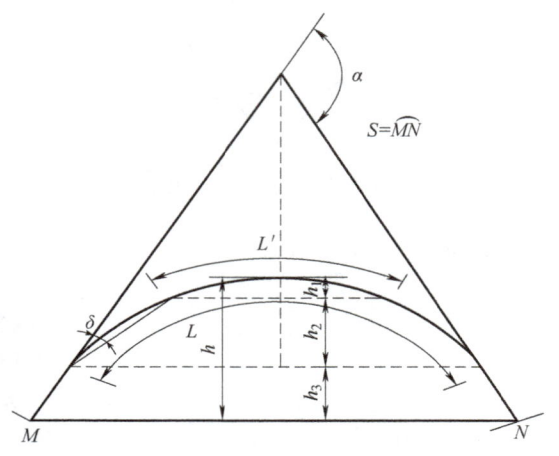

图 4-24　平曲线长度 $L \leqslant$ 视距 S

视距曲线的空间范围内的物体都是会阻挡视距的障碍物，需要予以清除或采取一定措施。在完成视距检查后，需要增绘一部分横断面作为计算土石方和施工的依据。

横断面设计方法

4.6　横断面设计及成果

横断面设计的主要内容是确定道路用地范围内横断面各组成部分的位置，公路和城市道路在步骤上有所不同。

对公路来说，在路中线确定和纵断面设计时，必须要考虑横断面布置，在横断面设计时，按照标准横断面图（图 4-25）进行套设（即所谓的"戴帽子"）即可，偶有情况会在横断面设计时发现平面、纵断面线形确实不合适而调整平面、纵断面设计。公路横断面设计中，除路幅范围的组成部分，还需考虑填方边坡、挖方路堑、排水沟、截水沟、挡墙等防护工程。设计中应满足环境和生态保护，节约用地，减少地质灾害等要求。

对城市道路来说，主要是在红线范围或者指定的范围内按标准横断面图（图 4-26）布置横断面各要素，和公路相比，城市道路横断面对各类管线的安置以及和周边构造物的协调要求更高。

体现道路全线（或某一路段）一般情况的横断面称为标准横断面。

远、近期横断面图，通常采用1∶100或1∶200的比例尺，图上应绘出横断面形式及各组成部分的要求，如建筑界限、行车道、人行道、绿化带的宽度，横坡及坡向，排水方式等。

改建或扩建现有道路时，尚需要绘制现状道路横断面图，表明道路各组成部分情况，路面结构类型与厚度，地上杆线与地下杆线等的布置情况，并注意现状横断面中线与近、远期标准横断面中线的相对位置。公路和城市道路标准横断面如图4-25和图4-26所示。

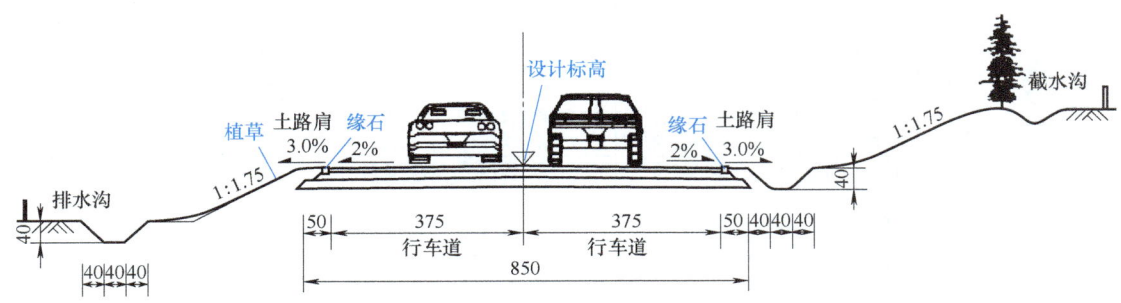

图4-25　公路标准横断面

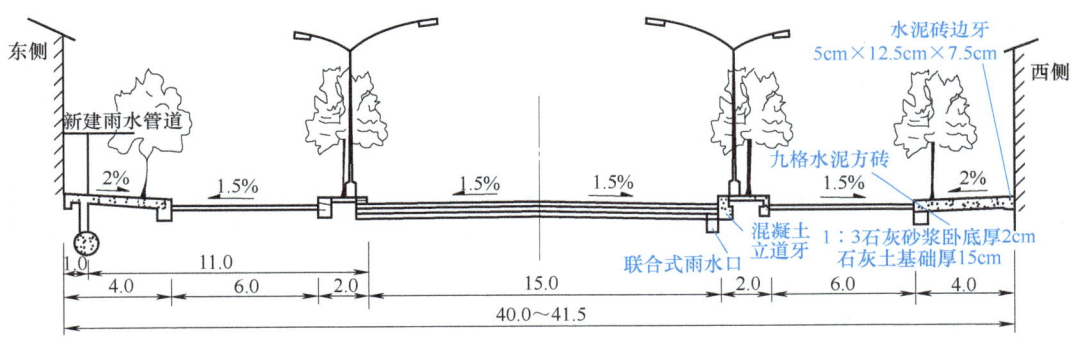

图4-26　城市道路标准横断面图

4.6.1　路基设计表

路基设计表是道路路线设计文件中的主要技术文件之一，它是综合路线平面、纵断面、横断面三个面的设计资料汇编而成的。在表4-19中列有平面线形及纵断面线形资料，如中桩桩号、平面线形、竖曲线、中桩地面标高、设计标高、施工高度等，还有横断面信息，如路基宽度、路拱坡度、小半径弯道上的超高及加宽等，有了路基设计表，基本上可以代替平面、纵断面、横断面三种设计图，在施工现场使用很方便。表4-19为路基设计表。

4.6.2　横断面设计图

路基横断面图主要描述道路中桩横断地面线和设计线的关系，标注信息包括地面高、设计高、填挖高度、填挖面积、特定位置距中桩的距离及高程等，也包括道路两侧防护、排水设施等信息。公路路基横断面设计图，如图4-27所示，其反映各桩号横断面按先左后右、先下后上的顺序布置。

道路勘测设计

表 4.19 路基设计表

平曲线	坡度坡长及竖曲线交点的桩号和标高	竖曲线要素		桩号	地面高程/m	设计高程/m	填挖高度/m		横断面各点号设计线的距离/m						横断面各点高程或其与设计高的高差/m							备注
		凸	凹				填	挖	左				右		左				右			
									W_{B1}	W_{B2}	W_{B3}	W_{A3}	W_{A2}	W_{A1}	B_1	B_2	B_3	A_3	A_2	A_1	
1	2	3	4	5	6	7	8	9	10	11	12	13	14	15	16	17	18	19	20	21	22
K0+000 JD8 (左) 36°3′23″ R=230 A_1=110 A_2=110 T_1=97.353 T_2=97.353 L=189.773 J=4.934 E=11.535 K0+189.773	K0+000 31.412 2.02% 95 K0+095 33.327	K0+042.438 32.268 R=4500 T=52.562 E=0.307 K0+147.562 33.159		K0+000	31.412	31.412		0.000	4.25	3.75	3.75	3.75	3.75	4.25	31.322	31.337	31.337	31.337	31.337	31.322	
				K0+020	32.218	31.815		0.403	4.25	3.75	3.75	3.75	3.75	4.25	31.725	31.740	31.740	31.818	31.818	31.803	
				K0+040	33.106	32.218		0.888	4.25	3.75	3.75	3.75	3.75	4.25	32.122	32.137	32.137	32.300	32.300	32.285	
				K0+060	33.417	32.587		0.830	4.25	3.75	3.75	3.75	3.75	4.25	32.422	32.437	32.437	32.737	32.737	32.722	
				K0+080	33.810	32.868		0.942	4.25	3.75	3.75	3.75	3.75	4.25	32.703	32.718	32.718	33.018	33.018	33.003	
				K0+100	33.720	33.060		0.660	4.25	3.75	3.75	3.75	3.75	4.25	32.895	32.910	32.910	33.210	33.210	33.195	
				K0+120	33.815	33.163		0.652	4.25	3.75	3.75	3.75	3.75	4.25	32.998	33.013	33.013	33.313	33.313	33.298	
				K0+140	33.868	33.177		0.691	4.25	3.75	3.75	3.75	3.75	4.25	33.042	33.057	33.057	33.296	33.296	33.281	
				K0+160	34.043	33.119		0.924	4.25	3.75	3.75	3.75	3.75	4.25	33.029	33.044	33.044	33.160	33.160	33.145	
				K0+180	34.547	33.055		1.492	4.25	3.75	3.75	3.75	3.75	4.25	32.965	32.980	32.980	33.018	33.018	33.003	
	300 −0.32%			K0+200	35.338	32.991		2.347	4.25	3.75	3.75	3.75	3.75	4.25	32.901	32.916	32.916	32.916	32.916	32.901	
				K0+220	35.279	32.927		2.352	4.25	3.75	3.75	3.75	3.75	4.25	32.837	32.852	32.852	32.852	32.852	32.837	
				K0+240	34.543	32.863		1.680	4.25	3.75	3.75	3.75	3.75	4.25	32.773	32.788	32.788	32.788	32.788	32.773	
				K0+260	33.358	32.799		0.559	4.25	3.75	3.75	3.75	3.75	4.25	32.709	32.724	32.724	32.724	32.724	32.709	
				K0+280	33.401	32.735		0.666	4.25	3.75	3.75	3.75	3.75	4.25	32.645	32.660	32.660	32.660	32.660	32.645	
		K0+342.338 32.536 R=5000 T=52.662 E=0.277 K0+447.662 33.308		K0+300	33.167	32.671		0.496	4.25	3.75	3.75	3.75	3.75	4.25	32.581	32.596	32.596	32.596	32.596	32.581	
				K0+320	33.101	32.607	0.506		4.25	3.75	3.75	3.75	3.75	4.25	32.517	32.532	32.532	32.532	32.532	32.517	
				K0+340	32.368	32.543	0.175		4.25	3.75	3.75	3.75	3.75	4.25	32.453	32.468	32.468	32.468	32.468	32.453	
				K0+360	32.154	32.510	0.356		4.25	3.75	3.75	3.75	3.75	4.25	32.420	32.435	32.435	32.435	32.435	32.420	
				K0+380	32.073	32.557	0.484		4.25	3.75	3.75	3.75	3.75	4.25	32.467	32.482	32.482	32.482	32.482	32.467	
				K0+400	32.076	32.683	0.607		4.25	3.75	3.75	3.75	3.75	4.25	32.593	32.608	32.608	32.608	32.608	32.593	
	K0+395 32.367			K0+420	32.130	32.890	0.760		4.25	3.75	3.75	3.75	3.75	4.25	32.800	32.815	32.815	32.815	32.815	32.800	
				K0+440	32.184	33.177	0.993		4.25	3.75	3.75	3.75	3.75	4.25	33.087	33.102	33.102	33.102	33.102	33.087	
				K0+460	32.191	33.528	1.337		4.25	3.75	3.75	3.75	3.75	4.25	33.438	33.453	33.453	33.453	33.453	33.438	
	355 1.79%			K0+480	32.835	33.885	1.050		4.25	3.75	3.75	3.75	3.75	4.25	33.795	33.810	33.810	33.865	33.865	33.850	
JD9 (左) 22°2′41″ R=220 A_1=110 A_2=110 T_1=71.191 T_2=71.191 L=141.102 J=1.280 E=4.833 K0+467.158				K0+500	33.076	34.243	1.167		4.25	3.75	3.75	3.75	3.75	4.25	34.153	34.168	34.168	34.308	34.308	34.293	
				K0+520	33.514	34.600	1.086		4.25	3.75	3.75	3.75	3.75	4.25	34.435	34.450	34.450	34.750	34.750	34.735	
				K0+540	33.697	34.957	1.260		4.25	3.75	3.75	3.75	3.75	4.25	34.792	34.807	34.807	35.107	35.107	35.092	

注：路基设计表各单位表达不同，本表仅供学习参考。

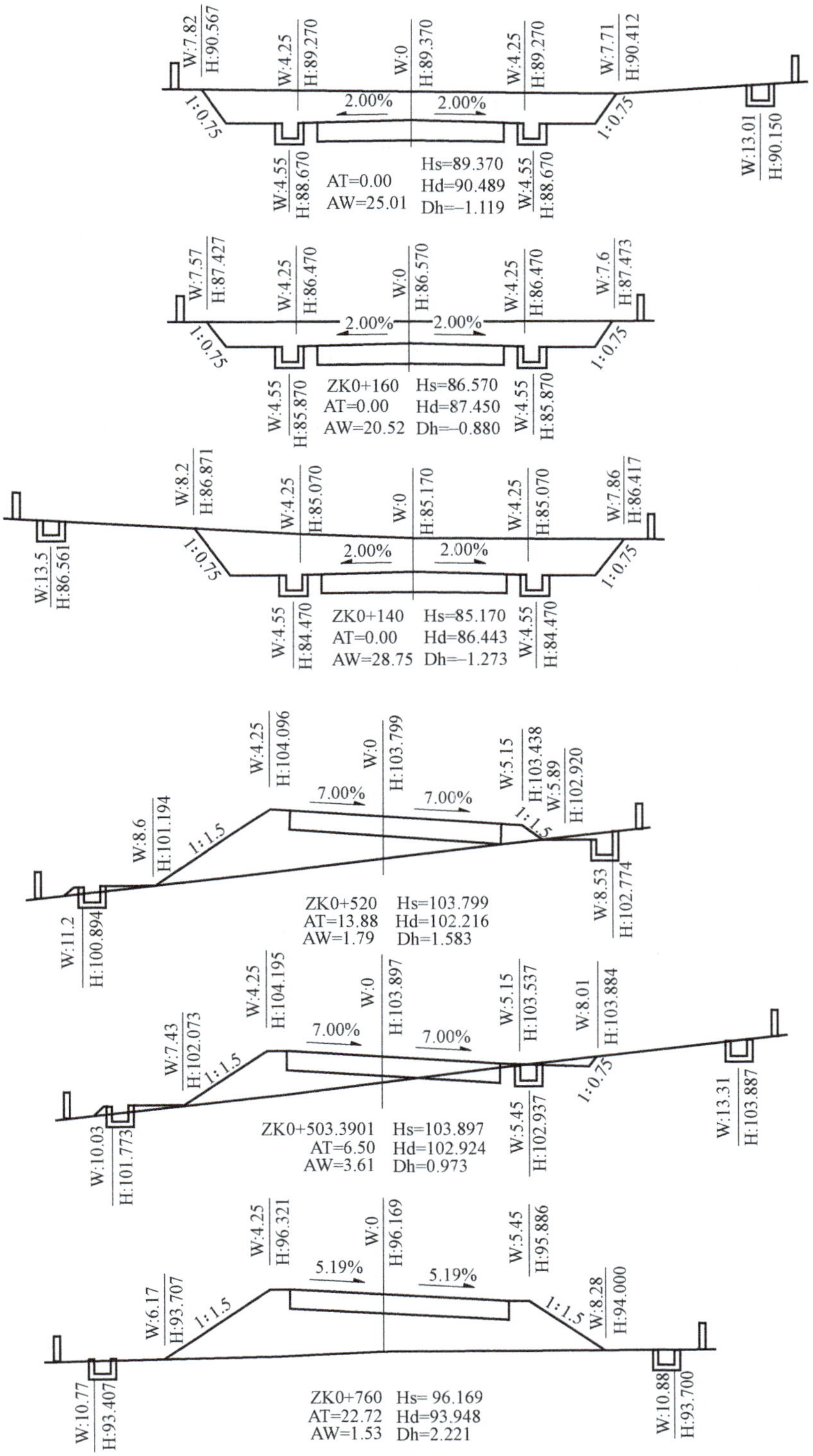

图 4-27 公路路基横断面设计图

土石方数量的
计算及调配

4.6.3 土石方数量的计算及调配

路基土石方计算与调配的主要作用为：

1）确定全路段的总土石方数量和分段的土石方数量，以解决填挖方的处理及填土来源的问题，从而选定合适的施工方法和运输工具等。

2）作为编制工程概、预算与竣工结算的依据。

3）作为施工进度安排、质量检查以及财务结账、支付工资的依据。

1. 土石方数量计算

土石方（工程）数量计算是道路设计的重要内容，是道路方案比选的重要指标之一。目前，土石方数量计算大多采用平均断面法，即假设相邻桩号填挖面积是连续变化的，平均后乘以距离分别得到填挖体积。显然，这样的假设不够严谨，但考虑到横断地面线的精度、要获取高精度地面线的成本，以及土石方调配固有的误差等因素，平均断面法计算土石方数量是可以接受的，并在工程中广为应用，因此，土石方数量计算转为各桩号的填挖面积计算。

计算填挖面积常用的方法为积距法。积距法的原理是：先把横断面图形划分为若干宽度相等的小条块（图 4-28），这些小条的形式一般都是三角形、梯形或矩形。每个小条块的面积近似为每个小条块中心高度与单位宽度的乘积：$A = bh_1 + bh_2 + bh_3 + \cdots + bh_n = b\sum h_i$。当 $b = 1\text{m}$ 时，则面积 A 在数值上就等于各小条块平均高度之和 $\sum h_i$。

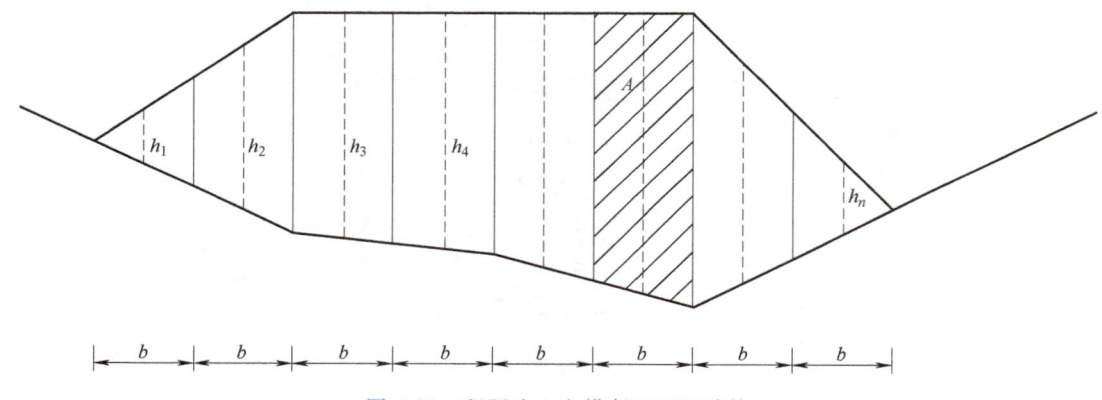

图 4-28 积距法土方横断面面积计算

量积距的方法一般有两种：一种是用卡规量，一种是用米厘纸折成纸条量，后者较好。计算横断面面积时应注意以下几个问题：

1）填方面积和挖方面积应分开计算。

2）填方面积又要按填石、加固边坡、填土等分别计算。

3）挖淤泥的面积应算出挖方的面积，又要计算填方的面积，同一个地方的面积算了两次，这是因为要换土的关系。同理，挖台阶的面积也应算两次。

4）大、中型桥起、终点之间的土石方数量，不计入路基土石方工程数量内。

若相邻两横断面均为填方或均为挖方且面积大小相近，则可假定横断面之间为一棱柱体

（图4-29），其体积的计算公式为

$$V=\frac{1}{2}(F_1+F_2)L \tag{4-20}$$

式中　V——体积，即土石方数量（m^3）；
　　F_1、F_2——相邻两横断面的面积（m^2）（图4-30）；
　　L——相邻横断面之间的距离（m）。

此法计算简易，较为常用，一般称为平均断面法。

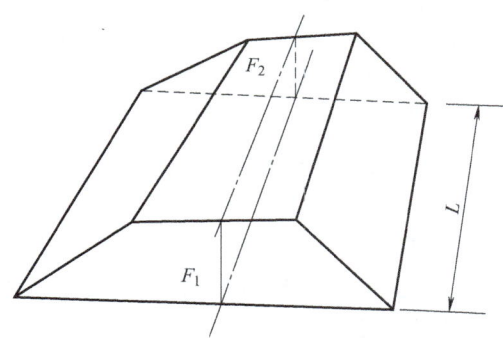

图4-29　体积计算

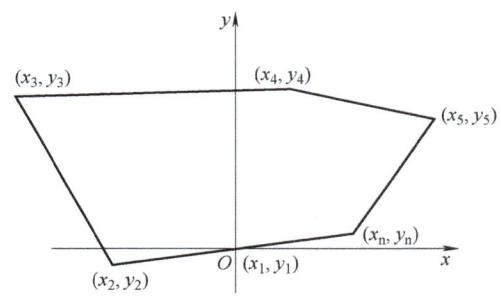

图4-30　横断面面积计算

若F_1和F_2相差甚大，则与棱台更为接近。其计算公式为

$$V=\frac{1}{3}(F_1+F_2)L\left(1+\frac{\sqrt{m}}{1+m}\right) \tag{4-21}$$

式中　m——相邻两横断面面积的比值，$m=\dfrac{F_1}{F_2}$其中$F_2>F_1$。

2. 路基土石方调配

路基土石方数量计算完毕后，应考虑土石方的调运问题，以便确定填方用土的来源、挖方弃土的去向，以及计价土石方的数量和运量。通过调配，合理地解决各路基土石方数量的平衡与利用问题，使从路堑挖出的土石方，在经济合理的调运条件下移挖作填，就近运到填方路段去填筑路堤，达到填方有所"取"，挖方有所"用"，避免不必要的借土和弃土，尽量减少占用耕地的数量。

（1）调配原则

1）在半填半挖断面中，应首先参考本路段内移挖作填，进行横向平衡，然后进行纵向调配，以减少总的运量。

2）调配时应考虑到桥涵位置对施工运输的影响，一般大沟不能跨沟调运，同时应注意施工的可能与方便，尽可能避免和减少上坡运土。

3）为使土方调配合理，必须根据地形情况和施工条件，选用适当的运输方式，确定合理的经济运距，用以分析工程用土是调运还是外借。

4）土方调配"移挖作填"，固然要考虑经济运距问题，但这不是唯一的指标，还要综合考虑弃土或借土占地、赔偿青苗损失及对农业生产影响等问题。有时"移挖作填"虽然运距超过一些，运输费用可能稍高一些，但如能少占地、少影响农业生产，从整体来看也是经济的。

5）不同的土方和石方应根据工程需要分别进行调配，以保证路基稳定和人工构造物的材料供应。

6）位于山坡上的回头曲线路段，要优先考虑上、下线的土方纵向调运。

7）土方调配对于借土和弃土应事先同当地商量，妥善处理。借土应结合地形、农田规划等选择借土地点，并综合考虑借土还田，整地造田等措施，弃土应不占或少占耕地，在可能条件下宜将弃土平整为可耕地，防止乱弃乱堆、堵塞河流，或损害农田。

（2）调配方法　土石方调配方法有多种，如累计曲线法、调配图法，以及土石方计算表调配法等。目前生产上多采用土石方计算表调配法，该法不需要绘制累计曲线与调配图，直接可在土石方表上进行调配。其优点是方法简捷、调配清晰、精度符合要求。具体步骤如下：

1）调配是在土石方数量计算与复核完毕的基础上进行的，调配前应将可能影响运输调配的桥涵位置、陡坡、大沟等标注在土石方调配表中，供调配时参考。

2）弄清各桩号间路基填方、挖方情况并先进行横向平衡，明确本桩利用方、欠方及可用远运方的数量。

3）在作纵向调配前，应根据施工方法及可能采用的运输方式定出合理的经济运距。

4）根据欠方、可用远运方的分布情况，结合路线纵坡和自然条件，本着技术经济和支农的原则，具体拟定调配方案，方法是逐桩、逐段地将异邻路段的可作远运或就近纵向调运到欠方段内，加以利用，并把具体调运方向和数量用箭头标明在纵向利用调配栏中，见表4-22。

5）经过纵向调配，如果仍有欠方或可作远运方，则应会同当地协商确定借土或弃土地点，然后将借土或弃土的数量和远运距离分别标注到借方或废方栏内。

6）土石方调配后，应进行复核检查，计算公式为

$$横向调运方+纵向调运方+借方=填方 \qquad (4-22)$$
$$横向调运方+纵向调运方+弃方=挖方 \qquad (4-23)$$

以上检查一般是逐页进行，如有跨页调配，必须将其数量考虑在内，通过复核可以发现调配与计算过程中有无错误。经核实无误后，即可分别计算计价土石数量、运距和运量等，为编制概、预算提供资料。路基土石方数量计算表见表4-20。

表 4-20 路基土石方数量计算表

桩号	横断面积/m² 挖	横断面积/m² 填 土	横断面积/m² 填 石	平均面积/m² 挖	平均面积/m² 填 土	平均面积/m² 填 石	距离(米)	总数量	挖方分类及数量/m³ I %	挖方分类及数量/m³ I 数量	II %	II 数量	III %	III 数量	IV %	IV 数量	V %	V 数量	VI %	VI 数量	填方数量/m³ 土	填方数量/m³ 石	本桩利用 土	本桩利用 石	利用方数量/m³ 填缺 土	利用方数量/m³ 填缺 石	利用方数量/m³ 挖余 土	利用方数量/m³ 挖余 石 及运距/m	远运利用纵向调配示意	借方数量/m³ 及运距/m 土	借方数量/m³ 石	弃方数量/m³ 及运距/m 土	弃方数量/m³ 石	总运量/(m³·kg) 土	总运量/(m³·kg) 石	备注
1	2	3	4	5	6	7	8	9	10	11	12	13	14	15	16	17	18	19	20	21	22	23	24	25	26	27	28	29	30	31	32	33	34	35	36	37
K0+000	7.70																																			
K0+020	22.17	15.52		14.94			20	298.71	100	298.71																	298.71									
K0+040	22.21			22.19	7.76		20	443.78	100	443.78											155.19		186.23				257.55									
K0+060	30.67			26.44	7.76		20	528.80	100	528.80											155.19		186.23				342.57									
K0+080	34.66			32.66			20	653.29	100	653.29																	653.29									
K0+100	28.41			31.53			20	630.66	100	630.66																	630.66									
K0+120	49.53			38.97			20	779.39	100	779.39																	779.39									
K0+140	43.13			46.33			20	926.63	100	926.63																	926.63									
K0+160	28.78			35.96			20	719.14	100	719.14																	719.14									
K0+180	45.97			37.37			20	747.48	100	747.48																	747.48									
K0+200	61.14			53.55			20	1071.05	100	1071.05																	1071.05									
K0+220	57.44			59.29			20	1185.77	100	1185.77																	1185.77									
K0+240	52.83			55.13			20	1102.70	100	1102.70																	1102.70									
K0+260	29.50			41.17			20	823.38	100	823.38																	823.38									
K0+280	24.59			27.05			20	540.93	100	540.93																	540.93									
K0+300	31.37			27.98			20	559.55	100	559.55																	559.55									
K0+320	11.97	1.58		21.67	0.79		20	433.36	100	433.36											15.78		18.94				414.42									
K0+340	14.05	0.46		13.01	1.02		20	260.16	100	260.16											20.37		24.44				235.72									
K0+360	9.40	1.16		11.72	0.81		20	234.46	100	234.46											16.17		19.40				215.06									
K0+380	6.66	2.46		8.03	1.81		20	160.62	100	160.62											36.13		43.36				117.26									
K0+400	3.49	3.66		5.08	3.06		20	101.52	100	101.52											61.17		73.40		40.55		28.12									
K0+420	2.37	5.28		2.93	4.47		20	58.59	100	58.59											89.37		58.59		106.07											
K0+440	1.36	8.44		1.87	6.86		20	37.34	100	37.34											137.19		37.34		151.58											
K0+460	3.12	10.45		2.24	9.45		20	44.81	100	44.81											188.92		44.81		120.02											
K0+480	4.00	7.49		3.56	8.97		20	71.20	100	71.20											179.35		71.20		262.64											
K0+500	0.20	22.28		2.10	14.89		20	42.08	100	42.08											297.71		42.08		330.63											
K0+520	0.10	11.03		0.15	16.66		20	3.00	100	3.00											333.13		3.00													
本页合计								12458		12458											1686		809		1011		11649									
连前累加								12458		12458											1686		809		1011		11649									

（3）关于调配计算中的几个问题

1）经济运距。填方用土来源，一是由路上纵向调运；二是就近路外借土。在一般情况下，调运路堑挖方来填筑距离较近的路堤是比较经济的，但是如调运距离过长，以致运价超出了在填方附近借土所需的费用时，后者就显得更加经济了。因此，采用"调"还是"借"，有个限度距离问题，这个限度距离即所谓"经济运距"，计算公式为

$$L_{经} = \frac{B}{T} + L_{免} \tag{4-24}$$

式中　$L_{经}$——经济运距（km）；

　　　B——借土单价（元/m³）；

　　　T——远运运费单价[元/(m³·km)]；

　　　$L_{免}$——免费运距（km）。

综上可知，经济运距是评定借土或调运的指标，当调运距离小于经济运距时，采取纵向调运是经济的；反之，则可考虑就近借土。

2）平均运距。土方调配的运距一般是指平均运距。所谓平均运距是指从挖方体积的重心到填方体积的重心之间的距离。在工作中，为简化计算起见，平均运距可用挖方断面间距中心到填方断面间距中心的距离计算。

在纵向调配时，当其平均运距超过定额规定的免费运距时，应按其超运距计算土石方运量。

3）运量。土石方运量为平均运距与土石方调配数量的乘积，运量的单位是"级立方米"。在生产中，工程定额是将每 10m 平均运距划为一个运输单位，称为"级"，20m 为两个运输单位，称为"二级"，依此类推。在土石方计算中可用符号①和② 表示，不足 10m时，仍按一级计算或四舍五入。计算公式为

$$总运量 = 调配（土石方）方数 \times n \tag{4-25}$$

式中　n——平均运距单位（级）。

n 值为

$$n = \frac{L - L_{免}}{10} \tag{4-26}$$

式中　L——平均运距（m）；

　　　$L_{免}$——免费运距（m）。

4）计价土石方。在土石方调配中，所有挖方，无论是"弃掉"或"调走"，都应予以计价；但对于填方则不然，它要根据用土来决定，如果是路外借土就需计价，若是移挖作填，调配利用则不应计价。因此计价土石方的数量必须通过土石方调配后来确定，其数量为

$$计价土石方数量 = 挖方数量 + 借方数量 \tag{4-27}$$

习　　题

1. 公路及城市道路横断面有哪些基本形式？

2. 某新建城市道路红线宽 25m，位于城市副中心商业区，周边业态以大众餐饮为主，试布置合适的道路横断面。

3. 加宽过渡有哪些形式？

4. 何为超高？为什么要设置超高？

5. 缓和曲线长度、超高过渡段长度和加宽过渡段长度是否一样长？其作用及相互关系如何？

6. 超高的设置有哪几种方式？设计时应如何考虑选用？

7. 某三级公路设计速度为 40km/h，路面宽为 7.0m，路肩宽为 0.75m，路拱横坡为 2%，路肩横坡为 3%，横向力系数取 0.05，有一左转弯道转角为 82°17′24″，半径 $R=150$m，缓和曲线长 $L_s=40$m。

（1）该弯道是否需要设置加宽和超高？为什么？

（2）如需要设置超高，请计算超高横坡度大小以及超高缓和段的长度。

（3）若弯道加宽值为 1.5m，试计算该弯道的超高和加宽过渡。

8. 某双车道公路，设计速度为 60km/h，路基宽度 8.5m，路面宽度 7.0m。某弯道半径 $R=150$m，$L_s=60$m，$\alpha=48°52′36″$。弯道内侧中心附近的障碍物距离路基边缘 2.8m。试检查该弯道能否满足停车视距和超车视距要求。若不能满足，应清除的最大宽度是多少？位置在哪里？并请作图示意。

9. 如何进行路基土石方数量计算与调配？

第 5 章　道路选线与定线

> **学习目标：**
> 1. 掌握道路设计理念；
> 2. 熟悉总体设计原则与主要内容；
> 3. 理解总体设计和选线与定线的关系；
> 4. 理解选线与定线的内容及相互关系的动态变化；
> 5. 熟悉平原与山区选线的主要内容和方法，初步具备利用计算机辅助工具进行纸上（广义的，亦包括电子地图）选线、定线的能力。

■ 5.1　概述

川藏公路修筑纪实（1）　　　川藏公路修筑纪实（2）　　　川藏公路修筑纪实（3）

　　道路选线与定线是在路线基本走向、建设规模和技术标准已经确定的基础上，结合地形、地质条件，考虑安全、环保、土地利用和施工条件，以及经济等因素，考虑和串联路基路面、桥涵隧道、交叉枢纽、排水防护等专业内容，通过综合比选，确定一条技术上可行、经济上合理的路线中线的全过程。

　　传统上，认为选线与定线需要从整体到局部，经历路线方案设计、路线带设计和具体定线三个阶段。路线方案设计是指确定路线的起终点、走向及重要节点，通常有若干方案进行比选，属于全局性工作；路线走廊带是指在路线基本方向确定的基础上，按地形、地质、水文等条件选定一些细部控制点，连接控制点构成路线带，俗称路线布局，属于局部优化工作；具体定线根据技术标准和路线方案，在上述两步工作的基础上进行平、纵、横综合设计，是选线、定线工作的最后阶段，也是最终成果。

　　那选线与定线的关系又是什么呢？

　　选线通常有几层含义，一是指在道路设计的早期，预可行性研究、工程可行性研究或初步设计阶段的道路路线方案,二是有多方案的比选,三是对暂定的方案线进行局部线位调整。定线是指最终能落地的道路中线的确定,伴有现场勘测工作。选线和定线是相辅相成的两个阶段,随着勘测技术和计算机辅助道路设计技术的飞速发展,两个阶段的内容和关系也发生了变化。大体如下:

1) 20 世纪 80 年代前,全站仪未广泛使用,选线在纸质地形图上进行。因地形图比例尺通常不是很大以及更新频率较低等原因,定线需要补充很多现场的勘测工作,加之定位路中线的测绘设备为经纬仪、水准仪加钢尺或后期的电子速测仪,很多精力都用在了准确有效地确定道路中线的勘测技术上,即现场勘测调整、优化路中线,最终测设出路中线。

2) 20 世纪 90 年代全站仪和 2000 年后电子地形图、GPS 设备的普及,使得纸上(含电子地形图)选线及定线的质量和效率大为提高,实地放线的方法可以采用最直接的坐标法,彻底摒弃了以往的支距法、穿线交点等方法,现场勘测的效率提高,工作量也大为降低。

3) 2010 年后,随着 Lidar 和倾斜摄影技术的飞速发展,获取地面点及三维模型的效率和质量大为提升;计算机辅助设计技术(包括 BIM 技术)的不断提升,使得室内选线、定线水平大为提高,路线设计成果接近于真实效果。现场勘测设计的工作主要是针对桥梁、隧道、枢纽等重点位置进行必要的补充测量等。目前的选线、定线技术基本能够做到"所定(线)即所得"。

5.2 道路设计新理念与总体设计

5.2.1 道路设计新理念

"理念是灵魂!"

道路设计理念和社会经济发展水平密不可分。我国道路设计理念经历了 20 世纪 50—70 年代的"多快好省、安全、经济"指导思想;20 世纪 80—90 年代后期的"快速、安全、舒适、经济"指导思想;2000 年后至今,道路设计在"以人为本、安全第一"的前提下,形成了"六个坚持,六个树立"的公路勘察设计新理念,即"坚持以人为本,树立安全至上的理念;坚持人与自然和谐,树立尊重自然、保护环境的理念;坚持可持续发展,树立节约资源的理念;坚持质量第一,树立让公众满意的理念;坚持合理选用标准,树立设计创作的理念;坚持系统论的思想,树立全生命期成本的理念"。

无独有偶,国际上广泛遵循的综合最优化设计(Context Sensitive Design)理念,既追求"路内"的通畅和安全,也追求和"路外"自然环境和人文环境的协调,即道路设计"不只是道路设计"(Thinking Beyond the Pavement),和我国"六个坚持,六个树立"的理念核心是一致的。

总体设计也要遵循道路设计新理念。

5.2.2 总体设计原则

总体设计是在综合考虑建设规模、设计标准的前提下,对方案拟定、设计构思、工程内外各专业间协调等方面做出的综合设计。各级道路应根据公路功能、公路等级及其在路网中的作用进行总体设

道路总体设计的要求和步骤

道路总体设计实例

计。本节按照平原微丘区和山区道路分别阐述其相应的设计原则。

1. 平原微丘区道路总体设计原则

平原微丘区地势平坦，城镇密布，人口众多，农业发达，常遇的自然障碍物有村镇、农田、河流、湖泊等，该类地形的道路总体设计一般应遵循以下原则：

（1）遵循区域道路网规划总体布局的要求　路线总体方案布局应处理好拟建项目与干线道路网及其规划的关系，合理选择交通流集散点位置，充分发挥道路作用，为线路所在区域提供可持续发展条件。

（2）合理考虑路线与沿线城镇的关系　路线总体方案应与沿线城镇良好结合，以"近而不进，远而不离"为原则，合理布局，发挥道路的最佳运营效益，促进沿线各地的经济发展。

（3）综合考虑路线与农业的关系　既不能片面追求线路顺直而大面积侵占良田，也不需严格控制占地而降低线形标准。合理布设桥梁、分离式立体交叉、通道、涵洞，为沿线居民生产、生活提供足够的互通条件。在条件允许的情况下，布线应利于造田、护田。

（4）注意路线与桥渡的配合　平原微丘区河流湖泊众多，桥涵工程量大，路线在跨越河道时，应尽量在平面、纵面上都保持路线的平顺性。

（5）力求线形短捷顺直　平原微丘区坡度较缓，有条件追求路线短捷、顺直，在合理的工程造价范围内，灵活选用规范所规定的各种指标，做到安全、舒适、高效、经济。

（6）正确处理好路线与占地、拆迁的关系　道路总体设计应尽量避绕电力、电信、国防光缆等重要设施和工厂、学校等公共设施，减少拆迁；应最大限度地降低土地征用规模，保护当地人民赖以生存且日益紧缺的土地资源。

（7）重视与沿线社会环境、生态环境的协调　注重与沿线环境的协调，减少对生态环境、人文景观的破坏，注重路线指标的均衡、连续、协调，重视环保设计，防止水土流失和噪声扰民，重视路容美观美化。

2. 山区道路总体设计原则

山区地形变化显著，地质情况复杂，气候变化多端，工程适宜用地较少，道路路线走廊带稀缺，平、纵、横设计均受到较大约束，设计技术指标受限常取低值。山区道路选线主要有沿溪（河）线、越岭线和山脊线等三类，该类地形的道路总体设计一般应遵循以下原则：

（1）以地形选线为基础、以地质选线为保障，倡导生态选线　地形选线指路线应顺应地形，避免大填大挖，有效控制工程规模，降低工程造价，保护区域的生态环境；地质选线指研究路线走廊内的地质条件，合理布设路线，避开大型不良地质地带，从根本上提高道路抵御自然灾害的能力，保证施工和运营安全，降低工程风险；生态选线指在路线方案比选时，不仅要着眼于路线和工程方案本身，还应关注生态环境保护。

（2）以人为本，重视交通安全设计　倡导"以人为本，预防在先，容错与防护相结合"的原则，选择纵坡平缓、线形均衡、行车安全的方案。线形设计时加强检验，改善相邻路段指标的组合，降低相邻路段允许速度差，提高线形设计的连续性和一致性，合理设置爬坡车道、避险车道及安全防护设施，提高交通行车安全性，消除安全隐患。

（3）合理利用路线走廊资源　山区路线走廊资源十分贫乏，拟建道路往往与既有的铁路、道路、管线等工程位于同一走廊带，应统筹规划、合理布局、近远结合、综合利用。例如，道路与铁路交叉的上跨桥梁，除留有足够的净空外，还应考虑如电气化、复线等改扩建的需求；与管线交叉时应设置检修通道。

(4) 充分考虑道路建设与自然景观、人文景观的关系　山区独特的自然条件往往是名胜、古迹的诞生地，优美的生态环境也会形成独特的自然景观，是人们休闲、度假、旅游的好去处。因此，道路总体设计应从自然和人文景观等重要因素出发，不仅要做到与周围环境、景观的相互协调，讲求美感，还应结合沿线地形、地貌及周边环境，合理设置停车区、服务区、观景台等设施，有利于当地旅游资源的开发。

(5) 正确处理好道路建设与占地、拆迁的关系　山区可用于农业耕作的土地十分贫乏，高产农作物耕地大多分布于山间平原或河谷阶地，同时居民的居住地也分布于此，而这些区域往往也是比较优越的路线走廊。因此，道路总体设计应尽量少占用高产田、经济作物田或经济林园，以保护当地人民赖以生存的土地资源，并应综合考虑占地、拆迁与路线绕避及增加结构物的比选方案，合理确定造地还田和居民搬迁的实施方案。

(6) 综合考虑路线与水源地的关系　山区因其独特的地形和生态环境形成的丰富的水资源，往往是下游居民赖以生存的水源地，道路设计必须重视保护水源地，避免污染，并做好水土保持工作。

(7) 充分考虑填挖平衡　土石方工程数量是山区道路建设中较为重要的问题，线路的合理规划设计、恰当运用技术指标、"以桥代路、以隧代路"可以助力于保障填挖方均衡。

5.2.3　总体设计的主要内容

总体设计目标是由路线专业牵头完成的，即路线方案选择是开路先锋，是"龙头"，并在此过程中协调路基、桥涵、隧道、路线交叉、交通工程与沿线设施等各专业内、外部的关系，明确相关设计界面和接口，使之成为完整的系统工程，并符合安全、环保、可持续发展的总体目标。总体设计的主要内容包括论证确定道路功能与技术标准、建设规模及建设方案、交通工程与环境保护，以及设计检验与安全评价。因道路工程项目具有不同的建设条件及特点，其总体设计的内容略有差异。随着道路工程建设阶段的深入，总体设计的环节和内容不断细化。

1. 确定道路功能和技术标准

根据公路功能、交通组成、车型比例、沿线地形地质等因素及参数，确定公路等级及技术标准。具体包括以下内容：

1) 根据公路的功能，结合交通量及建设条件综合论证公路的技术等级。同一公路项目可根据功能和交通量变化，论证分段采用不同的技术标准。

2) 应根据道路的功能、交通组成、车型比例，确定设计车辆。

3) 高速公路、一级公路应根据公路功能、设计交通量，确定基本路段的车道数。增加车道数应按双数增加。

4) 各级公路可根据项目沿线地形、地质与自然条件变化，分段选用设计速度，并符合有关规定。

5) 应根据路段设计速度、沿线地形、地质、环境和交通需求等因素，合理确定路线平纵面、视距、超高、加宽等主要控制指标。

6) 应根据公路技术等级、设计交通量、沿线环境和横断面各组成部分的功能，综合确定公路路基横断面组成及宽度。

7) 改扩建公路应采用改扩建后的公路技术标准和指标，对于利用原有公路的路段，因提高设计速度可能诱发工程地质病害、增加工程造价或对环境保护、文物有不利影响时，经论证该局部路段可维持原设计速度和指标,其长度高速公路不宜大于15km,一级、二级公路不宜大于10km,但不应降低技术等级。

2. 确定工程规模和建设方案

(1) 工程规模 应根据公路网规划和公路功能,综合考虑路线走廊带内的铁路、水路、航空、管道等综合交通运输体系的布局与规划,工矿企业的现状与发展规划,自然资源开发利用状况等,研究确定路线起终点、主要控制点、路线长度、交叉数量、管理与服务设施配置等,确定建设规模。应根据项目的总体建设规模,控制性工程施工条件、交通量发展需求和项目资金筹措情况等相关因素,论证确定项目的建设方式,及是否采用分期修建方式。

(2) 建设方案 确定公路路基横断面形式;研究公路与邻近铁路、管线的相互布置关系,应在调查掌握铁路及各类管线设施的走向、位置的基础上合理确定;研究公路项目与沿线相关公路的交叉方式,应根据公路功能、等级及交通组织方式综合确定;改、扩建公路应遵循利用与改造相结合的原则,应在原有公路交通安全性评价,以及原路基、桥梁、隧道检测和评价的基础上,结合论证既有路线和构造物等的利用原则和方案,合理、充分地利用原有工程。

3. 交通工程与环境保护

(1) 交通工程 交通工程及沿线设施应与主体工程同步设计,并应根据公路功能及等级、交通组织方式及安全与运营管理等需要,合理确定公路收费站场、服务区、停车区等管理和服务设施的位置、形式、间距和配置规模。必要时,可根据交通量等发展需要,论证采用一次规划,分期建设的方案。

(2) 环境保护 道路建设应贯彻"保护优先、以防为主、以治为辅、综合治理"的原则,严格执行工程建设项目环境影响评价、水土保持方案编制和环境保护制度,在总体设计中落实环境保护相关措施和意见,结合项目实际协调好公路建设与环境的关系,减少对环境的不利影响。

4. 设计检验与安全评价

高速公路、一级公路和二级干线公路应在设计时进行交通安全性评价,其他公路在有条件时也可进行交通安全性评价。交通安全性评价时,运用运行速度方法,对路线设计、几何设计和线形组合设计进行分析检验,检验运行速度的协调性和一致性。应根据交通安全性评价结论,对线形设计、几何指标取用等进行调整优化,对交通安全设施及管理措施进行检查完善。

选线与定线主要工作内容

5.3 选线

路线是道路的骨架,它的优劣影响道路功能的发挥和在路网中的作用。路线设计除受自然条件影响外,还受诸多社会因素的制约。选线既要考虑经济方面的限制,也要考虑安全、环保、快速和美观的要求。为了保证选线和勘测设计质量,降低工程造价,必须全面考虑,由粗到细、由轮廓到具体,逐步深入、分阶段、分步骤地加以分析比较,进行多方案比选,才能定出最合理的路线来。不同于城市道路选线主要取决于城市干道网及红线规划,公路选线更加灵活具体。本节主要介绍公路选线的相关内容。

5.3.1 公路选线的一般原则和要求

选线要综合考虑多种因素，妥善处理好各方面的关系。其基本原则如下：

1）应全面掌握路线所经区域城镇布局和经济发展规划，路线方案应与沿线城市规划相协调，促进地方经济发展，创造最大经济效益。

2）公路路线方案应服从公路网规划，应考虑走廊带内各种运输体系及不同层次路网间的分工与配合，按照其功能统筹规划，近、远期结合，合理布局，以充分发挥公路的综合运输效益。

3）公路选线必须由面到带、由带到线，在对地形地貌、地质水文、气候气象、环境敏感期等调查与勘察的基础上论证、确定路线方案。同一起终点的路段内有多个可行路线方案时，应对各设计方案进行综合比选，选定最优路线方案。

4）路线应考虑同农田与水利建设、矿产资源开发和城市发展等规划的配合。

5）公路选线应充分利用建设用地，严格保护农用耕地。选线应注意同农田基本建设相配合，做到少占田地，并应尽量不占高产田、经济作物田或穿过经济林园（如橡胶林、茶林、果园）等。对沿线必须占用的田地，应按国家有关法规，做好造地还田等规划和必要的设计。

6）路线应尽可能避让不可移动文物、水源地和自然保护区。

7）路线应与易燃、易爆等危险源及污染源保持一定的安全距离。

8）公路改建工程应注重节约资源，坚持利用与改、扩建相结合的原则，合理、充分利用原有工程。

9）应听取沿线地方政府和群众的意见。

公路选线应符合以下要求：

1）对路线所经区域、走廊带的工程地质和水文地质进行深入调查、勘察，查清其对公路工程的影响程度。遇有不良工程地质的地段应根据其对路线的影响程度，分别对绕、避、穿等方案进行论证。

2）调查沿线各类敏感点及矿产资源，研究其对路线方案的影响，合理选择线位。

3）应通过区域路网或新建连接道路实现高速公路、一级公路与沿线交通的衔接。

4）二级公路、三级公路在符合项目总体功能和走向的前提下，应尽量避免穿越城镇，以减少交通和城镇居民生活的相互干扰，保障运营安全。

5）应综合考虑与相关公路、铁路、输电线路、油气管道等的几何位置关系，合理利用走廊带资源，节约用地。

6）应协调桥梁、隧道、互通式立交、服务区等构造物的位置和高程关系。

上述选线原则和要求，对于各级道路都适宜，应随工程不同而适当灵活运用。

5.3.2 选线的步骤和方法

一条路线的起、终点确定以后，连接起终点的路径众多，其影响选线的因素很多，这些因素有的互相矛盾，有的又相互制约，各因素在不同场合的重要程度也不相同，所以不可能一次确定理想方案。最有效的做法是从大面积着手，由面到线，由粗到细，逐步接近优化路线方案，经过经济、技术综合比较确定路线具体位置。选线按工作内容一般分以下三步进行。

1. 路线方案选择

路线走向（或称为路线方案）选择主要应对拟建公路路线起、终点和重要控制点进行研究，解决线路基本走向问题。此项工作通常是先在小比例尺（1∶5万~1∶10万）地形图上从较大面积范围内找出各种可能的方案，收集各个可能方案的有关资料，进行初步评选，列出所有可能的路线走向方案。然后进行现场勘察，通过多方案的比选论证后基本确定重要控制点和路线走向。当没有地形图时，可采用调查或踏勘方法现场收集资料，进行方案评选。当地形复杂或地区范围很大时，可以通过现代航空技术手段（如航空摄影、遥感等）收集资料进行方案比选。

2. 路线走廊带选择

在预可行性研究阶段初步确定路线起终点、重要控制点和路线走向的基础上，按地形、地质、水文等自然条件定出一些细部控制点，连接这些控制点，即构成路线走廊带，也称为路线带或路线布局。对不同的路线走廊带方案和局部路线方案进行总体设计，估算工程规模，完成工程估算，进行方案比选论证，基本确定路线走廊带。路线走廊带的确定一般应该在1∶10000~1∶5000比例尺的地形图上进行。只有在地形简单、方案明确的路段，才可以在现场直接选定。

3. 具体定线

定线是在上述两步工作的基础上，根据技术标准和路线方案，结合有关条件在有利的定线带内进行平面、纵断面、横断面综合设计，具体定出道路中线的工作。具体定线有纸上定线（包括电子地图）和实地定线两种方式。

5.3.3 可行性研究阶段路线走向选择

路线方案的筛选、比选与优化工作贯穿于工程各个阶段。预可行性研究阶段主要从建设项目在公路网中的功能和作用出发，经分析、研究、论证，提出确保其功能和作用发挥的路线走向，必须按照公路网规划的系统性要求，做好拟建项目路线总体布设与相关项目的协调与衔接，发挥公路网的整体功能。路线走向方案应处理好与沿线城镇、其他交通运输方式等的衔接关系，选择跨越大江大河或穿越重要山岭可能出现的特大型桥梁、特长隧道的位置；应列出所有可能的路线走向方案，论证后基本确定重要控制点和路线走向。

路线走向的确定应按照基础资料调查收集、筛选可能的路线走向方案、方案综合比选三个阶段进行，其步骤和方法，如图5-1所示。

1. 路线走向确定需要的资料

路线走向的确定应通过调查和实地踏勘进行，并收集以下必要的资料：

（1）项目影响区域现状调查 收集现有公路历年交通量及分布特征（包括交通量OD调查）、社会经济及产业布局、人口分布等资料，分析项目影响区域交通出行特征及路网现状交通量分布状况，预测拟建项目及区域路网的交通量发展趋势；分析论证不同的路线走向方案对区域辐射影响的范围及带动地方经济发展、满足区域交通需求的影响程度。

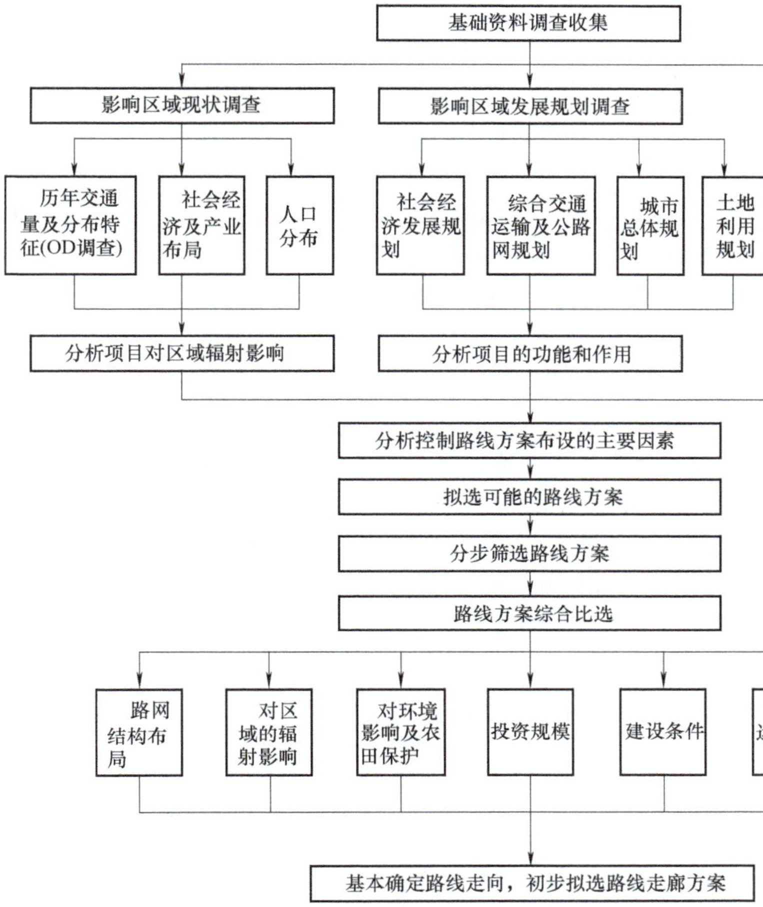

第5章 道路选线与定线

图 5-1 预可行性研究阶段路线走向确定的步骤和方法流程图

（2）项目影响区域发展规划调查 收集项目影响区域社会经济现状和发展规划、综合交通运输发展及公路网规划、城市总体规划及土地利用规划进行调查，分析论证拟建项目在综合运输网及公路网中的功能和作用，分析不同的路线走向方案在公路网中的合理性及与城市规划的协调性。

（3）项目区域建设条件调查 收集地形、地貌、气象、水文、工程地质及水文地质，不良地质及特殊岩土等特征资料；进行工程项目的筑路材料来源及运输条件调查；进行社会环境分析调查等。

除了收集上述资料外，路线走向方案的选择应充分考虑公路沿线地方经济的发展需求，应征询地方政府及相关主管部门（包括城市规划、交通、农田、水利、环保、铁路、旅游、文物、航道等）对拟建公路路线方案的意见，听取对拟建公路路线起终点、主要控制点、路线走向、与城市出入口道路及其他公路衔接方式等的意见和建议，并取得地方政府及相关部门的正式书面意见。

2. 筛选可能的路线走向方案及重要控制点

路线起终点的选择应在批准的公路网规划确定的节点基础上，由政府和交通主管部门在拟建项目可行性研究任务委托书中提出初步节点位置或城镇名称，从技术和经济等方面进行

109

论证比选确定，应根据路网衔接和交通转换的要求，提出不同的起、终点连接方案。

重要控制节点的选择应考虑城市化水平、人口分布、资源分布、生产力布局、自然地理条件等众多因素的影响。需要能够满足交通运输的需求，带动和引导区域经济及城市化发展；最大限度地吸引交通流，提高运输通道的使用效率；路线走向的选择应与区域的整体规划相协调。

3. 综合比选确定方案

对路线走向方案的综合比选，应采取定性与定量相结合的原则，避免仅从个别指标，如工程量（经济）角度片面评价方案的优劣，而应从以下几个方面进行多目标分析论证：

1）路线走向方案应符合公路网规划的要求，路网结构应合理，与沿线城市路网规划的衔接应协调。

2）最大限度地带动区域经济的发展，形成有效的辐射影响范围。

3）与自然环境和社会环境相协调。

4）进行工程数量和工程投资估算比较，并对大型构造物等控制性工程的建设条件进行分析，降低工程造价，节约工程投资，方便施工。

5）对所经区域地形地质条件、不良地质分布、筑路材料和运输条件、施工场地布置、施工便道、地方政府支持力度等方面进行评价和比较。

6）最大限度地满足区域交通需求，吸引地方交通，充分发挥公路的整体运营效益。

7）地方政府及相关部门对路线方案选择的意见和建议。

充分比选论证后，得到路线主要控制点及路线走向推荐方案。

5.3.4 方案比选案例

1. 重要控制点间的方案比选

某拟建高速公路南北走廊方案示意图如图5-2所示，其方案对比（表5-1）如下。北走廊：运营里程短、桥隧比例小，基础条件好（现有国道）、服务人口多、符合总体规划，利于尽快打通川藏通道，形成的路网覆盖范围更广。南走廊：可弥补南部路网分布不足，但地形复杂，建设规模及难度较大、地质条件差、与规划不符。综合比较认为：选择北走廊更加有利。

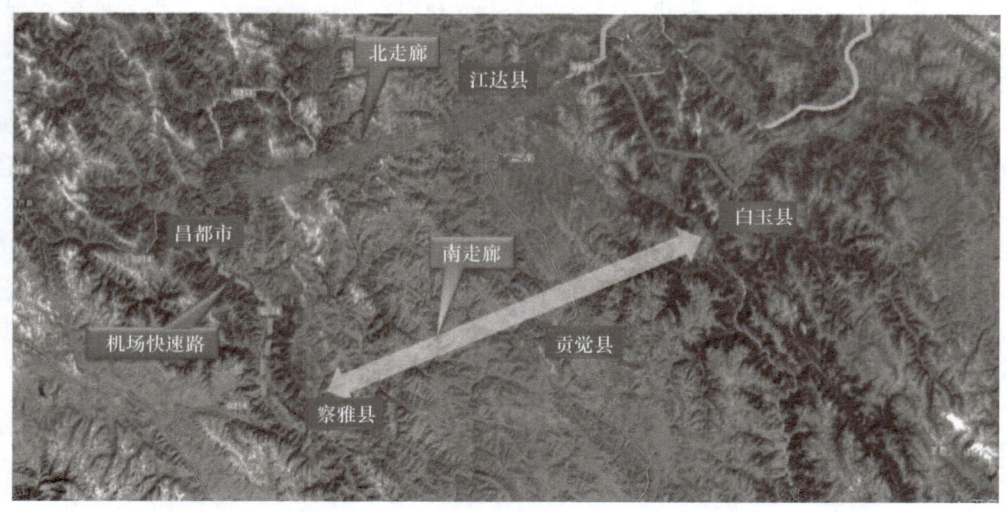

图5-2 某拟建高速公路南北走廊方案示意图

表 5-1 某拟建高速公路南北走廊方案对比

序号	项目名称	单位	北线走廊	南线走廊
1	建设里程	km	208	247
2	运营里程	km	210	299.3
3	路基土石方	万 m³	2981	3510
4	防护工程	万 m³	123	175
5	路面工程	×10³ m²	3876	4563
6	桥梁总长	m/座	49666/93	99783/158
7	隧道总长	m/座	36983/11	18409/26
8	桥隧比	%	41.29	47.83
9	互通立交	座	7	6
10	工程地质条件	—	对线路有影响的地质灾害相对南线较少，而且可以选择规避或治理，治理难度相对南线较小	不良地质现象较发育，地质灾害密集分布在线路两侧，河谷狭窄，两岸山体陡峻，线路难于规避灾害
11	建设条件	—	K 线临近 G317 公路，交通较为方便，建设条件较好	走廊带内道路等级极低，部分段落无道路通行，施工条件艰巨
12	与规划适用性	—	与国家高速公路网规划一致	与国家高速公路网规划不符
13	地方政府意见	—	与地区规划一致，是地方各级政府推荐走廊	地方级各级政府均不推荐
14	总投资	亿元	419	452

2. 局部点位的方案比选

该拟建高速公路某段方案示意图如图 5-3 所示。

图 5-3 某拟建高速公路某段方案示意图

K 线隧道长 5670m/1 座，桥梁总长 14.7km，贡觉和青泥洞车辆上下方便，施工交通便利，且运营里程最长（46.5km）。

D1 线里程较 K 线节约 14km，桥梁总长 8342m，隧道总长 8746m/2 座，地质条件稍好。需新建 13km 连接线，桥隧规模大、线形差、施工难度大、造价高，线性指标较低，线性组合差。

D2 线运营里程最短，但隧道过长（17064m）。

D3 线里程较 K 线节约 2km，虽能降低明线线位高度，但需增加 1 座隧道（3318m）。

综合比较认为：选择造价更低，能更好兼顾贡觉县的 K 线走廊带。

5.3.5 平原区选线

平原地区选线的主要特征是克服平面障碍，路线方案应根据拟建项目的功能和性质合理布设。其要点如下：

1）平原区地形对路线的限制不大，路线的基本线形应是短捷、顺直，转角应控制得当，曲线长度搭配均匀，平、纵技术指标均衡，当采用较小指标时，应注意线形的渐变过渡，避免采用长直线和小偏角平曲线。

2）路线应尽可能采用较高的平纵面技术指标，在满足路基最小填土高度、桥涵建筑高度的情况下，应适应地形起伏，尽量降低路基高度，节省工程造价。同时，便于将来提高道路等级时能充分利用原路基、桥涵等工程。

3）公路选线、定线应针对路线沿线社会环境、生态环境的区域性质，分别采取相应的环境保护措施。应绕避居民饮用水源区、珍稀动植物栖息地及生长区，宜避让主要农作物生长区、果园、苗圃及自然保护区，当无法绕避时，应采取相应的保护治理措施；应绕避学校、医院、养老院等敏感区，宜绕避居民小区、房屋密集的村镇，当无法绕避时，采取相应的保护防治措施；应综合考虑桥涵、交叉、通道等构造物设置的条件，充分利用有利地形，降低路基高度，减少取土数量，取土坑应尽可能选择在荒山、荒坡上，必须在公路两侧取土时，应做好复垦改造设计。

4）正确处理道路与农业的关系。路线布设应尽量少占耕地，避免切割大块良田，节约土地资源。

5）路线平面位置的布设应有利于交通组织和地方路网功能的发挥，对于相对发达、密集的路网，可结合各条道路的等级、交通量及重要性归纳整理，适当合并，减少路网与拟建项目的交叉次数。

6）合理考虑路线与城镇的关系。平原区有较多的城镇村庄、工业及其他设施，路线应尽量避绕城镇密集区，尽量不破坏或少破坏，并采用较高的技术指标通过。路线与城镇边缘的距离要合理，既要为城镇的发展预留足够空间，又要方便居民出行。

7）在河网区布线时，应根据灌溉渠、排涝渠和自然沟、河的组成及其比降小、流速缓慢的特点，对河网进行归纳整理，分清主次关系，合理布设路线位置。

8）合理确定与被交叉道路的交叉形式。当两条路为平面交叉时，应根据主路优先的原则选择路线的位置；当两条路为立体交叉时，应根据纵断面前后的线形综合考虑上跨或下穿形式。

9）路线与各种管网管线相交或平行时，应满足相关行业标准规范的规定。路线应尽量避开重要的电力、电信设施，当必须靠近或穿越时，应保持足够的距离和净空，尽量不拆或少拆各种电力、电信设施;原油、天然气输送管道与高速公路、一级公路相交时,应采用下穿方式,埋置地下专用通道,与二级、三级、四级公路相交时,应埋置保护套管,埋置深度除满足相关行业规定外,还应符合现行《公路桥涵设计通用规范》有关规定,并按所穿越公路的车辆荷载等级进行验算。

5.3.6 山区选线

山岭区山脉水系分明,山区公路走向只有两种:顺山沿水方向和横越山岭方向。一般按照线路沿线的地貌和地形特征,可分为沿河(溪)线、越岭线、山脊线和山腰线(介于沿河线和山脊线之间)四种,在同一条山区公路中,分段选用不同的线路形式,相互连接沟通。本节重点介绍沿河(溪)线、越岭线和山脊线三种线路的选线布局。

山区选线要点

1. 沿河(溪)线

沿河(溪)线是沿河(溪)走向布设的路线,如图5-4所示。

"两路"精神

图5-4 沿河(溪)线

山区河流的谷底一般不宽,两岸台地宽窄不一,谷坡时缓时陡,间或为浅滩和悬崖峭壁。河流多呈弯曲状,凹岸较陡而凸岸较缓,如沿一侧而行,陡岸缓岸相间出现。两岸陡崖处均为峡谷,开阔处常有较宽台地,多是山区仅有的良好耕地。河谷地质情况复杂,常有滑坡、岩堆、泥石流等病害存在。寒冷地区的峡谷因日照少，常有积雪、雪崩和涎流冰等现象。山区河流平时流量不大，但一旦遇暴雨，山洪暴发，洪流常夹带泥沙、砾石、树木等急速下泄，冲刷河岸，毁坏桥涵，淹没田园，危害甚大。

上述自然条件给选线工作造成一些困难，但和山区其他线形相比，沿河（溪）线具有路线走向明确，平面、纵断面线形指标高，联系居民点多，便于为工农业生产服务，建筑材料来源方便，水源充足，便于施工、养护，工程造价低等优点。只要善于利用有利地形，克服不良地质、水文等不利因素，山区选线应优先考虑沿河（溪）线。利用山区河谷选线，主要的问题是路线选择河流哪一岸、线位高程怎么设计以及在什么地点设计桥梁工程。

（1）河岸选择　对于所选的河谷，应结合地形、地质、水文，农田及城镇分布等情况，选择有利的一岸定线。当有利的岸侧分布在河谷两侧时，应注意选择有利的地点跨河换岸。需要展线时，应选在支沟较大、利于展线的一岸。有利的条件常交错出现在两岸，选线时应深入调查，综合比较，全面考虑。选择河岸时应考虑以下主要因素：

1）地质、地形及水文情况。这是影响河岸选择的主要因素，要深入调查，摸清其特点和规律，将工程设计建设在安全且经济的位置。跨河换岸比较线如图 5-5 所示，乙方案为避让河左岸的两处断续陡崖，跨河利用右岸的较好地形，但经过夏村后，右岸出现更陡、更长的悬崖，路线又须跨回左岸，在 3km 内，两次跨河，须建两座中桥。甲方案一直走左岸，虽要集中开挖一段石方，但较建两座中桥经济，因此不宜跨河换岸。

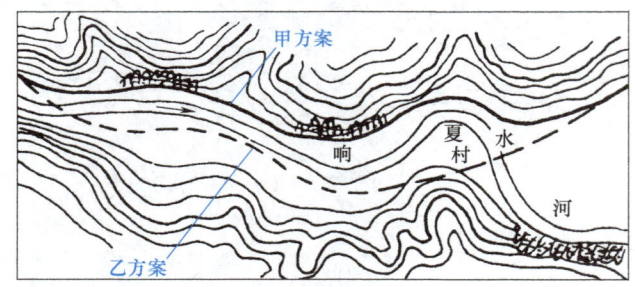

图 5-5　跨河换岸比较线

2）农田、城镇工业、其他交通及水利设施分布情况。土地稀少、珍贵是河谷地带最为突出的特征，选线中应采取必要的措施，少占或不占农田。路线一般应选择在居民点和工矿企业较多、经济较发达的一岸，以便于为地方服务，但为避免大量拆迁民房和妨碍城镇发展等原因，也可能需要绕避，此时应根据具体情况进行比选。若公路与铁路侵扰频繁，一般情况下宜分设两岸。河谷中遇有灌溉干渠与路线平行时，公路最好位于干渠上方并保持一定距离或各走一岸。

3）积雪和冰冻地区的选线。积雪和冰冻地区的阳坡和阴坡，迎风面和背风面的气候差异很大，在不影响路线整体布局的前提下，尽可能选择阳坡和迎风的一岸，以减少积雪、涎流冰等病害。有时即使阳坡工程量大些，也应从增长行车时间和保证行车安全方面考虑，选择阳坡方案。

（2）高度选择　路线高度一般应避免路基直接遭受洪水侵蚀，沿河线按路线高度与设计洪水位的关系，分为低线和高线两种。

低线是指高出设计水位（包括浪高加安全高度）不多，路基临水一侧边坡常受洪水威胁的路线。低线的优点是平面、纵断面线形比较顺直、平缓，易争取到较高标准；土石方数量较小，边坡低易稳定；路线活动范围较大，便于利用有利地形和避让不良地形、地质；跨支流方便，必须跨越主流时也易处理。缺点是受洪水威胁，防护工程较多。

高线是指高出设计水位较多，基本不受洪水威胁的路线，一般多用在利用大段较高台地，或傍山临河低线易被积雪掩埋以及为避让艰巨工程而提高线位等情况。它的优点是不受洪水侵袭，废方较易处理。但由于高线一般位于山坡上，路线必然随山势弯曲，线形差，工程量大；遇缺口时，常需设置较高的挡土墙或其他构造物；避让不良地质和路线跨河换岸困难。

沿河（溪）线的线位高低，是根据两岸地形、地质条件以及水文情况，结合路线等级和工程经济选定的。沿河线的路肩设计高程既要保证路肩高出规定洪水频率的设计水位，又要避免路线高悬于山坡之上不能充分利用有利地形，跨河困难。在做好洪水位的调查且满足规定频率设计水位的前提下，以低线为主，即"宁低勿高"。

高度选择时，需全面掌握河谷特征，统筹规划纵断面设计。峡谷路线的低线和高线如图 5-6 所示，原线为避让沿河 1.7km 断续陡崖，采用了高线方案。由低线过渡到高线的升坡段很长，且弯急坡陡，行车不安全，经局部改线，纵坡虽有改善，但增加了小半径曲线，线形更加弯曲，最后改走低线直穿陡崖，路线平面、纵断面标准显著改善，路线长度缩短 760m。

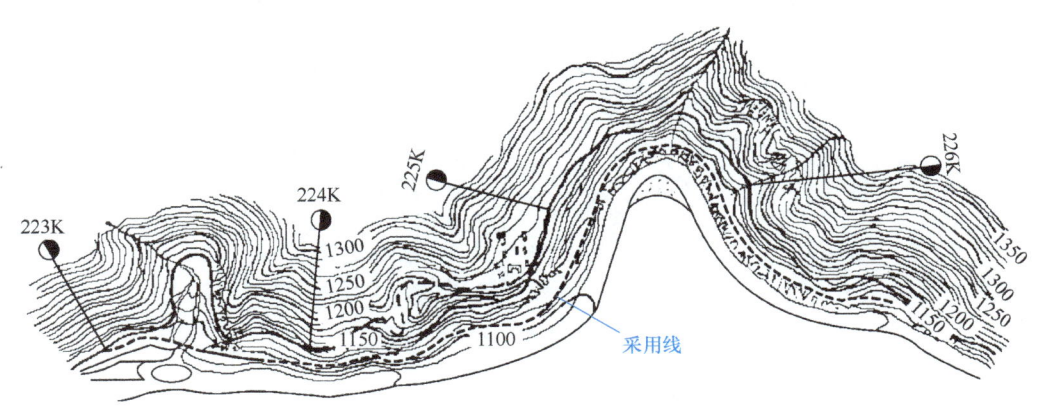

图 5-6　峡谷路线的低线和高线

（3）桥位选择　按路线与河流的关系，有跨主流和跨支流两类桥位。跨主流桥位选择多属于路线布局的问题，而跨支流桥位选择，一般属于局部方案问题。跨主流桥位常是决定路线走向的控制点，应与河岸选择同时考虑。当路线因地形、地质需换岸布线时，若桥位选择不当，会导致桥头线形差，或增加桥梁工程量。因此在选择河岸的同时，需处理好桥位及桥头路线的布设问题。桥位选择在满足相关规范的前提下，还应该考虑以下几点：桥位适宜选在河道顺直、河床稳定、上游附近无支流流入、河床较窄的河段上；桥位处两岸地质良好；桥位选择便于与其他线路衔接；结合当地近、远期规划。常见的情况有以下几种：

1）在 S 形河段腰部跨河，以争取桥轴线与河流成较大交角，如图 5-7 所示。本例为中小桥，采用斜桥方案，更有利于路桥配合。

2）在河弯附近跨河，如图 5-8 所示。应注意河湾水流对桥的影响，采取防护措施。

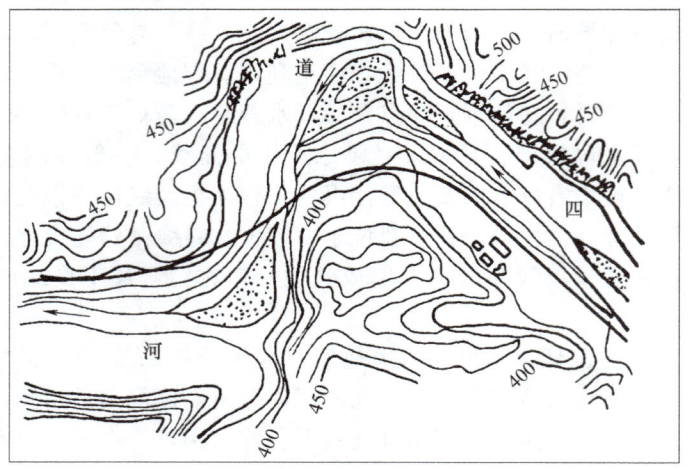

图 5-7 在 S 形河的腰部跨河

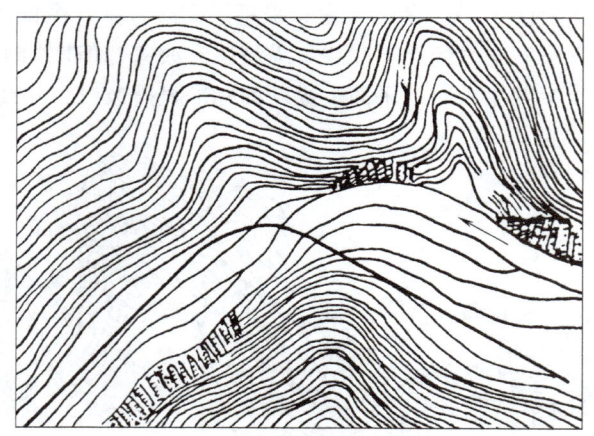

图 5-8 在河弯附近跨河

3) 在顺直河段跨河，应处理好桥头引道线形。应尽量避免如图 5-9a 所示桥位。当必须在这种河段跨河时，中、小桥可设置成斜桥以改善桥头线形；当为大桥不宜设斜桥时，宜把桥头路线做成勺形或布置一段弯引桥（图 5-9b），或两者兼用。总之，桥头曲线要争取较大半径，以利行车。

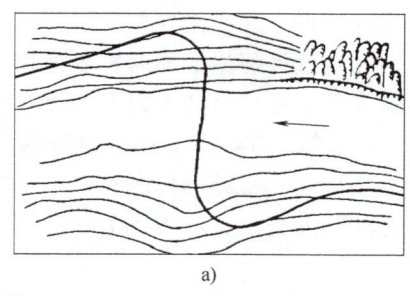
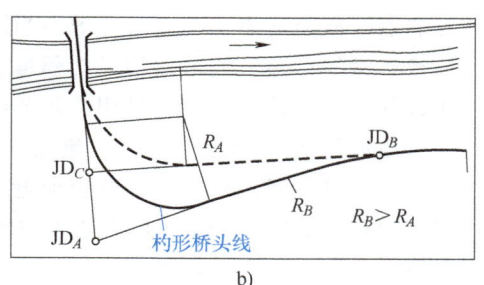

图 5-9 桥头线形改善

路线跨支流的桥位，有支河（沟）口直跨和绕进支沟上游跨越两种方案，如图 5-10 所示。应根据路线等级和桥位处的地质、地形条件，经过技术经济比较后确定。

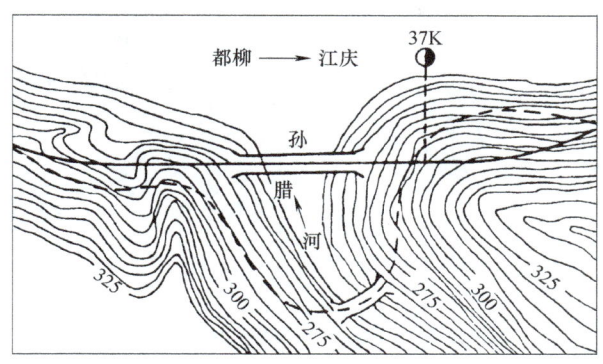

图 5-10　跨支流桥位

（4）几种河谷地形条件下具体线位的确定

1）当河谷较开阔，横坡较缓地质良好且多为农田时，如图 5-11 所示，路线位置有三种走法。沿河岸布线，如图 5-11a 中虚线所示，纵坡均匀平缓，线形好，临河一侧受洪水威胁，须做防护工程，可采用；靠山脚布线，如图 5-11a 中实线所示，路线略有增长，纵面有起伏，但不占或少占良田，可采用；直接穿越田地布线，线形标准高，但占田最多，在稻田地区，为使路基稳定，有时还需换土。除高速公路和一级公路外，一般不宜采用。

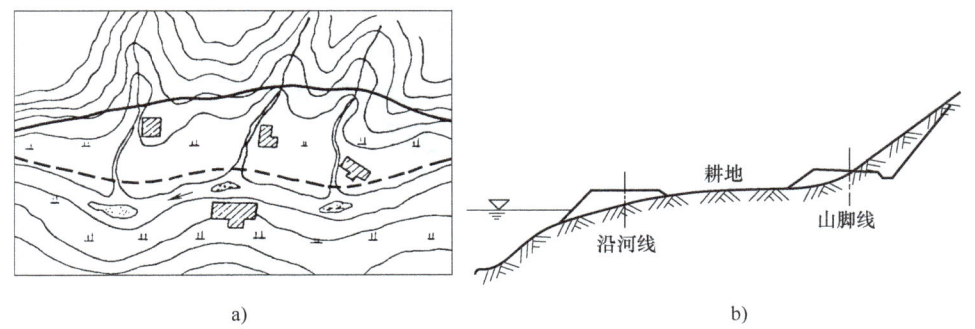

图 5-11　开阔河谷路线方案
a）沿河与山脚线平面示意图　b）沿河与山脚线横断面示意图

2）当河谷弯曲时，可根据山嘴或河湾的实际情况，采取沿河绕行或取直方案。路线遇到山嘴时，如图 5-12a 所示，有以下两种布线方式：沿山嘴自然地形绕行。因线路展长，在纵坡受限地段利于争取高度（隧道情况除外），但易受不良地质的危害和河流冲刷，路线安全条件较差；以路堑或隧道取直通过，路线短而顺直，安全条件较好，但隧道较长时，工程造价较高，应全面分析，综合比选，一般当取直方案与绕行方案工程量相差较小时，采用取直方案。

路线遇到河湾时，如图 5-12b 所示，有以下三种方案：沿河绕行方案，路线迂回，岸坡陡峭，水流冲刷严重，路基防护工程大，路线安全条件差；建桥跨河方案和改河方案，裁弯取直，路线短，安全条件好。无论改河或建桥跨河方案，均应根据地形、地质、水文条件，结合农田水利建设一并考虑。

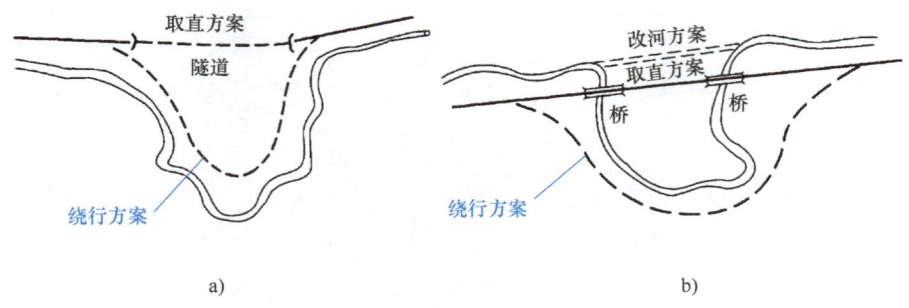

图 5-12　山嘴、河湾路线方案示意图
a) 山嘴　b) 河湾

对个别有宽河滩的大河湾，为了提高路线标准，可在河滩布线。只要处理得当，还可起护田、造田的作用，但要注意路基防护和加固，防止水流对路基的冲刷破坏。对个别突出的山嘴，可用切嘴填弯的办法处理，设线时应注意纵向填挖平衡，防止大量废方弃置河滩，堵塞河道（图 5-13）。遇山嘴或河湾地形时，采用绕行还是取直方案，应与道路等级结合考虑。等级较高的道路宜取直以争取较好的线形，等级较低的道路采用何方案应根据技术和经济条件比较确定。

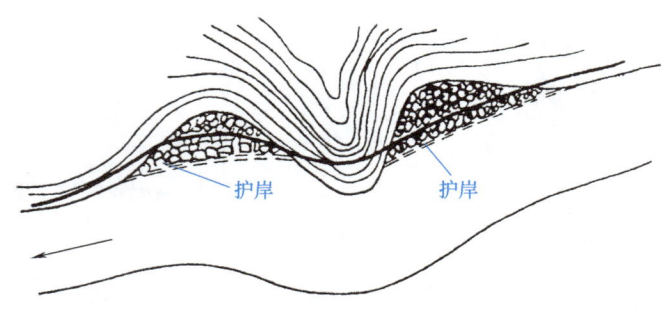

图 5-13　切山嘴填河湾的路线布置

3）当河谷狭窄，横坡较陡，且地质不良时，路线宜避开山坡，并与外移建桥（顺河桥）方案比选。山区河谷常有陡崖峭壁出现，两岸都是陡崖峭壁的河段为峡谷。峡谷一般河床狭窄，水流湍急。路线通过这种地段可采用绕避和穿过两种方案。应根据峡谷的水文、地质条件和道路等级、技术标准、工程量大小、施工条件等因素通过比较确定。越岭绕避峡谷的路线如图 5-14 所示，河谷曲折迂回，且有近 5km 长的陡崖，布线困难；而越岭线的瓦窑垭口方向较顺，且两侧地形、地质条件较好，越岭绕避是可取方案。

直穿陡崖峭壁河段和峡谷的路线，其平面、纵断面受岸壁形状和洪水位限制，活动范围不大。路线一般以低线为宜，如洪水位过高或有严重积雪时，不宜采用。直穿峡谷的路线，可根据河床宽窄、水文状况、岸壁陡缓等采用以下方法通过：

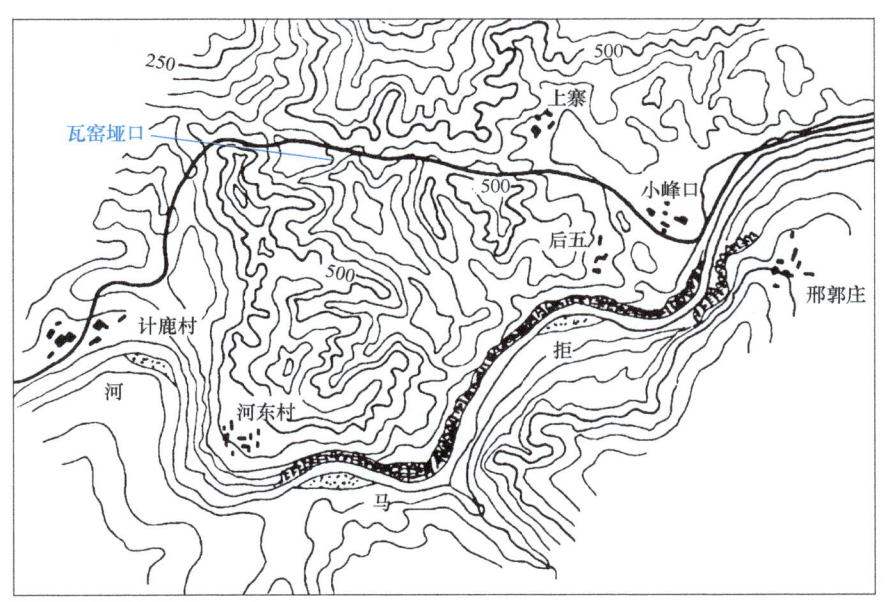

图 5-14 越岭绕避峡谷的路线

① 与河争路，侵占部分河床。当河床较宽，水流不深，压缩部分河床不致引起洪水位抬高过多时，路线可在崖脚按低线通过。根据河床可压缩的程度，有以下两种情况：河床较宽，压缩后洪水位抬高不多，路基可全部或大部分设在紧靠崖脚的水中或滩地上，借石或少开石崖填筑，路基临水一侧应设防护工程；河床狭窄，压缩后使洪水位有较大抬高时，采取筑路与治河相结合的办法。路基也可部分占用河床，"开""砌"结合，以砌为主，"开"的是对岸突出的山嘴，"砌"的材料主要取自清理河床的漂石及削除对岸突出山嘴的石料，使路基占用河床的泄水面积能从清理河床中得到补偿，如图 5-15 所示。

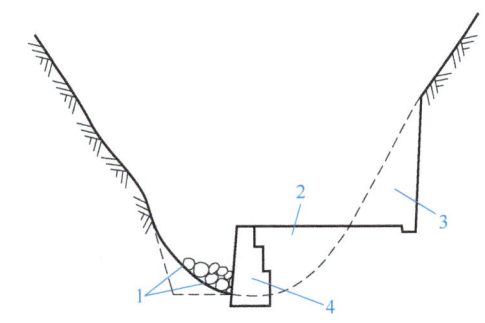

图 5-15 路基部分占用河床
1—清理河床　2—填筑路基　3—开挖石崖　4—临水路基防护

② 硬开石壁。当两岸峭壁逼近，河床很窄，不能容纳并行的河与路时，可硬开石壁通过（图 5-16a）。开凿情况有以下几种：在石壁上硬开路基（图 5-16b），开采的废方应妥善处理，尽量就近利用，考虑散失在河中的废方对水位的影响，应适当提高线位或清除河道；岸壁石质良好，可开凿半隧道，以减少石方和废方（图 5-16c）；对个别缺口或不够宽的路

段，可用半边桥或悬出路台来处理；当两岸石壁很近，不宜硬开路基时，可建顺水桥通过。

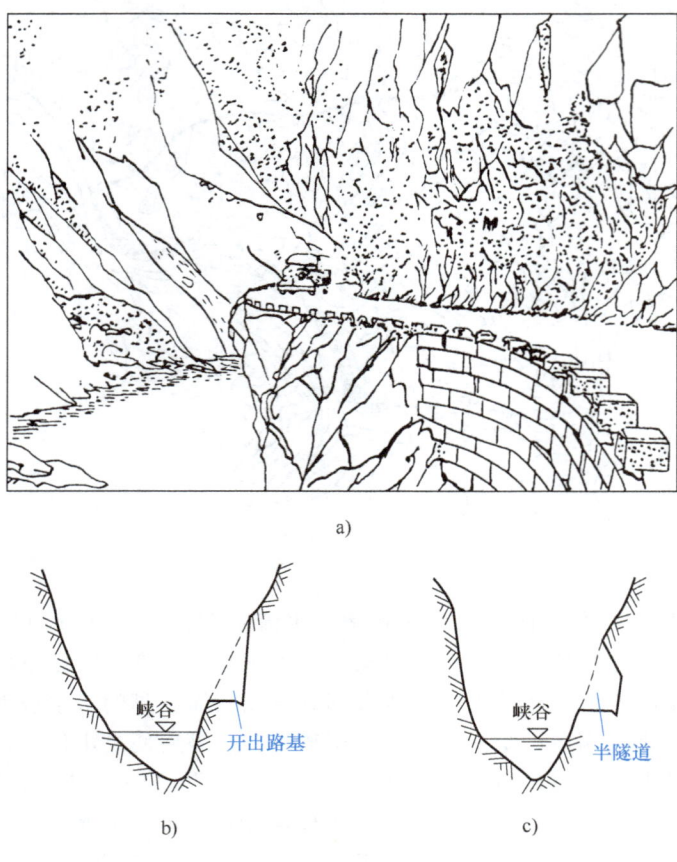

图 5-16　石壁上硬开路基

2. 越岭线

越岭线指翻越山岭布设的路线，其特点是需克服很大高差，路线长度和平面位置主要取决于路线纵坡的安排。在越岭线选线中，须以安排路线纵坡为主导，处理好平面和横断面的布设。越岭线选线主要解决垭口选择、过岭高程选择和垭口两侧路线展线三个问题。它们是相互联系，相互影响的，布局时应结合水文及地质条件，处理好三者的关系。

（1）垭口选择　垭口是山脊上呈马鞍状的明显下凹地形，是体现越岭线方案的重要控制点，应在基本符合路线走向的较大范围内选择，全面考虑垭口的位置、高程、地质条件和展线条件等，综合选择一般应选择基本符合路线走向、高程较低、地质条件较好、两侧山坡利于展线的垭口。

1）垭口位置选择。垭口位置在基本符合路线走向的前提下，与两侧山坡展线方案结合考虑。先考虑高差较小，且展线降坡后能与山下控制点顺直连接的方案，不无效延长路线；再考虑稍微偏离路线方向，但接线较顺，且不过于增长里程的其他垭口方案。

2）垭口高程选择。垭口海拔高低及其与山下控制点的高差，对路线长短、工程量大小和运营条件影响较大。在高寒地区，特别是积雪、结冰地区，海拔高的路线对行车不利。有时为走低垭口，即使方向有些偏离，距离有些绕远，也应注意比较。但如积雪、结冰不太严重，对基本符合路线走向，展线条件较好，接线较顺，地质条件较好的垭口，即使海拔稍高，也不应放弃。

3）垭口展线条件选择。山坡线是越岭线的主要组成部分。山坡坡面的曲折程度、横坡陡缓、地质好坏等条件，与线形指标和工程量大小有直接关系。因此，选择垭口必须结合山坡展线条件一起考虑。如有地质较好、地形平缓、利于展线降坡的山坡，即使垭口位置略偏或较高，也应纳入并进行比选。

4）垭口地质条件选择。垭口一般地质构造薄弱，常有不良地质存在，应深入调查地层构造（图5-17），查清其性质和对路线的影响。对软弱层型、构造型和松软土侵蚀型的垭口，只要注意岩层产状及水的影响，路线通过一般问题不大。对断层破碎带型及断层陷落型垭口，一般应尽量避开；必须通过时，应查清破碎带的大小及程度，选择有利部位通过，并采取工程措施（如设置挡土墙、明洞）保证路基稳定。对地质条件差的垭口，局部移动路线或采取工程措施也不能保证安全时，应放弃。

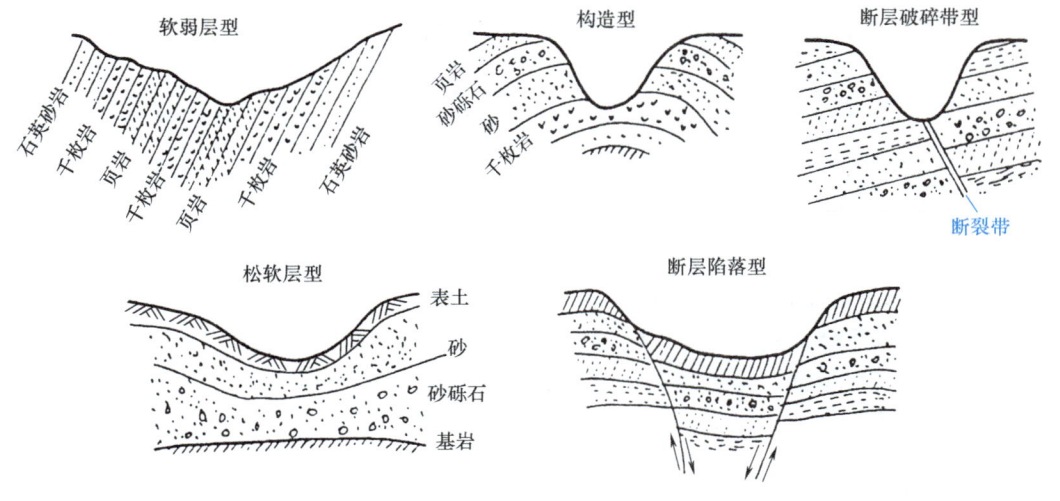

图5-17 垭口的地层构造

（2）过岭高程选择 路线过岭可采用路堑或隧道形式。过岭高程越低，路线也会越短，但路堑或隧道就会变深、变长，工程量也会增加。因此，过岭高程应结合路线等级、垭口地形、地质以及两侧展线方案、过岭方式等因素经技术经济比较选定，这些因素互相影响，应全面分析各种可能的比较方案，做出合理选择。过岭方式主要有如下几种：

1）浅挖低填。对宽而缓的垭口，有的达到数公里，偶有沼泽出现时，宜采用浅挖低填的方式过岭，过岭高程基本是垭口高程。

2）深挖垭口。当垭口比较瘦削时，常采用深挖的方式过岭。深挖垭口，虽土石方工程较集中，但因降低了过岭高程，缩短了展线长度，总工程量不一定增加。即使有所增加，也可从改善行车条件、节约运营费中得到补偿。对垭口挖深，应视地形、地质、气候条件以及展线对垭口高程的要求等因素确定。地质条件良好时，一般挖深在30m以内。垭口越瘦，越宜深挖。深挖垭口工程量集中，要处理大量废方，且施工条件差，影响施工期限，同时运营期边坡病害较多,稳定性差,这些都应在选定过岭高程时充分考虑。

垭口采用不同挖深的展线布局方案,如图 5-18 所示,路线通过垭口,根据选用的不同挖深有三个可能方案。甲方案挖深 9m,需要设两个回头曲线;乙方案挖深 13m,需设一个回头曲线;丙方案挖深 20m,可顺山势布线,不需要设回头曲线。经对比,丙方案线形最好,路线最短,有利于行车和节约运营费用。

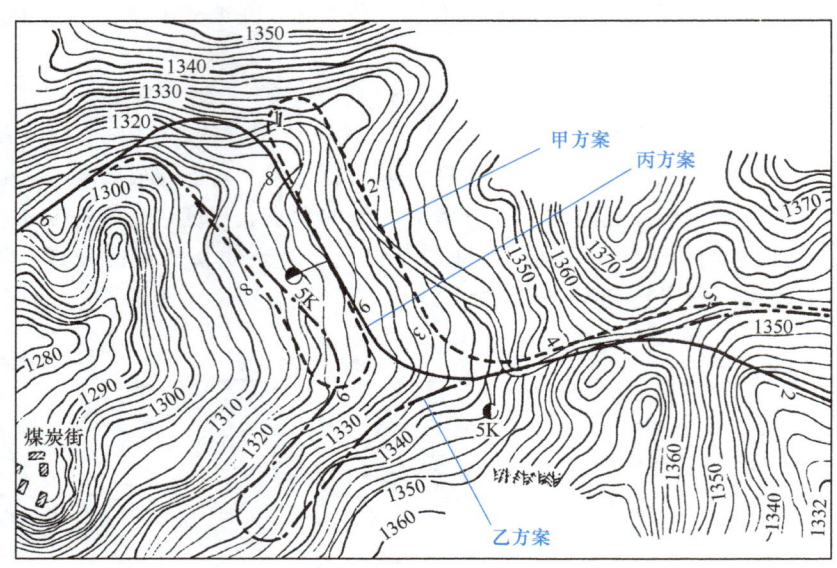

图 5-18 垭口采用不同挖深的展线布局方案

3) 隧道穿越。当垭口挖深在 30m 以上时,应与隧道穿越方案进行技术经济比较。垭口瘦薄时,采用隧道能降低路线高度,缩短里程,提高线形指标,减小积雪、结冰的影响。一般情况下,隧道高程越低,路线越短,技术指标越高,运营也越有利。但高程低,隧道就长,工期也长,造价就高。因此,隧道高程的选定应根据越岭地段的地质条件,以临界高程作为参考依据。临界高程是隧道造价和路线造价总和最小的过岭高程。若设计高程高于临界高程,则路线展长费用将多于缩短隧道;若设计高程低于临界高程,则隧道加长费用将多于缩短路线。设计高程降低,可节约运营费用,对交通量大的路线为重点考虑的因素。隧道高程的选定除经济因素外,还应考虑以下因素:地质和水文条件是隧道选择的重要因素,尽可能将隧道设在较好的地层中;隧道高程应设在常年冰冻线和常年积雪线以下,以保证施工和行车安全;要考虑施工期限和施工技术条件等;在不过多增加工程造价的情况下,要适当考虑远期发展,尽可能将隧道高程降低一些。

(3) 垭口两侧路线展线 展线是指为使山岭区路线纵坡能符合技术标准,利用地形延伸路线长度克服高差的布线方法。

1) 展线形式。越岭线的展线方式主要有自然展线、回头展线、螺旋展线三种。

① 自然展线。自然展线是以适当的纵坡,顺着自然地形,绕山嘴、侧沟延展距离,克服高差的布线方式。自然展线的优点是方向符合路线基本走向,行程与升降统一,路线最短。与回头展线相比,自然展线线形简单,技术

山区公路展线方法

指标一般较高，特别是路线不重叠，对行车、施工、养护均有利。如路线所经地带地质稳定，无割裂地形阻碍，布线应尽可能采用自然展线。其缺点是避让艰巨工程或不良地质的自由度不大，只有调整纵坡这一途径。如遇到高崖、深谷或大面积地质病害很难避开，不得不采取其他展线方式。

② 回头展线。回头展线是路线沿山坡一侧延展，选择合适地点，用回头曲线做方向相反的回头后再回到该山坡的布线方式。其优点是便于利用有利地形，避让不良地形、地质和难点工程。其缺点是在同一坡面上、下线重叠，尤其靠近回头曲线前后的上、下线相距很近，对行车、施工、养护都不利，因此不得已时方可采用这种展线方式，如图 5-19 所示。

图 5-19　回头展线

回头地点对回头曲线的工程量和使用质量影响很大，应慎重选择。回头曲线的形状取决于回头地点的地形，一般利用以下三种地形设置：直径较大、横坡较缓、相邻有较低鞍部的山包或平坦的山脊，如图 5-20a、b 所示；地质、水文良好的平缓山坡，如图 5-20c 所示；地形开阔、横坡较缓的山沟或山坳，如图 5-20d、e 所示。

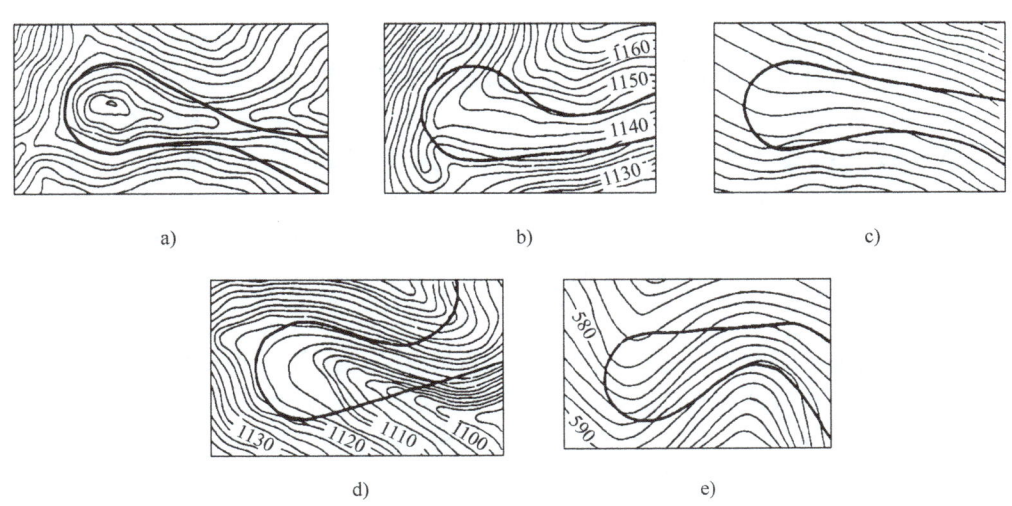

图 5-20　适宜设回头曲线的有利地形

a) 利用山包回头　b) 利用山脊平台回头　c) 利用缓坡回头　d) 利用山沟回头　e) 利用山坳回头

③ 螺旋展线。螺旋展线是当路线受到限制，需要在某处集中提高或降低某一高度才能充分利用前后有利地形或位置时，可以采用的螺旋状展线方式。螺旋展线一般多在山脊利用山包盘旋，以隧道跨线，如图 5-21 中实线所示；或在山谷内就地迂回，用桥跨线，如图 5-22 中实线所示；也可在山体内以隧道方式旋转。螺旋展线与回头展线相比，具有线形较好、避免路线重叠的优点，但因建隧道或高长桥，造价较高，因而较少采用。必须采用时，应根据路线性质和任务，与回头展线方式进行详细比较。

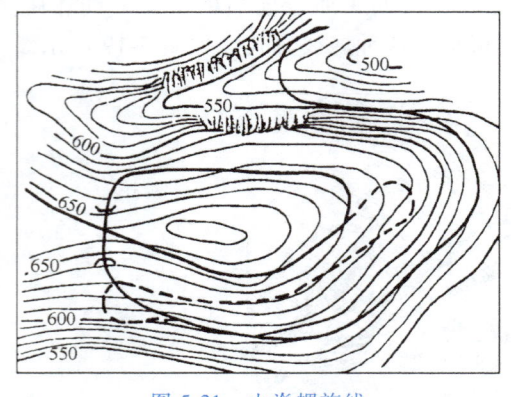

图 5-21　山脊螺旋线

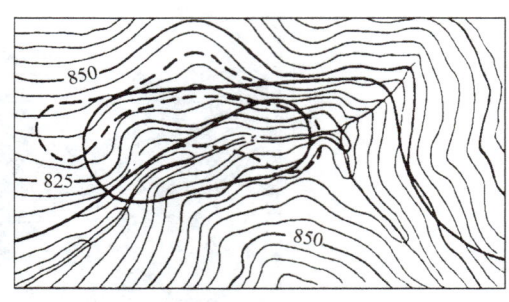

图 5-22　山谷螺旋线

（2）展线布局步骤。越岭线的高程主要是通过垭口两侧山坡上的展线来克服的，路线布局应以纵坡为主导，通过合理调整纵坡和设置必要的回头曲线来越岭线展线，从而能更好地利用有利地形、地质，避让不良地形、地质。展线布局的工作步骤如下：

① 拟订路线大致走法。在视察或踏勘阶段确定的主要控制点间进行广泛勘察，调查周围地形及地质情况，以带角度的手持水准仪粗略勘定纵坡作为指引，利用有利地形、地质，拟订路线大致走法。

② 试坡布线。试坡的目的是进一步落实初拟路线走法的可能性；发现和加密中间控制点，发现局部比较方案，拟订路线布局。

③ 分析、落实控制点，决定布局方案。控制点有固定的和活动之分：第一种是位置和高程都不能改变，如工程特别艰巨地点的路线和某些受限制很严的回头地点，必须利用的桥梁，必须通过的街道等；第二种是位置固定，高程可以活动，如垭口、重要桥位等；第三种是位置、高程都可活动，如侧沟展线的跨沟地点，宽阔平缓山坡的回头地点等。多数控制点是有活动余地的，但活动范围大小不一。活动控制点的调整，有以下两种做法：活动性较大的回头地点，可从前后两个固定控制点以适当纵坡分别放坡交会得出；两固定控制点间的非回头活动控制点，在其可活动范围内调整，以使固定控制点间纵坡尽量均匀。

3. 山脊线

大体上沿山脊布设的路线，称为山脊线，常作为沿河线或山坡线的局部比较线及越岭线两侧路线的连接段。山脊线线形大多起伏、曲折，其起伏和曲折程度视山脊的形状、控制垭口间的高差和地形而异。一般具有土石方工程小、水文和地质情况好、桥涵构造物较少等优点。山脊线线位较高，一般远离居民点，不便为沿线工农业生产服务；有时筑路材料及水缺乏，施工困难；地势较高，空气稀薄，有云雾、积雪、结冰等对行车和养护不利等缺点。山脊线方案主要应考虑以下条件进行取舍：山脊的方向不能偏离路线总方向过远；山脊平面不能过于迂回曲折，纵面上各垭口间的高差不过于悬殊；控制垭口间山坡的地质情况较好，地形不过于陡峻凌乱；上下山脊的引线要有合适的地形可利用，这是能否采用山脊线的主要条件之一。完全具备上述条件的山脊不多，很长的山脊线比较少。山脊线布局主要解决以下问题：控制垭口选择、侧坡选择和试坡布线。

（1）控制垭口选择　每一组控制垭口代表着一个山脊线的方案，选择控制垭口是山脊线选线的关键。当山脊方向顺直、起伏不大时，几乎每个垭口都可暂定为控制点。如地形复杂，各垭口高低悬殊，则高垭口之间的低垭口一般为路线的控制点，突出的高垭口可舍去；在有支脉横隔，几个垭口相距不远、并排时，只选择其中一个与前后联系条件较好的垭口。

控制垭口的选择还应与山脊两侧山坡的布线条件综合考虑，在侧坡选择和试坡布线中，对初步选定的控制点加以取舍、落实。

（2）侧坡选择　山脊的侧坡是山脊线的主要布线地带。应选择布线条件较好的一侧，以保证平面、纵断面线形好、工程量小和路基稳定。坡面整齐、横坡平缓、地质情况好、无支脉横隔的向阳山坡较为理想。除两侧坡优劣明显外，两侧都要比较取舍。同一侧坡可能有不同的路线方案，可通过试坡布线决定。多数初选的控制垭口在侧坡选择过程中可完成取舍，少数则需在试坡布线中落实。

（3）试坡布线　在两固定控制点间布线，力求距离短捷，坡度平缓。山脊线有时因控制点间高差很大，需要展线，有时避免路线过于迂绕，要采用起伏坡，以缩短距离。山脊线难免有曲折、起伏，但不应过于急促、频繁，平、竖曲线和视距等指标应尽量高些，以利行车。山脊布线常有以下三种情况：

1）控制垭口间平均纵坡不超过规定。两控制垭口间，地形、地质无大障碍时，应以均匀坡度沿侧坡布线。如控制垭口间平均纵坡较缓，而其间遇有障碍或难点工程时，可加设中间控制点，调整纵坡避让，中间控制点和各垭口间仍以均匀坡度布线。

2）控制垭口间有支脉横隔。路线穿过支脉，要在支脉上选择合适的垭口作为中间控制点。该垭口应不使路线过于迂回，合理深挖后两翼路线纵坡都不超过规定，路线能在较好地形、地质地带通过。有时在支脉上选择的控制垭口虽能满足纵坡要求，但线形过于迂回，为缩短距离，控制点可不选在垭口上。

3）控制垭口间平均纵坡超过规定。根据地形、地质条件，采用填挖、旱桥、隧道等工程措施提高低垭口，降低高垭口，也可利用侧坡、山脊有利地形设置回头展线或螺旋展线（图 5-23）。选线方法详见本节越岭线。

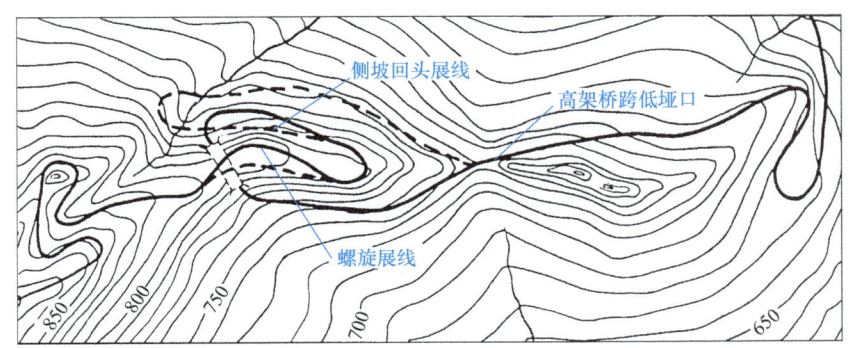

图 5-23　山脊展线示意图

定线方法

5.4 定线方法

定线是在既定路线带范围内，根据技术标准，结合地形、地质等条件，综合考虑路线的平面、纵断面、横断面，具体定出道路中线的工作，这是一项涉及面很广、技术要求较高的工作。要求设计人员具有广博的知识、熟练的定线技巧和精益求精的工作态度。设计者很难一次试线就能定出理想线位，复杂条件下的定线往往存在多个设计方案，每一个方案都是众多相互制约因素的一种折中方案，理想的路线只能通过比较的方法选定。定线按工作对象的不同分为纸上定线、现场定线和航测定线。随着勘测设计的发展，目前在设计阶段定线大多数都是在电子地形图甚至三维模型的基础上利用专业辅助工具开展的，大大提高了定线工作的效率和质量。以下简要介绍传统的纸上定线的方法和步骤。

1. 平原、微丘区定线步骤

（1）定导向点 在既定控制点之间，根据平原微丘区路线布设要点，综合分析比较，确定可穿越、应靠近和避绕的点，建立若干中间导向点。

（2）试定路线导线 连接导向点，初定出一条路线导线。

（3）初定平曲线 读取交点坐标，计算或直接测量转角和交点间距，初定圆曲线半径和缓和曲线长度，计算平曲线要素。

（4）定线 检查各项指标是否满足相关规范要求，适当调整，直至满意为止。

2. 山岭、重丘区定线步骤

（1）定导向线

1）分析地形，找出各种可能的走法。在地形图上仔细研究路线布局阶段选定的主要控制点间的地形、地质情况，选择有利地形（如平缓顺直的山坡、开阔的侧沟、利于回头的地点等），拟订路线各种可能的走法。如图 5-24 所示，图左侧地形较陡，图右侧地形较缓，A、D 为两控制点，B 为可利用的山脊平台，C 为应避让的陡崖，则 $ABCD$ 为路线的一种可能走法，须由放坡试定，纸上定线的放坡是用两脚规进行的。

2）求平距 a，定放坡坡度线。由等高距 h 和选用的平均纵坡 $i_{均}$（5.0%~5.5%，视地形曲折程度和高差而定），等高线间平距 a 按 $a=h/i_{均}$ 计算，使两脚规的张开度等于 a（按地形图比例尺），从某一固定点如 A 点开始，沿拟订走法依次截取每根等高线的 a、b、c 等点，在 B 附近回头（如图 5-24 中 j 点）后再向 D 点截取，当最后一点的位置和高程都与 D 点接近时，说明该方案成立，否则应修改走法（如改变回头位置）或调整 $i_{均}$（在 5.0%~5.5% 内），重新放坡至方案成立为止。

连线 $Aab……D$ 为具有平均纵坡的折线，称为坡度线，它验证了一种走法的成立，并可发现一些中间控制点，为下一步工作提供依据。

3）确定中间控制点，分段调整纵坡，定导向线。分析坡度线利用地形、避让地物或不良地质情况，找出应穿或应避的中间控制点。如图 5-24 中，在 B 处利于回头的地点未能利用，在 C 处的陡崖未能避让，若调整 B、C 前后的纵坡（可在最大和最小纵坡间选用，但不轻易采用极限值且不出现反坡），能避开陡崖和利用有利回头地点，可将 B、C 定为中间控制点。再仿照放坡分段调整纵坡试定匀坡线，各段匀坡线的连线 $Aa'b'……D$ 为分段安排纵坡的折线，称为导向线，它利用了有利地形，避开了不利障碍，示出了路线将行经的大概位置。

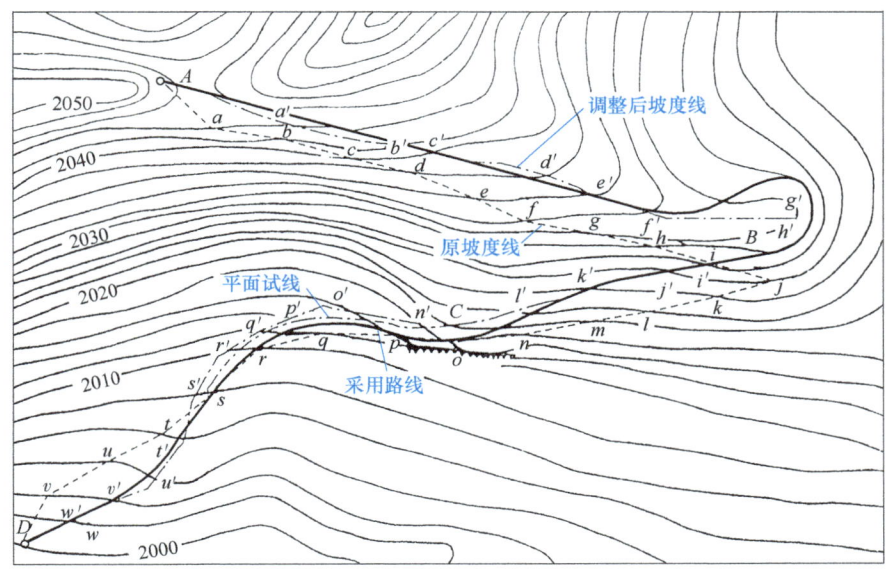

图 5-24 纸上定线平面图
注：本图无比例，仅为示意图。

（2）定修正导向线

1）试定平面和纵断面。参照导向线定出直线和平曲线（即平面试线），按地形变化特征点量出或读取桩号及地面高程，点绘纵断面图的地面线，参考地面线和前面分段安排的纵坡设计理想纵坡，量出或读取各桩的概略设计高程。

2）定一次修正导向线。其目的是用纵断面修正平面，避免纵向大填大挖。在平面试线各桩的横断面方向上点出与概略设计高程相应的点，这些点的连线是具有理想纵坡、中线上不填不挖的折线，称为一次修正导向线。当纵断面上填挖过大时，应进行修改。

3）定二次修正导向线。其目的是用横断面最佳位置修正平面，避免横向填挖过大。对一次修正导向线各点绘制横断面图，用路基模板逐点找出最经济或起控制作用的最佳中线位置及其可移动范围，如图 5-25 中的②、③。根据最佳位置的性质分别用不同符号在平面图上定点，这些点的连线是具有理想纵坡、横向位置最佳的平面折线，称为二次修正导向线（小比例尺地形图上显示不出最佳位置时可不做）。

（3）定线 定线是在二次修正导向线的基础上进行的。二次修正导向线是一条平面折线，不满足技术标准的要求，必须适当取直，并用平曲线连接，定出中线的确切位置。定线必须按照二次修正导向线上各特征点的性质和可活动范围，反复试线，才能定出满足要求的中线。定线的具体操作可采用直线型定线方法或曲线型定线方法。

纸上定线是一个反复试线修改的过程，试线中是修改纵坡还是改移中线位置或两者都改，应对平面、纵断面、横断面三方面充分研究后确定。在一定程度上，试线越多，最后的成品就越好，直到无论修改哪一方都不能显著节省工程或增进美观时，才可认为纸上定线工作结束。中线定出以后就可以进行纵断面、横断面以及相关内容设计。

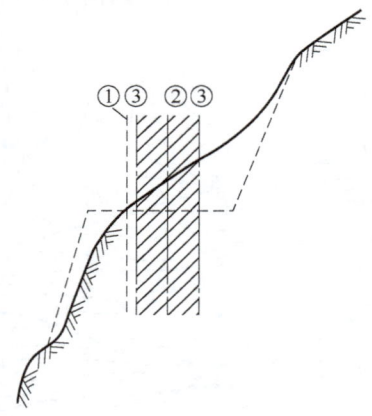

图 5-25 横断面最佳位置

习 题

1. 道路总体设计的主要内容有哪些?
2. 平原区和山区道路总体设计的基本原则有何不同?
3. 确定道路功能和技术标准时应考虑哪些主要因素?
4. 平原区典型的工程方案有哪些?各自的特点是什么?
5. 公路勘测设计的依据是什么?其程序是怎样的?
6. 选线的基本原则及一般步骤是什么?
7. 山区公路有哪几种主要线形?在布设各类线形时考虑的主要问题是什么?
8. 山区公路有哪几种展线形式?
9. 平原区路线布设的要点是什么?
10. 纸上定线的基本步骤是什么?

第 6 章　道路平面交叉设计

> **学习目标：**
> 1. 理解交叉口的交通特性及其类型和适用范围；
> 2. 理解平面交叉设计的条件、原则及有关规定；
> 3. 掌握交叉口的交通组织设计方法，包括机动车交通组织、行人交通组织及非机动车交通组织；
> 4. 掌握交叉口的平面和视距设计方法，并初步具备用计算机辅助工具进行交叉口平面和立面设计的能力；
> 5. 掌握交叉口转弯车道、附加车道的设置条件、设置方法以及长度和宽度的设计；
> 6. 掌握中心岛和环岛的设计方法。

前述介绍的平面设计、纵断面设计和横断面设计的内容和方法主要是针对普通路段的设计，但有些特殊路段的设计还需掌握其他内容，比如道路交叉设计。由于道路线长、面广，在道路行进过程中不可避免地会和其他设施交叉，如道路和道路交叉、道路和铁路交叉、道路和管线交叉等，其中道路和道路交叉最为常见。

道路交叉分为平面交叉和立体交叉两类，平面交叉是道路在同一个平面上形成的交叉；立体交叉是道路在不同平面上形成的交叉，它将互相冲突的车流分别安排在不同高程的道路上，既保证了交通通畅，又保障了交通安全。

道路平面交叉包括公路和公路平面交叉、城市道路和城市道路平面交叉以及公路和城市道路平面交叉，本章的平面交叉设计主要针对公路平面交叉，兼顾城市道路交叉。

平面交叉口的复杂性使得平面交叉的设计也较为复杂，平面交叉设计的复杂性主要体现在以下几方面：

1）交通状况复杂。交通状况复杂主要是由于交通组成复杂和交通方向复杂，交叉口的交通组成除了车辆还有行人，不同方向的车辆和行人在交叉口处汇聚又分散，交通状况极其复杂。因此，平面交叉设计除了几何设计以外，交通组织设计也极其重要。

2）驾驶行为复杂。平面交叉口处的车辆与普通路段正常行驶的车辆不同，需要经历减速、制动、加速的过程，驾驶行为复杂。为了保证行车安全，提高通行能力，减少汽车尾气

污染，平面交叉口设计需要考虑交叉口处复杂的驾驶行为。

3）几何设计的复杂性在于交叉口处不同方向的道路平面、纵断面、横断面、加宽、超高、行车视距等要协同考虑，统一设计，同时交叉口的形式、线形、高程等还要与周围的环境相协调，这些是交叉口几何设计复杂性的体现。

在平面交叉设计之前要先对交叉口的交通特性进行分析，交叉口设计的内容包括交叉口的位置和类型的确定、交叉口交通组织设计、交叉口的几何设计等。

6.1　交叉口交通特征分析

平面交叉口的
交通特征及
设计要求

交叉口是道路的咽喉部分，不同方向的车辆汇集、交错又疏散，交通状况较普通路段复杂，在设计交叉口之前首先要掌握交叉口的交通特性。进入交叉口的车辆交错的方式有三种：分流、合流和冲突，因此存在三种交错点：分流点、合流点和冲突点。同一方向行驶的车辆向不同方向分开行驶的地点称为分流点；来自不同方向的车辆以较小的角度向同一方向汇合的地点称为合流点；来自不同方向的车辆以较大的角度相互交叉的地点称为冲突点。交错点的存在影响交通安全，降低通行能力，是交叉口与普通路段相比最大的特点，其中冲突点对行车影响最大。图 6-1 为无交通管制平面交叉口的交通状况，交错点的个数计算公式为

$$\text{分流点}=\text{合流点}=n(n-2) \tag{6-1}$$

$$\text{冲突点}=\frac{n^2(n-1)(n-2)}{6} \tag{6-2}$$

式中　n——相交道路的条数（条）。

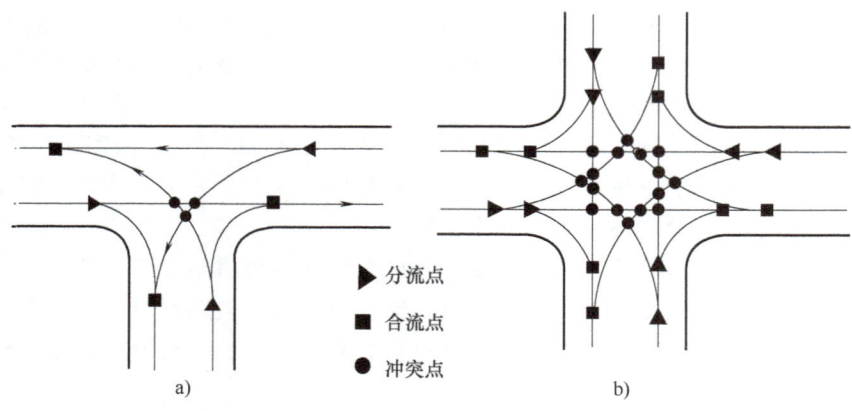

图 6-1　无交通管制平面交叉口的交通状况
a）三路交叉　b）四路交叉

为了降低交错点个数，提高通行能力，保障行车安全，交叉口往往需要进行交通管制，图 6-2 为有信号灯控制的交叉口的交通状况，可以看出，交叉口进行信号灯控制后，交错点个数大大降低。表 6-1 为交叉口的交错点数量。

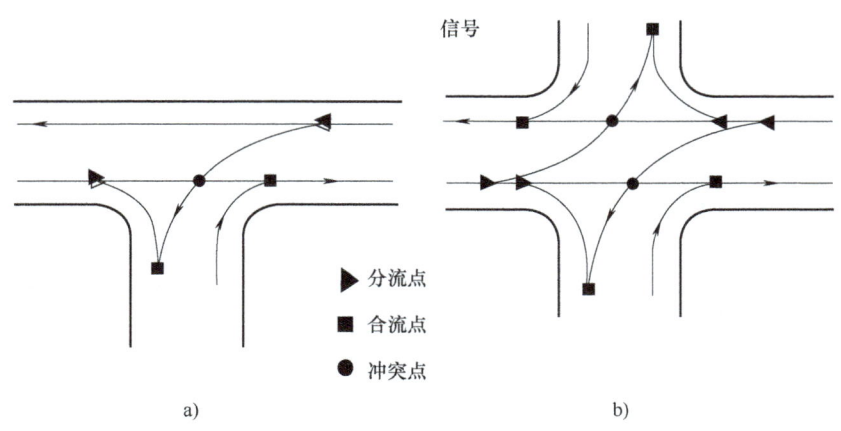

图 6-2 有信号灯控制的交叉口的交通状况
a）三路交叉 b）四路交叉

表 6-1 交叉口的交错点数量

交错点类型	无交通管制			有交通管制		
	相交道路的条数			相交道路的条数		
	3 条	4 条	5 条	3 条	4 条	5 条
分流点	3	8	15	2 或 1	4	4
合流点	3	8	15	2 或 1	4	4
冲突点	3	16	50	1 或 0	2	4
总数	9	32	80	5 或 2	10	12

结合上述图表分析可以看出，交叉口的交错特点如下：
1）由左转或直行造成的冲突点数随相交道路条数的增长而快速增长。
2）产生冲突点最多的是左转交通。
3）设置交通控制信号可以降低冲突点数量。

交叉口设计的任务就是要减少或消灭冲突点，减少或消灭冲突点的方法归纳起来有以下三种：

1）实行交通管制。用交通信号灯或由交警指挥，使通过交叉口的直行和左转弯车辆的通行时间错开，即在同一时间内只允许某一个方向的车流通过交叉口。

2）进行交通组织。实行渠化交通，在交叉口合理地布设交通岛，组织车流分道行驶，将冲突点变为分流点、合流点，减少车辆行驶时的相互干扰。

3）立体交叉。将交叉口处各方向的车流分设在不同高程的车道上，各行其道，互不干扰。立体交叉占地多、造价高，只有在交通复杂的交叉口、交通繁忙的干道和高速道路上的交叉口，才考虑采用立体交叉。

■ 6.2 交叉口的类型

平面交叉口可以按不同的分类标准进行分类。按交通管理方式可分为主路优先交叉、无优先交叉和信号交叉；按平面交叉口的形状可分为T形交叉、Y形交叉、十字形交叉、X形交叉、环形交叉等；按渠化设计方式的不同可分为加铺转角式、加宽路口式和分道转弯式等。

6.2.1 按交通管理方式分类

交通管理的方式决定了平面交叉的几何构造，因此在平面交叉设计时首先应根据相交公路的功能、地位和交通特性来确定其交通管理方式，继而确定相应的交叉类型和几何设计细节，交通管理方式是交叉设计的先决条件。平面交叉根据相交公路的功能、等级和交通量可分别采用主路优先交叉、无优先交叉或信号交叉三种不同的交通管理方式。

1. 主路优先交叉

主路优先交叉是指无信号控制的主、次道路相交的交叉口，主路车辆可优先通行，次路车辆必须停车让行或减速让行的交通组织方式。此类交叉口主路上的车流通常不受影响，无须停车，顺畅通过，可与主路路段上通行速度基本保持一致；次路车辆需要在交叉口进口处停车或减速观望，利用主路的车头间隙通过交叉口。

公路功能、等级、交通量有明显差别的两条公路相交，或交通量较大的T形交叉，应采用主路优先交叉交通管理方式。

主路优先交叉可最大限度地保证主路车辆顺畅通过，但次路因为让行会产生较大延误，特别是当交叉口的交通量接近其通行能力时，停车、延误更加严重，此时需考虑采用其他交通管理方式。

2. 无优先交叉

无优先交叉是在相交道路交通流量都很小时，各方向车流在交叉口处寻找间隙通过，不设任何管理措施的交叉口。

两条相交公路或多条交叉岔路的等级均低且交通量较小时，应采用无优先交叉交通管理方式。

3. 信号交叉

信号交叉是采用交通信号控制灯的方式，对平面交叉路口的交通流实施动态控制和调节的交叉口。车辆进入信号控制的交叉口，要根据信号灯提供的通行相位排队等候通过。

以下交叉应采用信号交叉交通管理方式：

1）两条交通量均大，且功能、等级相同的公路相交，难以用"主路优先"的规则管理时。

2）两相交公路虽有主次之别，但交通量均较大（主要公路双向交通量大于或等于750pcu/h，次要公路单向交通量大于或等于300pcu/h），采用"主路优先"交通管理方式会出现较频繁的交通事故和过分的交通延误时。

3）主要公路交通量相当大（主要公路双向交通量大于或等于900pcu/h），而次要公路尽管交通量不大，但采用"主路优先"交通管理方式，次要公路上的车辆由于难以遇到可供驶入的主流间隙而引起不可接受的交通延误，或出现冒险驶入长度不足的主流间隙而危及安全时。

4）两条相交公路的交通量虽未达到上述程度，但由于有相当数量的行人和非机动车穿越交叉而引起交通延误，甚至造成阻塞或交通事故时。

5）环形交叉的入口因交通量大而出现过多的交通延误时。

6）位于城镇路段的平面交叉。

实行信号控制的交叉口，在时间上使相互冲突的车流分离，减少了各向车流之间的相互干扰，提高了车辆运行的安全性和效率。图 6-3 为信号控制交叉口。

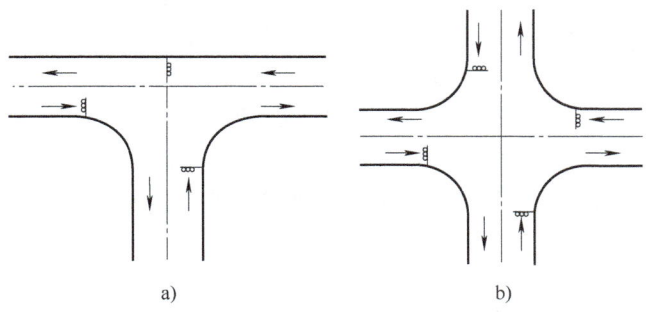

图 6-3　信号控制交叉口

a）三路信号交叉口　b）四路信号交叉口

6.2.2　按相交道路的条数分类

按相交道路的条数，平面交叉可分为三路交叉、四路交叉和多路交叉，如图 6-4 所示。

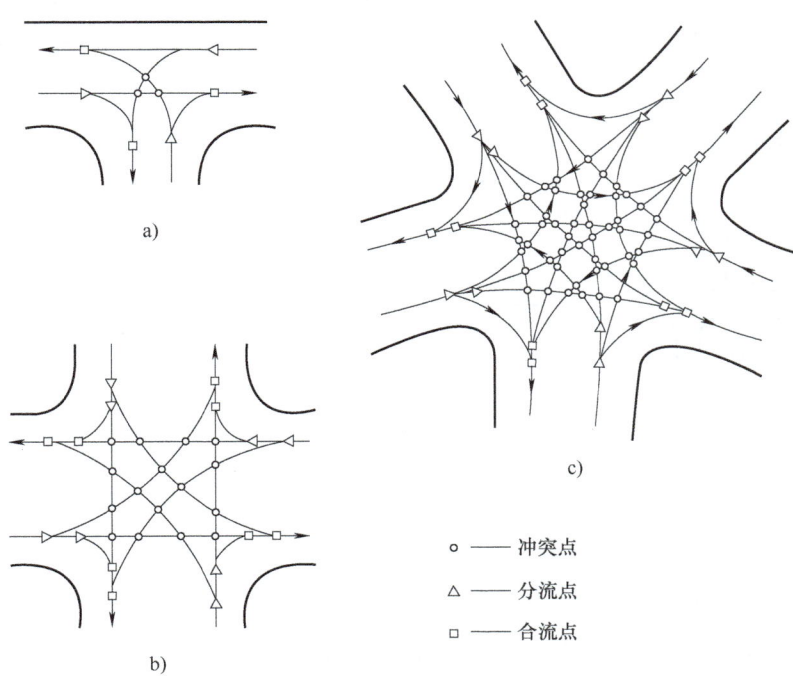

图 6-4　按相交道路的条数分类的交叉口

a）三路交叉　b）四路交叉　c）多路交叉

根据前面平面交叉口交通特性的分析，相交道路的条数越多则交叉口的交错点（尤其是冲突点）数量越多，交叉口的交通状况越复杂。

公路平面交叉岔数不应多于四条，岔数多于四条时应采用环形交叉。

6.2.3 按交叉口的形状分类

平面交叉口类型与特点

平面交叉口按形状可分为 T 形交叉、Y 形交叉、十字形交叉、X 形交叉、错位交叉、多路交叉、环形交叉等。

1. T 形交叉

T 形交叉是三路交叉的基本形式，其形状如英文字母的 T，如图 6-5a 所示，T 形交叉为大致正交，交角范围 90°±15°。T 形交叉是交叉口处理最简单的形式，也是较安全的形式之一。通常是直行路优先，另一路上的车辆必须让路。

2. Y 形交叉

Y 形交叉也是三路交叉的形式，其交角小于 75°或大于 105°，如图 6-5b 所示，这种形式的交叉口在交角较小的时候对交通不利，而且锐角路口处的通视条件不好。

3. 十字形交叉

十字形交叉是四路交叉的基本形式，是交角接近 90°的正交路口，如图 6-5c 所示，交角在 90°±15°范围内的，也按正交路口设计。十字形交叉形式简单，占地少，造价低。

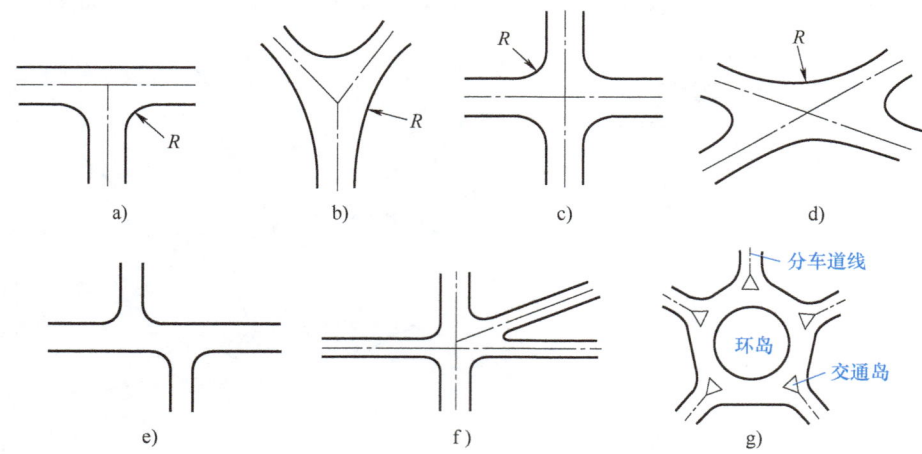

图 6-5 平面交叉口按形状分类

a) T 形交叉　b) Y 形交叉　c) 十字形交叉　d) X 形交叉　e) 错位交叉　f) 多路交叉　g) 环形交叉

4. X 形交叉

X 形交叉也是四路交叉的形式，是指交角小于 75°或大于 105°的四路交叉形式，如图 6-5d 所示，X 形交叉的交叉口范围狭长，交角较小时对交通不利，适用于特殊情况。

5. 错位交叉

错位交叉是指两个相错开的 T 形交叉相距很近，如图 6-5e 所示，对双向双车道公路的十字形交叉，若通行能力有富余，且相交公路的优先程度不同，可采用错位交叉，将次要公路的引道错位布置，防止高速穿行。次要公路直行交通量较大时不宜采用错位交叉。

6. 多路交叉

五条及以上道路相交形成的交叉称为多路交叉，如图6-5f所示，多路交叉给交通组织及管理带来很大困难，应尽量避免。由于冲突点过多而影响交通安全时，可考虑采用环形交叉方案简化通过交叉口的车流和尽量减少潜在冲突点。

7. 环形交叉

环形交叉是在交叉口中心设置中心岛，所有车辆绕中心岛单向行驶的交叉形式，如图6-5g所示，环形交叉没有冲突点，连续车流，不需要信号控制，景观绿化方便，适用于多路交叉（五路或以上），中等交通量，转弯车辆多（接近或超过直行）的交叉口。

6.2.4 按交叉口渠化设计方式分类

渠化设计是指在交叉口设置交通标志、标线和交通岛等，引导车流和行人像渠道里的水流那样沿规定的方向各行其道，互不干扰地行驶。

二级及二级以上公路的平面交叉必须进行渠化设计；三级公路的平面交叉应进行渠化设计；四级公路的平面交叉宜进行渠化设计。渠化设计应根据交叉形式、交通管理方式以及转向交通量、设计速度等因素，采用加铺转角式、加宽路口式和分道转弯式等方式交叉。

1. 加铺转角式交叉

加铺转角式交叉是指用适当半径的单圆曲线或复曲线平顺连接相交道路的路基和路面的平面交叉形式（图6-5a~d）。此类交叉口形式简单，占地少，造价低，设计方便，但行车速度低，通行能力小，适用于车速低，交通量小，转弯车辆少的三、四级公路或地方道路，当斜交角度不大时，也可用于转弯交通量较小的主要道路与次要道路交叉。加铺转角式交叉口设计的重点是转角处曲线半径的确定和行车视距的保证。

2. 加宽路口式交叉

加宽路口式交叉是为使转弯车辆不影响其他车辆的正常行驶，在交叉口连接部增设变速车道和转弯车道的平面交叉。这种交叉口可以单增右转或左转车道，也可以同时增设左、右转弯车道。此类交叉口可减少转弯交通对直行交通的干扰，车速较高，事故率低，通行能力大，但占地多，投资较大，适用于交通量较大、转弯车辆较多的一、二级公路和城市主干路。图6-6为加宽式T形交叉，图6-7为加宽式十字形交叉。

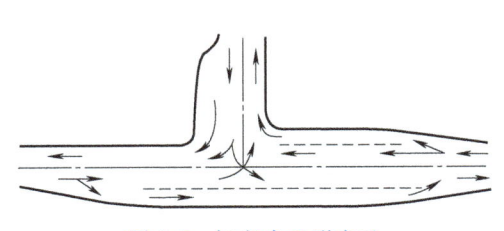

图6-6 加宽式T形交叉

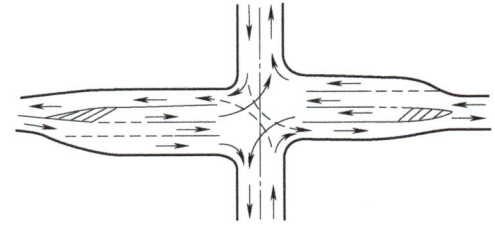

图6-7 加宽式十字形交叉

3. 分道转弯式交叉

分道转弯式交叉是通过设置导流岛、分隔岛及划分车道等措施，使单向右转或双向左、右转车流以较大半径分道行驶的平面交叉，如图6-8所示。此类交叉口转弯车辆，尤其是右转弯车辆行驶速度和通行能力都较大,适用于车速较高,转弯车辆较多的一般道路,设计时主要解决分道转弯半径设计、视距保证与检验、导流岛端部半径设计的问题。

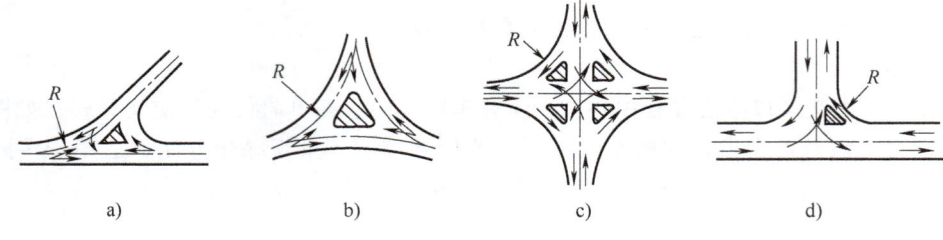

图 6-8　分道转弯式交叉

6.3　平面交叉设计的原则及有关规定

公路平面交叉设置数量与间距直接影响着一条公路相关路段的通行效率。一条公路的平面交叉数量越多、间距越小,对公路区域内路网衔接、两侧村镇的交通出行越便利,但对路段通行效率的影响越大。同时,平面交叉越多、越密,对交通安全与交通组织管理也是不利的。因此,在具体项目设计中,应正确把握项目功能定位及技术等级差异,恰当协调通行效率与沿线交通便利之间的平衡。平面交叉设置应满足以下条件:

1)平面交叉应根据相交公路的功能、技术等级、区域路网的现状和规划,以及交叉区域地形、地貌条件等合理设置。

2)一、二、三、四级公路相互交叉时,平面交叉设置应符合表 6-2 的规定。

表 6-2　平面交叉的设置要求

被交叉公路	公路主线				
	一级公路（干线）	一级公路（集散）	二级公路（干线）	二级公路（集散）	三级、四级公路
一级公路（干线）	严格限制	—	—	—	—
一级公路（集散）	严格限制	限制	—	—	—
二级公路（干线）	严格限制	限制	限制	—	—
二级公路（集散）	严格限制	限制	限制	允许	—
三、四级公路	严格限制	限制	限制	允许	允许

注:本表取自《公路路线设计规范》(JTG D20—2017)。

公路平面交叉设计应遵循以下原则:

1）平面交叉位置的选择应综合考虑公路网现状和规划、地形、地物和地质条件、经济与环境因素等，宜选择在地形平坦、视野开阔处。

2）平面交叉选型应综合考虑相交公路功能、技术等级、交通量、交通管理方式、用地条件和工程造价等因素，选用主要公路或主要交通流畅通、冲突点少、冲突区小的形式。

3）平面交叉几何设计应结合交通管理方式并考虑相关设施的布置。

4）平面交叉范围内相交公路线形的技术指标应能满足视距的要求。

5）相交公路在平面交叉范围内的路段宜采用直线；当采用曲线时，其半径宜大于不设超高的圆曲线半径。纵断面应力求平缓，并符合视觉所需的最小竖曲线半径值。

6）平面交叉设计应以预测的交通量为基本依据。设计所采用的交通量应为设计小时交通量。

7）平面交叉处行人穿越岔路口的设施应根据行人流量、公路技术等级和交通管理方式等设置人行横道、人行天桥或人行通道。

8）平面交叉的几何设计应与标志、标线和信号设施一并考虑，统筹布设。视距不良的小型平面交叉，可根据具体情况设置反光镜。

9）平面交叉改建时，除应收集交通量以外，还应调查交通延误以及交通事故的数量、程度、原因等现有交叉口的使用状况。

10）平面交叉设计应满足相交公路对应设计车辆的通行要求。有特殊通行需求时，应根据实际通行车型，对平面交叉口的通行条件进行检验。

平面交叉交角与岔数的确定应符合下列规定：

1）平面交叉的交角宜为直角。斜交时，其锐角应不小于70°；受地形条件或其他特殊情况限制时，其锐角应大于45°。

2）平面交叉的岔数不应多于四条；岔数多于四条时应采用环形交叉。

3）环形交叉的岔数不宜多于五条，有条件实行"入口让路"规则管理时，应采用"入口让路"环形交叉。

4）新建公路不应直接与已建的四岔或四岔以上的平面交叉相连接。

平面交叉间距的控制应符合以下规定：

1）平面交叉的间距应根据公路功能、技术等级及其对行车安全、通行能力和交通延误的影响确定。

2）一、二级公路的平面交叉最小间距应符合表6-3的规定。

表6-3 平面交叉最小间距

公路技术等级	一级公路			二级公路	
公路功能	干线公路		集散公路	干线公路	集散公路
	一般值	最小值			
间距/m	2000	1000	500	500	300

注：本表取自《公路路线设计规范》（JTG D20—2017）。

3）一、二级公路作为干线公路时，应优先保证干线公路的畅通，采取排除纵、横向干扰的措施，平面交叉应保持足够大的间距，必要时可设置立体交叉。

4) 一、二级公路作为集散公路时，应合理设置平面交叉，通过支路合并等措施，减少平面交叉的数量。

平面交叉口的
交通管理方式

6.4 交叉口的交通组织设计

交叉口的交通组织包括机动车交通组织、行人交通组织和非机动车交通组织。交叉口交通组织设计的基本任务是保证相交道路车辆及行人的安全，提高交叉口的通行能力，使各方向车流安全、快速地通过交叉口。

6.4.1 机动车交通组织

机动车交通组织常用的方法有：设置专用车道、左转车辆的交通组织、组织渠化交通、实行信号管制和调整交通组织等。

1. 设置专用车道

通过设置专用车道组织不同行驶方向的车辆在各自的车道上分道行驶，使其互不干扰。根据行车道宽度和左、直、右行车辆的交通量大小可做出多种交叉口车道划分，如图6-9所示。

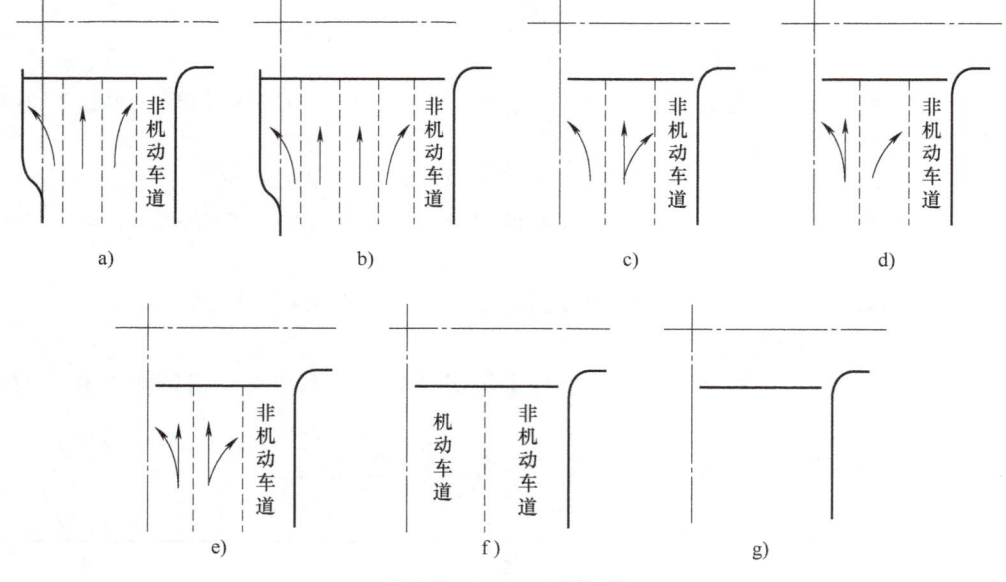

图 6-9 交叉口车道划分

图6-9a为左、直、右行车辆组成均匀，可各设一条专用车道；图6-9b为直行车辆特别多，左、右转车辆也有一定数量，可分设两条直行车道和左、右转各一条车道；图6-9c为左转车多而右转车少，可设一条左转车道，右转与直行车辆合用一条车道；图6-9d为左转车少而右转车多，可设一条右转车道，左转与直行车辆合用一条车道；图6-9e为左、右转车辆较少，可分别与直行车道合用；图6-9f为行车道较窄，无法划分左、直、右行车道，

可仅划分机动车、非机动车车道线；图 6-9g 为行车道宽度很窄，无法划分快、慢车道线，或划分了反而对车道的相互调剂使用不利，则可不划分。

2. 左转车辆的交通组织

左转车辆是引起交叉口车流冲突的主要原因，合理地组织左转弯车辆的交通，是保证交通安全、提高交叉口通行能力的有效方法。左转弯车辆的交通组织可采用以下方法：

（1）设置专用左转车道　如图 6-9c 所示，在行车道宽度内，紧靠中线划出一条车道，供左转车辆专用，以免阻碍直行交通；如图 6-9a 所示，如原有行车道宽度不够，可向中线左侧适当扩宽设置专用左转车道。设置专用左转车道后，左转车辆需在左转车道上等候通过，或在不影响直行交通的情况下寻机通过。

（2）实行交通管制　通过信号灯控制或交警手势指挥，在规定时间内不准左转。

（3）变左转为右转　如图 6-10 所示，通过环形交叉、街坊绕行、远引掉头等方法，变左转为右转，减少冲突点。

图 6-10　变左转为右转

如图 6-10a 所示，环形交叉是使车辆一律绕中心岛逆时针行驶，变左转为右转，使冲突车流变为分流与合流。

如图 6-10b 所示，街坊绕行是使左转车辆环绕邻近街坊道路右转行驶实现左转。这种方法行程增加很多，通常仅限于左转车辆所占比例不大，旧城道路扩宽困难，或在桥头引道纵坡大的十字交叉口，为防止车辆高速下坡时直角转弯发生事故而采用。

3. 组织渠化交通

为了避免车辆相互侵占车道和干扰行车路线，对主要公路为二级公路的 T 形交叉，当直行交通量不大，而与次要公路间的转弯交通量占相当比例时，可采用图 6-11a 所示的只在次要公路上设导流岛的渠化；当主要公路的直行交通量较大时，则采用图 6-11b 所示的在主要公路和次要公路上均设分隔岛的渠化 T 形交叉。

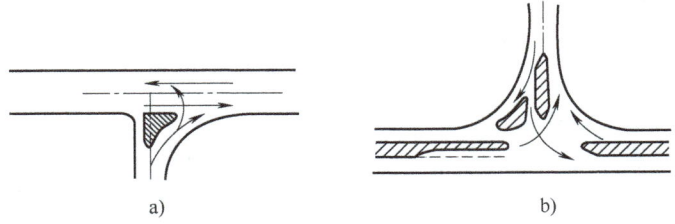

图 6-11　T 形交叉的渠化

主要公路为四车道公路，或设计速度≥60km/h且有相当比例转弯交通量的二级公路，或是与互通式立交直接沟通的双车道公路的T形交叉应采用图6-12所示的设置导流岛的渠化T形交叉。当主要公路为双车道公路时，应根据左、右转弯交通量的平衡选用图6-12a、b、c所示的某种渠化布置方式，主要公路上的分隔岛宜为隐形岛。当主要公路为四车道时，应采用图6-12d所示的渠化布置方式。次要公路上的导流岛可根据左、右转弯交通量情况分别按图6-12a、b、c处理。主要公路上的分隔岛应为实体岛。

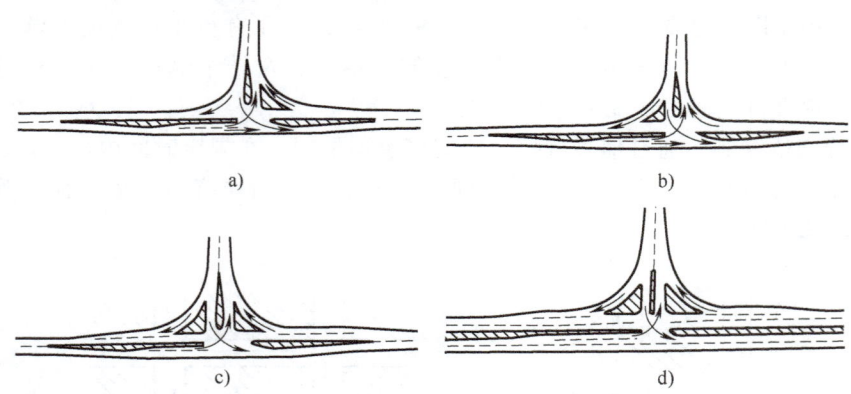

图6-12 设导流岛的渠化T形交叉

十字形交叉口相交公路等级较高或交通量较大时应采用由分隔岛、导流岛来指定各向车流行径的渠化交叉。渠化交叉转弯车辆，尤其是右转弯车辆，行驶速度和通行能力都较高，适用于车速较高、转弯车辆较多的干线公路，主要公路为四车道公路以及设计速度为80km/h的双车道公路，或虽然设计速度为60km/h，但属于区域干线的双车道公路。如图6-13所示为渠化的十字形交叉。

4. 实行信号管制

实行信号管制是指采用自动控制的交通信号指挥系统，提高行车速度和通行能力。

5. 调整交通组织

特殊情况下也可采用限制车辆行驶、组织单向交通、适当封闭主要干道上的支路等调整交通组织方式，提高整个路网的通行能力。

6.4.2 行人交通组织

城市道路设计中，交叉口处行人、非机动车在此汇集、转向、过街，需要考虑行人交通组织。公路设计中较少考虑行人和非机动车交通组织。但对两侧土地开发程度高的公路、城市出入口的公路及城市因大量行人和非机动车存在的道路，合理组织行人和非机动车交通，是消除交叉口交通阻塞，保障交通安全的有效方法。

行人交通组织的主要任务包括两个方面：一是组织行人在人行道上行走，二是组织行人在斑马线内安全过街。

人行道通常对称地布置在行车道两侧，一般情况下由路段延伸而来。交叉口内相邻道路的人行道互相连通，并将转角处人行道适当加宽，以适应行人交通流集中和转向的需要。在人行道上除必要的道路标志、交通信号、照明及栏杆外，不允许布置其他设施，确保人行道的有效宽度。

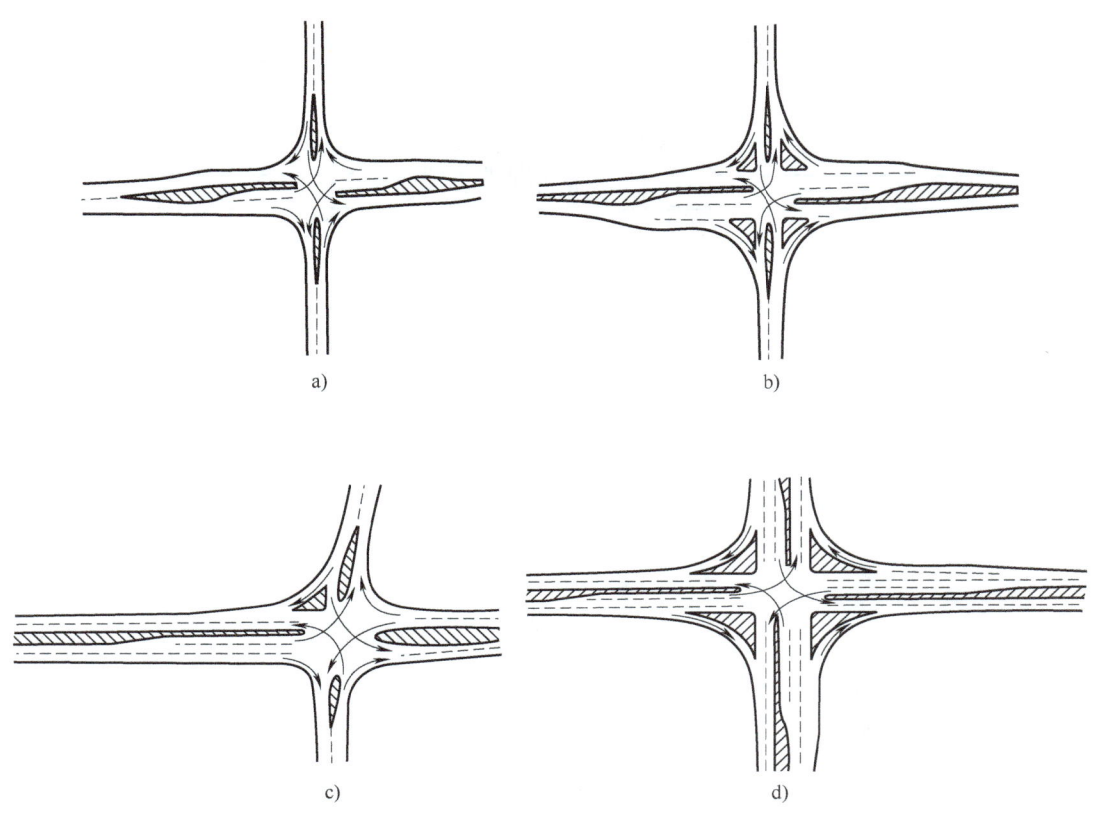

图 6-13 渠化的十字形交叉

为使行人安全、有序地过街（横穿行车道），应在交叉口路面适当位置设置人行横道，以路面斑马线示出。交叉范围内的人行道与人行横道相互连通，共同组成可达任意方向的步行道网。人行过街横道的位置、宽度对过街行人交通组织至关重要。

公路平面交叉的行人过路设计要点如下：

1）人行横道应设在车辆驾驶人容易看清楚的位置，尽可能靠近交叉口，与行人的自然流向一致，并尽量与行车道垂直，缩短行人过路的步行距离。

2）当人行横道过长（大于 15m）时，应在人行横道中间设置行人安全岛，其宽度应大于 1.5m。

3）人行横道的宽度与过路行人数及信号显示时间相关，主要公路的人行横道宽度不宜小于 5m，支路的人行横道宽度不宜小于 3m，可以 1m 为单位增减。

4）人行横道位置应平行于路段人行道的延长线并适当退后，退后距离大于或等于 1m（图 6-14 中的 a 部分），在右转弯机动车容易与行人发生冲突的交叉口，应减少右转弯机动车对相邻的两个进口道行人交通的影响，其横道线不应相交，至少应留有存放一辆右转车的空间，该后退距离宜取 3~4m（图 6-14 中的 b 部分）。

5）步行道的转角部分（图 6-14 中的 c 部分）长度应不小于小车的车身长 6m，并应设置护栏等隔离设施。

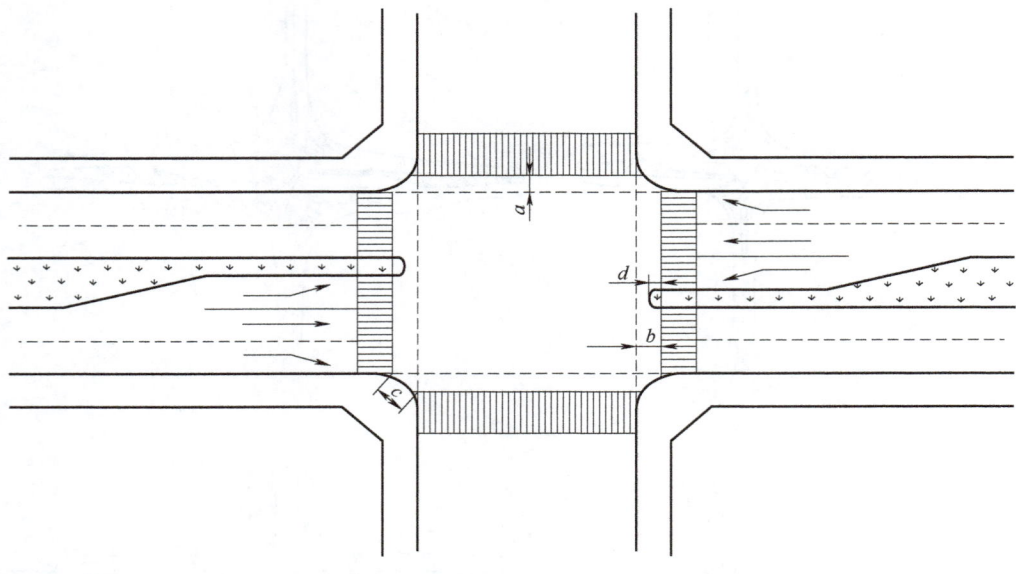

图 6-14 人行横道的位置示意

6) 有中央分隔带的进口道，人行横道应设置在中央分隔带端部后退 1~2m 处，中央分隔带应为行人过路驻足提供安全保障（图 6-14 中的 d 部分）。

7) Y 形交叉口可结合导流岛设置人行横道（图 6-15），若行人流量很小时，可不设 A 段人行横道。

8) T 形交叉口的人行横道布置宜如图 6-16 所示，若行人流量很小时，可不设 A 段或 B 段人行横道。

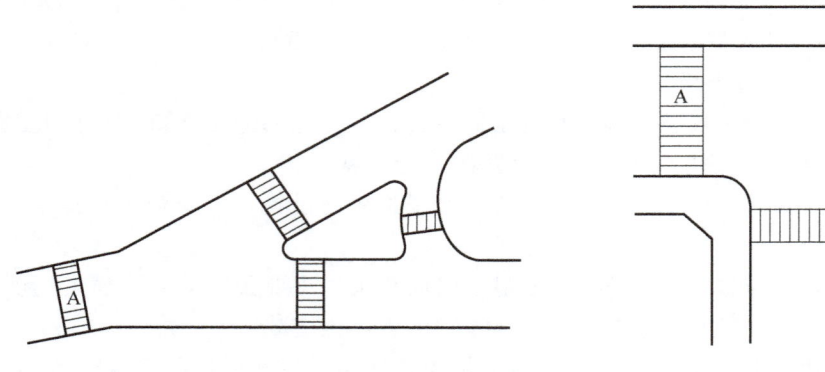

图 6-15　Y 形交叉口人行横道布置　　　图 6-16　T 形交叉口人行横道布置

9) 高架路桥墩设在平面交叉口附近，在条件受限制时，应在桥墩所处的分隔带上（图 6-17）设置人行横道。

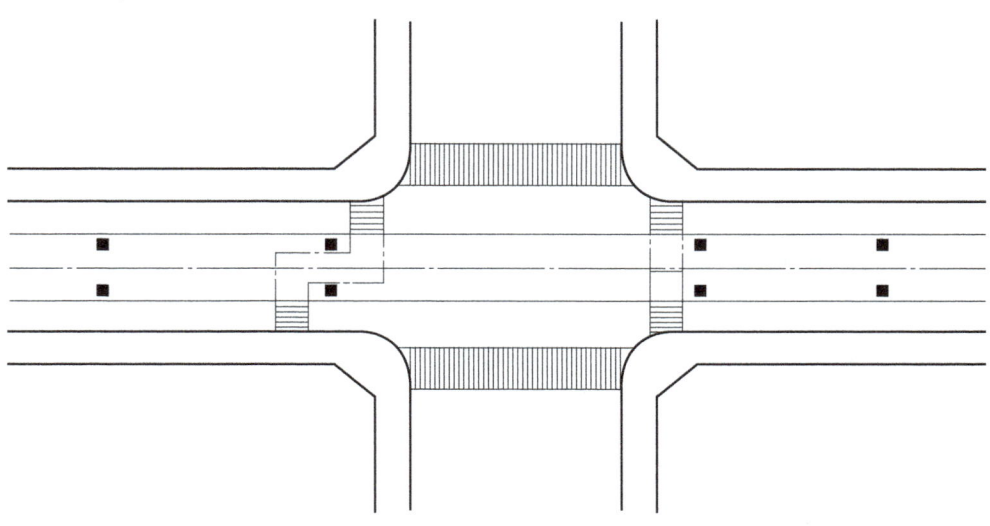

图 6-17　高架路下的人行横道设置示意

6.4.3　非机动车交通组织

非机动车与机动车混合行驶，给机动车交通和非机动车交通都带来了诸多不利影响。平面交叉口非机动车与机动车对通行时间和空间资源的争夺，增加了事故隐患，降低了交叉口的通行效率。

在进行交叉口交通组织设计时，应当保证机动车和非机动车相互看得清楚，知道彼此的行驶路线和方向。尽量使非机动车与机动车在时间和空间上分离，如无条件分离，则必须给出适当的空间分道行驶。尽量使非机动车与机动车之间的冲突点远离机动车之间的冲突点。

非机动车在交叉口的交通组织可采取以下方法：

（1）右转弯专用车道　利用现有的路面开辟专门用于右转弯的非机动车道。非机动车流量较大的交叉口可以采用这种方法。

（2）左转弯候车区　在交叉口非机动车进口道的前面，设置非机动车左转弯候车区，绿灯亮时左转非机动车随直行非机动车运行至对面的左转候车区内，待另一方向的绿灯亮时再前进，即变左转为两次直行。

（3）停车线提前法　将非机动车停车线画在机动车停车线前面，当绿灯亮时，非机动车先进入交叉口，可避免同机动车相互拥挤。此法对提高交叉口的通行能力与交通安全都是有利的，也适合于左转非机动车流量较大的情况。

（4）两次绿灯法　机动车与非机动车的停车线仍然在同一位置，但考虑到非机动车启动较快且总是成群通过交叉口的特点，可使非机动车交通信号的绿灯先亮，让非机动车群先进入交叉口，然后亮机动车交通信号的绿灯，前后两次绿灯的时间间隔根据交叉口的交通量大小与交叉口的几何属性确定。

当车流量很大，机动车、非机动车之间干扰严重时，可考虑采用立体非机动车交通组织，并与人行天桥或地道合并设置。上下人行天桥或地道可用梯道、坡道或混合型升降方式。一般行人宜用梯道，非机动车宜用坡道，非机动车较多又因地形或其他条件限制不能设置坡道时，可用梯道带坡道的混合型升降方式。

■ 6.5 交叉口的几何设计

6.5.1 平面交叉设计控制要素

1. 设计速度

对于公路与公路平面交叉，设计速度规定如下：

1）平面交叉范围内主要公路的设计速度，宜与路段设计速度相同。

2）两相交公路的功能、等级相同或交通量相近时，平面交叉范围内的直行车道的设计速度可适当降低，但不应低于路段的70%。

3）次要公路因交角等原因改线，或因条件受限采用较低的线形指标时，可适当降低设计速度。

4）转弯车道的设计速度应根据路段设计速度、交通量、交叉类型、交通管理方式和用地情况等因素综合确定。

2. 设计车辆

平面交叉设计应满足相交公路对应设计车辆的通行要求。有特殊通行需求时，应根据实际通行车型，对平面交叉口的通行条件进行检验。

3. 设计交通量与设计服务水平

平面交叉设计应以预测的交通量为基本依据，设计所采用的交通量应为设计小时交通量。

承担干线功能的一级公路平面交叉的设计服务水平应不低于三级；承担集散功能的一级公路及二级公路、三级公路平面交叉的设计服务水平应不低于四级。应对三级及三级以上公路的平面交叉的通行能力和服务水平进行分析和检验。

6.5.2 交叉口平面线形设计

公路交叉处平面线形设计应符合以下规定：

1）平面交叉范围内两相交公路应正交或接近正交，平面线形宜为直线或大半径圆曲线，不宜采用需设超高的圆曲线。

2）新建公路与等级较低的既有公路交角小于70°时，应对次要公路在交叉前后一定范围实施局部改线。

图 6-18 为 T 形交叉斜交扭正改线示意图，通过局部改线使公路交角满足要求，改线后的转弯曲线通过引道曲线与原有次要道路连接，引道曲线与交叉中转弯曲线间应保留长度不小于 25m 的直线。当次要公路为二级公路时，引道曲线的半径不应小于 80m；次要公路为三级及三级以下公路的曲线半径不应小于 40m。

图 6-19 和图 6-20 为十字形交叉斜交扭正改线示意图，交点不变时（图 6-19），次要公路的每一岔中需增设两条曲线，其中离交叉较远的曲线，其半径不应小于该公路技术标准的

一般最小半径,并按要求设置缓和曲线;靠近交叉的曲线,其半径不应小于45m,并在远离交叉一端设置缓和曲线;改移交点时(图6-20),只在次要公路的一岔上设置S形曲线,半径的要求同上。

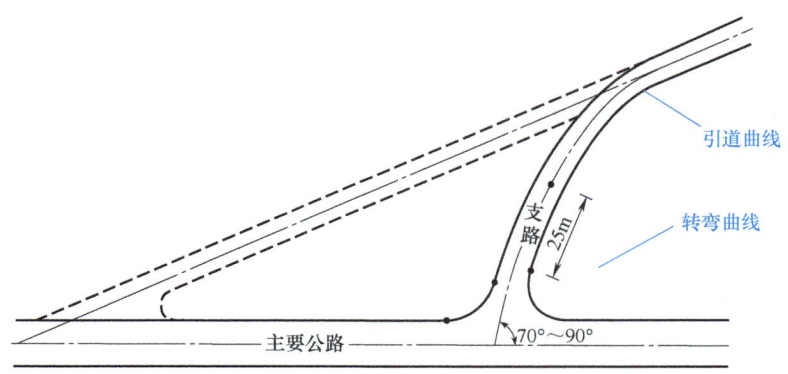

图 6-18 T形交叉斜交扭正改线示意图

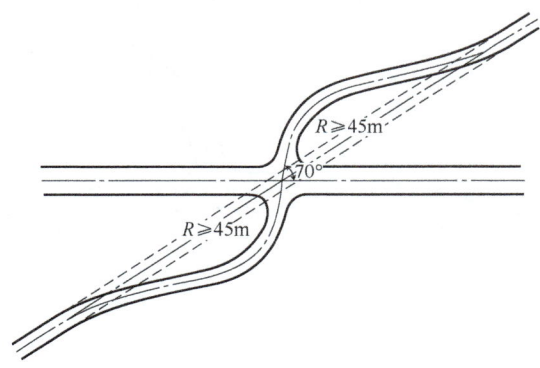

图 6-19 十字形交叉斜交扭正示意图(交点不变)

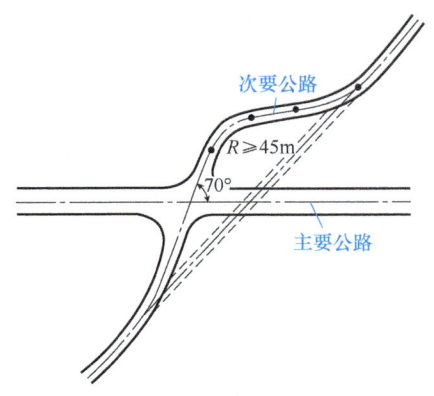

图 6-20 十字形交叉斜交扭正示意图(交点改变)

受条件限制而不能按上述扭正十字交叉时，可将次要公路的两岔单独改线而组成如图 6-21 中所示的两个错位交叉。其中逆错位交叉只限于次要公路的直行交通量比例很小的情况；错位交叉中，交角为 90°，次要公路引道的线形要求与斜交 T 形交叉扭正时相同。

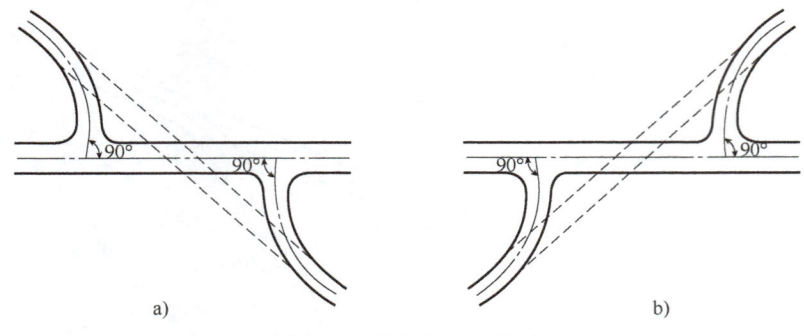

图 6-21　错位交叉示意图
a）顺错位　b）逆错位

当主要公路在交叉处为曲线线形，而次要公路接于主要公路曲线的切线上时，宜将次要公路按如图 6-22 所示的方式进行改线，将车流直接引入主要公路，并改善交叉点上的视线。但当曲线具有较大超高率，引道设有反坡且视距受纵坡限制时，应谨慎使用。

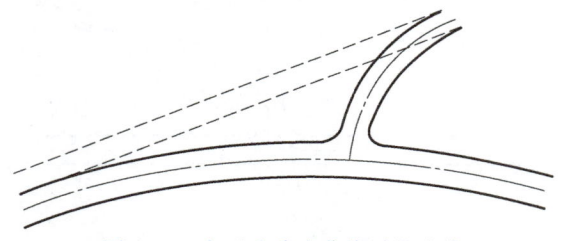

图 6-22　主要公路为曲线时的改线

6.5.3　交叉口纵断面线形设计

平面交叉口处纵断面线形设计应符合以下规定：

1）平面交叉范围内，两相交公路的纵面宜平缓。纵面线形应满足停车视距的要求。

2）主要公路在交叉范围内的纵坡应在 0.15%～3% 的范围内；次要公路紧接交叉的引道部分应以 0.5%～2% 的上坡通往交叉。

平面交叉范围内驾驶操作复杂，易发生交通事故，因此比一般路段有更好的纵面线形，使驾驶者能尽早看到交叉范围内的车流动向，以便变速或停车。图 6-23 为次要公路引道纵坡示意图，次要公路上紧接交叉的部分引道应以 0.5%～2.0% 的上坡通往交叉，而且此坡段至主要公路的路缘应不短于 25m。

3）主要公路在交叉范围内的圆曲线设置超高时，次要公路的纵坡应服从主要公路的横坡。

若次要公路在交叉前后相当长的范围内纵坡的趋势与主要公路的横坡相同，则不需要调整次要公路的纵断面（图 6-24a）；若次要公路在交叉前后相当长的范围内纵坡的趋势与主要公路的横坡相反，则次要公路在引道的一定范围内应设置 S 形竖曲线（图 6-24b），使次要公路的纵坡服从主要公路的纵坡。

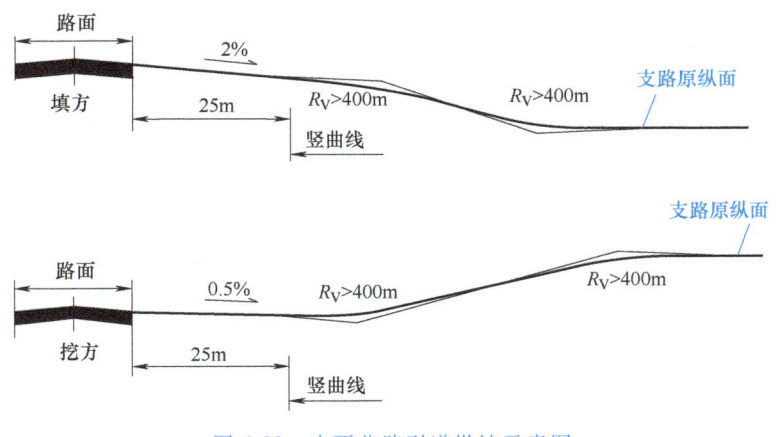

图 6-23 次要公路引道纵坡示意图

注：R_V 表示竖曲线半径。

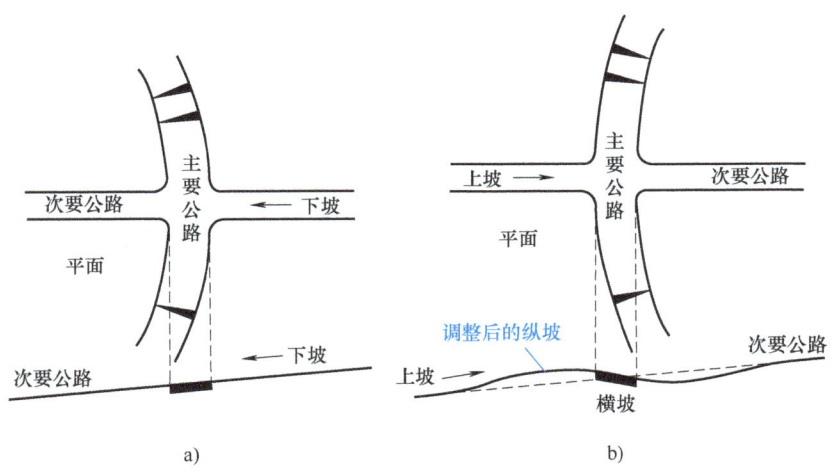

图 6-24 主要公路设超高时的次要公路纵坡

a) 不需调整次要公路纵断面　b) 调整次要公路纵断面

6.5.4 交叉口立面设计

交叉口立面设计（也称为竖向设计）是通过调整交叉口范围的行车道、人行道及附近地面等有关各点的设计高程，合理确定各相交道路之间及交叉口和周围建筑物之间共同面的形状，以符合交通安全、行车舒适、排水迅速和建筑艺术等方面要求的设计工作。立面设计的实质就是交叉口公共面的高程设计，交叉口立面设计应符合以下规定：

立面设计

1）平面交叉的两相交公路共有部分的立面形式及其引道横坡，应根据两相交公路的功能、等级、平纵线形、交通管理方式等因素而定。

采用"主路优先"交通管理方式的交叉，应使主要公路的横断面贯穿交叉，而调整次要公路的纵断面以适应主要公路的横断面（图 6-25）；当调整纵断面有困难时，应同时调整两条公路的横断面（图 6-26）。

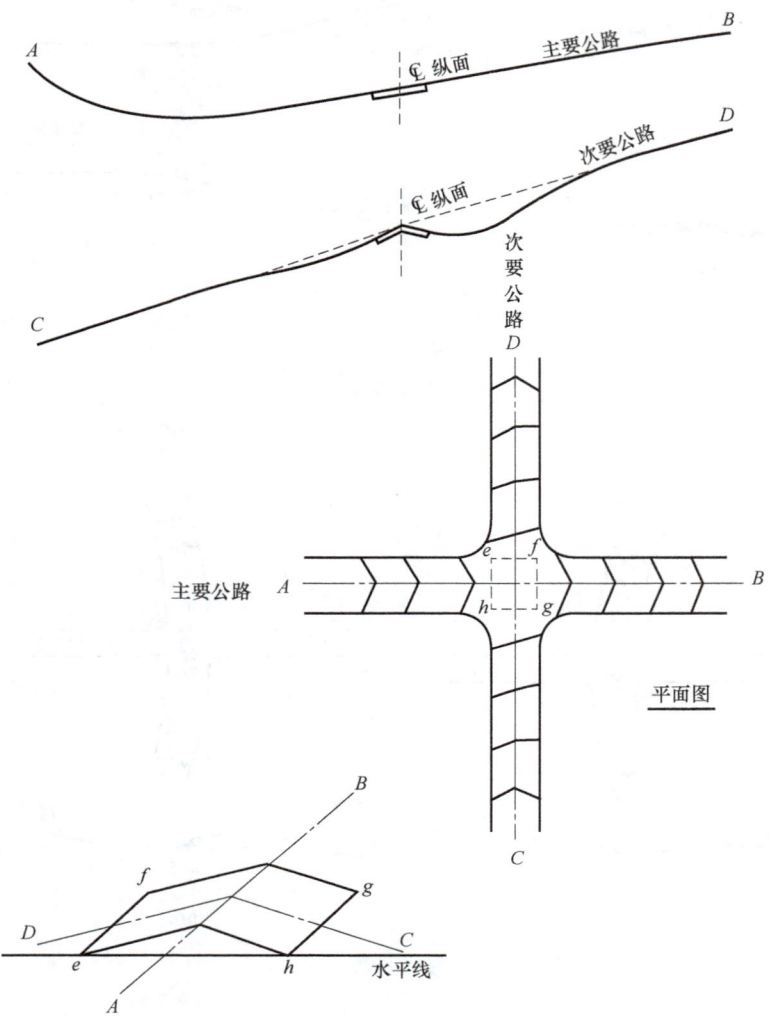

图 6-25 "主路优先"交叉中调整次要公路的纵坡

两条相交公路的功能地位相同或相仿，或者是信号交叉时，两条公路均应进行适当的调整（图 6-27）。

2）分隔的右转弯车道或右转弯附加路面上，各处的高程和横坡应满足相交公路共有部分及其相邻局部段落岔路的立面、转弯曲线所需的超高、整个交叉范围内的路面排水和路容路貌的需要。

3）平面交叉范围内的路面排水应流畅，并以此作为立面设计的主要考虑因素之一。包括隐形岛在内的任何部分的路面上不得有积水。

设计时至少应有一条公路的纵坡方向背离交叉口，有利于排水。如遇特殊地形，所有公路纵坡方向都向着交叉口时，必须在交叉口内设置雨水口和排水管道，保证符合排水要求。

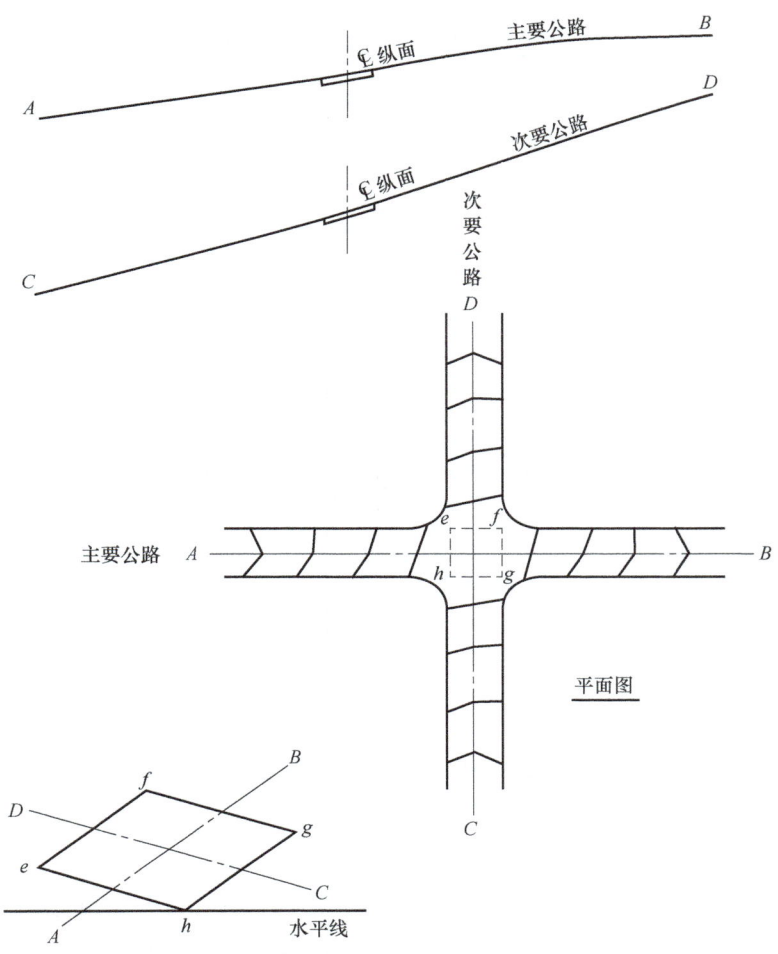

图 6-26 "主路优先"交叉中同时调整两条公路的横坡

在交叉口范围布置雨水口时,雨水口应设置在人行横道之前或低洼处。一条公路的雨水不应流过交叉口的人行横道,或流入另一条道路,也不能使交叉口内产生积水。

交叉口范围内横坡要平缓,一般不大于路段横坡,纵坡度宜不大于2%,困难情况下应不大于3%。

在一般平坦地形的城市交叉口,竖向设计的形状宜采用伞形形式,把交叉口的中心标高稍微抬高一些并向四周倾斜,有利于排水、行车、美观和衔接处理。

4)交叉口立面设计标高应与周围建筑物的地坪标高协调一致。

1. 交叉口立面设计的基本形式

交叉口立面设计的形式主要取决于相交道路的等级、交通量、横断面形状、纵坡的大小和方向以及周围地形等。以十字形交叉为例,按其所处地形及相交道路纵坡方向可分为六种基本形式(图6-28)。

1)处于凸形地形上,相交道路纵坡方向均背离交叉口(图6-28a) 设计时交叉口内纵面保持不变,适当调整接近交叉口的道路横坡,让雨水流向交叉口四个转角的街沟或路基外排除,不需要设置雨水口。

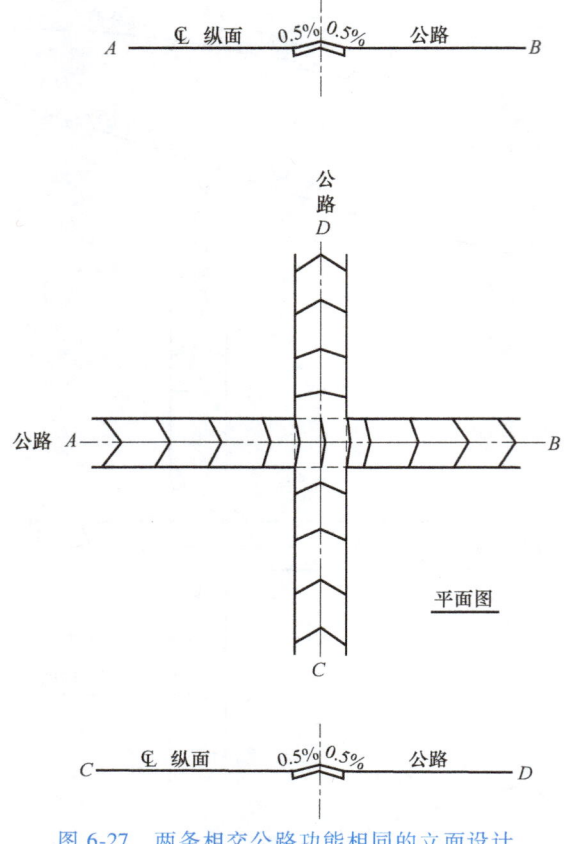

图 6-27 两条相交公路功能相同的立面设计

2）处于凹形地形上，相交道路的纵坡方向均指向交叉口（图 6-28b）这种情况下，地面水都向交叉口集中，必须设置地下排水管排泄地面水，为避免雨水积聚在交叉口，除应尽可能抬高交叉口标高外，还应在交叉口四个角上的低洼处设置雨水口。这种形式对行车和排水都不利，应尽量避免，最好能争取一条主要道路的纵坡背离交叉口。

3）处于分水线地形上，三条道路纵坡方向背离交叉口一条指向交叉口（图 6-28c）设计时应该将纵坡指向交叉口的路脊线在交叉口处分为三个方向，相交道路的横断面均不变，同时在纵坡指向交叉口的道路两侧设置雨水口拦截地面水，以免影响交通。

4）处于谷线地形上，三条道路纵坡方向指向交叉口一条背离交叉口（图 6-28d）设计时在纵坡指向交叉口的道路两侧设置雨水口拦截地面水，以免影响交通。

5）处于斜坡地形上，相邻两条道路纵坡指向交叉口而另外两条背离交叉口（图 6-28e）设计时相交道路的纵坡均不变，依照天然地形，将两条道路的横坡在进入交叉口前逐渐向相交道路的纵坡方向倾斜，而在交叉口上形成一个单向倾斜的斜面。在纵坡指向交叉口的道路两侧设置雨水口。

6）处于鞍式地形上，相对两条道路纵坡指向交叉口而另外两条背离交叉口（图 6-28f）设计时相交道路纵、横坡都可按自然地形在交叉口内适当调整。

除这六种基本形式外，还有特殊形式，如交叉口处于水平地形上，这时只要把交叉口的设计标高稍微抬高一些。

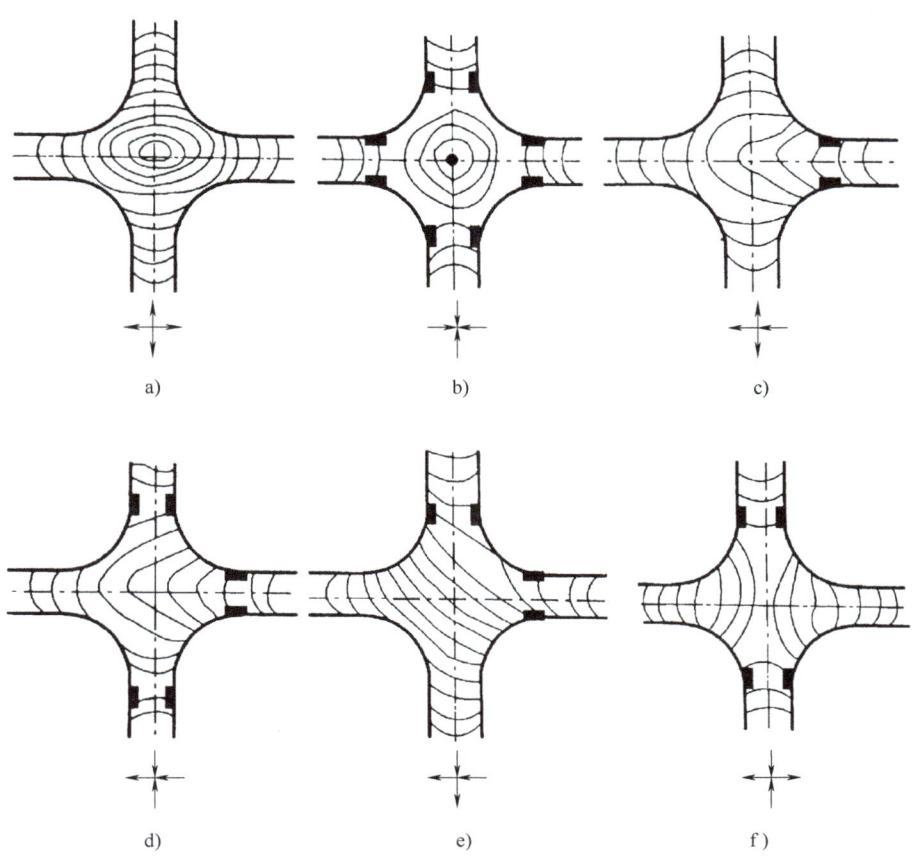

图 6-28 交叉口立面设计的基本形式

以上是典型的十字交叉立面设计形式,对其他形式的交叉口,立面设计原则相同,立面设计的使用效果与相交道路纵坡方向的组合有很大关系,如要获得交叉口理想的立面设计,应在道路纵断面设计时,考虑交叉口立面设计的要求,创造良好的条件。

2. 交叉口立面设计方法和步骤

(1) 搜集资料

1) 测量资料:一般采用 1:500 或 1:200 的地形图,在图上以相交道路的中心线为坐标基线打方格网,方格的大小视具体情况而定,一般采用 5m×5m 或 10m×10m,方格网线与路中线平行,如道路斜交,则应在便于施工放样的方向测出方格网上的地面标高。

2) 交通资料:交通量及交通组成。

3) 排水资料:排水设施的位置及尺寸。

4) 道路资料:道路等级、宽度、纵坡、横坡、交叉口控制标高和四周建筑物地坪标高。

(2) 绘制交叉口平面图 包括路中线、行车道和人行道的宽度、缘石半径等。

(3) 确定交叉口的设计范围 设计范围一般为缘石半径的切点以外 5~10m,便于交叉口到路段的高程和横坡的过渡。

（4）确定立面设计的形式　根据相交道路的等级、纵坡方向和地形确定立面设计的形式，根据交叉口的高差情况和设计精度要求确定相邻等高线的等高距 h（一般为 $0.02\sim0.10m$）。

（5）确定路脊线和控制标高　路脊线是路拱顶点的连线，一般情况下路中线即路脊线，路脊线相交的交点即控制标高。但有时也需要考虑行车平顺和均衡美观，对路脊线进行调整，需要根据相交道路的纵坡、交叉口四周地形和建筑物的高度综合考虑确定交叉口的控制标高。

如图 6-29 所示 X 形交叉口在交叉口范围内分别被相交道路的中心线分割成四部分，在进行交叉口立面设计时，每个部分的设计方法是一样的，此处主要以 $A_1OA_2B_2EB_1$ 部分为例，图 OA_1、OA_2 为路脊线，O 点高程为控制标高。

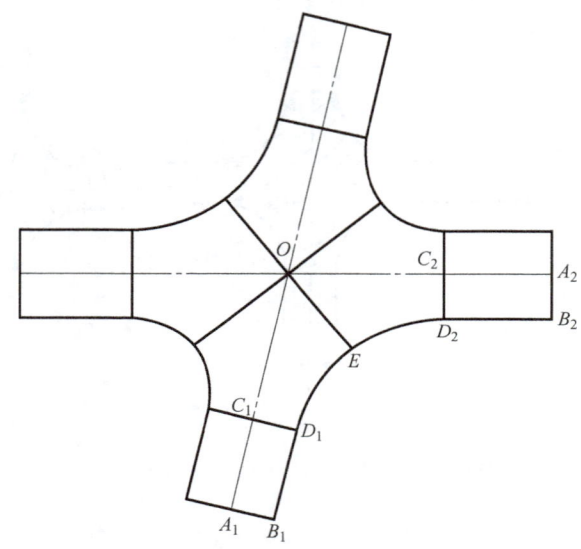

图 6-29　交叉口的路脊线与特征断面

（6）计算特征点的设计高程　特征断面是指在交叉口立面设计过程中的一些特殊断面，如交叉口设计范围的起点断面、转角的切点断面、交叉口的对角线断面等。图 6-29 中 A_1B_1、C_1D_1、OE 等均为特征断面，特征断面上的点 A_1、B_1、C_1、D_1 等称为特征点，特征点的设计高程可由控制高程、相交道路的纵坡及横坡度求得。在图 6-29 中，如中心点 O 的控制标高为 h，则 C_1、D_1 的高程为

$$h_{C1} = h_O - OC_1 \times i_1 \tag{6-3}$$

$$h_{D1} = h_{C1} - \frac{B}{2} \times i_{g1} \tag{6-4}$$

式中　i_1——OA_1 所在的路段的纵坡；

　　　B——OA_1 所在的路段的行车道的宽度（m）；

　　　i_{g1}——OA_1 所在的路段的路拱横坡。

同理可求得其他各特征点的高程。

确定了特征断面上各特征点的高程，可大致反映交叉口的立面形状。对于大型、复杂的

交叉口，仅靠特征点的高程还达不到交叉口设计的精度，需要加密高程点。

（7）确定高程计算线网，勾绘设计等高线图　高程计算线网的加密可采用圆心法、等分法和平行线法等方法，如图 6-30~图 6-32 所示。

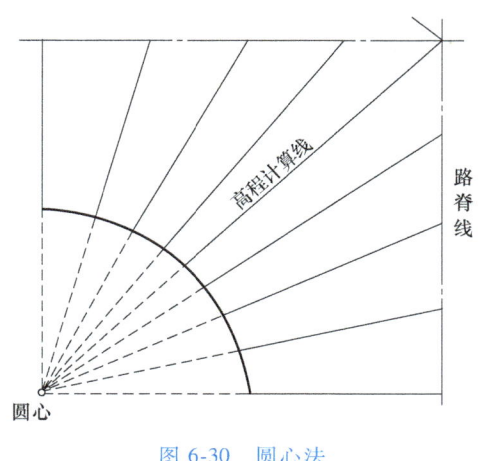

图 6-30　圆心法

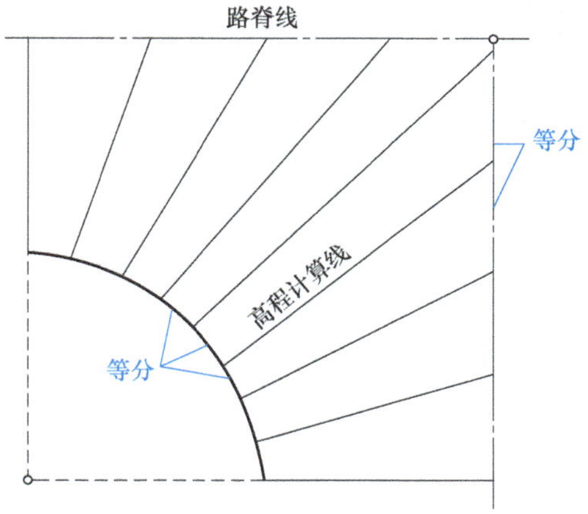

图 6-31　等分法

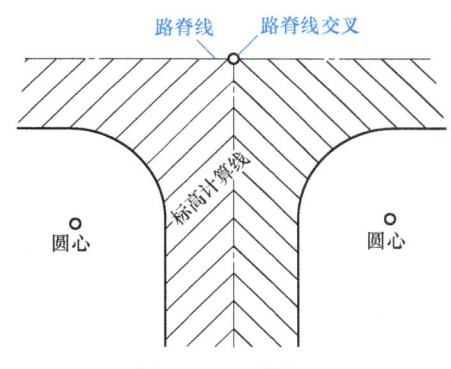

图 6-32　平行线法

圆心法是将路脊线等分为若干份，并与转角曲线的圆心连成直线，这些直线就形成高程计算线网。

等分法是将路脊线等分为若干份，相应地把路缘曲线也等分为相同份数，连接对应点即得高程计算线网。

平行线法是先把路脊线的相交点与各缘石曲线的圆心连成直线，然后按施工精度要求在路脊线上分若干点，过这些点作该直线的平行线交于行车道边线，即得高程计算线网。

高程线网确定后，即可按路拱坡度和等高距的要求算出高程线网上的高程，将各等高点连接起来，可得到初步的设计等高线图。检查各方向坡度是否满足行车和排水要求，然后进行调整，直到设计等高线图满足行车平顺和路面排水通畅的要求。

（8）计算各点的设计高程　根据设计等高线图，用内插的方法计算方格网各节点上的设计高程，设计高程与原地面高程的差即施工高度。

6.5.5 平面交叉口的视距保证

平面交叉口的
视距保证

平面交叉口在每条岔路和转弯车道上都应提供与行驶速度相适应的引道视距，如图 6-33 所示。

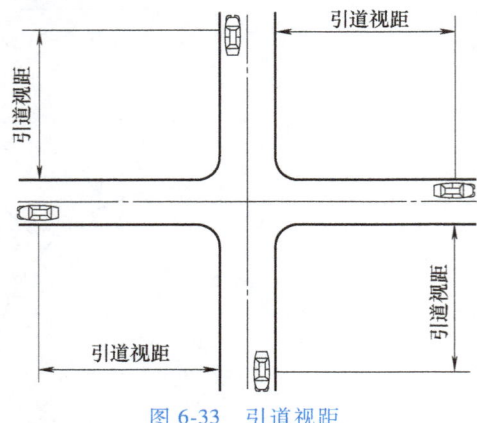

图 6-33 引道视距

引道视距是使驾驶者在看到路面上的停车标线标记后能将车辆停下来所需的视距，因此引道视距的长度与看到路面上的障碍后能将车辆停下来的"停车视距"的值相同，但引道视距的量取标准为：视点高 1.2 m，物高为 0 m，故保证引道视距所需的凸形竖曲线半径应比停车视距的大一些。各种设计速度所对应的引道视距及相应的凸形竖曲线的最小半径应符合表 6-4 的规定。

表 6-4 引道视距及相应的凸形竖曲线的最小半径

设计速度/(km/h)	100	80	60	40	30	20
引道视距/m	160	110	75	40	30	20
凸形竖曲线最小半径/m	10700	5100	2400	700	400	200

注：本表取自《公路路线设计规范》（JTG D20—2017）。

两相交公路间，由各自停车视距所组成的三角区内不得存在任何有碍通视的物体（图 6-34）。通视三角区应以最不利的情况进行绘制。

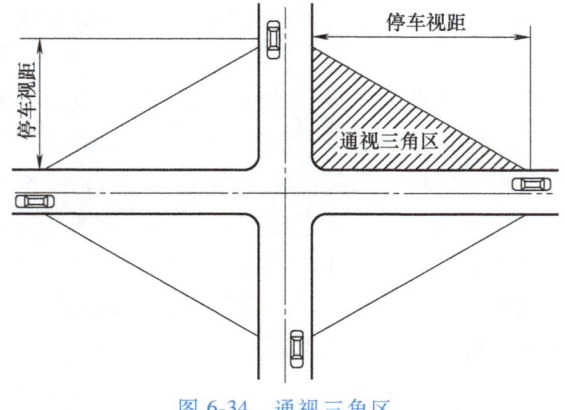

图 6-34 通视三角区

条件受限制不能保证由停车视距所构成的通视三角区时，应保证主要公路的安全交叉停车视距和次要公路至主要公路边车道中心线 5~7m 所组成的通视三角区（图6-35）。安全交叉停车视距应符合表6-5 的规定。

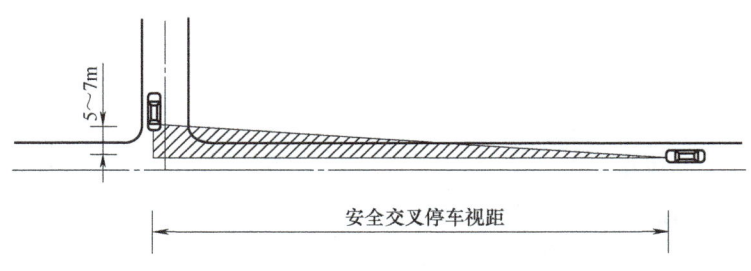

图 6-35　安全交叉停车视距通视三角区

表 6-5　安全交叉停车视距

设计速度/(km/h)	100	80	60	40	30	20
停车视距/m	160	110	75	40	30	20
安全交叉停车视距/m	250	175	115	70	55	35

注：本表取自《公路路线设计规范》（JTG D20—2017）。

6.5.6　转弯设计

平面交叉转弯曲线的线形及路幅宽度应根据设计车辆的转弯行迹确定。不同设计车辆转弯的行迹是不同的，同一设计车辆以不同速度转弯时其行迹也是不同的，因此转弯曲线设计中首先应该确定用来控制设计的设计车辆和对应的设计速度。

1. 转弯设计车辆

通过对五种设计车辆的行迹分析发现：一方面尽管铰接列车的车身总长最长，但载重汽车转弯行迹的最小半径大于铰接列车和其他设计车辆；另一方面，铰接列车在转弯时，车身外廓所需的转向净空大于载重汽车等其他设计车辆。经综合分析论证，在平面交叉的转弯设计时，仍采用载重汽车的行迹进行设计控制（转弯曲线的内缘半径）；必要时，应根据铰接列车等设计车辆的行迹对转弯路面的加宽、转向净空等进行检验。如图6-36 所示为载重汽车最小转弯半径。

2. 转弯设计速度

左转弯有时是待时机进行的，因而不必采用较高的设计速度，一般采用 5~15km/h。大型车所占比例很少或条件受限的公路可采用5km/h 的设计速度，但左转弯内缘曲线的最小半径不应小于 12.5m。

设置分隔的右转弯车道时，其转弯设计速度不宜大于 40km/h，当主要公路设计速度小于或等于 60km/h 时，其右转弯设计速度不宜低于主要公路设计速度的 50%。公路技术等级低、交通量不大时，可不设右转弯专用车道。

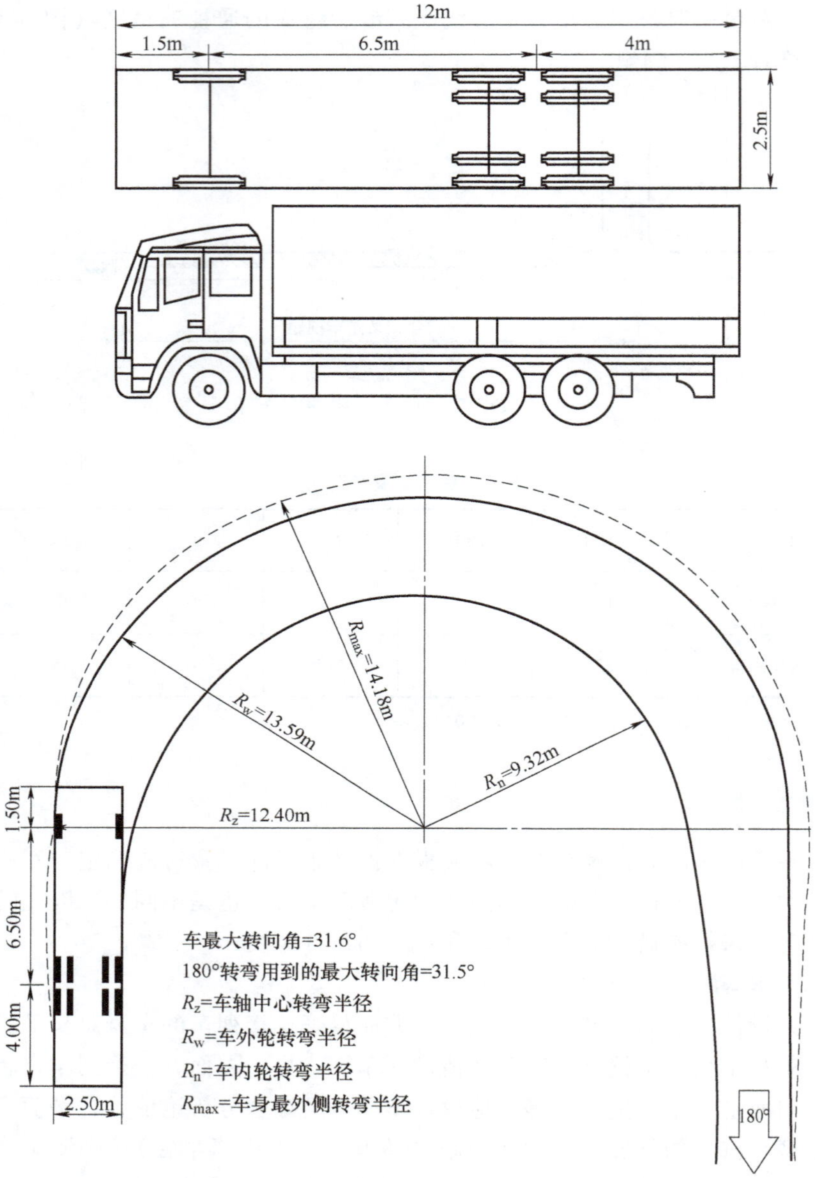

图 6-36 载重汽车最小转弯半径

3. 转弯线形和半径

按转弯行迹而言，路面内缘是一条相当复杂，且无法用数学模型表达的曲线。在实用中无须十分精确，因而国外有两种简化的路面内缘曲线的模式。较多国家采用三心圆复曲线（三圆弧复合曲线）；有的国家采用圆弧两端接特定参数回旋线的线形。国外研究表明，三心圆复曲线的拟合性较好。《公路路线设计规范》对转弯线形的规定如下：

1) 渠化平面交叉的右转弯车道，其内侧路面边缘应采用三心圆复曲线；左转弯内侧路面边缘以一单圆曲线来控制分隔岛端的边缘线。

2）当按铰接列车设计时，路面边缘可采用符合转弯行迹的复曲线。

3）非渠化平面交叉的转弯路面边缘可采用半径 15m 的圆曲线。

载重汽车在各种转弯速度情况下，路面内缘的最小圆曲线半径应根据转弯速度按表 6-6 确定。

表 6-6　路面内缘的最小圆曲线半径

转弯速度/(km/h)	≤15	20	25	30	40	50	60	70
最小半径/m	15	20（15）	25（20）	30	45	60	75	90
最小超高（%）	2	2	2	2	3	4	5	6
最大超高（%）	一般值：6；极限值：8							

注：1. 本表取自《公路路线设计规范》(JTG D20—2017)。

2. 条件受限制时可采用括号内的值。

6.5.7　附加车道设计

为了提高平面交叉口转弯车辆的安全性，保障交叉口的通行能力，平面交叉范围内需要设置附加车道。

1. 右转弯附加车道设计

非渠化交叉或不设分隔的右转弯专用车道的简单渠化交叉中，当主要公路速度较高且交通量较大时，即使右转弯交通量不大，也会由于右转弯的减速而影响直行车辆的速度并导致交通事故。这种情况下，增加的减速分流车道可避免车流紊乱（图 6-37）。

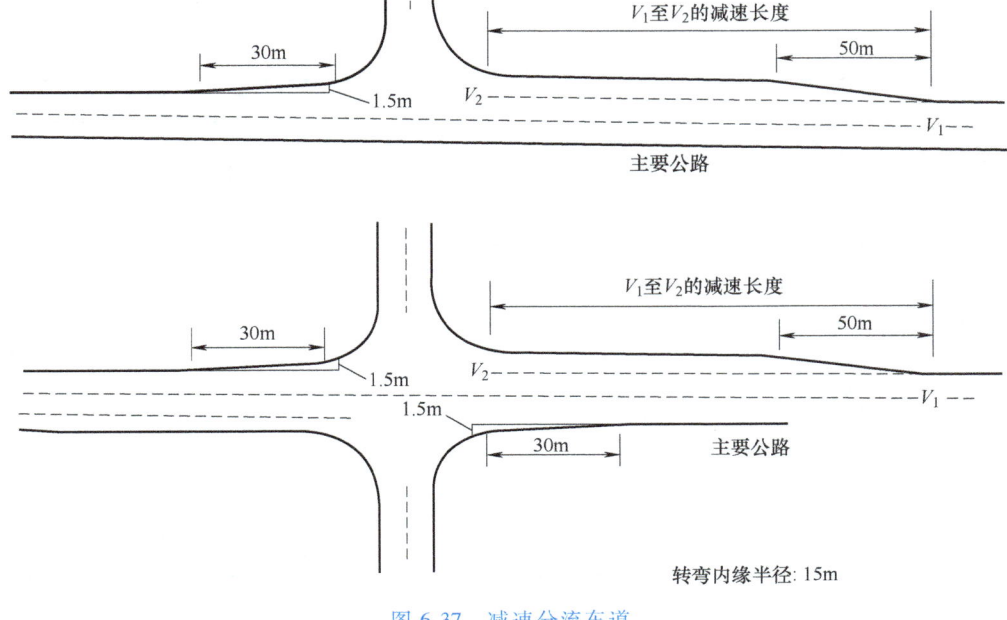

图 6-37　减速分流车道

《公路路线设计规范》规定：主要公路设计速度大于或等于60km/h时，应在主要公路上增设减速分流车道和加速汇流车道。

两条一级公路相交或一级公路与交通量大的二级公路相交时，其右转弯运行应设置经渠化分隔的右转弯车道。

一、二级公路的平面交叉中，符合下列情况之一时应设置右转弯车道：

1）斜交角接近于70°的锐角象限。
2）交通量较大，右转弯交通会引起不合理的交通延误。
3）右转弯车流中大型车比例较大。
4）右转弯行驶速度大于30km/h。
5）互通式立体交叉连接线中的平面交叉右转弯交通量较大。

渠化的右转弯附加车道由分隔的右转弯专用车道及两端的变速车道组成（图6-38）。

交叉口的进口道设置了右转车道后，为不影响横向相交道路上的直行车流，在横向相交道路的出口道应设加速车道。进口道处右转车道或左转车道的长度应能满足右转或左转车辆减速所需长度，也应保证转弯车辆不受等候车队长度的影响；出口道的加速车道应保证加速所需长度。

变速车道的长度应根据相交公路类别、设计速度和变速条件等，按表6-7确定。变速车道的长度不包括渐变段的长度。变速车道还应按以下规定设计渐变段：

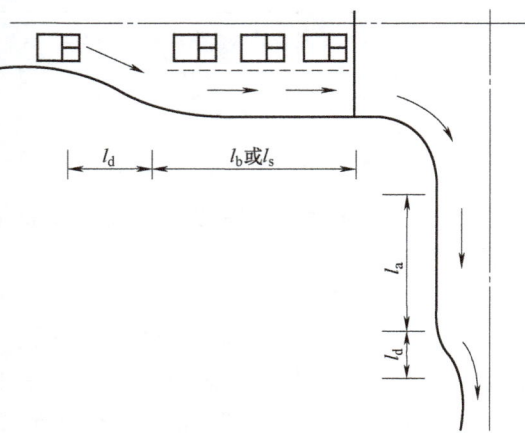

图6-38 车道等宽的右转车道长度

l_d—渐变段长度　l_b—减速段长度

l_a—加速段长度　l_s—等候车队长度

表6-7 变速车道的长度

公路类别	设计速度/(km/h)	减速所需长度 l_b/m ($a=-2.5m/s^2$)			加速所需长度 l_a/m ($a=1.0m/s^2$)		
		到停车	到20km/h	到40km/h	从停车	从20km/h	从40km/h
主要公路	100	100	95	70	250	230	190
	80	60	50	32	140	120	80
	60	40	30	20	100	80	40
	40	20	10	—	40	20	—
次要公路	80	45	40	25	90	80	50
	60	30	20	10	60	55	25
	40	15	10	—	25	15	—
	30	10	—	—	10	—	—

1）变速车道为等宽车道时，其长度应另增加表6-8所列的最小渐变段长度。

表 6-8 最小渐变段长度

设计速度/(km/h)	100	80	60	40
最小渐变段长度/m	60	50	40	30

2）变速车道为非等宽渐变式时，其长度应不小于按减速时 1.0m/s 或加速时 0.6m/s 的侧移率变换车道的计算值。

3）公路的设计速度大于或等于 80km/h，且直行交通量较大时，右转弯变速车道应采用附渐变段的等宽车道；其他情况宜采用渐变式变速车道。

4）当直行车道的通行能力有富余，或条件受限制而难以设置应有长度的加速车道时，可采用较短的渐变式加速车道。

2. 左转弯附加车道设计

左转弯车道是在直行车道左侧开辟的供左转车辆分流、减速和等候左转的专用车道，由渐变段、减速段和等候段组成。

左转弯车道设计应符合以下规定：

1）四车道公路除左转交通量很小且对直行交通不造成阻碍或延误者外，均应在平面交叉范围内设置左转弯车道。

2）二级公路符合下列情况之一时，应设置左转弯车道：

① 与高速公路或一级公路互通式立体交叉连接线相交的平面交叉。

② 非机动车较多且未设置慢车道的平面交叉。

③ 左转弯交通易引起交通拥堵或交通事故的平面交叉。

3）左转弯车道应由渐变段、减速段和等候段组成。左转弯等候段长度应不小于 30m。当左转弯交通量很小时，可不考虑等候长度。

当设有较宽中间带（一般不小于 4.50m）时，应将道口一定长度的中间带压缩宽度，增辟出左转车道（图 6-39a）。

当设有较窄中间带（宽度小于 4.50m）时，利用中间带后宽度不够，可将道口单向或双向车道线向外侧偏移，增加不足部分宽度。向外侧偏移车道线后，在路幅总宽度不变的情况下，视具体条件可压缩人行道、两侧

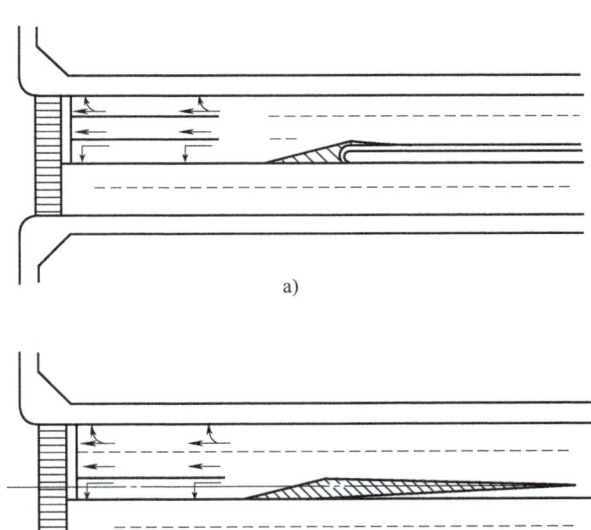

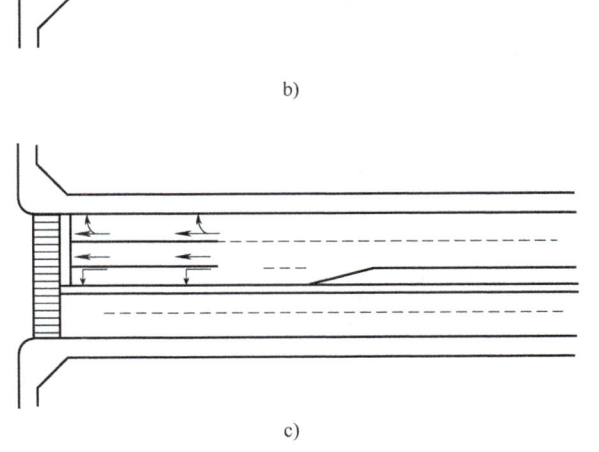

图 6-39 拓宽左转车道

带或进口道车道宽度（图 6-39b）。

当相交公路不设中间带时，可通过两种途径增辟左转车道：一是，向进口道的一侧或两侧扩宽，增加进口道路幅总宽度，在进口道中心附近辟出左转车道（图 6-39c）；二是，不扩宽进口道，占用靠近中心线的对向车道作为左转车道。

6.5.8 交通岛设计

交通岛可按其组织渠化交通的功能不同分为分隔岛、安全岛、中心岛和导流岛等形式，如图 6-40 所示。分隔岛是指分隔对向车流的交通岛，安全岛是供行人横穿道路临时停留的交通岛，中心岛是设置在环形交叉中央的交通岛，导流岛是分隔同向车流的交通岛。

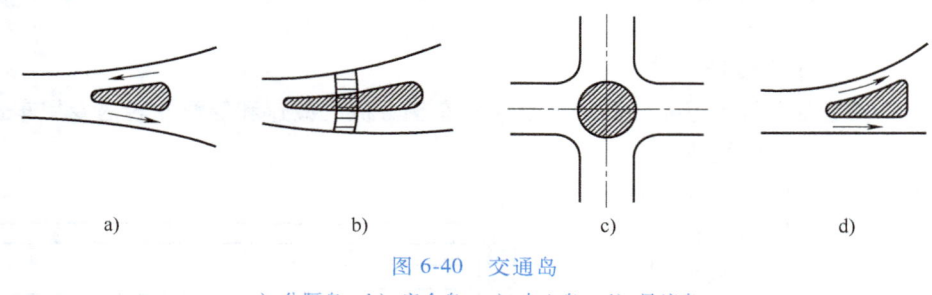

图 6-40 交通岛
a）分隔岛 b）安全岛 c）中心岛 d）导流岛

渠化平面交叉口交通岛的设置应符合以下规定：
1）需专辟右转弯车道时应设置导流岛。
2）左转弯为两条车道时，左转车道与同向直行车道间宜设置导流岛。
3）左转车道与对向直行车道间应设置分隔岛。
4）T 形交叉中，次要公路引道上的两左转弯行迹间应设置分隔岛。
5）对向行车道间需提供行人穿越的避险场所，或需设置标志、信号立柱时，应设置分隔岛。
6）对于设计速度>60km/h 的公路，若平面交叉处横穿的行人较多，且横穿的距离较长，则应设置安全岛。

交通岛按结构类型可分三种：以缘石围成而高出周围行车道路面的实体岛、路面上用标线画出的隐形岛和无缘石的浅碟式岛。实体岛对车流进行强制性分隔，因而分隔效果好。但双车道公路采用实体岛当遇事故和车辆故障时，易引起交通阻塞，尤其是在我国无硬路肩和较宽的土路肩的情况下。因此《公路路线设计规范》对交通岛的选型做了以下规定：
1）当被交通岛分隔的行车道有不少于两条的车道，或虽为一条车道但设置绕避故障车辆的加宽时，或岛中需设置标志、信号柱时，应采用由缘石围成的实体岛。
2）岛的面积较小，或不宜采用强行分隔时，宜采用在路面上由标线标示出的隐形岛。
3）岛的面积较大时，宜采用由设置宽度不小于 0.50m 的路缘带的行车道围成的浅碟式岛。

交通岛边缘的线形取决于相邻车道的路缘线形。直行车道边缘的岛缘线应根据缘石构造进行不同数值的偏移。岛端迎流边应偏移且圆滑化。转角导流岛，如图 6-41 所示，岛端圆弧半径见表 6-9，缘石后退量见表 6-10。T 形交叉中次要公路上的分隔岛，如图 6-42 所示，直行车道上的分隔岛，如图 6-43 所示。

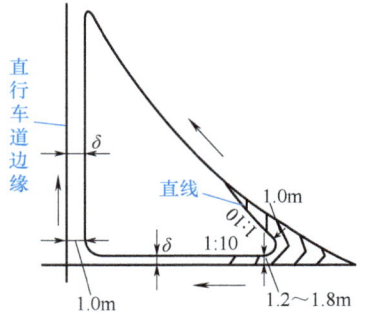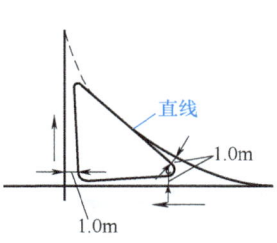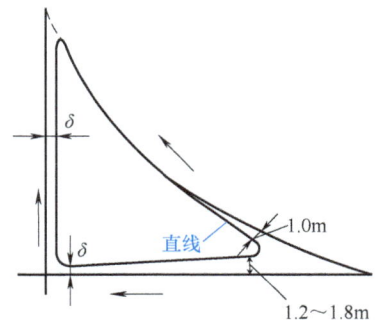

图 6-41 转角导流岛

表 6-9 岛端圆弧半径

岛端形状及车流方向	⬉	⬉	⬉	⌐
半径/m	0.3	0.6	0.6	1.0

表 6-10 缘石后退量

缘石类型	δ/m
栏式	0.6
半可越式	0.3
可越式	0

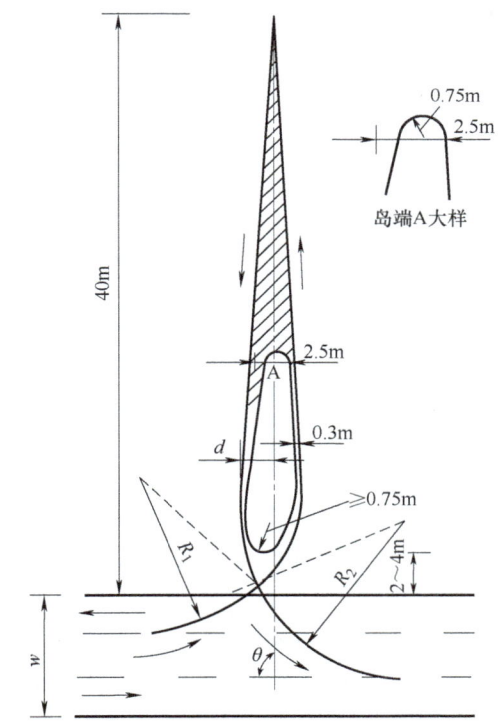

$\theta/(°)$	70	80	90	100	110
d/m	1.5	2.0	2.5	2.0	1.5

w/m	≤10	11	≥14
R_1/m	12	14	20

R_2 一般等于 R_1，但有时需变动，以保证岛端至主要公路行车道边缘的距离为 2~4m 和岛的宽度为 2~5m。

*以鞍式列车控制设计时，R_1 和 R_2 不小于 15m。

图 6-42 T 形交叉中次要公路上的分隔岛

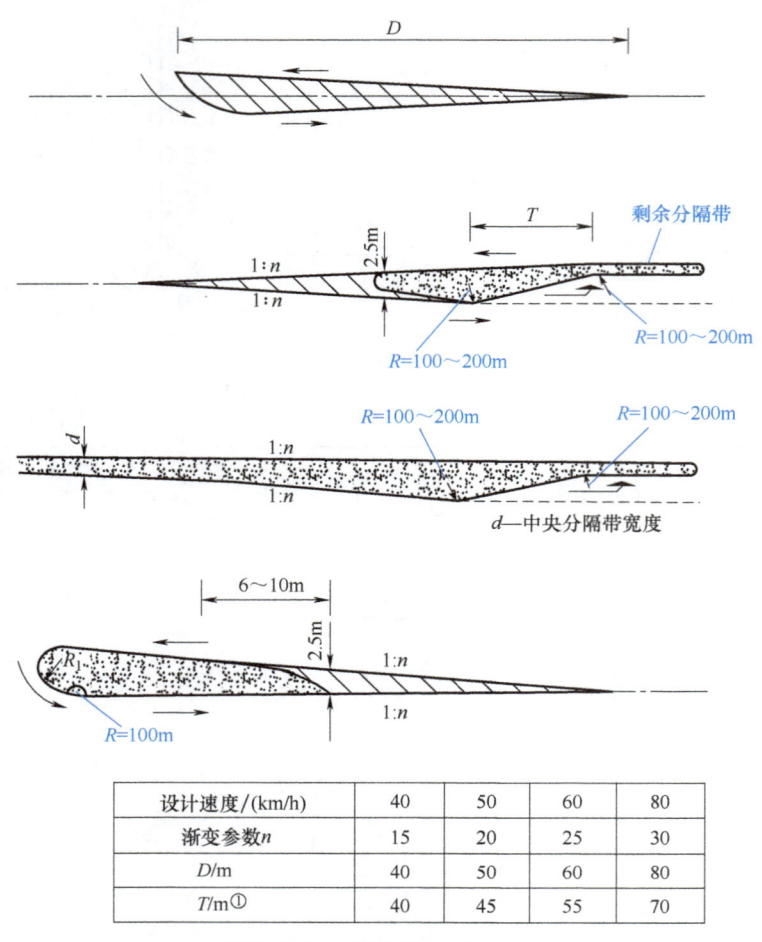

设计速度/(km/h)	40	50	60	80
渐变参数n	15	20	25	30
D/m	40	50	60	80
T/m①	40	45	55	70

① 当左转车道为右弯线形时适当缩短。

图 6-43　直行车道上的分隔岛

6.6　环形交叉口设计

环形交叉是在交叉口中央设置中心岛，用环道组织渠化交通，使进入环道的所有车辆一律按逆时针方向绕道单向行驶，直至从目标路口离岛驶出的平面交叉，图 6-44 为环形交叉口的组成。

环形交叉口在交叉口中央设置中心岛，用环道组织渠化交通，驶入交叉口的各种车辆，不论左、右转弯和直行车辆，都无须停车，可同时连续不断地单向运行，减少了车辆在交叉口的延误时间；车辆在环道上行驶的车流方向一致，交叉行驶的车流以较小的交织角向同一方向行驶，避免了交叉冲突点，减少交通事故；对多路交叉和畸形交叉，用环道组织渠化交通更为有效；中心岛绿化可美化环境。

但环形交叉占地面积大，在旧城改建中较难实现；增加了车辆绕行距离，特别是左转弯车辆；一般造价高于其他平面交叉。

环形交叉口的适用条件如下：

1) 各相交公路的车流量比较均匀、流向比较稳定、转弯车辆较多，特别是多路畸形交叉口。

2) 交叉口高峰小时交通量低于 2000pcu/h。

3) 非机动车和行人较少。

4) 作为控制扩建用地过渡阶段的重要交叉口。

设计环形交叉口时主要解决中心岛的形状和半径、环道的布置和宽度、交织段的长度、交织角、进出口曲线半径和视距要求等问题。

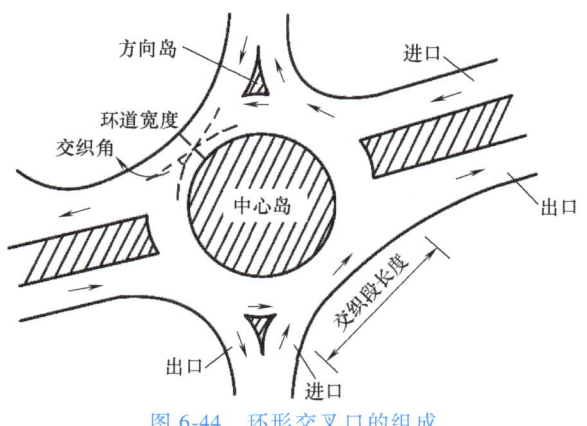

图 6-44　环形交叉口的组成

6.6.1　中心岛的设计

1. 中心岛的形状

中心岛的形状应根据交通流的特性、相交道路的等级和地形地物等条件确定。原则上应保证车辆能以一定速度顺利完成交织运行，有利于主要道路方向的车辆行驶方便。

中心岛的形状一般多为圆形，主次道路相交时宜采用椭圆形，交角不等的畸形交叉可采用复合曲线。此外，结合地形、地物和交角等也可采用其他规则或不规则几何形状的中心岛。

2. 中心岛的半径

中心岛的半径首先应满足设计速度的要求，然后按相交道路的条数和宽度，验算相邻道口之间的距离是否满足车辆交织行驶的要求。以下介绍圆形中心岛半径的计算方法。

（1）按设计速度的要求　当采用圆形中心岛时，中心岛半径 R 仍按圆曲线半径公式计算，计算公式为

$$R = \frac{V^2}{127(\mu+i)} - \frac{b}{2} \qquad (6-5)$$

式中　R——中心岛半径（m）；

　　　V——环道的设计速度（km/h），可参考取路段设计速度的 0.5~0.7 倍；

　　　μ——横向力系数，可参考取 0.10~0.20；

　　　i——环道路拱横坡，可取 1.5%~2.0%，左低右高时取正值，否则取负值；

　　　b——紧靠中心岛的车道宽度（m）。

（2）按交织段长度的要求　交织是指两条车流汇合交换位置后又分离的过程。进环和出环的两辆车在环道行驶时交织，交换一次车道位置所行驶的距离，称为交织长度。交织长度的大小取决于车辆在环道上行驶的速度。当相邻路口之间有足够的距离，进环和出环的车辆在环道上均可在合适的机会交织、连续行驶，该段距离称为交织段长度，其位置大致可取相邻道路机动车道外侧边缘延长线与环道中心线交叉点之间的弧长（图 6-45）。

中心岛半径必须满足两个路口之间最小交织段长度的要求，否则，环道上行驶中需要交织的车辆就要停车等候，不符合环形交叉连续行驶的交通特性。环道上不同车速所需要的最小交织段长度见表 6-11。

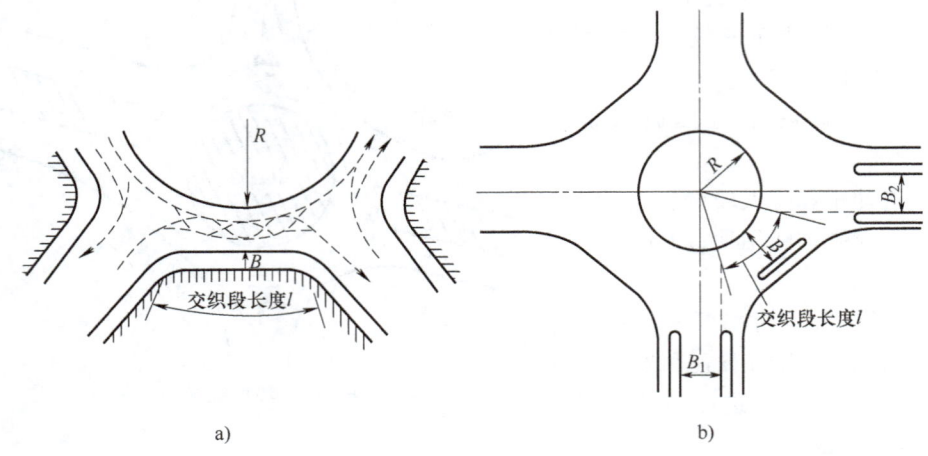

图 6-45 交织段长度

表 6-11 最小交织段长度

环道设计速度/(km/h)	40	35	30	25	20
最小交织段长度/m	45	40	35	30	25

注：本表取自《城市道路交叉口设计规程》（CJJ 152—2010）。

交织段长度所要求的中心岛半径 R 可近似地由交织段长度所围成的圆周大小来推导，计算公式为

$$R = \frac{n(l+B_p)}{2\pi} - \frac{B}{2} \tag{6-6}$$

式中　R——中心岛半径（m）；
　　　n——相交道路的条数；
　　　l——相邻路口的交织段长度（m）；
　　　B_p——相交道路的平均宽度（m）；
　　　B——环道宽度（m）。

由式（6-6）可知，为保证最小交织段长度，交叉口相交道路条数越多，则中心岛的半径就越大，这就会增大交叉口的用地面积和车辆在环道上的绕行距离，因此环形交叉口的相交道路条数不宜多于五条。

环形交叉中心岛半径应该取按设计速度要求的中心岛半径和按交织段长度要求的半径二者中的大值。表 6-12 为根据实践经验推荐的常规环形交叉中心岛的最小半径，可供设计参考。

表 6-12 常规环形交叉中心岛的最小半径

环道设计速度/(km/h)	40	35	30	25	20
中心岛最小半径/m	65	50	35	25	20

6.6.2 环道的设计

1. 环道的宽度

环道即环绕中心岛的单向行车带，其宽度取决于相交道路的交通量和交通组织。靠近中心岛的一条车道作绕行之用，最靠外侧的一条车道供右转弯之用，中间的一到二条车道供交织之用，因此环道上一般设计三到四条车道，一般情况下采用三条车道为宜；交织段长度较长时，环道可布置四条车道；若相交道路的行车道较窄，也可设两条车道。实践证明，车道过多，不仅难于利用，反而易使行车混乱，导致不安全。

如果采用三条车道，每条车道宽 3.5~3.75m，并采用弯道加宽值中单车道部分的加宽值，当中心岛半径为 20~40m 时，环道机动车道的宽度一般为 15~16m。

为保证交通安全，减少相互干扰，非机动车交通与机动车交通可用分隔带（分隔墩）或标线进行分隔。非机动车车道宽度应视具体情况而定，一般不小于相交道路中的最大非机动车道宽度，也不宜超过 8m。

2. 交织角

交织角是进环车辆轨迹与出环车辆轨迹的平均相交角度，它以距右转机动车道的外缘 1.50m 和中心岛边缘 1.50m 的两条切线交角来表示，如图 6-46 所示。

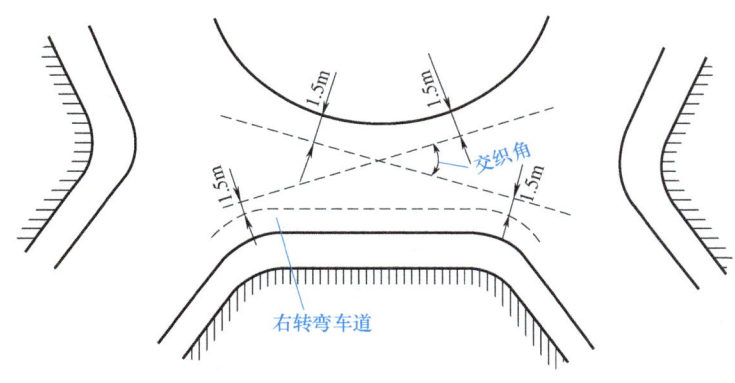

图 6-46 交织角

交织角的大小取决于环道的宽度和交织段长度。环道宽度越窄，交织段长度越大，则交织角越小，行车越安全。但交织段增长，中心岛半径就要增大，占地也要增加。根据经验，交织角以 20°~30° 为宜。通常在交织段长度已有保证的情况下，交织角多能满足要求。

3. 环道外缘线形及进出口半径

从满足交通需要和工程节约方面考虑，环道外缘平面线形不宜采用反向曲线形状（图 6-47 所示的虚线），这种形状在环道的外侧约有 20% 的路面（图 6-47 实线与虚线之间的面积）无车行驶，既不合理也不经济。环道外缘宜采用直线圆角形或复曲线形状（图 6-47 中的实线）。

环道进出口的曲线半径取决于环道的设计车速，为了使环道上的车速较为均匀，对于驶入环道的车辆的车速应加以限制，环道出口的半径可大于入口半径，以使车辆迅速驶出环道。同时各入口曲线半径不应相差太大，以保证驶入环道车辆速度相差较小，使环道车辆近于等速行驶。环道入口的曲线半径常采用接近或小于中心岛的半径。

4. 环道的横断面

环道的横断面形状对行车的平稳和路面排水有很大影响，而横断面的形状又取决于路脊线的选择。通常环道横断面的路脊线设在交织车道的中间，若机动车与非机动车之间设有分隔带时，路脊线也可设在分隔带上。环道路脊线通过设于进、出口之间的三角形方向岛或直接与交汇道路的路脊线相连，如图 6-48 所示，图中虚线为路脊线，箭头指向为排水方向。应在中心岛的周围设置雨水口，以保证环道内不产生积水。另外，进、出环道处的横坡度宜缓一些。

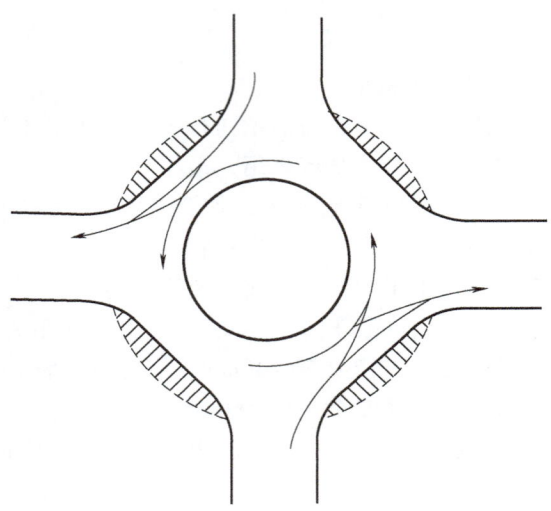

图 6-47　环道外缘线形

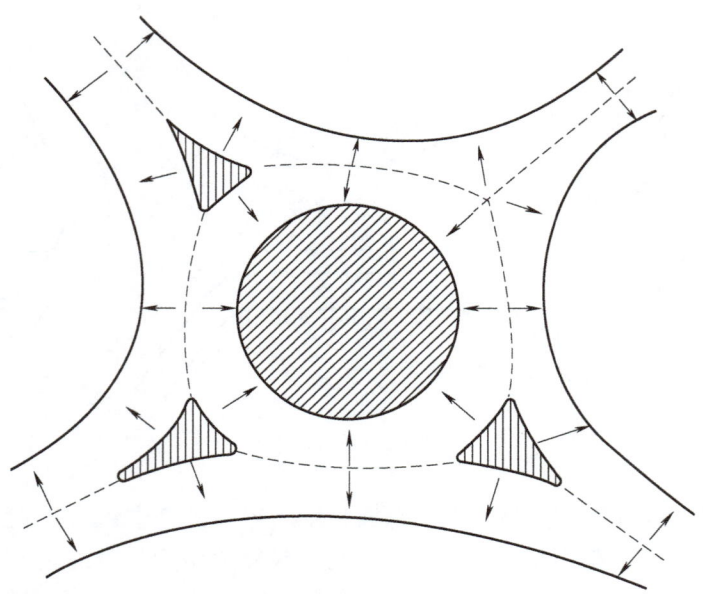

图 6-48　环道的路脊线

习　题

1. 试述平面交叉口设计的主要内容。
2. 何为渠化交通？其作用如何？
3. 试区别导流岛、分隔岛、中心岛和安全岛等交通岛的作用。
4. 十字形交叉口人行横道线应如何布置？

5. 何为视距三角形？应如何绘制？

6. 何为环形交叉？其优、缺点及实用性如何？

7. 某城市正交十字交叉口，如图 6-49 所示。AB 街宽 25m（双向四车道，两侧各有 5.5m 的非机动车道），路段设计车速 40km/h；CD 街宽 10m，路中心划分道线，两侧机动车与非机动车混行，路段设计车速 30km/h。设计纵坡 $i_{AB}=1\%$，$i_{CD}=2\%$，方向如图所示。

（1）试确定各路口缘石半径。

（2）绘制各进口视距三角形，并画出交叉口红线范围。

（3）若交叉口中心点 O 的高程为 18.00m，试作交叉口范围内的立面设计。

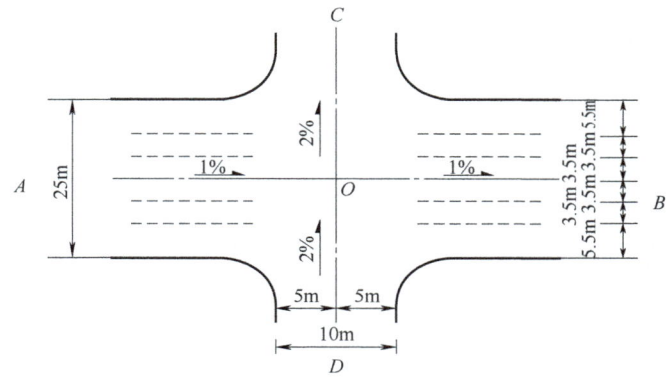

图 6-49　习题 7 图

第 7 章　道路立体交叉设计

> **学习目标：**
> 1. 了解与掌握道路立体交叉的功能与分类方法；
> 2. 掌握立交设计的基本控制要素与总体设计原则；
> 3. 熟悉立交设计形式选择与匝道等细化设计的基本流程；
> 4. 学习并初步掌握匝道与连接部的设计依据、设计标准及线形设计要点；
> 5. 通过案例理解立交方案综合比选的考虑要点。

■ 7.1　概述

7.1.1　立交的定义

立体交叉（简称立交）是三维空间内多条线形工程（道路或铁路）通过特定形式的线状构造物实现在不同高程上相互连接的一种现代化工程实体，一般常在高速公路、城市干道或快速路之间的交汇处建设。

7.1.2　立交的功能与类型

1. 立交的功能

立交作为高速公路与城市快速路网中的关键节点与重要组成部分，其主要功能为通过构建空间立体交叉的形态，减少或者消除相交道路在平面同一高程相接时存在的冲突点，进而为交叉道路的车流提供连续通行条件，提升道路安全畅通水平。但是相比于平面交叉，立交构造物结构组成复杂，施工难度大，对空间占用、地质条件有更严格的要求，同时立体交叉一般造价较高，且不易改建，因而在进行立交的采用与否决策以及类型选择时，应该根据其在道路系统中的功能定位，结合交叉道路等级、外部环境因素、经济因素、其他接入控制要求等多方面综合确定，保证其与区域交通和经济发展需求的匹配度。

2. 立交的类型

根据分类方法或规则的不同，立交可以被划分为不同的类型。图 7-1 总结了立交的分类。

第7章　道路立体交叉设计

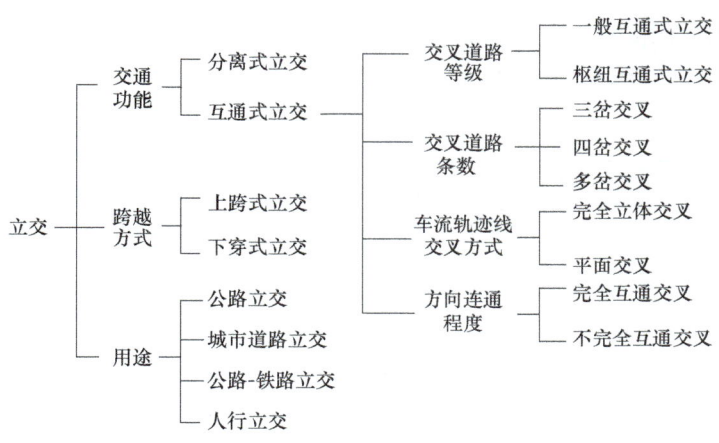

图 7-1　立交的分类

立交按其交通功能分为分离式立交和互通式立交两类，如图 7-2 所示。分离式立交仅设跨线构造物（跨线桥或通道）一座，上、下层道路（或道路与其他线形工程）间采用互不连通的交叉方式。该种立交结构简单，占地少，造价低，但相交道路的车辆不能转弯行驶，交通功能受限。分离式立交的设置应根据道路网规划、相交道路的功能、等级、交通量、地形和地质条件、经济与环境因素等确定。

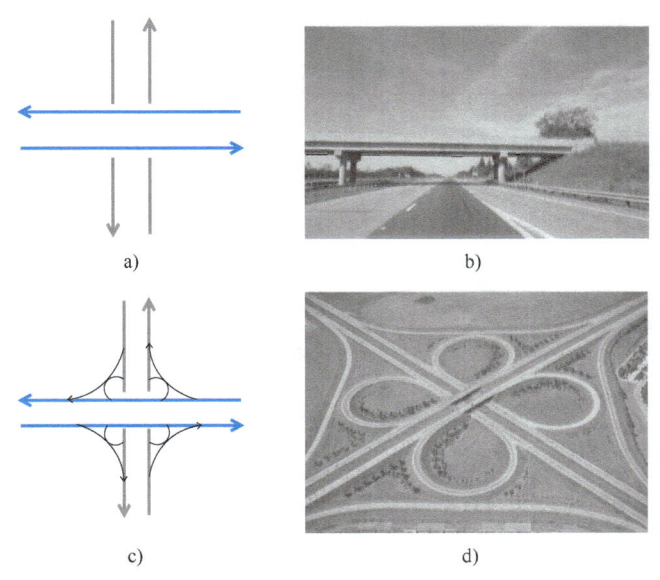

图 7-2　分离式和互通式立交

a）分离式立交示意图　b）分离式立交实例　c）互通式立交示意图　d）互通式立交实例

互通式立交不仅设跨线构造物使相交道路空间分离，且上、下道路之间采用相互连通的交叉方式。这种类型的立交车辆可转弯行驶，全部或部分消除了冲突点，各方向行车相互干扰小，行车安全，通行能力大。与分离式立交比较，其结构复杂，占地多，造价高。如图 7-1

所示，互通式立交可按照相交道路等级、交叉道路条数、车流轨迹线交叉方式以及方向连通程度进一步划分为不同的类型。互通式立交亦可以按照形状进行划分，不同交叉道路等级、不同交叉道路条数的互通式立交形状见表 7-1。

表 7-1　互通式立交形状分类

交叉道路等级	交叉道路条数	几 何 形 状
一般互通式立交	三路	单喇叭形、子叶形等
	四路	喇叭形、苜蓿叶形、菱形、环形、组合型等
	多路	环形、组合型等
枢纽互通式立交	三路	Y 形、T 形等
	四路	直连式、苜蓿叶形、涡轮形等
	多路	组合型

3. 立交的要素组成

相比于分离式立交，互通式立交的设计与施工更加复杂，在工程中适用的场景更加广泛，在实际生活中也是使用频次最高的立交类型，因而下文中立交组成要素、形式选择、立交设计等相关内容主要围绕互通式立交展开。

互通式立交的组成要素见表 7-2，同时，其基本组成要素如图 7-3 所示。除以上主要组成部分外，一般立交工程还包括绿化设施及立体交叉范围内的排水设施、照明设施和交通工程及沿线设施等。

表 7-2　互通式立交的组成要素

名　　称	含　　义
立交范围	主线与被交线受互通式立交几何构造影响的路段
主线	参与立交的道路中，等级最高或直行交通量最大的一条道路
被交线	参与立交的道路中，除主线之外的其他道路；一般主线与被交线亦被统称为立交设计中的正线，其主要指代立交范围内两个相交方向的道路直行段
匝道	在互通式立交中，交叉道路之间的连接道，为其重要组成部分
出口匝道	供车辆驶出主线的匝道
入口匝道	供车辆驶入主线的匝道
直连式匝道	车辆按照转弯方向直接驶出和驶入的匝道：右转弯为右出右进，左转弯为左出左进
半直连式匝道	车辆未按照或者仅部分按照转弯方向直接驶出和驶入的匝道：左转弯为左出右进或右出右进
匝道连接部	匝道与主线、被交线之间以及匝道之间连接的通道，包括出入口、变速车道、辅助车道、集散车道及鼻端等
出入口	匝道从正线的出口与入口，由正线驶出进入匝道的道口为出口，由匝道驶入正线的道口为入口
加速车道	自低速车道的车辆加速驶入高速车道而设置的附加车道

第7章　道路立体交叉设计

（续）

名　称	含　义
减速车道	自高速车道的车辆减速驶入低速车道而设置的附加车道，加速车道与减速车道统称为变速车道
辅助车道	在立体交叉设置双车道匝道的分流、合流附近，为使匝道与正线车道数平衡和保持正线的基本车道数而在正线外侧增设的附加车道
集散道	为隔离交织区、减少主线出入口数量而设置于主线外侧并与主线隔离的附加道路
鼻端	在分流或者合流的连接部，相邻路面边缘交汇形成的圆形端部

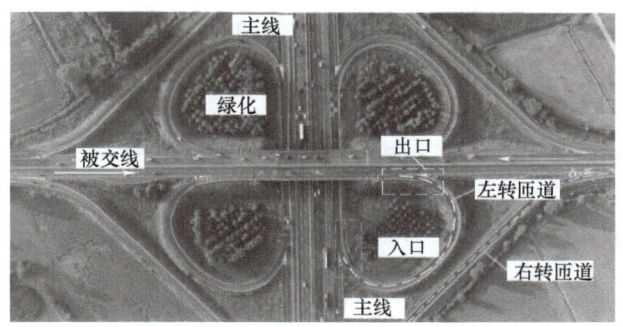

图 7-3　互通立交基本组成要素

7.2　互通式立交形式选择

互通式立交形式的选择是为了根据其在路网中的功能定位，确定可以良好适应设计交通量、设计速度、车辆正常通行的需求，保证车辆通行效率与安全，并与周边环境相协调的立交形式。合理的立交形式对其发挥自身交通功能、促进其与周边路网的衔接性、促进区域交通发展效益等方面具有良好的推动作用。与之相反，若互通式立交选择的形式与实际需求不匹配，则会造成其功能发挥受限，不能良好促进相交道路的顺畅通行，造成工程投资的浪费与长期管理成本的提升。

7.2.1　立交选形基本考虑因素

互通式立交形式的选择是一般需要综合考虑自然、环境、道路、交通、收费方式等方面的基本条件。立交选形基本考虑因素见表7-3。立交选形时应该综合多方面因素进行。

表 7-3　立交选形基本考虑因素

基本因素	主要内容
自然条件	主要包括立交设计范围及所在区域地形情况、地质条件、水文情况与气候情况
环境条件	主要包括周边用地规划、周边建筑物现状、土地利用情况以及是否存在文物古迹保护区

(续)

基本因素	主要内容
交通条件	主要是考虑交通发展情况、交通量以及交通的组成情况、交通网的发展与规划以及设计通行能力
道路条件	主要包括相交道路的基本情况（性质、定位、等级等）、相交道路的设计速度、道路用地范围
其他条件	收费方式、投资额情况、主管部门的相关要求

7.2.2 立交选形基本原则

互通式立体交叉形式的选择应遵循下列基本原则：

1）应根据路网布局和规划选形，尽量使一条道路上互通式立交形式统一，进、出口的位置和形式保持一致。

2）互通式立交选形应考虑相交道路的等级、性质、任务和交通量等，确保行车安全、通畅和车流的连续。交通量大、设计速度高的行车方向，要求线形指标高、路线短捷、纵坡平缓；车辆组成复杂时还要考虑个别交通特性的需要。在城市道路上，若是机动车与非机动车都有很大的车流，分离行驶，可采用三层式或四层式立交。

3）互通式立交选形应与所在地的自然条件和环境条件相适应，充分考虑区域规划、地形、地质条件、可能提供的用地范围、文物古迹保护区、周围建筑物及设施分布现状等。在满足交通要求的前提下综合分析研究，力求合理利用地形、地质条件，减少征地、拆迁，工程运营经济，与周围环境相协调，造型美观，结构新颖合理。

4）互通式立交选形应全面考虑近、远期结合，既要满足近期交通的要求，减少投资，又要考虑远期交通发展的需要和改扩建提高的可能，使前期工程为后期所利用。

5）互通式立交选形应考虑是否收费和实行的收费制式。若是收费立交，应根据转弯交通量大小，确定连接线所在的象限，按变速车道长度要求确定连接线的具体位置，连接线两端三路交叉的形式应根据相交道路的功能、等级及场地限制条件等确定。

6）互通式立交选形要考虑工程实施，造型和工程投资兼顾，有利于施工、养护和排水，尽量采用新技术、新工艺、新结构，以提高工程质量、缩短工期和降低成本。

7）互通式立交选形要和匝道布置一并考虑，分清主次。在考虑相交道路平面、纵断面线形的同时，应考虑匝道平面线形的布设和竖向高程控制的要求。处理好主要道路与次要道路的关系，应先满足主要道路的要求，后考虑次要道路。选形要与正线线形、构造物、总体布局及环境相配合。高速道路与其他道路相交，原则上高速道路不变或少变，其他道路抬高或降低；城市道路立交以非机动车道不变或少变，以利于行人和自行车通行为原则。

7.2.3 常用互通式立交形式

本小节介绍工程中常用的互通立交形式，并对部分形式的互通立交的优缺点进行了总结。

1. 部分互通式立交

相交道路的车流轨迹线之间至少有一个平面冲突点的立交称为部分互通式立交。其一般多用于主要道路与次要道路相交，当个别方向的交通量很小或分期修建，或受地形、地物及路网规划限制，某个方向不能布设匝道时也可采用。其代表形式有部分苜蓿叶形立交（图 7-4）和菱形立交（图 7-5）等。表 7-4 分别总结了部分互通式立交的优缺点。

表 7-4　部分互通式立交的优缺点

立交形式	描　　述	优　　点	缺　　点
部分苜蓿叶形立交	部分左转弯方向不设环形左转匝道，而呈不完全苜蓿叶形的立交，适用于主要道路与次要道路相交（图7-4） 布设时应使转弯车辆的出入尽量少妨碍主线交通，必要时可在次要道路上组织渠化交通或设置信号控制	保证主线直行车流快速畅通 单一的驶出方式便于车辆运行并简化了主线上的交通标志 仅需一座跨线构造物，用地和工程费用较小 便于分期修建，远期可扩建为全苜蓿叶形立交	次要道路上为平面交叉，影响通行能力和行车安全 有停车等待和错路运行的可能
菱形立交	设有四条单向匝道通向被交道路，在次要道路的连接部存在平面交叉的互通式立体交叉。适用于城市主要道路与次要道路相交且用地困难的情况，公路上采用较少（图7-5） 布设时应将平面交叉设在次要道路上，主要道路应视地形和排水条件确定上跨或下穿形式，一般以下穿为宜。次要道路上可通过渠化或设置交通信号等措施组织交通	保证主线直行车流快速畅通 左转车辆绕行距离较短 主线上有高标准的单一进出口，交通标志简单 主线下穿时，匝道纵坡便于驶出车辆减速和驶入车辆加速 形式简单，仅需一座跨线构造物，用地和工程费用小	次线与匝道连接处为平面交叉，影响通行能力和行车安全

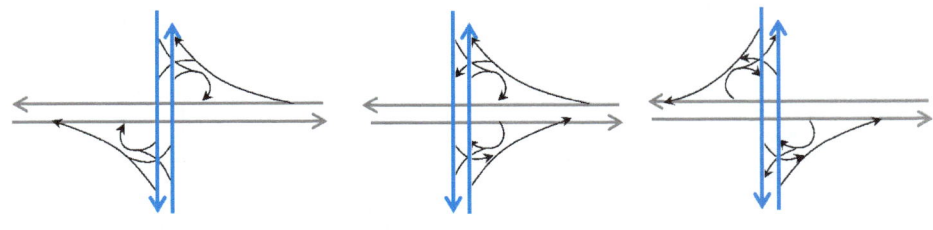

图 7-4　部分苜蓿叶形立交

2. 完全互通式立交

相交道路的车流轨迹线全部在空间分离的交叉称为完全互通式立交。完全互通式立交的匝道数量与转弯方向数量相等，各转弯方向均有专用匝道，无冲突点，行车安全、迅速，通行能力大。适用于高速道路之间或高速道路与其他交通量大的道路相交。完全互通式立交形式有喇叭形、苜蓿叶形、子叶形、Y形、X形、涡轮形、组合型等。完全互通式立交形式见表 7-5。

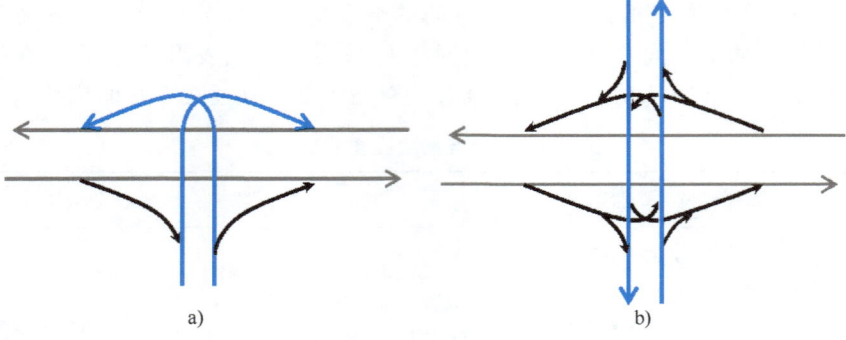

图 7-5 菱形立交

a) 三路菱形立交　b) 四路菱形立交

表 7-5 完全互通式立交形式

立交形式	描 述	优 点	缺 点
喇叭形立交	用一个环形（转向约为270°）左转匝道和一个半直连式左转匝道组成的完全互通式立交，是三路立交的代表形式（图 7-6） 经环形左转匝道驶入正线（或主线）时为 A 型，驶出时为 B 型	单座跨线构造物，投资较省 无冲突点和交织，通行能力大，行车安全 造型美观，行车方向容易辨别 除环形匝道外，其他匝道为转弯车辆提供较高速度的直连或半直连运行	环形匝道线形指标较低，行车速度低 主要适用于高速道路与一般道路相交的三路交叉
苜蓿叶形立交	四个对称的环形左转匝道实现各方向左转车辆运行的全互通式立交（图 7-2） 适用于高速道路之间或城市外围环路上的不收费立交 布设时为消除正线上的交织，避免双重出口并使交通标志简化，提高通行能力和行车安全，常在主线的外侧增设集散车道（图 7-7），使出入口及交织段布置在集散车道上	各匝道相互独立，无冲突点，交通运行连续而自然 单座跨线构造物，可分期修建	立体交叉占地面积大；左转车辆绕行距离长 环形匝道适应车速较低 跨线桥上、下存在交织，限制了立交的通行能力
子叶形立交	用两个环形匝道实现车辆左转的全互通式立交（图 7-8） 多用于苜蓿叶形立交的前期工程 布设时以主线下穿为宜	单座跨线构造物，造价较低 匝道对称，造型美观	交通运行条件不如喇叭形 正线上存在交织，左转车辆绕行长
Y 形立交	用直连匝道或半直连匝道实现车辆左转的全互通式立交（图 7-9） 适用于各方向交通量都很大的三路互通式立交	能为转弯车辆提供高速的定向或半定向运行，通行能力大 无交织，无冲突点，行车安全 行车方向明确，路径短捷，运行流畅 正线外侧占地宽度较小	跨线构造物多，造价较高

(续)

立交形式	描 述	优 点	缺 点
X形立交	由四条半直连左转匝道组成的高级全互通式立交，又称半直连式立交（图7-10） 多用于高速道路之间、各左转弯交通量大、车速要求高、通行能力大的枢纽互通式立交	各方向转弯车辆转向明确，自由流畅 具有单一的出口或入口，便于车辆运行并简化交通标志 无冲突点，无交织，行车安全 适应车速高，通行能力大	层多桥长，造价高，占地面积大
涡轮形立交	由四条半直连式左转匝道组成的一种高级全互通式立交（图7-11） 适用于高速道路之间转弯速度要求较低的枢纽互通式立交	匝道纵坡和缓，适应车速较高 车辆进出正线安全通畅 无冲突，无交织，通行能力较大	左转弯车辆绕行距离较长，运营费用较大 需建两层式跨线构筑物，造价较高 占地面积大
组合型立交	根据交通量并结合地形、地物限制条件，在同一座立交中采用两种或两种以上不同形式的左转匝道组合而成的全互通式立交（图7-12） 适用于一个或两个左转弯交通量较小的枢纽互通式立交	组合形式多样；匝道布设形式与交通量相适应；充分利用地形、地物，因地制宜	形式复杂，造价较高 占地面积大

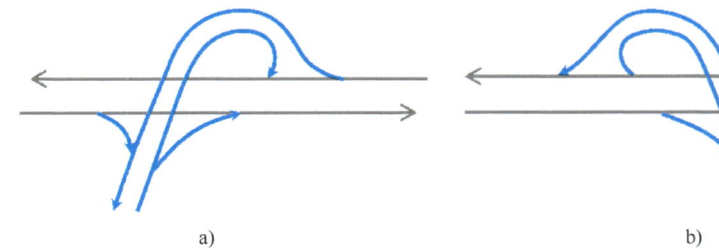

图7-6 喇叭形立交
a) A型 b) B型

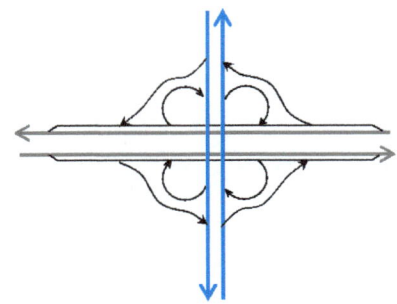

图7-7 主线设置集散车道的苜蓿叶形立交

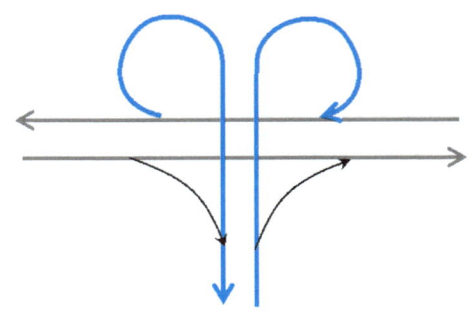

图7-8 子叶形立交

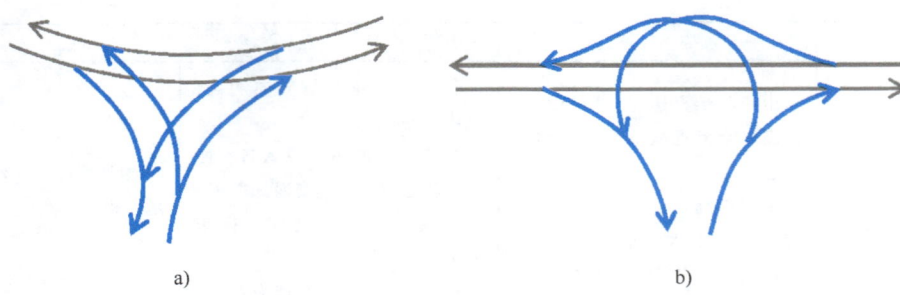

图 7-9 Y 形立交
a) 直连 Y 形 b) 半直连 Y 形

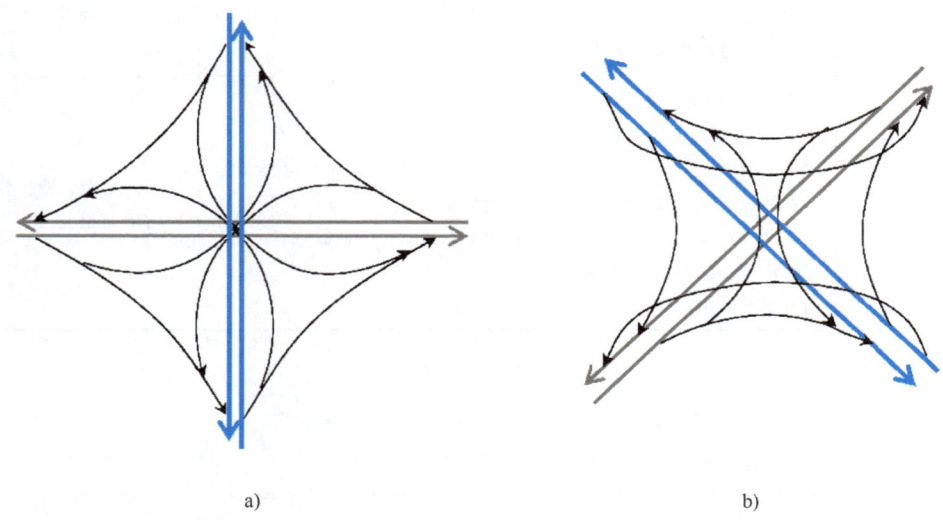

图 7-10 X 形立交
a) 对向左转匝道对角靠拢布置 b) 对向左转匝道对角拉开布置

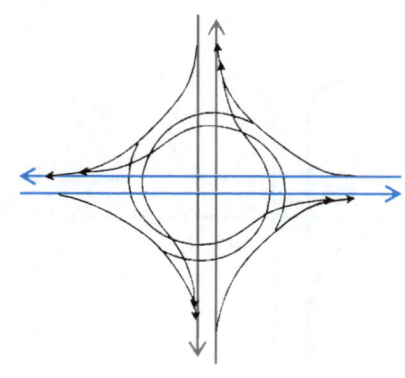

图 7-11 涡轮形立交

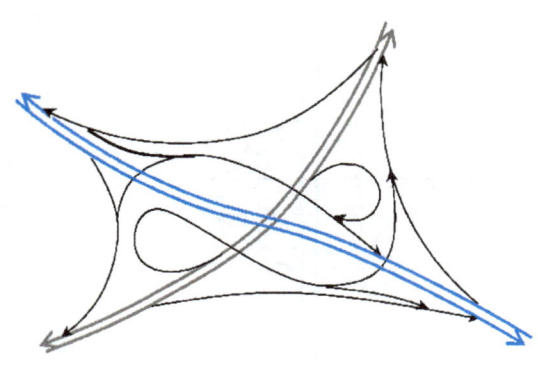

图 7-12 组合型立交

7.2.4 立交选形基本流程

在相交道路的交叉位置确定后进行互通式立体具体交叉形式选择，一般可以按照图 7-13 所示的基本步骤进行互通式立交选形工作。

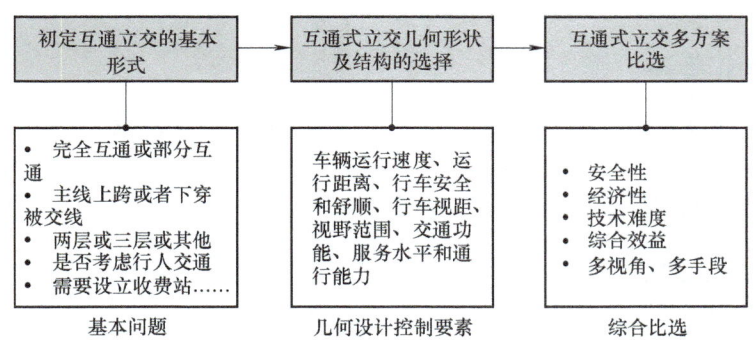

图 7-13 互通式立交选形基本步骤

1. 初定互通式立交的基本形式

在进行立交形式初选时，首先考虑图 7-13 中的列举的基本问题，然后在此基础上进一步选择互通式立交常用的形式。公路互通式立交的形式，应根据各方向的交通量，结合地形、地物、交通条件综合考虑而定，并遵循以下几点：

1）直行和转弯交通量均较大，相交公路的设计速度较高，并要求用较高的速度集散时，可采用直连形或半直连形立交，也可采用涡轮形或组合型立交。

2）高速公路与一级公路相交，且不设收费站时，可采用组合型立交。交通量大时，可采用直连和半直连匝道，部分方向左转弯交通量较小时可采用环形匝道。

3）两条一级公路相交，宜采用苜蓿叶形、环形或组合型立交。

4）高速公路与一级公路或交通量大的二级公路相交，且设置收费站时，宜采用双喇叭形立交。

5）高速公路与交通量小的二级公路相交，宜采用在被交道路上设置平面交叉的单喇叭形、部分苜蓿叶形立交。匝道上不设收费站时，宜采用菱形立交。

6）一级公路与二、三、四级公路相交，因交通转换而设置互通式立交时，宜采用菱形、部分苜蓿叶形立交。

2. 互通式立交的几何形状及结构的选择

互通式立交的几何形状及结构对整个立交的车辆运行速度、运行距离、行车安全和舒顺、行车视距、视野范围、交通功能、服务水平和通行能力等影响很大。在互通式立交基本形式的基础上，对互通式立交的总体结构布局和匝道布设进行安排，如跨线构造物的布置，出入口的位置，匝道布设的象限，内外匝道采用整体式或分离式断面，匝道的平面、纵断面、横断面几何形状及尺寸，变速车道的布置等。

3. 互通式立交多方案比选

经过互通式立交基本形式和几何线形及结构的选择，会产生多个有比较价值的互通式立交方案，应通过多方案的安全、技术、经济、效益比较，选择合理的形式和适当的规模，设计出满足交通功能要求、适合现场条件、工程量小，符合造型美观且投资少的方案。对于复杂的大型互通式立交，还应制作透视图或三维动画进行检查、比较。

7.3 互通式立交设计

7.3.1 立交设计基本步骤

在通过实地调查勘测收集必要的设计资料后进行互通式立交的设计工作，互通式立交设计的相关资料见表7-6。立交的设计包括了从规划、可行性研究、方案设计到技术设计的一系列过程。其中，方案设计和技术设计一般按照如图7-14所示的基本流程进行。

表7-6 互通式立交设计的相关资料

资料类型	内　容
自然资料	包含立体交叉范围的现状地形图（比例尺1∶500～1∶2000），需要详细标注建筑物的建筑线、种类、层高、地上及地下各种杆柱和管线等地物；调查并收集项目区域及工点用地属性及发展规划、水文、地质、土壤、气候、植物、野生动物与矿产资源等资料
交通资料	立交所在区域路网结构及规划、综合交通运输体系及规划、交通量分布及其组成等。在设计的各个阶段应提供节点交通量分布图，明确节点各方向交通量大小、交通组成和交通发生源等
道路资料	立交相交道路的等级、平纵面线形、横断面形式和尺寸；相交角度、控制坐标和高程；路面类型及厚度；确定净空高度、设计荷载、设计速度及平面、纵断面、横断面设计指标等。与铁路相交时，还应调查铁路的轨股数、间距、轨顶高程、列车通过次数、断道时间、净空和净宽要求等资料
排水资料	立体交叉所在区域的排水系统现状和规划；各种管渠的位置、埋深和尺寸
文件资料	立交设计任务书，上级主管部门和地方政府的批复、具体要求、意见等有关文件；相关技术标准和规范等资料
其他资料	取土、弃土和材料来源；施工单位、施工季节、工期、交通组织、能源供应、环境保护等方面的资料

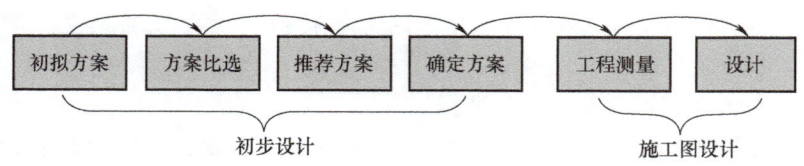

图7-14 互通式立交方案设计基本流程

具体而言，初拟方案就是根据立交处的道路、交通和自然条件，在地形图上绘出各种可能的立交方案。方案应满足立交设计的基本要求、符合立交所在地的地形条件、规划要求及有关规定。

1）确定比较方案：对初拟方案进行初步分析比较，应考虑线形是否顺适，半径能否满足要求，各层间可否跨越，拆迁是否合理。一般选2～4个比较方案。

2）确定推荐方案：完成各方案的几何设计、桥跨方案布置和概略工程量计算，做出各方案比较表。从形式与转弯交通量大小的匹配、匝道的几何设计指标与安全、构造物的形式及长度、占地和拆迁、施工难易程度、工程造价、养护运营条件等方面，进行全面比较后一般制订1~2个推荐方案。

3）确定采用方案：在征询有关方面意见，全面综合权衡造价与方案、近期与远期、局部与全局的关系后，最后定出采用方案。

4）工程测量：对采用方案进行实地放线和详细测量，进一步收集技术设计所需的所有资料。

5）技术设计：完成全部施工图设计和工程预算。

7.3.2 立交设计基本原则

1. 满足规范要求

相关设计指标应满足《公路立体交叉设计细则》（JTG/T D21—2014）的要求。在特殊条件下未严格按照规范进行设计需要进行重点研讨以保证立交运行安全。

2. 原有工程尽量利用

尽可能利用现有工程和用地，以节约工程投资，减少新增用地，缩短扩建工期。

3. 满足远期交通量增长需求

互通式立交的改建、扩建应根据远期交通量特征年的预测值，结合路网分析，合理确定改建、扩建方式，包括互通式立交匝道标准的提高、收费站规模的扩大、结合路网的分流措施等。

4. 减轻施工期间对现有交通的干扰

互通式立交改、扩建时宜尽量维持现有交通上下高速或尽量缩短中断交通的时间，匝道局部改建必须中断交通时，应合理选择中断交通的时间段（比如选择深夜地方出行交通较少时），将对现有交通的影响降至最低。

5. 互通式立交多方案比选

新增互通式立交应在满足交通转换功能和技术指标要求的前提下，注重紧凑布局，进行多方案比选、选择最优方案，实现"用地最少、规模最小、造价最省"的目标。

7.3.3 立交设计基本控制要素

立体交叉设计的主要控制因素包括设计车辆、设计速度、视距、交通量、服务水平和建筑限界，各控制要素为道路立体设计的基本依据。表7-7列举了互通式立交设计各控制要素的基本要求。匝道设计、连接部设计中部分设计控制要素的具体要求将在7.3.4与7.3.5节详细说明。

表7-7 互通式立交设计各控制要素的基本要求

控制要素	基 本 要 求
设计车辆	应采用小客车、大型客车、铰接客车、载重汽车和铰接列车等作为设计车辆，一般在计算交通量时应以小客车为标准车型；对于有大量集装箱、重大设备与国防运输等需要时，应使用最大车辆作为设计验算车辆，对匝道中的核心几何指标（半径、加宽、视距等）进行验算

（续）

控制要素	基本要求
设计速度	立交设计范围内一般采用基本路段的设计速度，在部分特殊情况如转弯半径指标因条件受限而无法达到标准时，可以适当降低设计速度，但是与相邻段设计速度差值理论上应该不大于 20km/h 在设计完成后推荐对匝道设计路段进行运行速度检验，对于运行速度连续性较差的相邻路段需要修正线形设计指标 匝道和匝道连接部的设计速度详见 7.3.4 匝道设计与 7.3.5 连接部设计小节
视距	在规定的视野范围内，立交设计范围内的驾驶个体的视线不应该受到固定障碍物的遮挡或影响 一般需要对下列路段进行视距检验： ① 圆曲线内侧有桥墩、护栏、路堑边坡和植物等妨碍通视条件的物体，且圆曲线半径较小时，需对弯道最内侧的车道进行停车视距检验，对分流鼻端前的路段进行识别视距检验 ② 当分隔带有护栏、防眩板和植物等视线遮挡物，且圆曲线半径较小时，对弯道外侧靠近分隔带的车道需进行停车视距的检验 匝道和匝道连接部的视距要求详见 7.3.4 匝道设计与 7.3.5 连接部设计小节
交通量	在工程可行性研究阶段，立交设计方案可采用年平均日交通量，年平均日交通量计算应采用立交工程结束后第 20 年的预测交通量
服务水平	立交范围内的相交道路、匝道、分合流区、交织区以及集散车道的服务水平分为六级；路段的设计服务水平应该根据相应的道路功能及等级进行选取；理论上匝道、分合流区、交织区以及集散车道的设计服务水平可比主线设计服务水平低一级，但是不应低于四级水平
建筑限界	立交设计中道路的建筑限界需要符合现行《公路工程技术标准》（JTG B01—2014）中的相关规定

7.3.4 匝道设计

作为立交工程的重要组成部分，匝道是负责相交道路转弯车辆顺畅通行的连接段。合理的匝道设计有助于发挥互通立交的交通功能，保证行车的安全性与顺畅性。在立交设计中应该依照相关设计依据并结合立交所处的实际环境进行匝道的合理设计。

1. 匝道分类

匝道一般有两种分类方法，见表 7-8。

表 7-8 匝道分类

分类方法	分类	描述	图示
按匝道的功能及其与相交道路的关系分类	右转匝道	右转匝道是从正线右侧驶出后直接右转，从相交道路的右侧驶入，一般不设跨线构造物；根据立体交叉的形式和用地限制条件，右转匝道可以布置成单（或复）曲线、反向曲线、平行线或斜线四种，特殊情况下右转匝道也可以通过连续左转约360°来实现。右转匝道属于右出右进的直连式匝道，形式简单、便捷顺畅	反向曲线 平行线 同向曲线 单曲线

(续)

分类方法	分 类	描 述	图 示
按匝道的功能及其与相交道路的关系分类	左转匝道	左转匝道车辆须转 90°～270°越过对向车道，除环形匝道外，在匝道上至少需要一座跨线构造物。按匝道与相交道路的关系，左转匝道可分类为直连式、半直连式和环形匝道三种类型	见表 7-9 详述
按匝道横断面车道类型分类	单向单车道匝道	一种常用的匝道形式。无论右转匝道或左转匝道，当转弯交通量比较小而未超过单车道匝道的设计通行能力时都可采用	
	单向双车道匝道（Ⅱ型横断面）	匝道出入口之间的路段采用双车道，但出入口采用单车道。双车道之间可以采用画线分隔，右侧不设置紧急停车带。主要适用于转弯交通量未超过单车道匝道的设计通行能力，且考虑超车需要的情况	
	单向双车道匝道（Ⅲ型横断面）	匝道（包括出入口）采用双车道。双车道之间可画线分隔，右侧设置紧急停车带。主要适用于转弯交通量超过单车道匝道的设计通行能力，且考虑超车和紧急停车需要的情况	
	对向双车道匝道（Ⅳ型横断面）	对向行车道之间一般采用中央分隔带隔离，适用于转弯交通量满足设计通行能力要求且用地允许的情况。如用地较紧张，也可采用画线分隔，但只适用于转弯交通量小于单车道匝道设计通行能力的情况。根据双向交通量的分布情况，也可采用双向三车道或双向四车道匝道	

左转匝道的分类比右转匝道复杂。左转匝道可以分为直连式、半直连式和环形匝道三类，见表 7-9。

表 7-9　左转匝道分类

类　型	描　述	图　示
直连式匝道	左转弯车辆直接从行车道左侧驶出，左转约 90°，到相交道路行车道的左侧驶入 优点：匝道长度最短，可降低运营费用；没有反向迂回运行，适应车速高，通行能力较大 缺点：跨线构造物较多，需要单向跨线桥两层式两座或三层式一座；相交道路的双向行车之间须有足够间距，以便跨越（或穿越）对向行车道。因直连式左转匝道存在左出和左进的问题，且与我国右侧行驶规则不相符，一般不宜采用	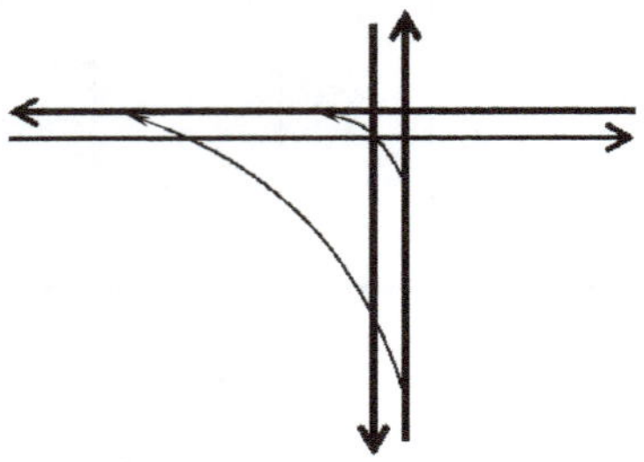
半直连式（又称为半定向式、半直接式）匝道	左出右进式：左转车辆从行车道左侧直接驶出后左转弯，到相交道路时由行车道右侧驶入。与定向式左转匝道相比，右进改善了左进的缺点，车辆驶入安全方便，但仍存在左出的问题；匝道上车辆略有绕行；驶出道路双向行车道之间须有足够间距。图示的三种情况都可采用，应视地形、地物限制条件选用	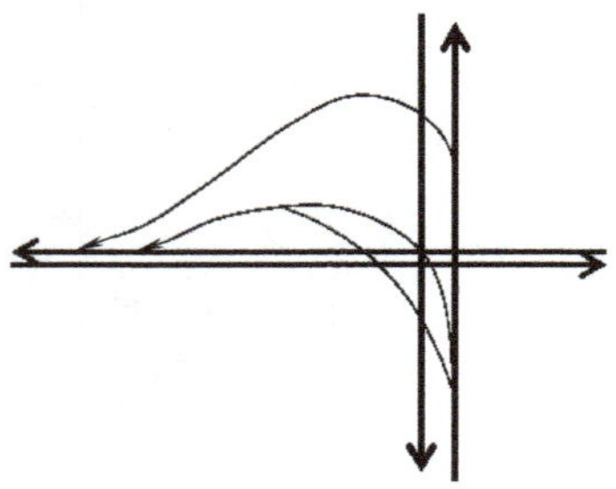
	右出左进式：左转车辆从行车道右侧右转弯驶出，在匝道上左转弯，到相交道路后直接由行车道左侧驶入。改善了左出的缺点，车辆驶出安全方便，但仍存在左进的缺点；驶入道路双向行车道之间须有足够间距	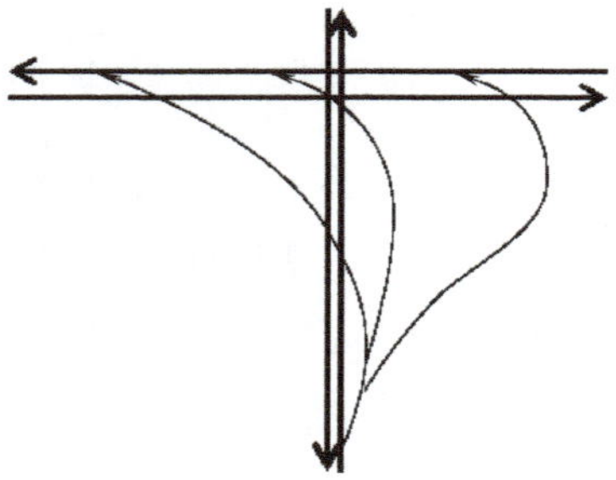
	右出右进式：左转车辆都是由行车道右侧右转弯驶出和驶入，在匝道上左转改变方向。右出右进式是最常用的左转匝道形式，它完全消除了左出和左进的缺点，行车安全方便；其缺点是左转绕行距离较长，跨线构造物较多。图示的五种形式应视地形、地物及线形等条件而定	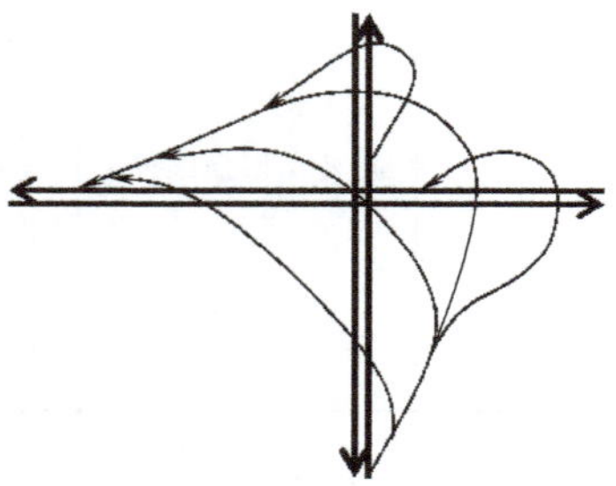

第7章 道路立体交叉设计

（续）

类　型	描　述	图　示
环形（又称为间接式、环圈式）匝道	左转车辆驶过正线跨线构造物后向右回转约270°达到左转的目的，在相交道路的右侧驶入。环形左转匝道的特点是右出右进，行车安全，匝道上不需设跨线构造物，造价最低；匝道线形指标差，适应车速低，通行能力较小，占地面积大，左转绕行距离长	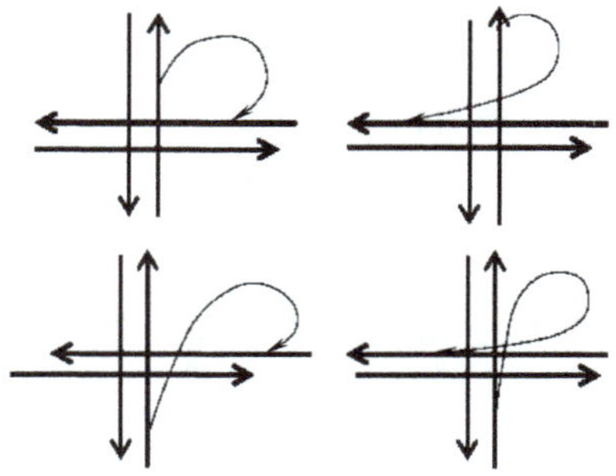

2. 匝道连接方式

匝道与主线、匝道之间及主线之间的连接宜采用表 7-10 所示的匝道连接方式，并应符合下列规定：

1）匝道与匝道的交织应在高速公路直行车道外设置专门的交织区，不应与高速公路直行车道交织。

2）高速公路直行车道之间不得采用交织的连接方式。

3）不宜采用在高速公路左侧连接的方式。

表 7-10　宜采用的匝道连接方式

连接方式		分　流	合　流	交　织
匝道与主线之间的连接		右侧分流 	右侧合流 	右侧交织 
相互连接	匝道	匝道相互分流 	匝道相互合流 	匝道与匝道交织 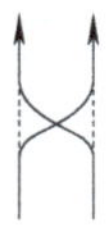
	主线	主线相互分流	主线相互合流	主线与主线交织
			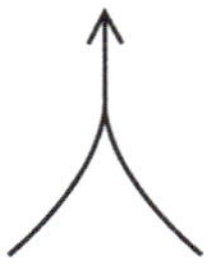	—

当连续有两条或两条以上的匝道与主线连接时，属于多条交通流的组合。根据几何学原理，多条交通流的组合共有 20 种，但从设计的一致性出发，仅有其中的四种最为安全，宜采用表 7-11 推荐的连续分流、合流的连接方式。连续出口易造成驾驶员对出口判断的犹疑，且易造成错路运行；连续入口对下游直行车流的影响明显加大，当条件受限时，方可采用连续出入口的方式，但相邻端部间的最小距离应符合有关连接部间距的规定。

表 7-11　连续分流、合流的连接方式

连接方式	连续分流	连续合流	合分流	分合流
推荐的连接方式				
受条件限制时可采用的方式			—	—

3. 匝道设计控制要素

表 7-7 列举了立交设计中主要考虑的控制要素，针对匝道设计，主要的控制要素有设计车辆、设计速度、视距、设计交通量、通行能力与服务水平。设计车辆要素一般与主线的要求一致，此处并未赘述。

（1）设计速度　匝道路段的设计速度应该根据互通立交的类型、匝道的形式、匝道通行交通量情况等取值。受地形、经济条件的约束，一般匝道的设计速度需低于主线，但同时应该考虑到主线与被交线与匝道设计速度的差值不应过大，防止加减速度过大而对行车舒适性、安全性造成较大的不利影响。公路、城市道路互通式立交匝道设计速度见表 7-12。

表 7-12　公路、城市道路互通式立交匝道设计速度　　（单位：km/h）

类　型	匝道形式	直　接　式	半直接式	环　形
公路	枢纽互通式立交	80、70、60、50	80、70、60、50、40	40
	一般互通式立交	60、50、40	60、50、40	40、35、30
城市道路	A 类、B 类、C 类	80、70、60、50、40、35、30、25、20		

根据匝道的形式，可以按照表 7-13 进行匝道基本路段设计速度的选取。设计速度还应该考虑满足最佳车速的要求、适应车辆连续减速或预加速的需要、考虑匝道的交通组织等。按设计速度完成匝道线形设计后，应对线形指标变化较大的路段进行运行速度连续性检验，如不满足相邻路段运行速度连续性或设计速度与运行速度一致性的要求，应调整匝道平面、纵断面线形或修正超高等几何指标。

表7-13 匝道基本路段设计速度的选取

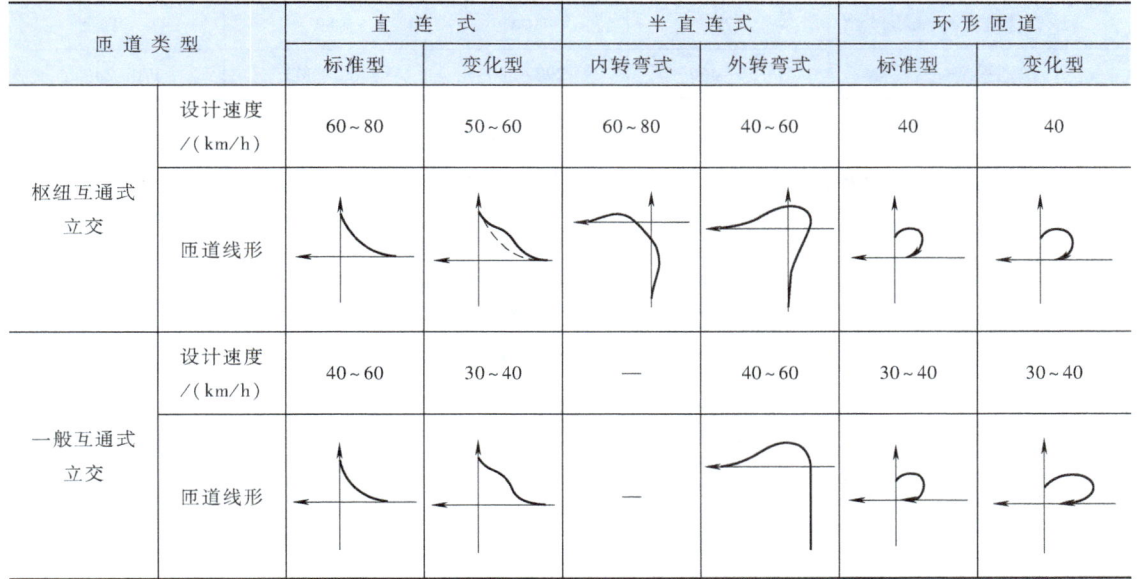

注：本表取自《公路立体交叉设计细则》（JTG/T D21—2014）。

（2）视距　匝道设计中的视距评估主要包括基本路段的停车视距、分流鼻端前的识别视距以及合流端前的通视视距三角形。视距检验采用的参数应该根据车型与视距类型进行确定，一般按照下列参数选取：

1）停车视距：视高 1.2m，物高 0.1m。

2）货车停车视距：视高 2.0m，物高 0.1m。

3）识别视距：视高 1.2m，物高 0m。

单向匝道和对向分隔式匝道应满足停车视距的要求，匝道停车视距不应小于表 7-14 的规定。当对向非分隔双车道匝道有会车可能时，应满足会车视距的要求，会车视距不应小于停车视距的 2 倍。受条件限制且有分道行驶措施的路段可采用停车视距。在交通组成以大型车为主或者对载重车辆视距有影响的路段，立交中相交道路和匝道应该按照货车视距进行视距检验。

表7-14 匝道停车视距

匝道设计速度/(km/h)		80	70	60	50	40	35	30	25	20
公路	一般地区/m	110	95	75	65	40	35	30	—	—
	积雪冰冻地区/m	135	120	100	70	45	35	30	—	—
城市道路/m		110	90	70	55	40	35	30	25	20

注：本表部分取自《公路立体交叉设计细则》（JTG/T D21—2014）。

在分流端部前等驾驶员容易误判信息或错误决策的路段，应满足识别视距的要求。有条件时，公路互通式立交匝道的识别视距宜采用表 7-15 的规定值，在信息复杂路段宜采用表中高限值。当条件受限时不应小于 1.25 倍的主线停车视距。

表 7-15 公路互通式立交匝道识别视距

主线设计速度/(km/h)	120	100	80	60
识别视距/m	350~460	290~380	230~300	170~240

注：本表取自《公路立体交叉设计细则》(JTG/T D21—2014)。

在合流端部前，主线距合流鼻端100m、匝道距合流鼻端60m形成的通视三角区（图7-15）内应清除阻碍主线与匝道相互通视的障碍物。

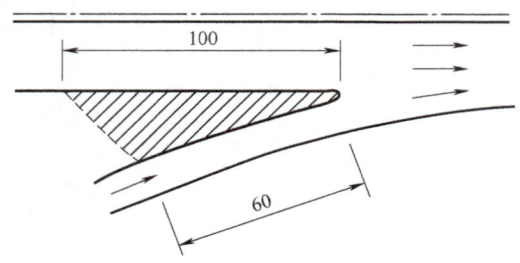

图 7-15 合流鼻端前通视三角区（尺寸单位：m）

（3）设计交通量 匝道设计交通量是确定匝道类型、设计速度、车道数、几何形状、部分互通式或完全互通式以及是否分期修建等的基本依据。在立交设计阶段应采用设计小时交通量，并符合下列规定：设计小时交通量采用年第30位小时交通量，或者根据立交功能与当地小时交通量的变化特征采用20~40h范围内最经济合理的小时交通量。互通立交中也应该提供节点交通量分布图，明确各方向与各路段的设计小时交通量。设计小时交通量计算公式为

$$DDHV = AADT \cdot K \cdot D \tag{7-1}$$

式中 $DDHV$——设计小时交通量（pcu/h）；

$AADT$——年平均日交通量（pcu/d）；

K——设计小时交通量系数，根据交叉道路功能、交通量、地区气候和地形等条件确定

D——方向不均匀系数，根据当地交通量的观测资料确定，当资料缺乏时，可以在50%~60%范围内选取。

（4）通行能力与服务水平 匝道的通行能力取决于匝道基本路段和出、入口处的通行能力，以三者之中较小者作为采用值。通常出口和入口的通行能力与匝道基本路段通行能力相比甚小，故匝道的通行能力主要受匝道出口或入口处通行能力的控制，并受主线通行能力、车道数、设计交通量等影响。当设计服务水平采用四级时，匝道基本路段的设计通行能力可以参照表7-16取值。

表 7-16 匝道基本路段的设计通行能力

匝道设计速度/(km/h)		80	70	60	50	40	35	30
设计通行能力 (pcu/h)	单车道	1500	1400	1300	1200	1000	900	800
	双车道	2900	2600	2300	2000	1700	1500	1300

注：本表取自《公路立体交叉设计细则》(JTG/T D21—2014)。

4. 匝道横断面设计

匝道的断面组成与车道数确定应先于匝道平面、纵断面线形的设计。匝道横断面的组成应满足车辆运营、安全、管理、养护及抢险等需要，并应充分考虑互通式立交类型及环境影响等因素。匝道车道数以及标准横断面的类型应该根据匝道设计小时交通量、交通组成、设计速度、设计服务水平以及是否有满足超车需要等综合确定。

（1）匝道横断面组成　匝道横断面一般由车道、路缘带、硬路肩与土路基组成。向分隔的双车道匝道还应包括中央分隔带，城市道路互通式立交匝道考虑非机动车行驶时，还应包括侧分带和非机动车道。对于各部分的宽度应该满足以下条件：

1）车道宽度宜采用 3.50m（匝道设计速度小于 70km/h）；当设计速度大于 70km/h 时，车道宽度应采用 3.75m。具体应结合匝道设计速度、通行车辆类型和限制条件等综合确定。

2）路缘带应该采用 0.50m。

3）当单向双车道匝道设置紧急停车带时，左侧硬路肩宽度可采用 0.75m；其余匝道应采用 1.00m。

4）当需要紧急停车用时右侧硬路肩宽度宜采用 3.00m；当条件受限时不低于 1.50m；对向分隔式双车道时宜采用 2.00m；当不供紧急停车用时可采用 1.00m。

5）土路肩宽度宜采用为 0.75m，条件受限时土路肩宽度可采用 0.50m。

互通式立交匝道横断面各组成部分宽度见表 7-17。

表 7-17　互通式立交匝道横断面各组成部分宽度　　　　（单位：m）

组成	车道	路缘带	土路肩	硬路肩（含路缘带）		中央分隔带
				左侧	右侧	
公路	3.50（或 3.75）	0.50	0.75（或 0.50）	1.00（或 0.75）	3.00（或 1.00、1.50、2.00）	≥1.00
城市道路	3.50（或 3.75、3.25、3.00）	0.50（0.25）	0.75（或 0.50）	1.00（或 0.75）	2.50（或 1.00、0.75、0.50）	≥1.50

（2）匝道横断面类型选择　匝道横断面类型见表 7-18。

表 7-18　匝道横断面类型

横断面类型	图示
Ⅰ型——单向单车道匝道	

（续）

横断面类型	图示
Ⅱ型——无紧急停车带的单向双车道匝道	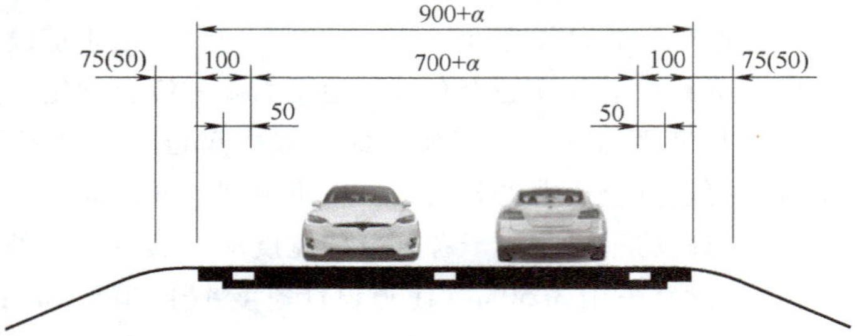 900+α，75(50)，100，700+α，100，75(50)，50，50
Ⅲ型——设紧急停车带的单向双车道匝道	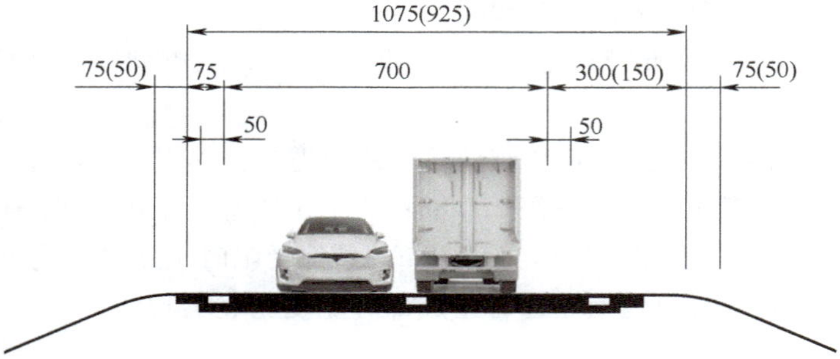 1075(925)，75(50)，75，700，300(150)，75(50)，50，50
Ⅳ型——对向分隔式双车道匝道	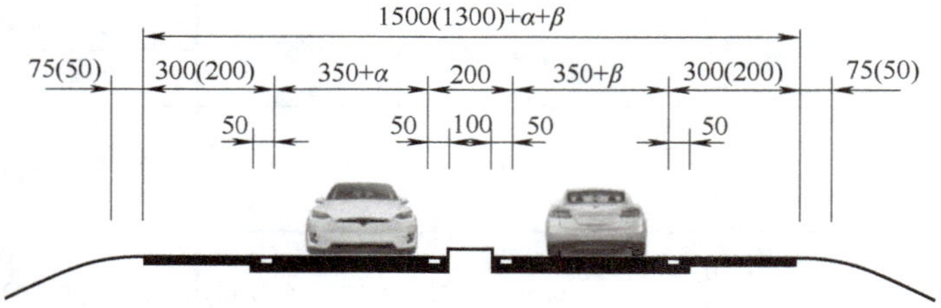 1500(1300)+α+β，75(50)，300(200)，350+α，200，350+β，300(200)，75(50)，50，50，100，50，50

注：α、β 为加宽值。

单向匝道横断面类型和变速车道数应该根据匝道设计速度、设计小时交通量和匝道长度根据表7-19选取。当匝道设计小时交通量小于单车道设计通行能力，但匝道采用双车道设计时，变速车道宜采用单车道。当匝道设计小时交通量大于或者等于单车道设计通行能力时，变速车道应该采用双车道。当减速车道上游或者加速车道下游的主线设计小时交通量接近主线设计通行能力时，应对分合流区通行能力进行验算，当其不能满足设计通行能力时，应增加变速车道的长度或者车道数，必要情况可调整匝道的断面类型。

（3）匝道超高及过渡　与一般道路平面设计相似，在匝道圆曲线半径小于不设超高最小半径时需要在圆曲线路段设置超高，在不同路面横坡度的路段之间需要设置超高过渡段。

1）超高值确定。在匝道为直线路段或者匝道圆曲线半径大于不设超高最小半径时无须设置超高。在不设超高路段，单向匝道建议采用单向横坡；对向匝道可以根据匝道长度、线形条件的因素采用双向横坡或者单向横坡。

第7章 道路立体交叉设计

表 7-19 单向匝道横断面类型和变速车道数选择条件

匝道设计速度 /(km/h)	80	70	60	50	40	35	30	匝道长度 /m	匝道横断面类型	变速车道的车道数
匝道设计小时交通量 DDHV (pcu/h)	DDHV<400	DDHV<400	DDHV<400	DDHV<400	DDHV<400	DDHV<400	DDHV<400	≤500	I	单车道
								>500	II	单车道
	400≤DDHV<1500	400≤DDHV<1400	400≤DDHV<1300	400≤DDHV<1200	400≤DDHV<1000	400≤DDHV<900	400≤DDHV<800	≤350	I	单车道
								>350	II	单车道
	1500≤DDHV<1800	1400≤DDHV<1700	1300≤DDHV<1600	1200≤DDHV<1500	1000≤DDHV<1400	900≤DDHV<1350	800≤DDHV<1300	不限	II	双车道
	1800≤DDHV≤2900	1700≤DDHV≤2600	1600≤DDHV≤2300	1500≤DDHV≤2000	1400≤DDHV≤1700	1350≤DDHV≤1500	—	不限	III	双车道

注：本表取自《公路立体交叉设计细则》（JTG/T D21—2014）。

匝道圆曲线半径的最大超高值宜采用 6%，在积雪冰冻地区，最大超高值不得超过 6%。在非积雪冰冻地区，当交通组成以小客车为主时，匝道的最大超高可以酌情增大，但是也不应超过 8%。匝道两侧的土路肩应设置向路基外侧倾斜的横坡。在不设超高的路段的两侧和设置超高的路段，土路肩的坡度建议采用 3%。在设置超高路段的曲线内侧，在超高坡度大于 3% 时，土路肩横坡与超高值宜相同；当小于 3%，则土路肩横坡应取 3%。

2）超高过渡。匝道上直线与超高圆曲线之间或两超高不同的圆曲线之间，应设置超高过渡段。超高过渡段长度应根据匝道的设计速度、横断面类型、旋转轴的位置以及超高渐变率等因素确定。匝道超高过渡宜在回旋线路段进行，超高过渡段长度计算公式与正线相同，具体可参照一般路段超高过渡计算。超高过渡段的超高过渡方式主要有三种，见表 7-20。超高渐变率不得大于表 7-21 中的取值。匝道超高过渡应平顺和缓，不产生扭曲突变。超高过渡方式可根据实际条件，采用以行车道中线或以路缘带外边线旋转，沿超高过渡段逐渐变化，直至达到圆曲线内的全超高。

表 7-20 超高过渡方式

过渡方式	描述	图示
绕车道中心转	以车道中心为旋转轴，路面绕其旋转，直到超高横坡值	
	当有中央分隔带时，旋转轴为两侧车道中心线，两侧路面分别绕其旋转，使其成为独立的单向超高	

(续)

过渡方式	描述	图示
绕左侧路缘带外边缘旋转	以左侧路缘带外边缘线为旋转轴，路面绕其旋转，直至达到超高横坡值 当有中央分隔带时，旋转轴即中央分隔带两外边缘线，两侧路面分别绕其旋转，使之各自成为独立的单向超高，中央分隔带维持原水平状态	旋转轴 ↑行车方向
绕中心带中心线旋转	当对向分隔式车道的中央分隔带铺筑路面时，可将中间带的中心线作为旋转轴，按绕车道中心旋转的方法进行超高过渡	旋转轴 旋转轴 ↓行车方向 ↑行车方向

表 7-21 匝道超高最大渐变率

旋转轴位置	车道中心		左侧路缘带外边缘	
匝道横断面类型	单向单车道 对向分隔式双车道	单向双车道 对向非分隔双车道	单向单车道 对向分隔式双车道	单向双车道 对向非分隔双车道
匝道设计速度 /(km/h) 80	1/250	1/200	1/200	1/150
70	1/240	1/190	1/175	1/140
60	1/225	1/175	1/150	1/125
50	1/200	1/150	1/125	1/100
≤40	1/150	1/150	1/100	1/100

（4）匝道加宽及过渡　与一般道路设计过程相似，当匝道圆曲线路段的宽度不能满足实际通行需求时，在圆曲线段落的路面应该予以加宽，不同路面宽度的路段之间应该设置加宽过渡段。匝道圆曲线的加宽值，应根据圆曲线半径的大小、匝道横断面类型和匝道路面通行条件见表 7-22，综合确定加宽值。对向分隔式双车道（Ⅳ型），应按各自车道的圆曲线半径所对应的加宽值分别加宽。圆曲线上路面的加宽位置一般设在圆曲线内侧，加宽的过渡可按照正线加宽过渡的方式进行。对向分隔式匝道宜在内外侧分别加宽。

表 7-22 匝道路面通行条件

匝道横断面类型	通行条件	
	一般情况	特殊情况
单向单车道（Ⅰ型）	当路肩停有载货汽车时，铰接列车能够慢速通过	当路肩停有小客车时，铰接列车能够慢速通过
对向分隔双车道（Ⅳ型）		
单向双车道或对向非分隔双车道（Ⅱ型）	两辆铰接列车能够慢速并行或错车通过	铰接列车与载货汽车能够慢速并行或错车通过

加宽值的采用还应该符合以下规定：

1）当Ⅰ型匝道与Ⅳ型匝道在相同半径圆曲线路段衔接时，应采用Ⅳ型匝道的单侧加宽值。

2）当通行条件或匝道路面标准宽度有变化时加宽值应重新计算确定。

3）当Ⅲ型匝道硬路肩宽度为3.00m且圆曲线半径大于32m时，可不设加宽。

5. 匝道平面、纵断面线形设计

匝道的平面、纵断面线形应该组合得当、指标协调，保证视觉上的连续性与车辆行驶的安全性。同时，匝道的平面、纵断面线形设计应该考虑全路段以及相邻路段运行速度的变化规律，平面、纵断面线形指标应该与运行速度及其变化规律相适应。

（1）平面设计 互通式立体交叉匝道的平面线形指标，应根据互通式立体交叉的形式、匝道设计速度、交通量、地形和用地条件以及造价等因素确定，并保证车辆能连续安全地运行，达到工程及运营经济性要求。进行平面设计时应注意以下几点问题：

1）匝道圆曲线半径。匝道圆曲线半径的大小取决于匝道的设计速度，同时应考虑经济性、安全性和舒适性。公路互通式立交匝道圆曲线不应小于最小半径的规定见表7-23。通常应选用大于一般值的半径，当受地形条件或其他特殊情况限制时，方可采用极限值。冰冻积雪地区不得采用极限值。

表7-23 公路互通式立交匝道圆曲线的最小半径

匝道设计速度/(km/h)		80	70	60	50	40	35	30
圆曲线最小半径/m	一般值	280	210	150	100	60	40	30
	极限值	230	175	120	80	50	35	25

注：本表取自《公路立体交叉设计细则》(JTG/T D21—2014)。

城市道路立体交叉匝道圆曲线的最小半径及平曲线最小长度见表7-24。选用时宜采用大于或等于表列最大超高为2%的最小半径，有条件的地方可采用不设超高的最小半径。

表7-24 城市道路立体交叉匝道圆曲线的最小半径及平曲线最小长度

匝道设计速度/(km/h)		80	70	60	50	40	35	30	25	20
积雪冰冻地区		—	—	240	150	90	70	50	35	25
一般地区	不设超高	420	300	200	130	80	60	45	30	20
	最大超高2%	315	230	160	105	65	50	35	25	20
	最大超高4%	280	205	145	95	60	45	35	25	15
	最大超高6%	255	185	130	90	55	40	30	25	15
平曲线最小长度/m		150	140	120	100	90	80	70	50	40

2）匝道缓和曲线。匝道缓和曲线形式采用回旋线。匝道及其端部设置回旋线时，其参数及长度宜不小于表7-25的规定。

表 7-25　匝道回旋线参数及长度

匝道设计速度/(km/h)		80	70	60	50	40	35	30	25	20
公路	回旋线参数 A/m	140	100	70	50	35	30	20	—	—
	回旋线长度/m	70	60	50	40	35	30	25	—	—
城市道路	回旋线参数 A/m	135	110	90	70	50	40	35	25	20
	回旋线长度/m	75	70	60	50	45	40	35	25	20

注：本表部分取自《公路立体交叉设计细则》(JTG/T D21—2014)。

回旋线长度应不小于超高过渡所需的长度，回旋线参数 A 以小于等于 1.5 倍的所接圆曲线半径为宜。反向曲线间两个回旋线，回旋线参数宜相等或相近。相差较大时，大小两参数之比不宜大于 1.5。径向衔接的复曲线，其大小半径之比不应大于 1.5，否则应设回旋线。

3）分流鼻处匝道最小曲率半径。驶出匝道的分流鼻处，因从正线分离后行驶速度较高，应具有较大的曲率半径，并使其后的曲率变化与行驶速度的变化相适应。在分流鼻处，公路互通式立体交叉分流鼻处匝道最小曲率半径见表 7-26。

表 7-26　公路互通式立体交叉分流鼻处匝道最小曲率半径

主线设计速度/(km/h)		120	100	80	60
匝道最小曲率半径/m	一般值	350	300	250	200
	极限值	300	250	200	150

注：本表部分取自《公路立体交叉设计细则》(JTG/T D21—2014)。

4）匝道平面线形设计要点。

① 汽车在匝道上的行驶速度呈由高到低再到高逐渐变化的过程，在匝道平面线形设计中，平曲线的曲率变化应与此变速行驶状态相适应。

② 匝道的平面线形设计指标应与匝道的设计速度一致，一般圆曲线半径尽量大于等于一般最小半径，应注意匝道线形指标的连续性，尽量不采用设计指标突变的线形。

③ 匝道平面线形应与其交通量相适应。转弯交通量大的匝道，通行能力较大，行车速度要求高一些，应采用较高的技术指标，行车路径应尽量短捷。

④ 在满足用地条件和造价要求的前提下，右转弯匝道和左转弯直连式或半直连式匝道应采用较高的平面线形指标。

⑤ 出口匝道的平面线形指标应高于入口匝道。

⑥ 分、合流处应具有良好的平面线形和通视条件。

⑦ 匝道平面线形在满足交通条件、场地条件和技术指标的前提下，各匝道应合理组合，尽量减少拆迁数量和占地面积。

⑧ 匝道的平面线形设计应结合匝道的纵断面设计进行。匝道平面的长度应满足匝道纵断面的要求，既不使纵坡过陡，也不使纵坡过缓；应考虑与纵断面的组合设计，与纵断面桥跨布置的协调，尽量使立体线形能诱导驾驶员的视线，满足结构物的控制高程要求。

（2）纵断面设计

1）匝道最大纵坡。匝道受上、下线高程的限制，为克服高差、节省用地和减少拆迁，并考虑匝道上车速较低，匝道纵坡一般比正线纵坡大。公路与城市道路互通式立交匝道最大纵坡分别见表 7-27 与表 7-28。

表 7-27 公路互通式立交匝道最大纵坡

匝道设计速度/(km/h)			80、70	60、50	40、35、30
最大纵坡（%）	出口匝道	上坡	3	4	5
		下坡	3	3	4
	入口匝道	上坡	3	3	4
		下坡	3	4	5

注：本表取自《公路立体交叉设计细则》（JTG/T D21—2014）。

匝道最大纵坡，因地形困难或用地紧张时可增大 1%；出口匝道的上坡、入口匝道的下坡路段，在非冰冻积雪地区特殊困难情况下可增加 2%。匝道的合成坡度不宜大于 9%，积雪冰冻地区不宜大于 7.5%。

城市道路互通式立体交叉匝道最大纵坡不应大于表 7-28 的规定。若机动车与非机动车在同一匝道上混行时，考虑非机动车的行车要求，最大纵坡应按非机动车行车道的规定，一般不宜大于 3%。

表 7-28 城市道路互通式立体交叉匝道最大纵坡

匝道设计速度/(km/h)		80	70	60	50	≤40
最大纵坡（%）	一般地区	5	5.5	6	7	8
	积雪冰冻地区	4	4	4	4	4

2）匝道竖曲线最小半径及最小长度。匝道竖曲线设计时，竖曲线最小半径和竖曲线最小长度两个指标应同时满足要求。匝道竖曲线的最小半径及长度见表 7-29。

表 7-29 匝道竖曲线的最小半径及长度

匝道设计速度/(km/h)			80	70	60	50	40	35	30	25	20
竖曲线最小半径/m	凸形	一般值	4500 (4500)	3500 (3000)	2000 (1800)	1600 (1200)	900 (600)	700 (450)	500 (400)	— (250)	— (150)
		极限值	3000 (3000)	2000 (2000)	1400 (1200)	800 (800)	450 (400)	350 (300)	250 (250)	— (150)	— (100)
竖曲线最小半径/m	凹形	一般值	3000 (2700)	2000 (2025)	1500 (1500)	1400 (1050)	900 (675)	700 (525)	400 (375)	— (255)	— (165)
		极限值	2000 (1800)	1500 (1350)	1000 (1000)	700 (700)	450 (450)	350 (350)	300 (250)	— (170)	— (110)
竖曲线最小长度/m		一般值	100 (105)	90 (90)	70 (75)	60 (60)	40 (55)	35 (45)	30 (40)	— (30)	— (30)
		极限值	75 (70)	60 (60)	50 (50)	40 (40)	35 (35)	30 (30)	25 (25)	— (20)	— (20)

注：1. 本表部分取自《公路立体交叉设计细则》（JTG/T D21—2014）。
2. 括号内的数值为城市道路互通式立体交叉匝道竖曲线最小半径及最小长度的指标。

3) 匝道纵断面设计要点。

① 匝道及其与正线连接处，纵断面线形应尽量连续，避免突变，保证主线与匝道分岔处能顺畅连接。

② 匝道纵坡应符合最大纵坡和最小纵坡的规定。

③ 匝道上应尽量采用较缓的纵坡，以保证行车的舒适与安全，尽量不采用最大纵坡值，特别是加速上坡匝道和减速下坡匝道应采用缓的纵坡。

④ 匝道上设收费站时，收费站路段纵坡应满足要求，邻接收费广场的路段，其纵坡应平缓，不得以较大的下坡紧接收费广场。

⑤ 匝道纵断面设计除与主线、被交线衔接处纵坡协调配合外，主要受控制高程的制约，如匝道与主线、被交线相互跨越；匝道跨越或下穿非机动车道及人行道；匝道间的相互跨越等。设计时使这些控制高程相互协调，合理抬高或压低纵断面，以适应结构物的建筑高度和净空高度的要求。

⑥ 匝道及端部纵坡变化处应采用较大半径的竖曲线，以保证足够的停车视距，分、合流点及其附近的竖曲线还应满足识别视距要求，以能看清前方的路况。

7.3.5 连接部设计

连接部包括变速车道、辅助车道及集散车道等。匝道与正线、正线之间或者匝道之间的道口对于保证互通立交功能的发挥具有非常重要的作用。连接部设计的一般应满足：出入顺适、安全，线形与正线协调一致；出、入口应视认方便；正线与匝道通视良好；满足车道平衡和车道连续的要求。

1. 变速车道

变速车道包括减速车道和加速车道。车辆由正线驶入匝道时减速所需的附加车道称为减速车道；车辆从匝道驶入正线时加速所需的附加车道称为加速车道。

（1）变速车道形式　表 7-30 为变速车道对比，总结了两种变速车道形式的特点，图 7-16 为变速车道的形式，展示了两种不同形式的加速车道与减速车道。

表 7-30　变速车道对比

类　型	描　述	优　点	缺　点
平行式	平行式变速车道是在正线外侧平行增设的一条附加车道。平行式变速车道连接部应设渐变段与正线连接	车道划分明确，行车容易辨认	车辆行驶轨迹呈反向曲线，对行车不利
直接式	直接式变速车道是由正线斜向以一定角度渐变加宽，形成一条与匝道连接的附加车道	线形平顺并与行车轨迹吻合，对行车有利	变速车道起点不易识别

变速车道为单车道时，减速车道宜采用直接式，加速车道宜采用平行式；变速车道为双车道时，加、减速车道均应采用直接式。当主线圆曲线半径小于规定的互通式立交范围内一般最小半径且设置直接式困难时，曲线外侧的变速车道宜采用平行式。

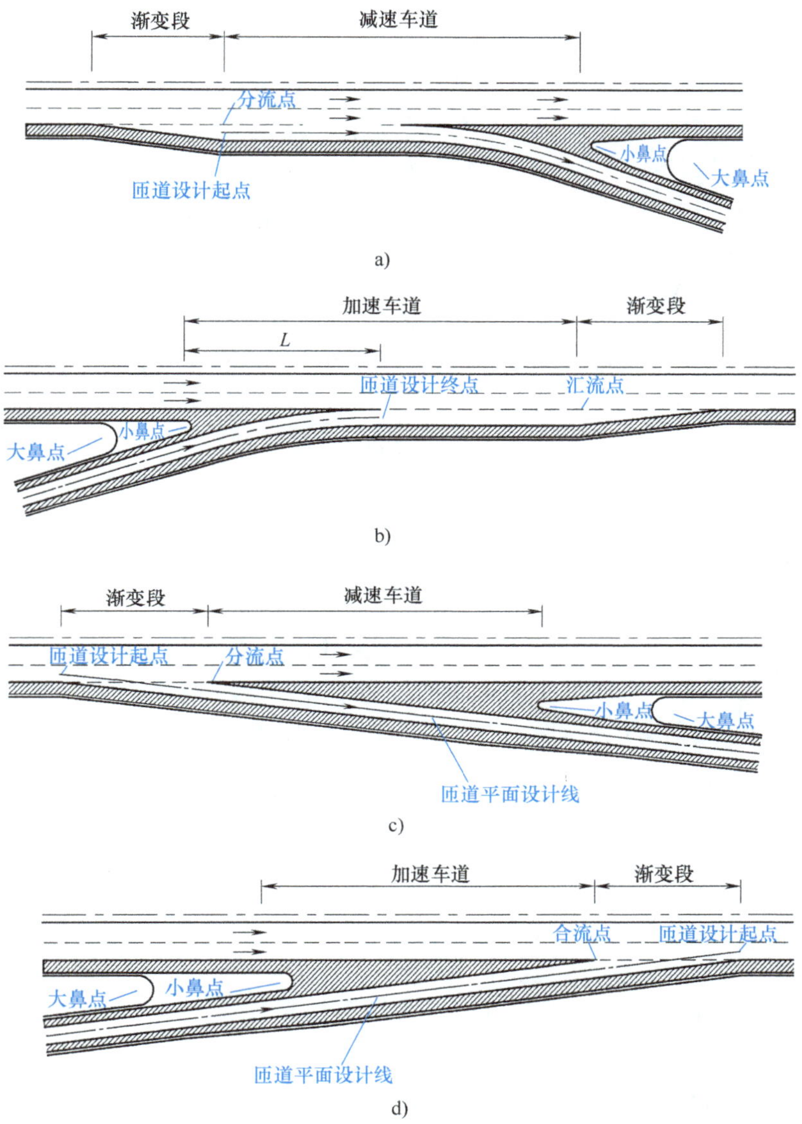

图 7-16 变速车道的形式
a）平行式减速车道 b）平行式加速车道 c）直接式减速车道 d）直接式加速车道

（2）变速车道断面 变速车道横断面的组成由左侧路缘带（与正线车道共用）、行车道、右路肩（含右侧路缘带）组成，变速车道的各组成部分宽度如图 7-17 所示。城市道路可不设右路肩，但应保留路缘带。变速车道的宽度宜采用匝道车道宽度。变速车道与主线直行车道之间应该设置路缘带，其宽度建议值为 0.50m。右侧硬路肩宽度宜采用与匝道硬路肩中较宽者的宽度。在条件受限的情况下，可酌情减小右侧硬路肩的宽度，但不应小于 1.50m 宽度。

（3）变速车道长度 变速车道长度为加速或减速车道长度与渐变段长度之和。其中，加速或减速车道长度是指渐变段车道宽度达到一个车道宽度的位置与分流或合流鼻端之间的距离。

1）减速车道长度。根据国内外的相关研究，车辆在减速驶出的过程中可能采用两种减速方式：一是，采用一个基本不变的加速度减速驶出，可认为是均减速过程；二是，采用两次不同的加速度减速驶出，第一阶段是抬起或完全松开加速踏板，采用发动机和其他行驶阻力减速，这个过程减速度较小，第二阶段是驾驶员看清出口匝道的线形和宽度后，为了安全驶出主线，进入匝道，用主制动器减速，这个过程减速度较大，第二阶段也是均减速过程。两种减速方式的每个减速阶段的长度计算公式为

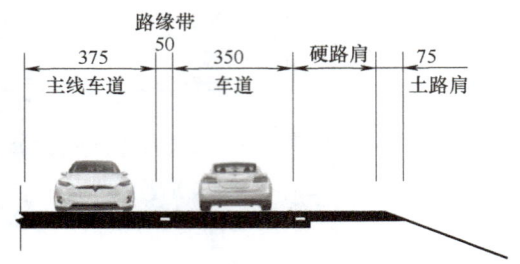

图 7-17　变速车道的宽度（单位：cm）

$$L = \frac{V_1^2 - V_2^2}{26a} \tag{7-2}$$

式中　L——每个减速段车辆行驶的距离（m）；

V_1——减速前行驶速度（km/h）；

V_2——减速后行驶速度（km/h）；

a——汽车平均加（减）速度（m/s²），一般取 $2 \sim 3 \mathrm{m/s^2}$。

2）加速车道长度。加速车道是设置在主线最外侧车道的附加车道，既要满足合流车辆加速的需要，也要满足为合流车辆等待一个与主线车辆合流的机会而保持在附加车道上继续行驶的长度（简称等待长度）。因此，加速车道第一部分长度是合流车辆加速所需的长度计算公式为

$$L_1 = \frac{V_1^2 - V_2^2}{26a} \tag{7-3}$$

式中　L_1——车辆加速行驶的距离（m）；

V_1——合流加速的末速度（km/h）；

V_2——汇流鼻端的初速度（km/h）；

a——合流加速度（m/s²），一般取 $0.8 \sim 1.2 \mathrm{m/s^2}$。

等待长度 L_2 与主线外侧车道车辆的可插入间隙（欲换道车辆顺利汇入目标车道时所能利用的车头时距最小值）、最大服务交通量有关，所以加速车道的长度为加速段长度与等待长度之和。

当变速车道位于纵坡大于2%的路段时，下坡路段的减速车道和上坡路段的加速车道长度应根据主线平均纵坡予以修正。坡道上变速车道长度的修正系数见表 7-31。

表 7-31　坡道上变速车道长度的修正系数

主线平均纵坡 i（％）	$i \leqslant 2$	$2 < i \leqslant 3$	$3 < i \leqslant 4$	$i > 4$
下坡减速车道修正系数	1.00	1.10	1.20	1.30
上坡加速车道修正系数	1.00	1.20	1.30	1.40

变速车道长度的选用除应符合规定的最小长度要求外，还应结合正线的运行速度、交通量、大型车比例等，对变速车道长度进行验算，必要时应增加变速车道的长度。

3）渐变段长度。渐变段长度是指渐变段车道宽度达到一个车道宽度的位置至正线之间的渐变长度。渐变段的长度应保证车辆变换车道时行驶的稳定性和舒适性。

2. 基本车道

在高速道路的全长或重要结点之间的较长路段内，必须保持一定基本车道数。同时在正线与匝道或匝道与匝道的分、合流处必须保持车道数目的平衡，两者之间通过辅助车道协调。

（1）基本车道数　基本车道数是指一条道路或其某一区段内，根据交通量和通行能力要求所必需的一定数量车道数。基本车道数在相当长的路段内不应变动，不因通过互通式立交而改变基本车道数，目的是防止因修建立交而可能形成交通瓶颈，立交的交通功能难以发挥。

（2）车道平衡原则　立体交叉处正线的车流量必然会因分、合流的存在而发生变化，分流减少，合流增大。为适应车流量的变化，保证车流畅通和工程经济，在分、合流处的车道数应保持平衡。车道平衡的原则为：

1）两条车流合流后正线上的车道数不应少于合流前交汇道路上所有车道数总和减一。

2）正线上的车道数不应少于分流后分岔道路的所有车道数总和减一。

3）正线上一个方向的车道数每次减少不应多于一条。

如图 7-18 所示，根据车道平衡原则，为检验车道数是否平衡，分、合流处车道数平衡公式为

$$N_C \geq N_F + N_E - 1 \tag{7-4}$$

式中　N_C——分流前或合流后的正线车道数（条）；

N_F——分流后或合流前的正线车道数（条）；

N_E——匝道车道数（条）。

3. 辅助车道

在分、合流处，既要保持车道数平衡，又要保持基本车道数连续，如两者发生矛盾，可通过在分流点前或合流点后的正线上增设辅助车道的办法来解决，如图 7-19 所示。

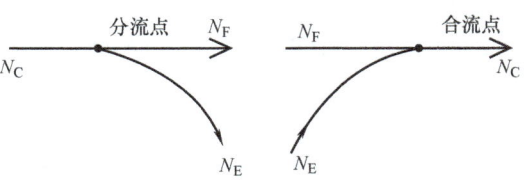

图 7-18　分、合流处车道数的平衡

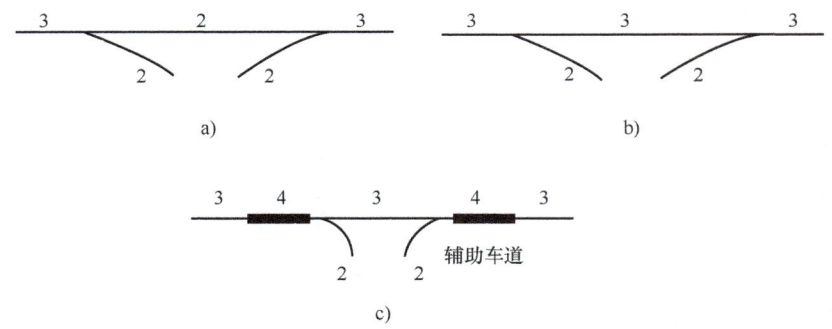

图 7-19　辅助车道

a）车道数平衡，但基本车道数不连续　b）基本车道数连续，但车道数不平衡　c）车道数平衡，且基本车道数连续

注：图中阿拉伯数字代表车道数。

在基本车道数连续的条件下，一般单车道匝道能满足车道数平衡的要求；而设置双车道匝道时车道数不平衡，应增设辅助车道。辅助车道的长度根据设计服务水平时的最大交通量、交织区长度、车道数和交织段车道连接方式等计算确定，也要考虑车辆变道所需要的长度等。同时设计时应满足有关设计规范的规定。

辅助车道的宽度与正线车道相同，且与正线车道间不设路缘带。辅助车道右侧的硬路肩，其宽度一般与正线路段的硬路肩相同；用地或其他条件受限制时可减窄，但不得小于 1.50m。

4. 集散车道

集散车道是指在互通式立交范围内，为隔离交织区、减少主线出、入口数量而大致平行设置于主线外侧并与主线隔离的附加道路。当不能保证主线出入口规定间距或转弯车流交织运行干扰直行车流时，应采用与主线分隔的集散车道将出、入口串联（图 7-20），避免交织车流对主线直行车流的干扰，提高通行能力和行车安全。集散车道上交织段的最小长度根据设计服务水平时的最大交通量、交织区长度、车道数及交织段构造形式等计算确定。

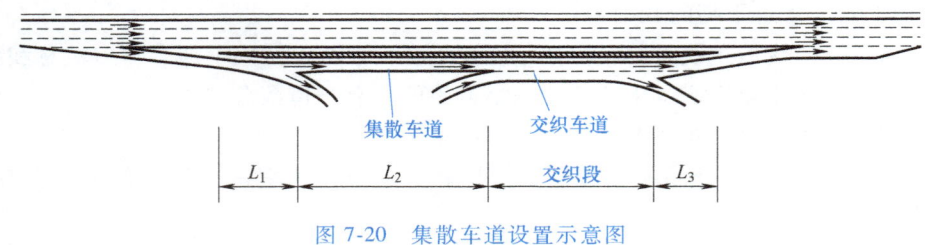

图 7-20　集散车道设置示意图

（1）集散车道的布设方法

1）集散车道与主线的连接应按出入口设计，并符合车道平衡原则。当单车道出入口能满足交通量的需要时，可采用单车道或单车道出、入口的双车道匝道布置形式。

2）集散车道上相邻出、入口的间距应满足表 7-32 中的相关设计规定；入口及其后相邻出口的间距应满足交织的需要。

表 7-32　主线侧连续分、合流鼻端最小间距

主线设计速度/(km/h)		120	100	80	60
连续分、合流鼻端最小间距/m	一般值	400	350	310	270
	极限值	350	300	260	220

3）集散车道上的分、合流应满足匝道间分、合流的规定。

4）当交织交通量较大时，应对交织段的通行能力进行检验，必要时可通过采用立体交叉方法，消除交织段或减少交织交通量，如图 7-21 所示。

（2）集散车道的横断面　集散车道由行车道、硬路肩组成。与主线之间应设分隔带（侧分带），分隔带应设在主线硬路肩外侧，一般不应压缩主线硬路肩宽度（图 7-22）。分隔带可采用凸形或用标线施画成隐形岛。集散车道的行车道一般为双车道，交通量较小时，非交织段可为单车道。右侧硬路肩宽度一般为 2.50m，当双车道的通行能力有较大富余时（交通量小于或略大于单车道通行能力时），硬路肩的宽度可减至 1.00m。集散车道的硬路肩外侧应设置 0.75m 的土路肩。

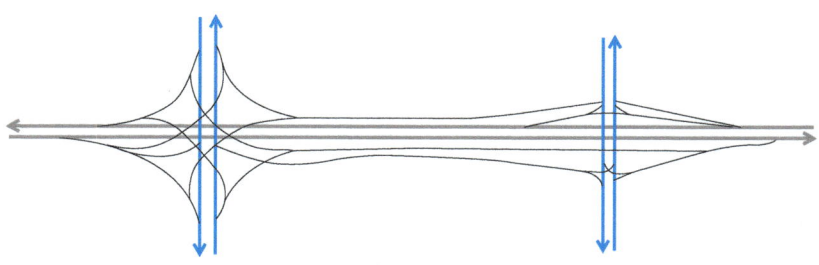

图 7-21　消除交织段或减少交织交通量

主线
分隔带
≥1m
集散车道
行车道
硬路肩
1m
行车道
硬路肩

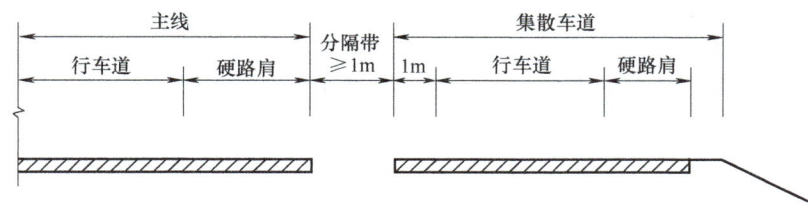

图 7-22　集散车道设置示意图

5. 出、入口间距

为了保证出、入口之间交通的顺畅，降低出入车辆的相互干扰，主线及匝道相邻连接部鼻端之间的距离不宜过小。高速公路上主线侧连续分、合流鼻端最小间距、匝道上相邻分流鼻及合流鼻端最小间距应不小于表 7-32～表 7-34 所列值。当不能保证主线出、入口间距或转弯车流交织干扰主线交通时，应采用与主线分隔的集散车道将出、入口串联。出、入口的类型如图 7-23 所示。

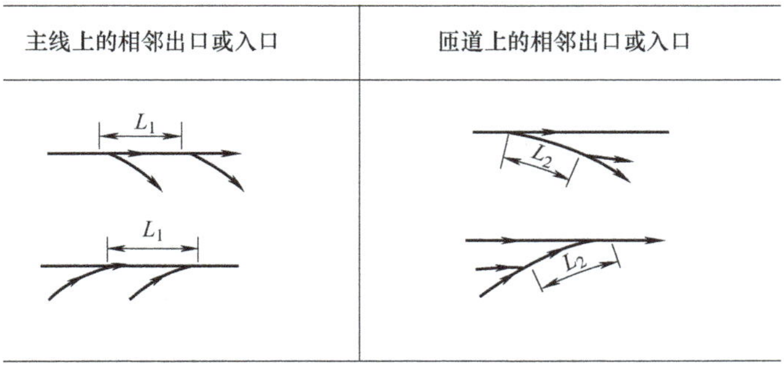

主线上的相邻出口或入口
匝道上的相邻出口或入口
L1
L1
L2
L2

图 7-23　出、入口的类型

表 7-33　匝道上相邻分流鼻端最小间距

主线设计速度/(km/h)	120	100	80	60
相邻分流鼻端最小间距/m	240	210	190	170

表 7-34　匝道上相邻合流鼻端最小间距

匝道设计速度/(km/h)	80	70	60	50	40	35	30
相邻合流鼻端最小间距/m	210	180	160	140	120	110	100

7.4 立交设计案例

7.4.1 重庆菜园坝立交方案设计

1. 项目概述

菜园坝立交工程位于重庆主城区的中心地带，周围有重庆火车站、重庆长途汽车站等公共交通设施，是主城区重要交通聚散地，该地区中山三路、南区路、滨江路、菜袁路等城区主干道交错纵横，是重庆市主城区的交通枢纽和对外窗口地区，车流及人流都很大，同时，由于菜园坝大桥是公、轨两用特大桥，菜园坝立交区域内，轨道交通3号线与立交匝道相互交错，轨道交通与汽车交通的换乘等问题均成为菜园坝立交设计的制约因素，菜园坝广场下面的地下商场、人防设施以及外滩商场的去留也是本立交设计应重点考虑的因素。

2. 设计难点

菜园坝立交工程是一项比较复杂的市政工程，随着设计的深入不断暴露出各种复杂的问题，解决问题的过程也是攻克难关的过程。菜园坝立交设计的难点如下：

1）现有菜园坝立交匝道及相交道路错综复杂，3个层次共有6个路口。新建立交匝道无论采取下穿或上跨现有道路均存在一定难度，同时由于高差较大、立交匝道的层数多，最多的地方有5层（含轨道交通），这就直接影响了匝道平面设计及纵断面设计。

2）外滩商场对立交方案的选择有很大影响。由于各种原因需保留外滩商场，并尽可能减小其影响，外滩商场与其东侧的高层建筑之间的空隙仅有18m，建筑群密集，匝道布置困难。

3）火车站广场下面的地下商场、人防设施及通道纷繁复杂，匝道平面设计及桥跨布置均应考虑以上复杂因素，对匝道线形设计制约很大。

4）匝道多次下穿主线，受到引桥桥跨布置和高程的影响，匝道的线形设计也受很大限制。

5）轨道3号线与匝道多次相交，立交匝道的纵面布置须给轨道交通留出足够空间。

3. 方案比选

在交通量调查和预测的基础上布置立交匝道。交通功能的分析建立在交通量调查和交通量预测的基础上，每条匝道、每个出、入口、每条变速车道均应具备必需的交通功能。匝道的通行能力不能低于设计交通量，设计时预测建成通车20年后的预测交通量，如图7-24所示。

（1）方案一 方案一为3层半定向立交（图7-25）。该方案以节省投资为主要出发点，其主要特点有：①形式简单、行车方向明确；②占用火车站广场拆迁量小，但对火车站广场景观影响很大；③受八一隧道（双向四车道）限制，主交通通行能力无法满足预测交通量；④需对现有立交进行改造，不利于施工期间交通维护。该方案的最大功能缺陷是不能连接两路口中山三路。故不做进一步的比较。

（2）方案二 方案二为多层半定向、部分互通式立交（图7-26）。立交布置较为紧凑。该方案的特点有：①需拆除部分现有立交匝道，不利于施工阶段交通维持；②需拆除外滩商场，且数量较大；③主交通流方向明确、指标较高，但其他匝道半径较小，匝道重复较多，利用率不高，个别匝道 $R=30m$，标准较低；④保留了火车站广场和珊瑚公园。

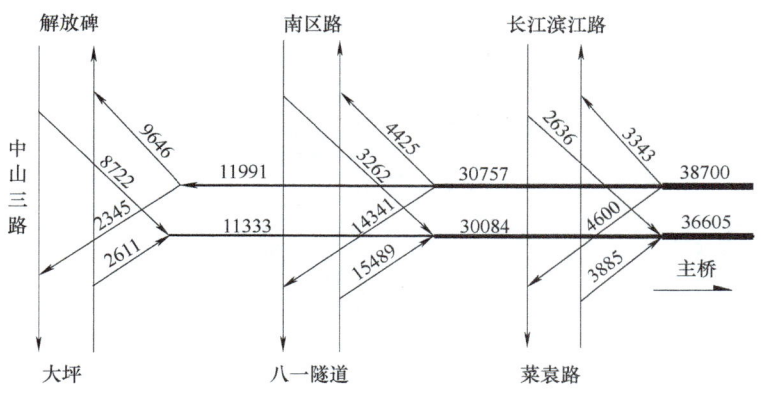

图 7-24 建成通车 20 年后的预测交通量

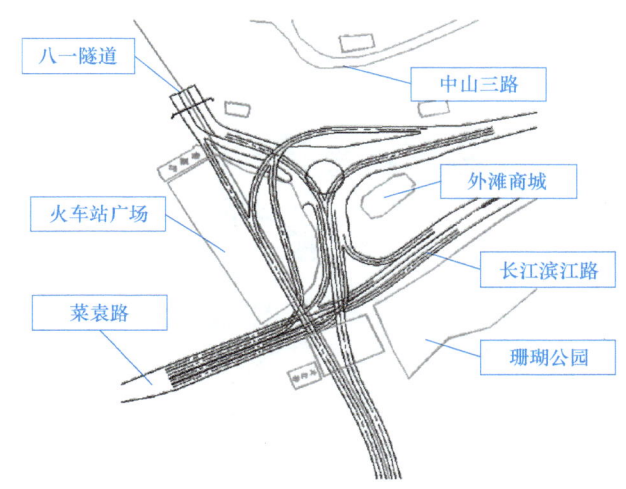

图 7-25 方案一平面线形

（3）方案三　方案三为多层螺旋式部分互通式立交（图 7-27），该方案的特点有：①采用螺旋匝道解决高差问题，将主桥和引桥的分叉点延长，有利主桥的布跨和桥梁美观；②空间上有利于轨道 3 号线的布置；③不拆除现有立交、不改变原交通组织方式，有利于施工期间的交通维护；④上桥 3 个方向车流汇入一个环形匝道，交织长度有限，匝道宽度需 3 个车道才能满足要求，与主桥不易衔接；⑤环形匝道占地面积大，行车不舒适，桥墩密且高，在景观上存在缺陷。

（4）方案四　方案四为多层半定向、部分互通式立交（图 7-28）。立交布置充分考虑现有立交匝道，现有道路和建筑物、地形的应用。该方案的主要特点有：①不拆除外滩商场，占地及拆迁数量小；②交通流方向明确、线形指标好，最小半径 60m，服务水平较高；③交通完整保留了火车站广场和珊瑚公园，有利城市景观和形象；④将滨江路至菜袁路的直行打通，解决历史遗留问题。

菜园坝立交设计方案对比见表 7-35。

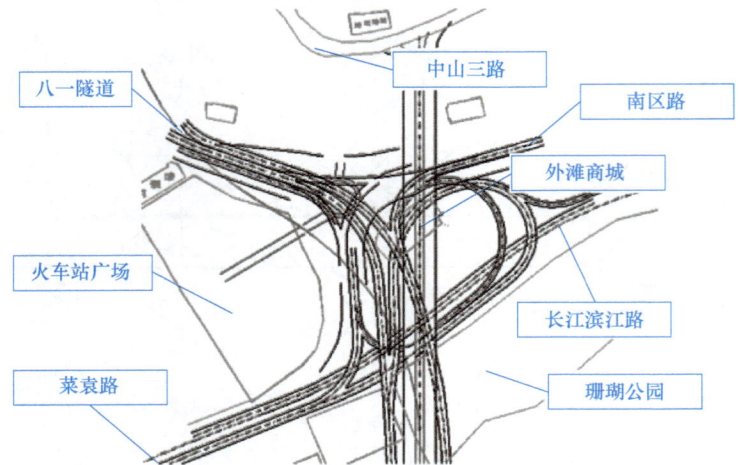

图 7-26 方案二平面线形

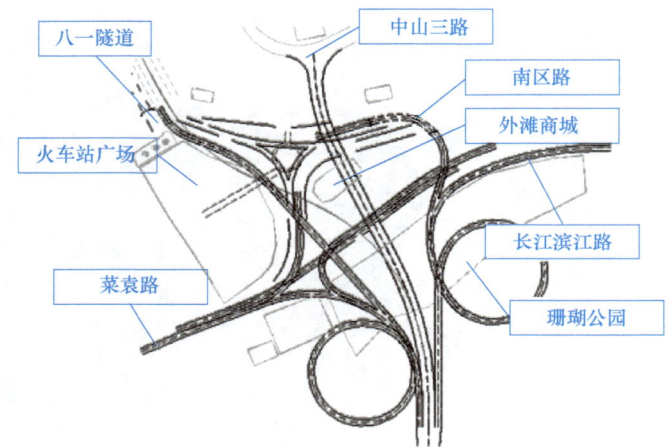

图 7-27 方案三平面线形

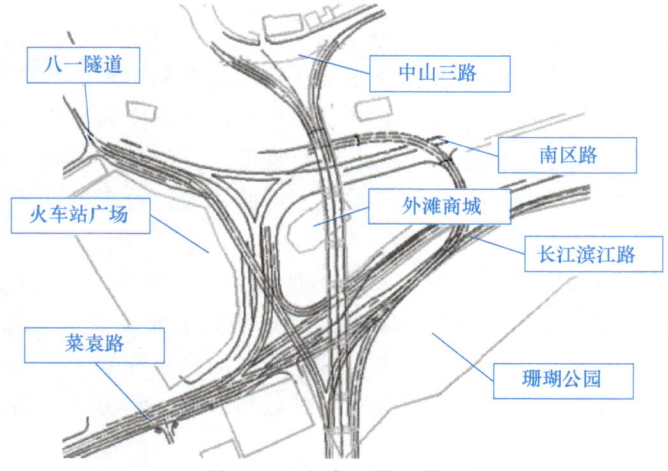

图 7-28 方案四平面线形

表 7-35　菜园坝立交设计方案对比

项目	方案二	方案三	方案四
匝道宽度/m	9.00	9.00	9.00
匝道长度/m	3907.84	3748.93	3005.48
最小半径/m	40.00	45.00	70.00
最大纵坡（%）	-5.00	-5.00	-5.00
桥梁长度/m	3355.37	3250.68	2592.57
占地面积/m²	35307.60	33740.40	27049.30
拆迁数量/m²	51288.20	8156.07	8144.56

通过对以上各方案的综合分析比较可以看出，方案四是相对理想的方案，它较好地达到设计目标和要求，且投资较省。菜园坝立交施工图设计也是采用此方案，该方案具有在旧城设计、修建立交的特点，阐明了设计过程中应特别注意的问题，该方案的实施为山地城市立交设计和创意提供了范例。

7.4.2　京沪高速公路王兴枢纽改建初步设计

1. 项目介绍

既有王兴枢纽互通式立交（简称为互通）位于淮安市王兴镇，为京沪高速公路（G2）与宁连高速公路相交叉的枢纽互通，互通形式为双喇叭形立交（图 7-29 和图 7-30）。在该互通西侧约 1.8km 处与宁连公路相交设置王兴西互通（定向型），并通过本互通与京沪高速公路实现交通转换，两个互通分、合流间设置辅助车道，形成了复合式互通。京沪高速公路主线跨越既有宁连高速公路处现状净空高度为 5.033m，不能满足京沪高速公路扩建需要及宁连高速公路远期扩建需求。对王兴枢纽设计范围内主线纵断面进行抬升，主线纵断面抬升影响范围约 2.0km，最大抬升高度 1.71m，既有主线跨线桥拆除重建。

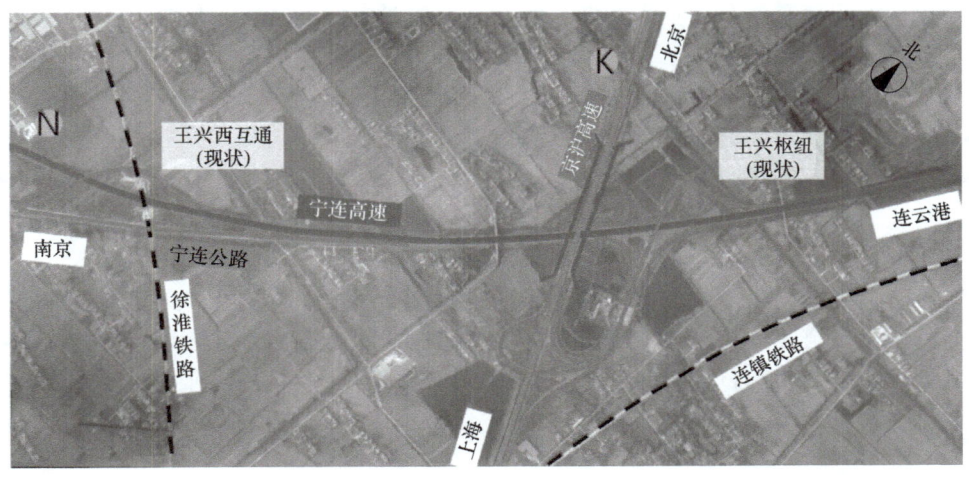

图 7-29　王兴枢纽概况示意图

图 7-30 王兴枢纽（双喇叭形立交）实景图

被交路既有宁连高速公路现状为双向四车道，与既有宁连高速公路合流处以西路基宽度 28m（中分带宽度 3m），设计速度 120km/h，合流处以东路基宽度 24.50m（中分带宽度 2m），设计速度 100km/h。远期全段将改建为双向八车道高速公路，设计速度 120km/h，路基宽度 42m（中分带宽度 3m）。目前处于工程可行性研究阶段。本次王兴枢纽初步设计被交路按远期双向八车道高速公路技术标准预留，近期按双向四车道断面画线运营。

2. 交通量预测

根据如图 7-31 所示的交通量预测结果，该互通远景年份 2041 年的转向交通量达 39954pcu/d（不含宁淮高速公路王兴西互通），其中主流向为连云港←→上海方向，达到 24512pcu/d，现有内环式的匝道无法满足远景年交通转化的需要。鉴于既有王兴枢纽采用双喇叭形立交，安全性、枢纽运营效率有所欠缺，且与拟扩建京沪、淮连高速交叉转换枢纽功能定位不匹配。考虑拆除原双喇叭形互通，新建枢纽方案。

为减小宁连高速公路的改造范围和王兴枢纽整体工程规模，王兴枢纽往宁连高速公路连云港方向的两股匝道按远期双车道断面宽度实施，近期画线为单车道运营。根据特征年交通量测算，预计于 2025 年前均能满足交通量需求。

3. 方案设计

（1）技术指标

1）主线：主线京沪高速公路及被交路宁连高速公路均维持原设计速度。

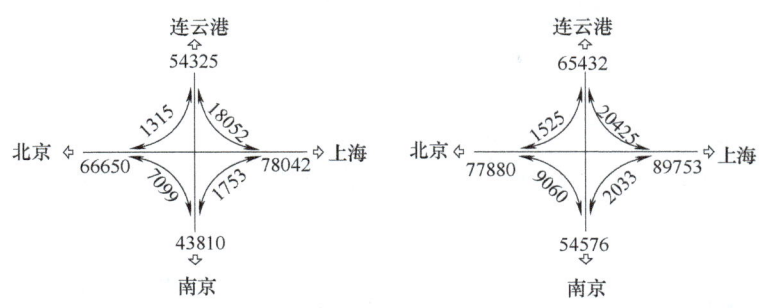
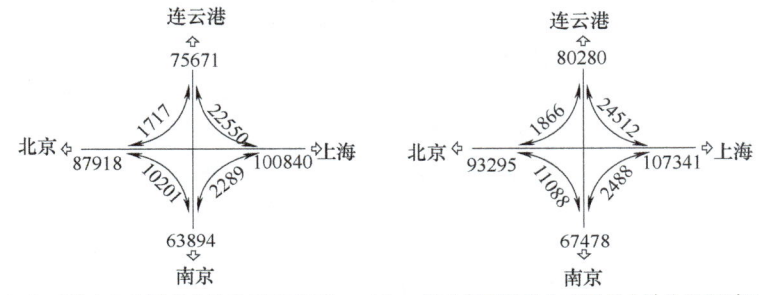

图 7-31 王兴枢纽各年交通量预测

2）匝道：本互通式立交匝道的设计速度采用 60km/h 和 40km/h。

车道宽度：单向单车道匝道宽度 10.50m，单向双车道宽度 12.25m 和 10.50m。

匝道设计线：单向单车道、双车道匝道以行车道中心线为设计线位置。

3）变速车道：变速车道采用直接式和平行式两种。双车道匝道出入口均为直接式，减速车道长度不小于 225m，渐变率小于 1/22.5；加速车道长度不小于 400m，渐变率小于 1/45，为使车道平衡设置辅助车道。单车道匝道出口采用直接式，减速车道长度不小于 145m，渐变率小于 1/25；加速车道采用平行式，加速车道长度不小于 230m。

4）纵断面线形控制纵坡在 4% 以下，一般采用值小于 3.5%。

（2）控制要素

1）主线指标情况：王兴枢纽设计范围内，主线平面最小平曲线半径 $R=7000m$；纵断面最大纵坡 $=1.290\%$，最小竖曲线半径 $R_凸=36000m$，$R_凹=16500m$，均满足规范要求；被交路平面最小平曲线半径 $R=3600m$；纵断面最大纵坡 $=0.328\%$，最小竖曲线半径 $R_凸=36000m$，$R_凹=66000m$，均满足规范要求。

2）既有王兴西互通，既有王兴枢纽。

3）交叉处周边水系、村庄。

4）在建铁路：徐淮铁路，淮扬镇铁路；王兴枢纽范围南端主线与淮扬镇铁路（目前在建）交叉，铁路上跨京沪高速公路主线，交叉处京沪主线两侧已建有铁路桥桥墩。主线两侧道路边线离承台距离较近。

4. 方案比选

（1）方案一　京沪、宁连高速八车道标准建设（宁连按四车道画线运营），废除既有匝道原位改建，采用部分苜蓿叶互通形式。主线桥不满足扩建净空要求，拆除重建（图 7-32）。

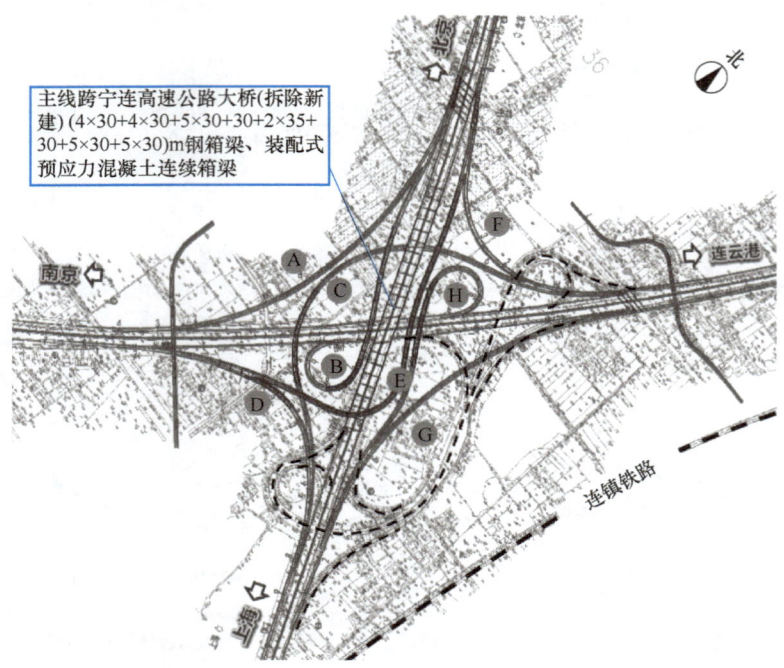

图 7-32　王兴枢纽方案一改建平面细部图

主流向上海—连云港方向、次流向北京—淮安方向，交通量较大采用半定向匝道衔接，上海—连云港方向匝道标准采用单向双车道匝道，设计速度 60km/h，路基宽 12.25m，最小圆曲线半径 280m。其余单向双车道匝道设计速度 60km/h，路基宽 10.50m。

王兴枢纽范围内宁连高速按八车道标准实施，因而现状王兴西互通需进行局部改造。

王兴枢纽范围南段主线与铁路交叉，主线左幅道路边线与铁路桥墩承台边缘最近距离 0.28m（图 7-33），主线右幅道路边线距离承台边缘 2.88m。

1) 方案一的优点：

① 枢纽整体布局匀称美观，较紧凑。

② 枢纽匝道线形平顺，交通适应性好，服务区水平高。

③ 与既有匝道冲突小，初拟交通组织方案较好。

2) 方案一的缺点：

原有互通利用少，占地规模略大，与王兴西互通距离较近，需建设复合式互通。

（2）方案二　京沪、宁连高速八车道标准建设（宁连按四车道画线运营），废除既有匝道原位改建，采用部分苜蓿叶互通形式。主线桥不满足扩建净空要求，拆除重建（图 7-34）。

连云港—上海方向匝道布设于东南象限，采用单向双车道匝道，设计速度 60km/h，路基宽 12.25m，最小圆曲线半径 300m。其余单向双车道匝道设计速度 60km/h，路基宽 10.50m。

王兴枢纽范围内宁连高速按八车道标准实施，因而现状王兴西互通需进行局部改造。

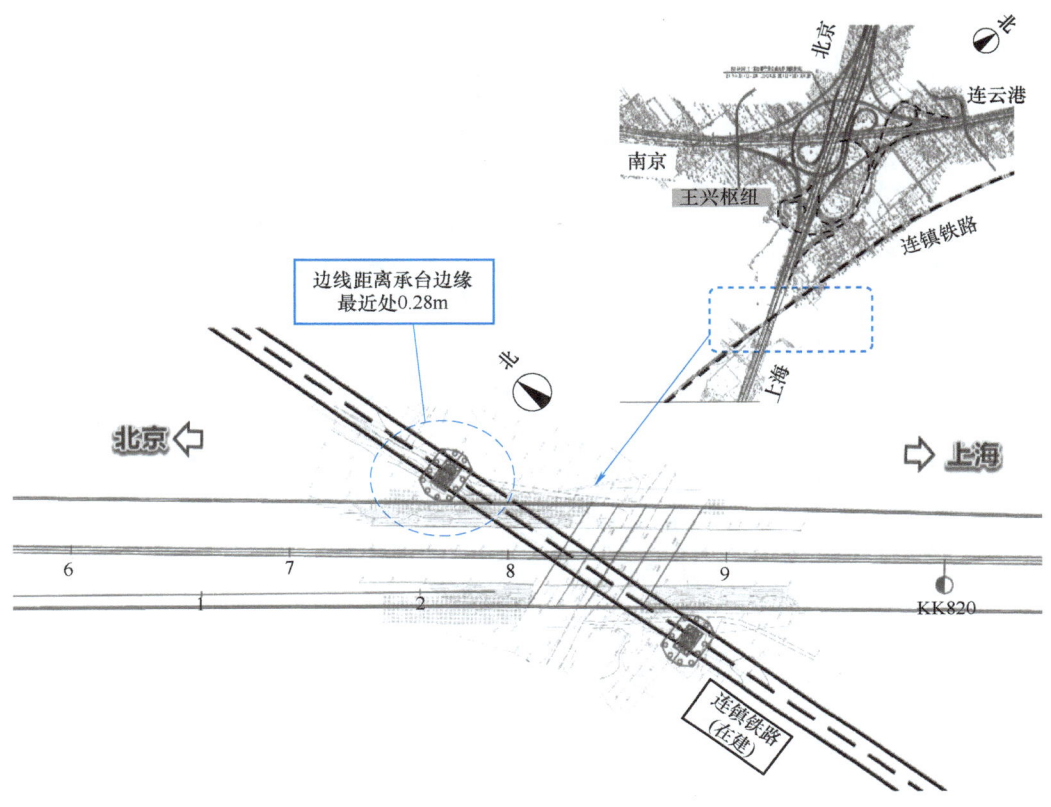

图 7-33 王兴枢纽方案一与铁路桥墩位置示意图

枢纽范围南段主线与铁路交叉,主线左幅道路边线与铁路桥墩承台边缘最近距离 0.20m (图 7-35),主线右幅道路边线侵入承台边缘 0.20m。

1)方案二的优点:

① 主流向线形顺直,距离较短,绕行少。

② 与现有互通重合处较多,新增用地少。

2)方案二的缺点:

① 匝道布局不够匀称。

② 互通桥梁规模较方案一大。

③ 与既有王兴枢纽互通匝道冲突较多,不便于交通组织,保通费用高。

④ 与王兴西互通交织距离过长。

⑤ 与铁路控制交叉处有冲突,协调难度大。

(3)方案三 京沪、宁连高速八车道标准建设(宁连按四车道画线运营),废除既有匝道原位改建,采用部分苜蓿叶互通形式。主线桥不满足扩建净空要求,拆除重建(图 7-36)。

王兴枢纽范围内宁连高速按八车道标准实施,因而现状王兴西互通需进行局部改造。

与方案一相比,E 匝道连续跨越京沪高速主线,H 匝道桥,宁连高速公路后,再次接入京沪高速主线。

道路勘测设计

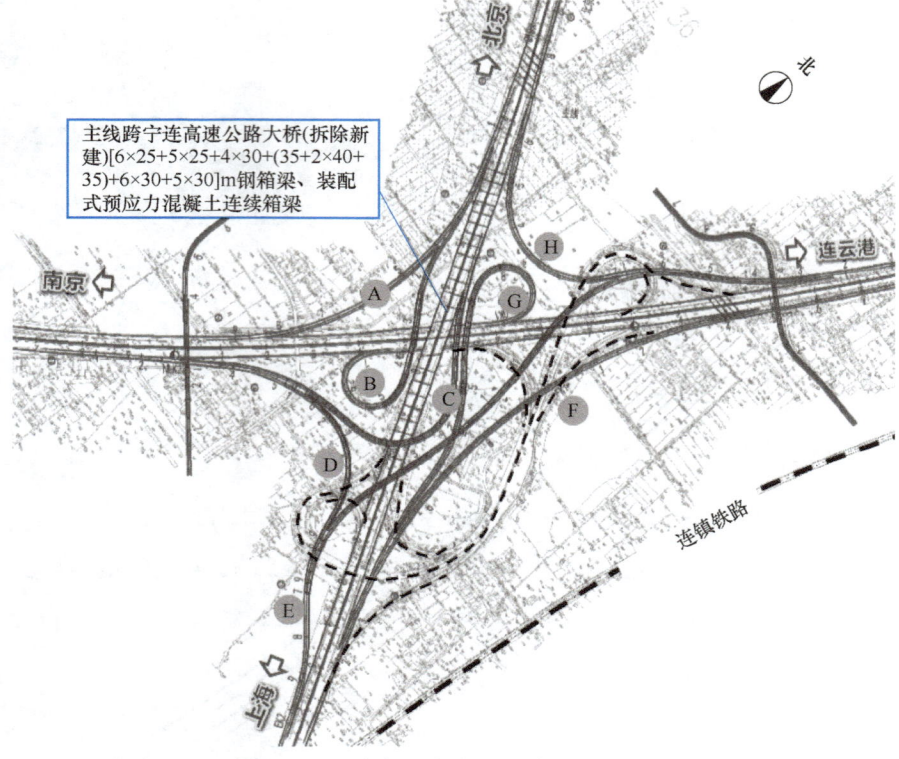

图 7-34　王兴枢纽方案二改建平面细部图

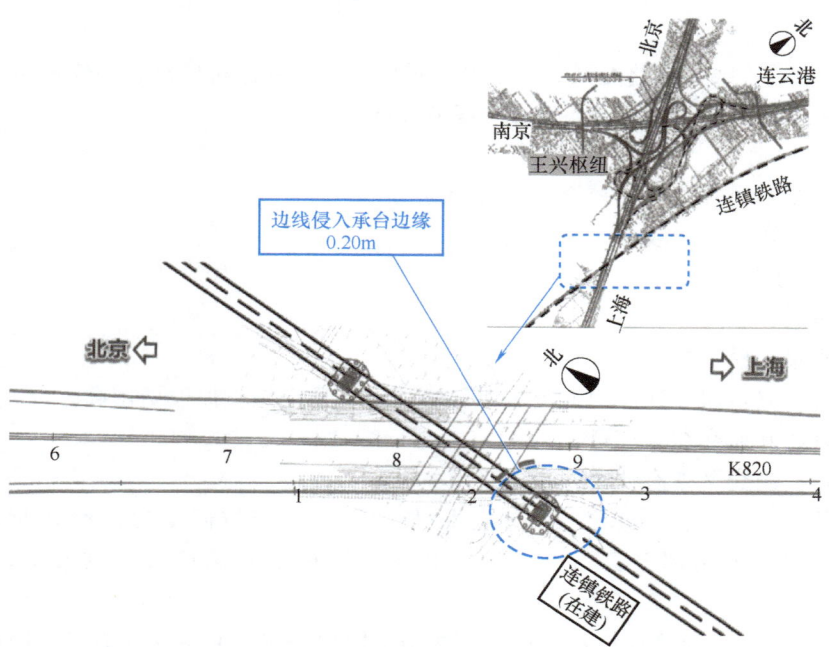

图 7-35　王兴枢纽方案二与铁路桥墩位置示意图

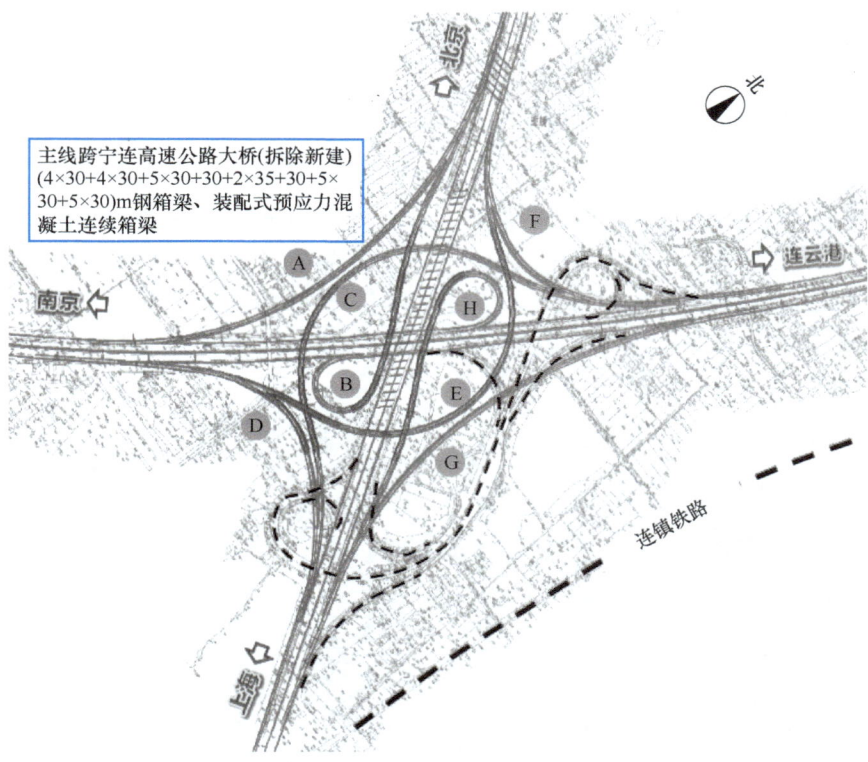

图 7-36 王兴枢纽方案三改建平面细部图

方案三相较方案一，互通形式基本一致，方案三 E 匝道需多一次上跨 H 匝道桥，连续跨越导致 E 匝道桥规模相对较大，总工程规模较大。故方案三不做同深度比较。

王兴枢纽互通工程规模比较见表 7-36。

表 7-36 王兴枢纽互通工程规模比较

项目方案	方案一	方案二
主线比较范围/km	3.2	3.2
被交路改造长度/km	3.65	3.73
路基土方/×10⁴m³	44.18	40.60
软基处理/m²	93210	85125
路面工程/×10³m²	433.028	426.687
桥梁工程/(m/座)	3356.48/12（新建）	3522.64/11（新建）
桥梁面积/m²	66925.04	71450.28
总占地（亩）	1043.04	1067.92
房屋拆迁/m²	3286.52	3433.74
总投资（万元）	69173.755	69431.940（+258.185）
推荐意见	推荐方案一	

注：1 亩 = 666.67m²。

综合比较：两方案总投资规模相近，结合互通布局、工程规模以及地方意见，推荐方案一，对方案一、方案二进行同深度比选。

7.4.3 南京浦泗立交改造初步设计

1. 项目背景

浦泗立交位于南京市江北大道与浦洲路相交位置，属于枢纽型互通式立交，被交道路为G205（江北大道）。浦泗立交根据南京长江大桥封闭改造交通疏解的需求，已完成改造，为变形单喇叭形互通（图7-37），此互通是不完全互通，北向东及东向南、北等方向不能实现通行，需通过路网进行绕行。浦泗立交现状交通组织示意图如图7-38所示。

图7-37 浦泗立交现状图

图7-38 浦泗立交现状交通组织示意图

浦泗立交周边控制因素较多，南侧有两个小区，西北象限为企业，东北象限为已出让地块及轨道交通宁天城际（地铁 S8 号线）等，交叉位置向西为 G104（浦泗路）。浦泗立交示意图如图 7-39 所示。

图 7-39　浦泗立交示意图

互通设计时除了应注意桥墩避免对地铁 S8 号线产生影响外，还要考虑由于西北象限建筑物围墙紧贴江北大道，几乎没有拓展的空间，浦泗立交改造将涉及此段企业围墙的改造。根据初步设计阶段调查，浦泗路上跨江北大道桥现状为 4m×16m 空心板（图 7-40），主要存在以下几个问题：

图 7-40　浦泗路上跨江北大道桥现状

1）净空不足：经测量，桥下机动车道最小净高为 4.90m，不满足一级公路的要求。
2）结构老化：梁板多处铰缝混凝土脱落，部分板梁底部已采用粘贴钢板加固。
3）桥下宽度不足：江北大道辅道两侧非机动车道宽 3.50m，人行道宽 2.50m，此桥下无行人和非机动车通行的空间。

经过综合考虑并征询各方意见，考虑对此桥进行拆除重建。

2. 预测交通量（2040 年）

根据预测交通量（图 7-41），浦泗立交远景年转向交通量为 35935pcu/d，其中东南象限最大，达到总转向量的58%。为减少人非出行绕行，互通内部需设置行人和非机动车系统沟通江北大道的两侧。

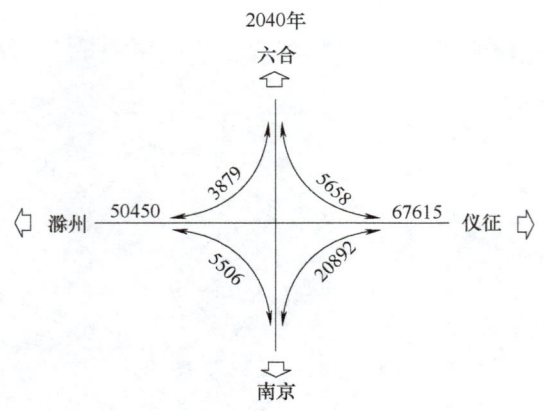

图 7-41　预测交通量

注：交通量为年平均日交通量，单位：标准小客车/日（pcu/d）。

3. 技术指标选用

1）路线起点与现状浦泗路相接，该段浦泗路限速为60km/h，双向八车道一级公路，主线设计时速为100km/h，路基宽度为32m，在浦泗立交互通范围内进行速度过渡。

2）浦泗立交互通中心桩号K1+000.000，互通区主线位于直线及平曲线半径为2300m（起点平交口段拟合现状道路）的圆曲线上，最大纵坡为1.50%。

3）匝道设计速度：主流向直连及半直连匝道采用60km/h，最小平曲线半径125m，其余匝道均采用40km/h，最小平曲线半径52m。

4）车道宽度：单向单车道匝道宽度9.00m；单向双车道匝道宽度10.50m。

5）变速车道：变速车道采用平行式，单车道匝道减速车道长度不小于125m，渐变段90m，加速车道长度不小于200m，渐变段80m；双车道匝道减速车道长度不小于190m，辅助车道长度不小于250m，渐变段80m，加速车道长度不小于350m，辅助车道长度不小于350m，渐变段160m。

6）纵断面最大纵坡小于5.0%。

4. 方案设计

结合以上分析并考虑互通匝道间布设的条件，考虑以下互通方案：

（1）方案一　变形苜蓿叶单环式。除西北象限左转采用环形匝道外，其余左转匝道采用半定向匝道。优点是互通用地小，但工程规模相对方案二较大；受既有建筑物影响，部分象限需压缩行人和非机动车道宽度，最小宽度为3.00m。

与小区楼房关系：西南向距离高新花苑小区围墙3.50m，距离小区楼房最近为14m，东南象限距离天华绿谷小区楼房最近为60m（图7-42和图7-43）。

（2）方案二　变形苜蓿叶对称双环式。西北、东北象限左转采用环形匝道，其余左转匝道采用半定向匝道，匝道总长较短，工程规模较小，但用地规模较方案一大，需要压缩行人和非机动车道宽度。

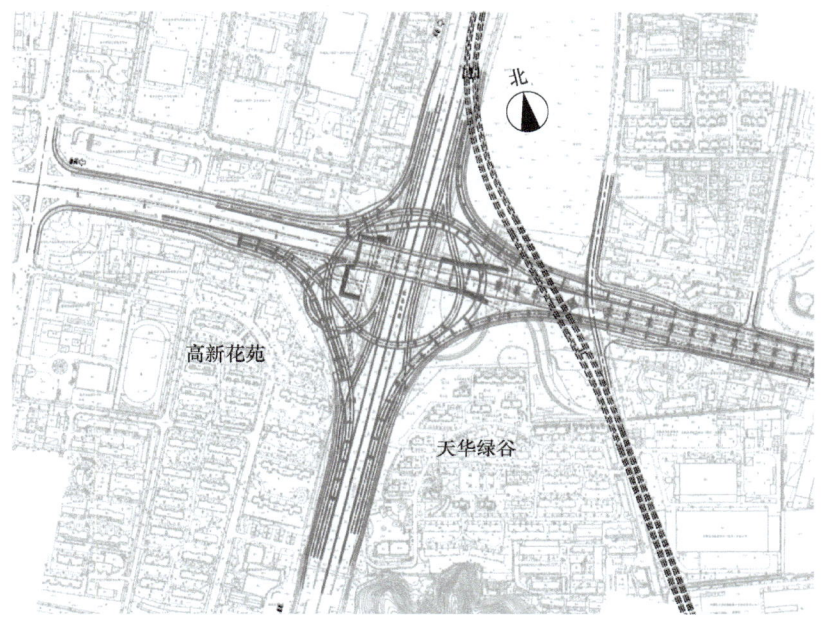

图7-42 方案一（变形苜蓿叶单环式）平面图

图7-43 方案一（变形苜蓿叶单环式）效果图

与小区楼房关系：西南象限与方案一一致，距离小区楼房最近为14m，东南象限距离天华绿谷小区楼房最近为30m。方案二相对方案一距离天华绿谷距离较近，影响相对较大（图7-44）。

浦泗立交改建方案比选见表7-37。

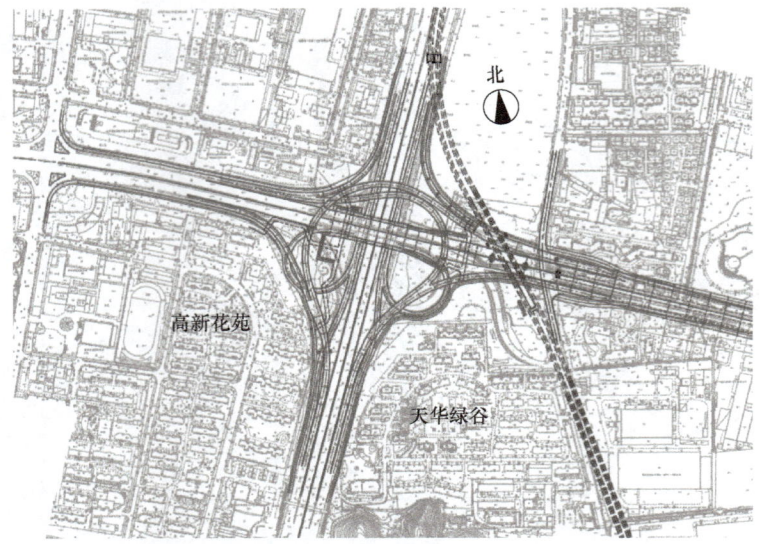

图 7-44　方案二（变形苜蓿叶对称双环式）平面图

表 7-37　浦泗立交改建方案比选

项目方案		方案一		方案二	
比较范围		K0+440～K1+947.720			
匝道	设计速度/(km/h)	40	60	40	60
	最小平曲线半径/m	52	125	52	125
	最大纵坡（%）	4.974		4.868	
	长度/m	3892.659		3382.428	
桥梁工程/(m/座)		3754.5/8		3424.5/8	
桥梁面积/m²		64219		61518	
占地面积（亩）		295.4		299.3	
拆迁房屋/m²		6322.7		6322.7	
推荐意见		推荐方案一			

综合比较，方案一虽工程规模稍大，但与方案二相比较，对天华绿谷的影响较小，前期与规划部门汇报时，对方案一相对较好，因此该阶段推荐方案一。

习　题

1. 简述立体交叉的组成部分以及如何分类。
2. 常见互通式立交的形式及其适用条件是什么？
3. 匝道连接部设计内容及其设计要点有哪些？
4. 什么是辅助车道和集散车道？有何异同？
5. 鉴于我国高速公路目前的收费方式，三路和四路互通立交的主要形式是哪些？未来可能会有哪些变化？
6. 出口匝道前的减速车道有什么过渡形式？对单车道匝道和双车道匝道宜采用什么样的过渡形式？

第 8 章 公路交通工程及沿线设施

> **学习目标：**
> 1. 了解交通工程及沿线设施的种类、设置作用及设置原则；
> 2. 掌握交通安全设施的主要类别，并初步具备合理设置交通安全设施的能力；
> 3. 掌握服务设施的主要类别、设置条件及线形指标计算；
> 4. 掌握管理设施的主要类别，并初步具备合理设置管理设施的能力。

交通工程及沿线设施是公路的重要组成部分，其建设规模与技术标准对于发挥公路功能、保障行车安全、提高服务水平和通行能力都有非常重要的作用，应当根据公路网规划、公路的功能、等级、交通量、运营条件等综合论证确定。

交通工程及沿线设施是公路工程的有机组成，与公路主体工程形成从属关系，但两者又相互补充、协调。在进行总体设计时应注重两者的协调一致，特别是各类设施的布局、风格、衔接关系等，都应在统筹全局的角度下加以分析、论证，不断优化，最终形成统一的有机整体。

交通工程及沿线设施总体设计应符合公路总体设计的要求，相互匹配，协调统一，充分发挥公路的整体效益。

交通工程及沿线设施应按照"保障安全、提供服务、利于管理"的原则进行设计。

交通工程及沿线设施可分为交通安全设施、服务设施和管理设施三种，各项设施应按统筹协调、总体设计的原则设置，并应结合交通量的增长与技术发展状况等逐步补充、完善。

8.1 交通安全设施

交通安全设施属于道路的基础设施，它对减轻事故的严重度，排除各种纵、横向干扰，提高道路服务水平，提供视线诱导，改善道路景观等起着重要的作用。特别是对充分发挥高速公路安全、快速、经济、舒适的功能，具有特殊的意义。

交通安全设施主要包括：交通标志、交通标线、护栏、视线诱导设施、防眩设施、公路隔离栅、防落网、防风栅、防雪（沙）栅、积雪标杆等。

交通安全设施应根据公路功能、交通组成、公路环境、运营条件等设置，以满足交通安全管理与服务的需求。

8.1.1 交通标志

交通标志是利用颜色、形状、图形和文字等传递特定信息，对道路交通进行指示、引导、警告、控制或限定的一种交通管理设施，一般设在路旁或悬挂在道路上方，给交通参与者以明确的道路交通情报。

1. 交通标志的分类

交通标志按其功能可分为主标志和辅助标志两大类。其中，主标志分为以下几类：

（1）警告标志 警告标志通常为等边三角形，警告标志的颜色为黄底、黑边、黑图案，用于警告车辆、行人注意前方路段存在的危险及应采取的措施，如交叉口、急弯、铁路道口、易滑、路面不平、傍山险路等。图8-1为警告标志示例。

十字交叉　T形交叉　向左急弯路　向右急弯路　上陡坡　下陡坡　注意横风　易滑

图8-1　警告标志示例

（2）禁令标志 禁令标志通常为圆形、白底、红圈、红杠、黑图案、图案压杠，是根据道路和交通量情况，为保障交通安全而对车辆或行人行为加以禁止或限制的标志，如禁止通行、禁止停车、限制速度等。图8-2为禁令标志示例。

禁止通行　禁止驶入　禁止机动车通行　禁止向左转弯　禁止向右转弯　禁止宽度　禁止高度　限制速度

图8-2　禁令标志示例

（3）指示标志 指示标志通常为圆形或矩形，蓝底，白图案，是指示车辆和行人按规定方向、地点行进的标志，如直行、左转、右转、单向行驶等。图8-3为指示标志示例。

直行　向左转弯　向右转弯　单行路(向左或向右)　单行路(直行)　允许掉头　公交线路专用车道

图8-3　指示标志示例

（4）指路标志 指路标志通常为矩形，蓝底白字符（一般道路），或绿底白字符（高速公路），用来指示市、镇、村的境界、目的地方向、距离、高速公路的出入口、服务区、著名地点等。图8-4为指路标志示例。

图 8-4　指路标志示例

辅助标志为附设于主标志下起辅助说明作用的标志，为长方形，白底黑字黑边框，可分为表示车辆种类、表示时间、表示区域或距离、表示禁令、警告理由等。辅助标志不能单独设立。

2. 交通标志的三要素

交通标志必须使驾驶员在一定距离内能迅速而准确地辨认，这就要求交通标志有良好的视认性。决定其视认性好坏的主要因素有三个：颜色、形状和符号，它们通常称为交通标志的三要素。

（1）颜色　交通标志颜色的选用考虑了人的心理效果，如红色有危险感，因此用红色表示停止、约束之意，适用于禁令标志；黄色没有红色那么强烈，只产生警惕的心理活动，故用来表示警告、注意等含义；绿色有和平、安全之感，在交通上表示安全、通行，一般用于导向标志；蓝色有沉静、安静之意，一般用于导向、指示标志。

（2）形状　交通标志形状的选择也是要求视认性要强，一般选择最简单的形状，如三角形、圆形、长方形和正方形等，一般三角形表示警告，圆形表示禁止和限制，长方形和正方形表示提示。

（3）符号　图形符号信息在辨认速度和辨认距离上均比文字信息要优越，且不受语言文字的限制，因此以符号为主的交通标志已被绝大多数国家采用。符号表示交通标志的具体意义，其含义要求简单明了并符合国际标准和惯例。

3. 交通标志设计的一般规定

1）交通标志的分类、颜色、形状、线条、字符、图形、尺寸和设置等，应符合现行的《道路交通标志和标线》（GB 5768—2019）的规定。

2）交通标志所提供的信息应全部与交通安全、服务和管理需求有关，交通标志版面及支撑结构不应附带商业广告和其他无关的信息。

3）交通标志的设计应从便于驾驶人清晰辨识、正确理解、快速反应的角度出发，综合考虑公路功能、技术等级、路网布局、交通条件、环境条件、公路使用者及交通管理需求等因素，合理选择设置参数、科学确定设置方案。

4）交通标志的设计应考虑路网、路线和路段不同层次的信息需求，采用总体布局、逐层推进、重点设置的方法。

4. 交通标志设计的内容

交通标志设计应包括以下内容：

1) 交通标志的设置位置、种类、信息内容。
2) 版面设计。
3) 支撑方式。
4) 标志板、支撑结构、连接件、基础的材料选取及设计。
5) 强度、稳定性验算。
6) 施工工艺要求等。

5. 交通标志设计的原则

交通标志设计的原则如下：

1) 公路交通标志应以不熟悉周围路网体系但对出行路线有所规划的公路使用者为设计对象，为其提供清晰、明确、简洁的信息。

2) 交通标志应针对具体路段情况，在交通安全综合分析的基础上进行系统布局和综合设置，与路段的实际交通运行状况相匹配。同一位置的交通标志数量不宜过多，多个交通标志不得相互矛盾。

3) 警告标志应设置在公路本身及沿线环境存在影响行车安全且不易被发现的危险地点，并应在充分论证的基础上设置，不得过量使用。

4) 禁令标志应设置在需要明确禁止或限制车辆、行人交通行为的路段起点附近醒目的位置。其中，限制速度标志应综合考虑公路功能、技术等级、路侧开发程度、路线几何特征、运行速度、交通运行、交通事故和环境等因素，在交通安全综合分析的基础上，确定是否设置以及限速值和限速标志的形式，经主管部门认可后方可实施设置。

5) 指示标志应根据交通流组织和交通管理的需要，在驾驶人、行人容易产生迷惑处或必须遵守行驶规定处设置。

6) 指路标志应根据路网一体化的原则进行整体布局，做到信息关联有序，不得出现信息不足、不当或过载的现象。应根据公路功能、交通流向和沿线城镇分布等情况，依据距离、人口和社会经济发展程度，优先选取交通需求较大的信息指示。

7) 旅游区标志设置时应根据旅游景区的级别、路网情况等合理确定指引范围。当旅游区标志与其他交通标志冲突时，其他交通标志具有优先设置权限。

8) 告示标志的设置不得影响警告、禁令、指示和指路标志的设置和视认。

9) 公路平面交叉处的交通标志应在综合考虑平面交叉的交通管理方式、物理形式、相交公路技术等级、交通流向等因素的基础上，遵循路权清晰、渠化合理、导向明确、安全有序的原则，合理确定不同交通标志综合设置方案，并与交通标线相互配合，引导车辆有序通过。

10) 除特殊情况外，交通标志应设置在公路前进方向的行车道上方或右侧，其他位置的交通标志应仅视为正常位置的补充。交通标志设置具体位置应符合现行《道路交通标志和标线》（GB 5768—2019）的规定，对于单向车道数大于或等于三条、交通量较大、大型车辆较多、视认条件不良等设置条件，应根据交通工程原理对交通标志的具体设置进行计算论证。

8.1.2 交通标线

交通标线是由各种路面标线、箭头、文字、立面标记、突起路标和路边线轮廓标等所构成的交通安全设施。它的作用是管制和引导交通，可以和标志配合使用，也可单独使用。

交通标线包括行车道中心线、车道分界线、行车道边缘线、停车线、减速让行线、人行横道线、出入口标线、导向箭头、左转弯导向线、路面文字标记、立面标记、突起路标和路边线轮廓标等。交通标线通常为白色或黄色，可用路标漆、塑胶标带和其他材料。

1. 交通标线设计的一般规定

交通标线的分类、颜色、形状、字符、图形、尺寸，应符合现行《道路交通标志和标线》（GB 5768—2019）和《公路交通标志和标线设置规范》（JTG D82—2009）的规定。公路交通标线颜色的色度性能应符合现行《道路交通标线质量要求和检测方法》（GB/T 16311—2016）的规定。

交通标线应采用反光标线，在交通标线正常使用年限内，交通标线的逆反射亮度系数应满足夜间视认性要求。突起路标与标线涂料配合使用时，应选用定向反光型，其颜色应与标线颜色一致。设置于对向行车道分界线、隧道内的突起路标，应采用双向反光型。

公路交通标线的设置应满足以下要求：
1) 交通标线的设置应与交通组织及交通运行情况相匹配。
2) 交通标线应与公路几何设计相协调。
3) 交通标线应与交通标志等其他设施配合使用。

交通标线应按以下关键路径进行设计：
1) 公路技术条件分析，包括技术等级、车道数、设计速度、断面变化、路线交叉等。
2) 确定标线的设置标准与规模，包括根据需要设置的彩色防滑标线等。
3) 一般路段交通标线设计，包括纵向标线、横向标线、其他标线等。
4) 特殊路段交通标线设计，如隧道出、入口路段等；特殊路段应作为一个独立的设计单元，并考虑交通标志、标线和护栏等设施的综合设置。
5) 复杂区域交通标线设计，如路线交叉、收费广场等。

2. 交通标线的设置原则

一般路段的交通标线设计应符合以下规定：
1) 高速公路和一级公路的一般路段应设置行车道边缘线、同向行车道分界线（图8-5）；二级及二级以下公路，除单车道外，应设置对向车道分界线；二级及二级以下公路的以下路段应设置行车道边缘线：
① 公路的窄桥及其上下游路段。
② 采用最低公路设计指标的曲线段及其上下游路段。
③ 交通流发生合流或分流的路段。
④ 路面宽度发生变化的路段。
⑤ 路侧障碍物距行车道较近的路段。
⑥ 经常出现大雾等影响安全行车天气的路段。
⑦ 非机动车或行人较多的机动车与非机动车混行路段。

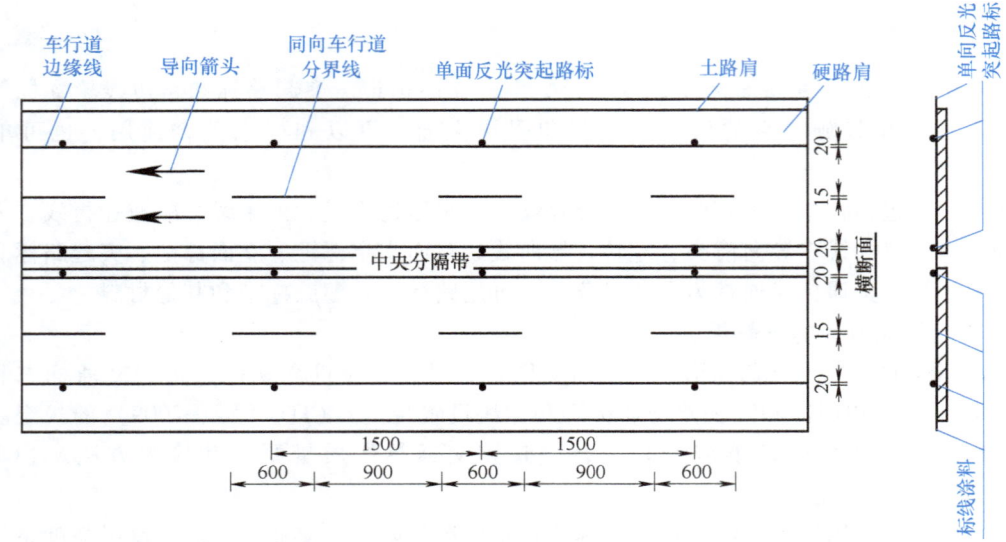

图 8-5　设计速度 100km/h 的高速公路一般路段标线设计示例（单位：cm）

2）二级公路设置慢车道时，应设置对向行车道分界线、同向行车道分界线和行车道边缘线。

3）行车道边缘线应设置于公路两侧紧靠行车道的硬路肩内，未设置硬路肩的公路行车道边缘线应设置于公路两侧紧靠行车道的外边缘处。同向行车道分界线应设置于同向行驶的行车道分界处。

路面标线宽度应符合表 8-1 的规定。

表 8-1　路面标线宽度

设计速度/(km/h)		行车道边缘线/cm	同向行车道分界线/cm	对向行车道分界线/cm
120、100		20	15	—
80、60	高速、一级公路	20	15	—
	二级公路	15	10	15
40、30		15	10	15
20	双车道	10	—	10
	单车道	10	—	—

特殊路段的交通标线设计应符合以下规定：

1）经常出现强侧向风的桥梁路段、隧道出入口路段、急弯陡坡路段、平面交叉驶入路段、接近人行横道线的路段，应设置禁止跨越同向行车道分界线。

2）隧道出入口路段宜作为独立的设计单元，交通标线的设计应与交通标志、护栏、视线诱导标等设施统筹考虑，综合设置。

3）当公路中心或行车道中有上跨桥梁的桥墩、中央分隔带端头、标志杆柱及其他可能对行车安全构成威胁的障碍物时，应设置接近障碍物标线。

4）在靠近公路建筑限界范围的跨线桥、渡槽等的墩柱立面、隧道洞口侧墙端面及其他障碍物立面上，中央分隔墩、收费岛、实体安全岛或导流岛、灯座、标志基座及其他可能对行车安全构成威胁的立体实物表面上，应设置立面标记或实体标记。

5）学校、幼儿园、医院、养老院门前的公路没有行人过街设施的，宜施画人行横道线。

6）在公路宽度或行车道数量发生变化的路段应设置过渡标线。

7）需要车辆减速的路段可设置纵向或横向减速标线。

8）设置减速丘的路段，应在减速丘前设置减速丘标线。

9）穿城公路交通标线的设置除应满足公路交通安全设施设计规范的要求外，尚应考虑城市道路交通标线的设置要求。

互通式立体交叉、服务区、停车区出入口交通标线的设计应符合以下规定：

1）互通式立体交叉、服务区，停车区出入口交通标线应准确反映交通流组织的原则，公路出入口路段（加减速车道）适当位置宜设置禁止跨越同向行车道分界线。

2）互通式立体交叉、服务区、停车区出入口处，应设置导向箭头，箭头的规格、重复次数应符合现行《道路交通标志和标线》（GB 5768—2019）的规定。出口导向箭头应以减速车道渐变点为基准点，入口导向箭头应以加速车道起点为基准点。

3）服务区、停车区场区范围内，应根据场区交通组织设计及功能规划，分别设置停车位标线、行车道分界线、导向箭头等交通标线。

平面交叉渠化标线的设计应符合以下规定：

1）三级及三级以上公路之间形成的平面交叉应进行渠化设计，并设置渠化标线，有条件时宜设置渠化岛，路缘石高度不宜超过10cm；其他公路形成的平面交叉应设置与停车或减速让行标志配合使用的让行线。

2）平面交叉渠化标线应结合平面交叉实际情况和交通流实际特点进行设计。

收费广场交通标线的设计应符合下列规定：

1）进入收费广场应设置减速标线，各条减速标线的设置间距应根据驶入速度、广场长度经计算确定。收费岛迎车流方向应设置收费岛地面标线，收费岛上应设置实体标记。收费广场出口端可设置部分同向行车道分界线。

2）设置ETC车道的收费广场，应在ETC车道内设置ETC车道路面文字和标记，并配合设置有关指令和禁令标志。

3）单向收费车道数大于5条的收费广场宜在交通组织分析的基础上单独设计。

突起路标的设置宜符合以下规定：

1）下列情况下，宜在路面标线的一侧设置突起路标，并不得侵入行车道内：

① 高速公路的行车道边缘线上。

② 一级及一级以下公路隧道的行车道边缘线上。

③ 一级公路互通式立体交叉、服务区、停车区路段的行车道边缘线上。

④ 互通式立体交叉匝道出入口路段。

2）隧道的行车道分界线上宜设置突起路标。

8.1.3　护栏

护栏是交通安全设施之一，设于公路路侧及中央分隔带。设安全护栏的目的是防止车辆驶出公路或闯入对向车道，使对乘客的伤害及对车辆的损坏减小到最小限度，并使车辆恢复到正常行驶方向，便于诱导驾驶员的视线。护栏的防撞机理是通过护栏和车辆的弹塑性变形、摩擦、车体变位来吸收车辆碰撞能量，从而达到保护车上人员生命安全的目的。护栏与其他安全设施的显著区别是以护栏和车辆的自身破坏（变形）来防止更严重的伤害事故发生。但若某一车辆以一定碰撞条件碰撞某一危险物的事故严重度比相同条件下车辆碰撞护栏的事故严重度小，那么就不能用护栏保护该危险物。

1. 护栏的形式

护栏形式的选择应针对每条公路的具体情况，充分比较各种护栏的性能，分析行驶安全感、压迫感、视线诱导、瞭望的舒适性，并考虑与公路周围环境的协调，结合经济性、施工条件及养护维修等因素，在综合分析的基础上确定。

（1）波形梁护栏　波形梁护栏属于半刚性结构，具有较强的吸收碰撞能量的能力，具有较好的视线诱导功能，能与道路线形协调，外形美观，可在小半径弯道上使用，损坏处容易更换。图 8-6 为波形梁护栏工程实例。对于车辆驶出路（桥）外，有可能造成严重后果的路段，可选择加强波形梁护栏。

图 8-6　波形梁护栏工程实例

（2）缆索护栏　缆索护栏属于柔性结构，车辆碰撞时缆索在弹性范围内工作；可以重复使用，容易修复，图 8-7 为缆索护栏工程实例。缆索护栏的立柱间距比较灵活，受不均匀沉陷的影响较小。风景区公路采用缆索护栏较为美观；积雪地区，缆索护栏对扫雪的障碍稍小，但缆索护栏施工复杂，端部立柱损坏修理困难，不适合在小半径曲线路段使用；同时它的视线诱导性较差，架设长度短时不经济。

（3）混凝土护栏　混凝土护栏防止车辆驶出路（桥）外的效果好，适用于窄的中央分隔带及路侧非常危险的路段。由于混凝土护栏几乎不变形，因而维修费用很低。但当车辆与护栏的碰撞角度较大时，对车辆和乘员伤害较大。因此这种护栏给乘客带来的安全感和视觉的舒适性较差，并有较强烈的行驶压迫感。图 8-8 为混凝土护栏工程实例。

2. 路侧护栏

公路路侧或中央分隔带应通过保障合理的净区宽度来降低车辆驶出路外或驶入对向车道事故的严重程度。公路实际净区宽度与计算净区宽度不同时，应在交通安全综合分析的基础上，按照驶出路外或驶入对向车道事故的风险确定是否设护栏。

图 8-7 缆索护栏工程实例

图 8-8 混凝土护栏工程实例

驶出路外或驶入对向车道事故的风险应综合考虑驶出路外或驶入对向车道事故的可能性以及事故严重程度等因素。驶出路外或驶入对向车道事故的可能性应根据所在路段的路线线形、交通量、交通组成以及环境条件等因素确定。事故严重程度和运行速度、路侧条件有关，可分为低、中、高三个等级。

路侧护栏设置应符合表 8-2 的规定。

表 8-2 路侧护栏设置原则及防护等级选取条件

事故严重程度及护栏设置原则	路侧计算净区宽度范围内有以下情况	公路技术等级和设计速度/(km/h)	防护等级（代码）
高，必须设置	高速铁路、高速公路、高压输电线塔、危险品储藏仓库等设施	高速公路 120	六（SS）级
		高速公路、一级公路 100、80	五（SA）级
		一级公路 60	四（SB）级
		二级公路 80、60	四（SB）级
		三级公路 40	三（A）级
		三、四级公路 30、20	二（B）级

(续)

事故严重程度及护栏设置原则	路侧计算净区宽度范围内有以下情况	公路技术等级和设计速度/(km/h)	防护等级（代码）
中，应设置	1. 二级及以上公路边坡坡度和路堤高度在图 8-9 的Ⅰ区、Ⅱ区阴影范围之内路段，三、四级公路路侧有深度 30m 以上的悬崖、深谷、深沟等的路段 2. 江、河、湖、海、沼泽等水深 1.5m 以上水域 3. Ⅰ级铁路、一级公路等 4. 高速公路、一级公路路外设有车辆不能安全越过的照明灯、摄像机、交通标志、声屏障、上跨桥梁的桥墩或桥台、隧道入口处的检修道或洞门等设施	高速公路、一级公路 120、100、80	四（SB）级
		一级公路 60	三（A）级
		二级公路 80、60	三（A）级
		三级公路 40	二（B）级
		三、四级公路 30、20	一（C）级
低，宜设置	1. 二级及以上公路边坡坡度和路堤高度在图 8-9 的Ⅲ区阴影范围之内路段，三、四级公路边坡坡度和路堤高度在图 8-9 的Ⅰ区阴影范围之内的路段 2. 二级及以上等级公路路侧边沟无盖板，车辆无法安全越过的挖方路段 3. 高出路面或开挖的边坡坡面有 30m 以上的混凝土砌体或大孤石等障碍物 4. 出口匝道的三角地带有障碍物	高速公路、一级公路 120、100、80	三（A）级
		一级公路 60	二（B）级
		二级公路 80、60	二（B）级
		三、四级公路 40、30、20	一（C）级

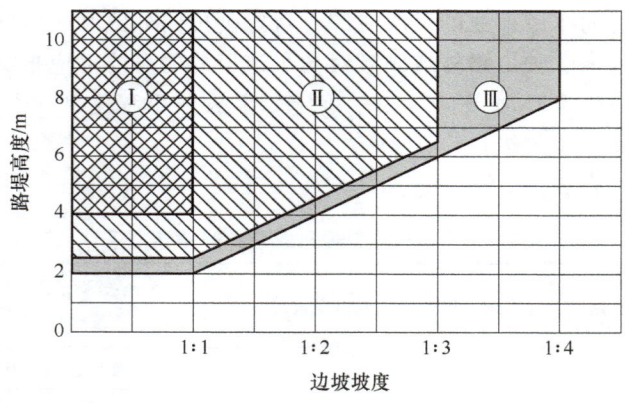

图 8-9　边坡坡度、路基高度与设置护栏的关系

3. 中央分隔带护栏

对于高速公路和作为干线公路的一级公路，整体式断面中间带宽度小于或等于 12m，或者 12m 宽度范围内有障碍物时，必须设置中央分隔带护栏。中央分隔带事故严重程度及护栏的防护等级的确定见表 8-3。

表 8-3　中央分隔带事故严重程度及护栏的防护等级

事故严重程度等级	中央分隔带条件	公路技术等级和设计速度/(km/h)	防护等级（代码）
高	高速公路、一级公路中央分隔带宽度小于2.5m并采用整体式护栏形式	高速公路 120	六（SSm）
		高速公路、一级公路 100、80	五（SAm）
		一级公路 60	四（SBm）
中	对双向六车道高速公路，或未设置左侧硬路肩的双向八车道及以上高速公路，中央分隔带宽度小于 2.5m 并采用分设式护栏形式，同时中央分隔带内设有车辆不能安全穿越的障碍物①的路段	高速公路 120、100、80	四（SBm）
	对双向六车道及以上一级公路，中央分隔带宽度小于 2.5m 并采用分设式护栏形式，同时中央分隔带内设有车辆不能安全穿越的障碍物①的路段	一级公路 100、80	四（SBm）
		一级公路 60②	三（Am）
低	不符合上述条件的其他路段	高速公路、一级公路 120、100、80	三（Am）
		一级公路 60②	二（Bm）
		二级公路③ 80、60	二（Bm）

① 障碍物是指照明灯、摄像机、交通标志的支撑结构，上跨桥梁的桥墩等设施。
② 设计速度为60km/h的一级公路一般为作为集散的一级公路受地形、地质等条件限制的路段，本表适用于其需要设置中央分隔带护栏的情况。
③ 适用于设置了超车道，未设置隔离设施，且有驶入对向车行道可能性的二级公路。

8.1.4　视线诱导设施

视线诱导设施是指在车道两侧设置的，用以指示道路方向、行车道边界以及危险路段位置的设施总称。

视线诱导设施对公路沿线的路线走向、构造物、行车隐患路段、小型平面交叉等的分布等进行主动告知，尤其在夜间，通过逆反射材料或主动发光系统对驾驶人的行驶进行主动引导，是投资效益比较高的设施，在条件允许时，可以适当增加设置视线诱导设施，发挥其节能、价廉的优点。

视线诱导设施按功能可分为：轮廓标、分合流诱导标、线形诱导标等；其中线形诱导标又可分为指示性线形诱导标和警告性线形诱导标。

轮廓标的设置应符合以下规定：

1）高速公路、一级公路的主线及其互通式立体交叉、服务区、停车区等处的进出匝道、连接道、中央分隔带开口以及避险车道等应连续设置轮廓标。

2）二级及二级以下公路的视距不良路段、车道数或车道宽度有变化的路段及连续急弯陡坡路段宜设置轮廓标，其他路段视需要可设置轮廓标。

3) 隧道内应设置轮廓标。轮廓标是设置于行车道边缘的设施，其构造与路边构造物有关。当路边无构造物时，轮廓标为柱体，独立设置于路边土路肩上。当路边有护栏、桥梁栏杆、侧墙等构造物时，轮廓标就附着于这些构造物的适当位置。

分合流诱导标、线形诱导标的设置应符合公路交通标志、标线设置的有关标准和规范。

8.1.5 防眩设施

防眩设施是防止夜间行车受对向车辆前照灯眩目的人工构造物，有板条式的防眩板、扇面状的防眩大板、防眩网、防眩棚等构造形式。中央分隔带植物除美化路容外，也起一定的防眩作用，可作为防眩设施的一种类型。

高速公路、一级公路中央分隔带宽度小于9m且符合以下条件之一者，宜设置防眩设施：

1) 夜间交通量较大，且设计交通量中，大型货车和大型客车自然交通量之和所占比例大于或等于15%的路段。

2) 设置超高的圆曲线路段。

3) 凹形竖曲线半径等于或接近于《公路工程技术标准》规定的最小半径值的路段。

4) 公路路基横断面为分离式断面，上下行车道高差小于或等于2m时。

5) 与相邻公路、铁路或交叉公路、铁路有严重眩光影响的路段。

6) 连拱隧道进出口附近。

选择防眩设施形式时，应针对公路的平面、纵断面线形、气候条件，充分比较各种防眩设施的性能，分析行驶安全感、压迫感、景观要求，并考虑与公路周围环境的协调，结合经济性、施工条件及养护维修等因素综合确定。表8-4为不同防眩设施的综合性比较。

表8-4 不同防眩设施的综合性比较

特　点	植树（灌木）		防 眩 板	防 眩 网
	密集型	间隔型		
美观	好	好	好	较差
对驾驶人心理影响	小	大	小	较小
对风阻力	大	大	小	大
积雪	严重	严重	好	严重
自然景观配合	好	好	好	不好
防眩效果	较好	较好	好	较差
经济性	差	好	好	较差
施工难易	较难	较难	易	难
养护工作量	大	大	小	小
横向通视	差	较好	好	好
阻止行人穿越	较好	差	较好	好
景观效果	好	好	好	差

8.1.6 其他交通安全设施

公路隔离栅的设置应符合以下规定：

1）高速公路、一级公路需要控制出入的路段两侧宜连续设置，也可利用天然屏障间隔设置。

2）其他公路可根据需要设置。

公路防落网设置应符合以下规定：

1）公路跨越铁路、通航河流、交通量较大的其他公路时。

2）公路路堑边坡可能有落石并影响交通安全的路段。

公路上路侧横风与公路轴线交角大于30°，且符合以下条件之一时，可在路侧上风侧设置防风栅：

1）设计速度大于或等于80km/h的公路上常年存在风力大于7级的路段。

2）设计速度小于80km/h的公路上常年存在风力大于8级的路段。

3）隧道洞口、垭口、大桥等路段，瞬时风速大于行车安全风速（表8-5）的规定值时。

表8-5　行车安全风速

公路设计速度/(km/h)	100	80	60	40	20
风速/(m/s)	15	17	19	20	20

在风吹雪量较大且持续时间长、风向变化不大的路段，可设置固定式防雪栅；在风向多变、风力大、雪量多的路段，可采用移动式防雪栅。公路防雪栅设计应符合以下规定：

1）防雪栅设计应有效降低风吹雪对行车道上车辆的不利影响，兼顾对公路路基的防护。

2）防雪栅应设置在公路迎风一侧。当地形开阔、积雪量过大、风力很大时，可设置多排防雪栅。

降雪量较大、持续时间长且积雪覆盖行车道的公路路段，可设置积雪标杆。公路积雪标杆设计应符合以下规定：

1）公路积雪标杆宜设置在公路土路肩上，设置位置不得侵入公路建筑限界以内。

2）积雪标杆的设置间距可参考轮廓标的设置间距。

8.2　服务设施

公路上的服务设施包括服务区、停车区和客运汽车停靠站。

服务区、停车区的位置应根据区域路网、建设条件、景观和环保要求等规划和布设。客运汽车停靠站的位置应根据地区公路交通规划、公路沿线城镇分布、出行需求布设。

8.2.1　服务区、停车区

服务区、停车区主要是为车辆和驾乘人员服务的，为车辆服务的设施主要有：停车场、加油站、车辆维修站等；为驾乘人员服务的设施主要有：餐厅、小卖部、厕所、休息处、公用电话、广场、园地、人行道等。

1. 服务区、停车区设置的规定

服务区设置应符合以下规定：

1) 高速公路应设置服务区，作为干线公路的一、二级公路宜设置服务区。服务区平均间隔宜为 50km；当沿线城镇分布稀疏，水、电等供给困难时，可增大服务区间隔。

2) 高速公路服务区应设置停车场、加油站、车辆维修站、公共厕所、室内外休息区、餐饮、商品零售点等设施。根据公路环境和需求可设置人员住宿、车辆加水等设施。

3) 作为干线的一、二级公路服务区宜设置停车场、加油站、公共厕所、室外休息等设施，有条件时可设置餐饮、商品零售店、车辆加水等设施。

停车区设置应符合以下规定：

1) 高速公路应设置停车区，作为干线的一、二级公路宜设置停车区。停车区可在服务区之间布设一处或多处，停车区与服务区或停车区的间距宜为 15~25km。

2) 停车区应设置停车场、公共厕所、室外休息区等设施。

服务区、停车区的建筑规模应根据交通量、交通组成、沿线城镇布局、用地条件等因素确定。其用地、建筑面积应符合相关标准规范的规定。

服务区、停车区与互通式立体交叉、隧道的净间距宜大于 2km。条件限制时，可参考互通式立交间距的相关要求。

2. 服务区、停车区的形式

服务区、停车区的设置形式应根据服务需求、建设条件、自然环境等因素综合确定。服务设施可采取双侧集中对称布置、双侧错位对称布置、双侧不对称布置或单侧布置等形式。

服务区采用双侧布置时，根据服务区内主要设施的布置位置分为以下几种常用形式，停车区形式可根据现场条件参照服务区设置。

（1）分离式外向型　服务区布置于公路主线两侧，且在餐厅和公路主线之间设置停车场、加油站等服务设施，如图 8-10 所示。

（2）分离式平行型　服务区布置于公路主线两侧，且餐厅、停车场、加油站等服务设施基本和公路主线平行，如图 8-11 所示。

（3）分离式餐厅单侧集中型　服务区布置于公路主线两侧，客房、餐厅等只在服务区单侧设置，这种形式适合于公路某一侧场地比较

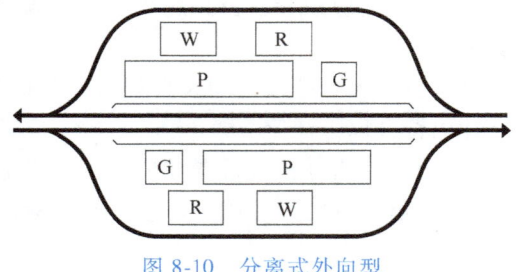

图 8-10　分离式外向型
P—停车场　G—加油站　W—公厕　R—餐厅

狭窄，或某一侧景观优美，对使用者有较强的吸引力，而另一侧场地条件有限，餐厅、休息室等设施只可能采用外向型的情况，如图 8-12 所示。

（4）分离式餐厅上空集中型　服务区布置于公路主线两侧，但餐厅建在公路上空，两侧可共同使用，便于充分利用空间。餐厅造型设计通常作为公路的一种景观标志，如图 8-13 所示。

（5）中央或单侧集中型　服务区设在公路主线中央或一侧，如图 8-14 所示。对于封闭式收费公路，这种形式的服务区需要将上、下行线的停车场完全隔开，目前较少采用。

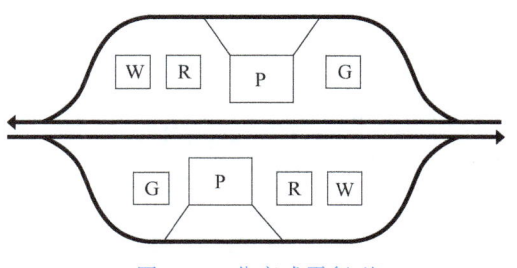

图 8-11　分离式平行型

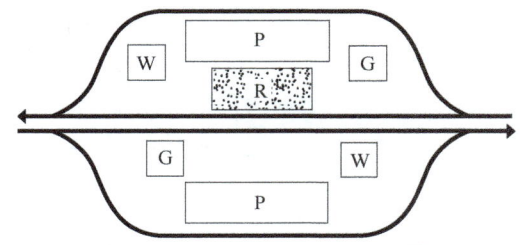

图 8-12　分离式餐厅单侧集中型

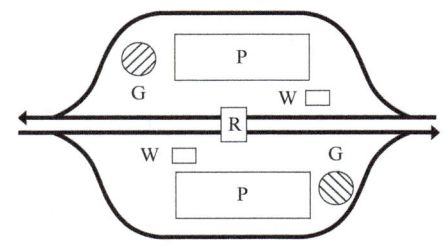

图 8-13　分离式餐厅上空集中型

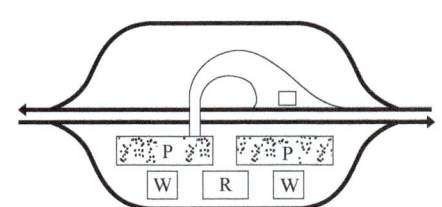

图 8-14　中央或单侧集中型

3. 服务区、停车区范围内主线线形指标

服务区范围内的主线线形指标应符合互通式立体交叉范围内的主线线形指标的要求。停车区范围内的主线线形指标应符合表 8-6 的规定。

表 8-6　停车区范围内的主线线形指标

设计速度/(km/h)		120	100	80	60
最小圆曲线半径/m	一般值	1500	1000	700	500
	极限值	1200	850	600	400
最小凸形竖曲线半径/m	一般值	45000	25000	12000	6000
	极限值	23000	15000	6000	3000
最小凹形竖曲线半径/m	一般值	16000	12000	8000	4000
	极限值	12000	8000	4000	2000
最大纵坡（%）	一般值	2	3	4	4.5
	最大值	3	4	5	5.5

注：1. 纵坡应选用一般值以上的指标；在地形受限、条件特殊的情况下，可采用最大值。
　　2. 本表取自《公路路线设计规范》（JTG D20—2017）。

4. 服务区、停车区总体布置

服务区、停车区一般几何布置应包括加（减）速车道、匝道、贯穿车道、停车场等（图 8-15）。

服务区、停车区匝道的设计速度宜采用 40km/h，条件受限时不应小于 30km/h，匝道的最小长度应符合表 8-7 的规定。

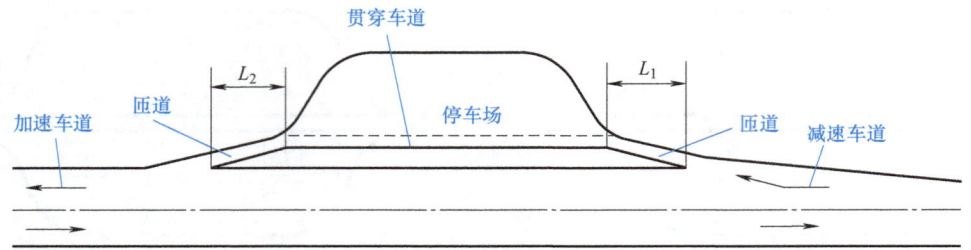

图 8-15　服务区、停车区车道布置示意图

表 8-7　匝道的最小长度

主线设计速度/(km/h)		120	100	80
减速匝道一侧 L_1/m	一般值	110	90	80
	极限值	80	70	60
加速车道一侧 L_2/m	一般值	80	70	60
	极限值	60	60	60

注：本表取自《公路路线设计规范》(JTG D20—2017)。

匝道及加、减速车道几何设计应符合互通式立交的相关规定。

贯穿车道几何设计应符合以下规定：

1）贯穿车道的设计速度宜采用 30km/h。

2）贯穿车道应采用单向单车道，行车道 3.50m，左右侧路缘带各宽 0.50m。

3）贯穿车道纵面设计应综合考虑停车场高程及排水需要。

二级公路的服务区、停车区、观景台，根据功能、服务交通量、场地条件等，可采用设置出、入匝道和加、减速车道的典型形式，也可采用不设置匝道、与主线布置成整体式的简易形式。简易形式的服务区、停车区、观景台布置应符合以下规定：

1）服务区、停车区、观景台范围内的主线纵坡不应大于 2.5%，主线行车道与停车场用侧分隔带或路面标线区分。

2）停车场的两侧应设置长度相同的加、减速区段。

3）停车场沿主线的纵向最小长度宜大于 30m。

8.2.2　客运汽车停靠站

高速公路主线侧不应设置客运汽车停靠站。

作为集散的一、二级公路和三、四级公路可根据需要设置加油站、公共厕所及客运汽车停靠站等设施。

客运汽车停靠站应设置车辆停靠和乘客候车设施，可与服务区结合设置。

1. 客运汽车停靠站主线线形指标

客运汽车停靠站范围内主线的最大纵坡应不大于 2%，地形特别困难时应不大于 3%。客运汽车停靠站主线线形指标应符合表 8-8 的规定。

表 8-8　客运汽车停靠站范围内的主线线形指标

设计速度/(km/h)	100	80	60	≤40
最小圆曲线半径/m	800	500	250	150
最小凸性竖曲线半径/m	10000	4500	2000	1000
最小凹形竖曲线半径/m	4500	3000	1500	1000

注：本表取自《公路路线设计规范》(JTG D20—2017)。

2. 客运汽车停靠站布置

一级公路主线侧客运汽车停靠站布置应包括渐变段、加（减）速车道、停留车道等，其示意图如图 8-16 所示，并应符合以下规定：

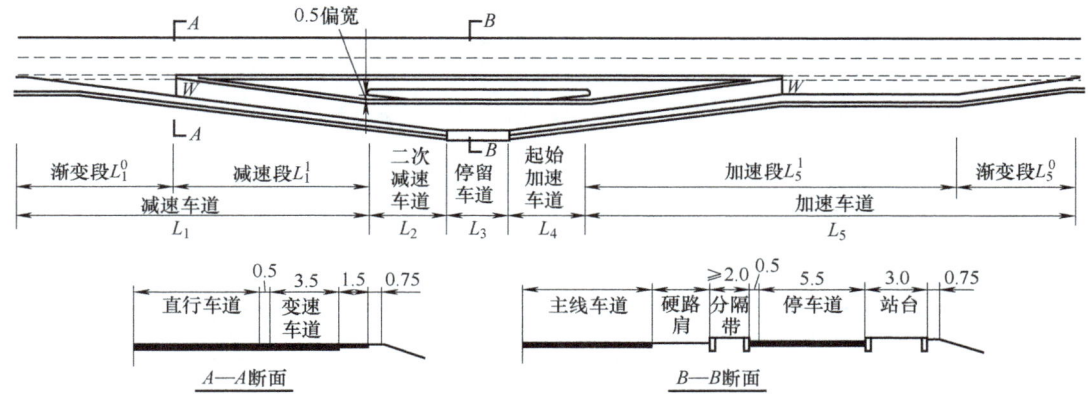

图 8-16　一级公路主线客运汽车停靠站示意图（单位：m）

1）停靠区与主线右侧硬路肩之间必须用侧分隔带或护栏隔开。
2）变速车道、停留车道长度应不小于表 8-9 的规定。
3）侧分隔带宽应不小于 2.00m，变速车道右侧硬路肩 1.50m，停留车道宽应不小于 5.50m，站台宽 3.00m。

表 8-9　一级公路客运汽车停靠站变速车道、停留车道长度

主线设计速度/(km/h)		100	80	60
减速车道 L_1	渐变段 L_1^0 (1/20)/m	70	70	70
	减速段 L_1^1/m	100	90	70
二次减速车道 L_2/m		50	50	40
停留车道 L_3/m		30	30	20
（二次）起始加速车道 L_4/m		40	40	30
加速车道 L_5	加速段 L_5^1/m	130	110	80
	减速段 L_5^0/m	65	60	50

注：本表取自《公路路线设计规范》(JTG D20—2017)。

二级及二级以下公路主线客运汽车停靠站的布置应包括加（减）速区段、停留车道等，

其示意图如图 8-17 所示，并应符合以下规定：
1) 停靠区与道路行车道之间用路面标线区分。
2) 站台前停靠区两侧设置长度相等的加、减速区段，变速区段长度应符合表 8-10 的规定。
3) 停留车道长度为 15m。
4) 相邻行车道边缘线的分隔带（标线）、停留车道、站台宽度依次为 0.50m、3.50m、2.25m。

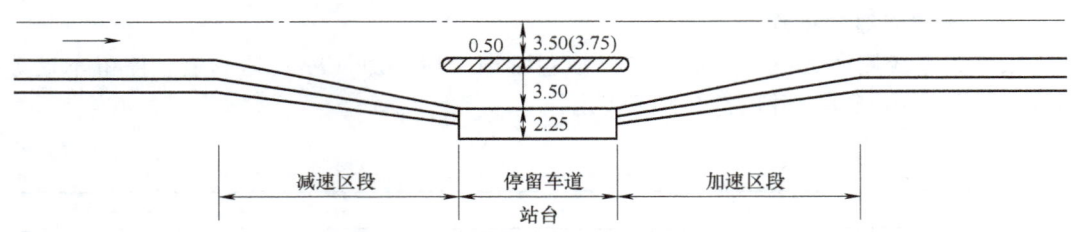

图 8-17　二级及二级以下公路主线客运汽车停靠站示意图（单位：m）

表 8-10　二级及二级以下公路主线客运汽车停靠站变速区段长度

主线设计速度/(km/h)	80	60	40	30	20
渐变率	1/15	1/12.5	1/10	1/7.5	1/5
加、减速区段长/m	60	50	40	30	20

注：本表取自《公路路线设计规范》（JTG D20—2017）。

8.3　管理设施

管理设施包括监控、收费、通信、供配电、照明和管理养护等设施，应符合以下规定：
1) 高速公路应设置监控、收费、通信、供配电、照明和管理养护设施。其他等级的公路可根据需求设置。
2) 监控、收费、通信、供配电、照明和管理养护等设施应根据交通量进行总体设计、分期实施、并据此实施基础工程、地下管线及预留预埋工程等。

8.3.1　监控设施

监控设施分为 A、B、C、D 四个等级：
1) A 级。应全线设置视频监视、动态信息发布及交通诱导设施，结合收费站、特大桥、隧道前、互通式立交、服务区等重点或有特殊需求路段，设置交通事件检测、交通量检测、环境信息检测、匝道控制设施。实现全程监控、动态信息发布和交通诱导。
2) B 级。应在收费站、特大桥、互通式立交、服务区等重点或有特殊需求路段，设置视频监视、交通事件检测、交通量检测、环境信息检测、匝道控制、动态信息发布及交通诱导设施。实现全线的重点监控、动态信息发布和交通诱导。

3）C 级。宜在特大桥、服务区、客运汽车停靠站、公路平面交叉口等重点或有特殊需求路段，设置视频监视、交通事件检测、交通量检测、动态信息发布及交通诱导设施。

4）D 级。可在特大桥、加油站、客运汽车停靠站、主要公路平面交叉口等重点或有特殊需求路段，设置交通量检测、现场交通信息提示及交通诱导设施。

各等级监控设施的适用范围可根据表 8-11 确定。

表 8-11　各等级监控设施的适用范围

监控设施等级	适 用 范 围
A	高速公路（全程监控）
B	高速公路（分段监控）
C	干线一级、二级公路
D	集散公路、支线公路

注：本表取自《公路工程技术标准》（JTG B01—2014）。

当桥梁、隧道设置结构监测、养护监测等设施时，应与路段的监控设施统一规划设计，协调管理。

8.3.2　收费设施

收费设施应符合以下规定：

1）收费设施应与公路设计采用的服务水平相协调。收费广场出口和入口的收费车道数均不应小于两条。新建收费设施应同步建设 ETC 车道。

2）省界主线收费站宜采用合建方式。

3）收费系统机电设备可按开通后的第 15 年交通量配置；收费岛、收费广场、地下通道、收费大棚等设施宜按开通后第 15 年的交通量配置；收费广场用地、站房用地、建筑和土方工程用地应按开通后第 20 年的交通量实施。

4）客车应采用分车型收费的方式，货车宜采用计重收费方式。

收费站广场的设计应符合以下规定：

（1）收费站广场几何指标

1）主线收费站广场。平曲线指标应符合互通式立体交叉区主线线形指标的规定，竖曲线指标不应小于主线纵断面一般值的规定。收费站广场中心线两侧最小各 100m 范围内，纵坡坡度不应大于 2%。

2）匝道收费站广场。平曲线半径不得小于 200m，竖曲线半径不得小于 800m。收费站广场中心线两侧水泥混凝土路面范围内，纵坡坡度不宜大于 2%，条件受限时不应大于 3%。

3）收费站广场的横坡宜为 1.5%，排水需要时可为 2.0%。

（2）收费站广场布置　收费站广场的布置应符合以下规定：

1）公路收费站广场应避免设置在凹形竖曲线的底部。

2）收费站广场布置与两端过渡示意图如图 8-18 所示，收费岛前后水泥混凝土路面的最小长度 L_0 应符合表 8-12 的规定。

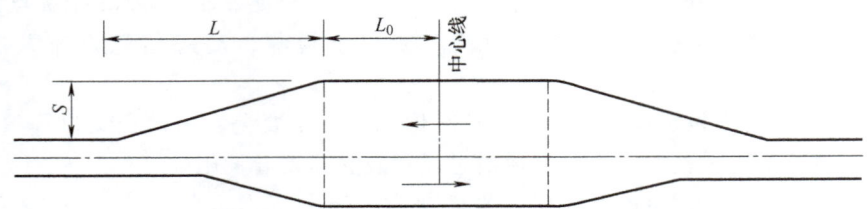

图 8-18 收费站广场布置与两端过渡示意图

L_0—广场水泥混凝土路面长度 L—广场过渡长度 S—广场过渡宽度

表 8-12　收费岛前后水泥混凝土路面的最小长度 L_0　　　　　（单位：m）

收费广场位置		匝道上	主线上
收费方式	单向	30	50
	双向	25	40

注：本表取自《公路路线设计规范》（JTG D20—2017）。

3）收费站广场两端过渡渐变率应符合表 8-13 的要求。

表 8-13　收费站广场两端行车道过渡渐变率

收费站广场位置	匝道上	主线上
广场收敛渐变率（L/S）	4~6，极限值为 3	6~8

注：本表取自《公路路线设计规范》（JTG D20—2017）。

4）匝道收费站广场中心线至匝道分岔点的距离不宜小于 100m，且不应小于 75m；至被交道路平交点的距离不宜小于 150m，不能满足时，应增加设置等待车道。

5）收费站广场的宽度应包括收费车道、收费岛、路肩（或路缘带）的宽度。收费岛间的车道宽度宜为 3.20m，ETC 车道的宽度应为 3.50m，超宽车道的宽度宜为 4.50m。收费岛的宽度宜为 2.20m。硬路肩宽度应不小于 0.50m。收费站广场中心线的横断面组成示意图如图 8-19 所示。

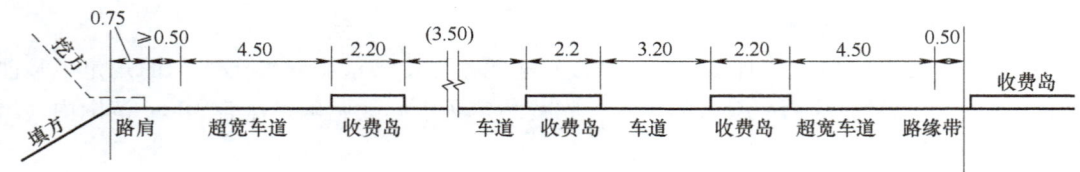

图 8-19　收费站广场中心线的横断面组成示意图（单位：m）

8.3.3　通信设施

通信设施应符合以下规定：

1）通信设施应满足监控、收费和管理等业务需求，结合路网统一规划、统一标准、统一体制，提供语音、数据、图像信息服务平台。

2）高速公路的通信管道应按远期规划设计。通信管道敷设容量应综合考虑交通专网需求、社会租赁需求和扩容要求确定。省与省之间应保证一条用于干线联网的通信管道。

8.3.4 供配电、照明设施

供配电、照明设施应符合以下规定：

1）应根据公路特点、系统规模、负荷性质、用电量、电源条件、电网发展规划，在满足近期要求的同时，兼顾远期发展需要，合理确定外部电源、自备应急电源的供配电系统方案。

2）高压输电线路工程应结合工程特点、规模和远期发展状况，施工临时用电和运营永久性用电相结合实施。

3）收费广场、服务区广场、避险车道、检测点（站）等应设置照明设施，位于城市出、入口路段的互通式立交、特大桥、机场高速公路、环城高速公路可设置照明设施。

8.3.5 管理养护设施

管理养护设施应符合以下规定：

1）管理中心、管理分中心、管理站（所）宜结合公路管理需求设置。

2）养护设施应根据公路养护业务需求设置养护工区和道班房。高速公路宜设置养护工区、其他等级公路宜设置道班房。

3）公路管理养护管理设施宜结合地形和业务范围选址合建。

4）公路管理房屋建筑应布局合理、经济适用、环保节能，与周围环境相协调。房屋建筑规模宜根据设计交通量确定。

 习　　题

1. 试述交通安全设施的主要类别。
2. 服务区的形式包括哪几种？应如何选择？
3. 何为防眩设施？应在什么情况下设置防眩设施？
4. 试述监控设施的等级及其适用范围。

第 9 章　道路计算机辅助设计

学习目标：
1. 了解计算机辅助道路设计的基本需求及功能组成；
2. 理解软件的运行平台及数据组成、转换和管理；
3. 能够掌握典型计算机辅助道路设计系统（如 DVIP）的使用，并能生成道路成果及展示模型。

■ 9.1　概述

　　计算机辅助设计技术的研究工作始于 20 世纪 50 年代，之后的十年，计算机辅助设计技术逐步应用到道路工程领域，不过只局限于解决单纯的几何计算问题和简单的分析问题，如平纵面几何线形的计算、路基土石方计算和路基稳定性分析等。20 世纪 70 年代，随着计算机和计算机图形学的发展，设计、绘图等任务都可由 CAD 系统来完成。到了 20 世纪末期，随着计算机内存及运行速度的大幅度提高，界面友好、功能强大、资源丰富的操作系统进一步促进了道路计算机辅助设计软件水平的提升，且已达到系统化、集成化水平。道路计算机辅助工程的出现，对加快工程测设进度、提高工程质量、节约投资、提高经济效益、节省人力资源、减轻劳动强度，以及在实现我国道路建设的现代化、满足交通建设大力发展的要求等方面，无疑有着重大的实际意义。

　　目前国外的主流道路计算机辅助软件有以下两种：

　　（1）CARD/1　计算机辅助道路设计（Computer Aided Road Design，CARD/1）软件是由德国的 IB&T 软件公司开发的，是高度集成的可用于道路、铁路（含高速铁路和轨道交通）、管网等设计的 CAD 软件。其中，测绘模块是基础，属于支撑各类设计的地形、地理数据库，软件自带的图形环境提供不同的几何设计方法，并能采用二次开发的方式完成道路、铁路、管网等的设计与绘图。

　　（2）Civil 3D　Civil 3D 是 Autodesk 公司的土木工程设计工具包，它在世界范围内土木工程界广泛应用，其中包括道路设计功能，并和 Autodesk 的其他软件产品如 Revit 联合使用，可参与包括 BIM 的项目解决方案。

　　我国道路计算机辅助设计软件的研究虽然起步较晚，但发展迅速。自 1979 年起，国内有关高等院校、设计和科研单位先后对道路的纵断面优化技术、平面及空间线形优化技术等进行了研究，开发了各自的优化设计程序。20 世纪 80 年代中后期，随着我国道路建设的高速发展，对道路计算机辅助设计技术的需求不断增加，大大促进了我国道路计算机辅助设计系统的开发与应用，许多高校、交通设计院相继开发了公路路线计算机辅助设计系统、公路中小桥计算机辅助设计系统、涵洞计算机辅助设计系统等公路设计软件，有一些成果已不同程度地在实际工程设计中得到应用，并在使用和推广过程中不断得到完善。20 世纪末至今是道路建设大发展时期，道路建设的速度明显加快，建设规模空前加大，对计算机辅助设计软件的要求越来越高。这一时期也是计算机辅助设计软件商品化快速发展阶段。在操作系统的功能越来越强大，资源越来越丰富，交互性能越来越友好的前提下，国内开始自主开发图形系统，比较实用和有针对性。这进一步地促进了道路计算机辅助设计系统软件的应用和推广，并开始深入对道路工程领域新技术的研究工作。近 20 年来，计算机辅助设计技术在我国道路建设工作中已经得到了广泛的应用，它改进了我国公路交通和城市建设部门长期以来沿用的落后手段。

目前国内主流的道路计算机辅助设计软件有：

（1）Hint CAD　纬地道路辅助设计系统（Hint CAD）是由中交第一公路勘察设计研究院 1996 年研发成功的道路设计软件，形成包含路、桥、隧、涵、墙、土方、仿真、交通、地质多专业集成的三维 CAD 系统，在国内拥有广泛的用户，在道路设计中，基于三维地形和地理数据进行可视化设计和成果表达，并追求正向 BIM 设计，取得了良好效果。

（2）EICAD　EICAD 是集成交互式道路与立交设计系统的简称。该系统于 2002 年 10 月由李方软件公司开发推广，属于第四代道路 ICAD 系列产品，系统体现了路线设计新思想、新方法，实现了一套全新的设计交互及文档数据管理的过程。路线和立交设计动态交互集成度高，设计效率高和质量好。

9.2　互动式道路及立交 CAD+BIM 系统——迪威普（DVIP）

东南大学交通学院刘洪波老师在 2020 年推出最新道路计算机辅助设计软件——互动式道路及立交 CAD+BIM 系统——迪威普（DVIP），是刘洪波老师继 DPX 之后的又一力作，是 DICAD 系列软件升级幅度最大的换代产品，迪威普是传统方法与新技术的结合，是为工程师量身定做的 BIM 软件，代表了国内道路计算机辅助设计的较高水平。

DVIP 继承并优化了传统计算机辅助设计软件的功能，主要包括以下几方面：

1）平面交互设计，包括平面交互设计、平面信息查询、辅助平面标注、辅助平面成图、平面自动分图和平面数据保存。

2）交互式纵断面设计与成图，包括纵断面设计、平纵设计审核、平面标注竖曲线、纵断面查询保存简图和纵断面成图五部分的总命令。

3）交互式横断面设计与成图，包括横断面边坡挡墙设计、横断面设计成图、横断面设计修改、统计分项工程数量（护坡面积、护坡体积和清表土体积）及辅助平面成图（占地图和总体图）五部分。

4）交互式立交端部设计与成图，包括生成端部横线、端部设计标注和修改端部数据三部分。

5）生成设计表格，对于任一种表格 DICAD PRO 能生成 Dwg 和 EXCEL 两种形式，某些表格还提供了不同内容形式以方便用户选择，并能根据用户要求定制各种表格形式。生成表格时无须先调模板，直接点取相应的命令即可。

6）平交口竖向设计，包括设定脊线边线、补充脊线边线、设定主点高程、生成等高线、平交口板块划分及标注、标注法向横线、标注两点间距和查询标注单点高程。

7）路线透视图，包括路面建模、生成路面标线、生成护栏、定位插入图形、保存拉伸曲线、定位拉伸曲面、生成透视图、生成边坡地面模型、生成桥梁底面模型和动态漫游透视图 10 个命令。它可以对路线或立交建模，进而采用 3DMAX 渲染生成效果图。

8）辅助工具，包括平纵横设计审核、层页码操作、删除外部数据三部分。

相比传统的道路计算机辅助设计软件，DVIP 在功能上进行了较大优化与改进，主要体现在以下几方面：

1）脱离对 AutoCAD 的依赖，设计成图更加方便且避免了版权问题。

2）改进道路立交平面设计技术，查询及资料管理更加直观，效率提升；改进道路立交横断面成图、挡墙及路基工程量统计技术，精准高效。

3）改进 DTM 技术，构网更快捷，场地整平更准确。

4）大幅提高三维建模效率与渲染质量。支持 6km 宽 100km 长高速公路模型，大幅度提高显示速度和显示质量，大幅降低对硬件的要求。

5）扩展路桥建模与交通仿真功能。①优化边坡、锥坡和桥梁梁墩建模、支持斜交和多种桥梁和涵洞形式；②改进桥墩和桥梁构建建模功能，能够胜任各种桥墩特殊建模要求；③增加混凝土箱梁和钢箱梁内部构造建模功能；④支持倾斜摄影模型、交叉口交通仿真，视觉效果大幅提升。

6）路桥模型信息查询与管理，可任意添加、查询和编辑信息数据。

7）其他建模优化与改进。

9.3 数据管理与交互

在 DVIP 及其他同类软件中，不管是道路还是互通式立交，其平面、纵断面、横断面设计需要几十乃至更多的数据文件，某些数据文件的类型及格式需要查找手册确定，而且建立、备份、管理相应的文件工序复杂，易于出错。而在 DVIP 中，改进功能之一的就是数据管理方式，它集所有文件成一体（*.dpf），并为此设定一管理程序——"dpfedit.exe"。它彻底解决了上述问题，操作直观简化快速，管理方便。dpf 文件是在平面设计完后，进行桩号初始化时自动生成的包含平曲线基本资料和断链等信息的文件，对于纵、横断面设计所需的数据文件，使用者可以很方便快捷地在该 dpf 文件下建立。

dpf 数据管理器具有以下特点：

1）直观显示该 dpf 文件中的哪些数据文件已经建立。

2）对于每一类型的数据文件，其格式、内容等填写方式均已设定，用户只需根据提示输入相应的数据或文字。

3）当某些数据文件含有多种控制选择方式时，可以直接点取相应的单元，程序会自动弹出下拉列表方便进行选择。如横地面线数据文件中，点取横地面线数据类型下的单元格时，会弹出"相对距离+高差""中桩距离+高程""中桩距离+高差"三种选项，使用者根据实际要求选择即可。

4）对于每一个数据文件，单击"导入"按钮后，都可以导入已有的相应文件。

5）DVIP中关于桩号的约定：一是当出现长链时，重复桩号处需标明段落号，在第一个重复桩号处用括弧标明段落号即可；二是出现短链时，由于不存在重复桩号，故不需要标段号；三所有桩号均可在平面图中用"平面信息查询"→"动桩"命令查得。执行"查询桩号"命令查询桩号时，程序会自动将此桩号复制到剪切板上，方便用户直接粘贴到dpf文件或各种说明资料中。

6）对于已有数据的编辑：选取该单元格后，可在其中直接进行修改，修改完毕，单击"保存"按钮即可。

7）避免数字和字母误输入，防止手工建立数据资料时误输入。对于应输入数字的单元格，程序只允许输入数字；对于应输入文字的单元格，程序会允许输入文字、字母和数字。

8）DVIP中，将超高文件拆分为超高类型资料和路面横坡度资料，并在超高类型资料中新增了"轴距过渡方式"和"左、右两侧轴距不等"两项：一是，允许旋转轴离中线的距离是变化的，这对于处理中央分隔带宽度是变宽的情况提供了方便；二是，允许左、右两侧轴距不相等，这可以确保当中央分隔带左、右两侧不等宽时的计算准确度。

9）为了便于管理，DVIP中将横断面文件拆分为路槽深度资料和路面宽度资料，用户可根据实际要求进行填写。

10）在单元格中需要选取方案或匝道名称时，可直接在此单元格中输入文件名或同时按下〈Ctrl〉键和鼠标左键，在弹出的对话框中查找相应的文件，如填挖方边坡资料中的边坡方案、立交端部变化资料中的匝道（主线）名称。

11）当一些文件需要进行某些计算或编辑时，可以先使用"导出到EXCEL"命令，在EXCEL内编辑好后，再用"导入EXCEL"数据命令导入到dpf管理器内，管理器会自动将原来的数据替换掉，然后只需单击"保存"按钮即可。

12）数据管理器拥有自动存盘功能：如横断戴帽完成后，程序会自动生成相应的数据文件，包括："横断面填挖面积""横断面占地宽度""护坡面积资料""存边坡长度资料""挡墙面积资料""路线填挖数据""清表土面积资料""老路面积资料""每公里土方数量资料"用于后面的表格成图。

9.4　道路与立交设计核心功能及实现

9.4.1　直线型设计方法

在我国道路平面线形设计中，导线法是传统的设计方法。该方法的特征是依据导线位置而设计线形，也就是说，它的主导元素为直线（导线）。其原理就是在导线交点处敷设圆曲线和缓和曲线（一般为完整的回旋曲线），圆曲线的半径及回旋线参数（或回旋线长度）根据经验直接给出，然后根据外矢距、切线长等约束条件进行调整，直到满足设计要求。该方法的特点是计算简单，便于手工计算，多用于低等级公路的设计。

DVIP中动态导线法包括三单元导线法、五单元导线法和动态、交互式修改平曲线交点，能够完成高等级公路及互通式立交的平面线形设计所需的复杂线形的布设。DVIP 中的动态导线法及线形布设的过程如下：

1）布设导线。

2）布设平曲线。依次选取第一条、第二条导线（可以是 LINE 实体）后，屏幕会弹出"动态导线法"对话框（图 9-1）。在此对话框中，用户可以对"单元数类型"和"平曲线类型"进行修改，并且可以选择"定切线长度初始化参数"选项或手动修改平曲线设计参数。在确定参数后，可以拖动交点或直接确定平曲线位置。若"布线失败"，程序报错退出；若无问题，平曲线布设完成。三单元常规曲线布设效果如图 9-2 所示。

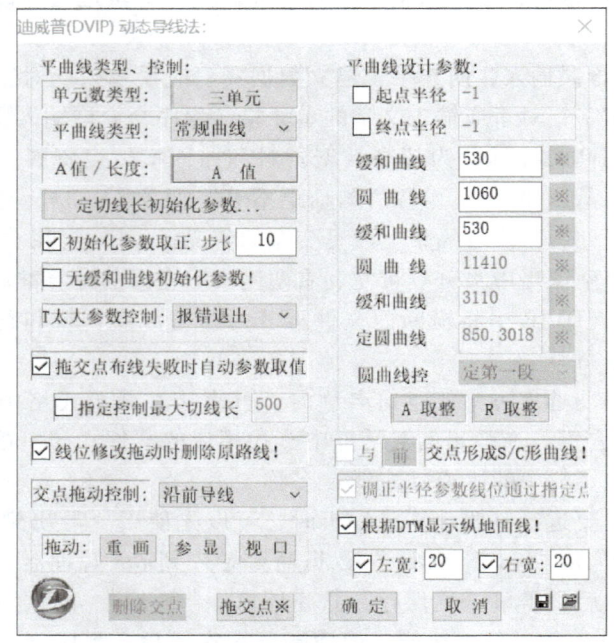

图 9-1 "动态导线法"对话框

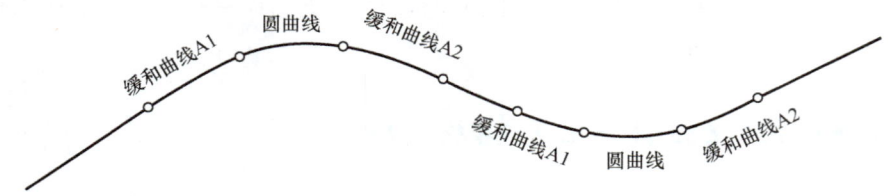

图 9-2 三单元常规曲线布设效果

3）修改平曲线单元。用布曲线的方式直接单击需修改的平曲线任一单元，弹出对话框，可以在"平曲线设计参数"中输入新的参数值或者通过切线长初始化重新初始化一组参数，这样就可以修改平曲线单元。

9.4.2 曲线型设计方法

随着计算机辅助设计的发展和测设手段的进步，曲线型设计方法成为一种新的设计方法。该方法的特征是根据路线走向以及地形、地物情况，利用圆弧控制路线的基本位置，然后在直线和圆之间、圆与圆之间配置回旋线，或者利用多段连续光滑曲线（如三次样条曲线）径向相接来设计线形，它的主导元素为直线或圆弧。实践证明，应用曲线型设计方法，能较好地适应地形，减小工程量，降低环境破坏。同时，回旋线不仅作为缓和线形使用，还成为构成公路平面线形的主体元素，大大增加了线形的平顺性和布设的自由度。目前，曲线型设计方法归纳起来有积木法、五单元导线法、模式法等。

DVIP 中的动态模式法是将直线和圆弧两种线形控制单元任意组合，中间用一条或两条缓和曲线加以顺接，由此便可形成三种最基本的双控制单元模式：直—圆模式、双圆模式（卵形线、S 形及 C 形曲线）及双圆模式（卵形曲线）。若由三个控制单元三三组合，前后两组的两控制单元之间分别用一段或两段缓和曲线相顺接：直—圆—圆模式与圆—圆—圆模式（图 9-3）。

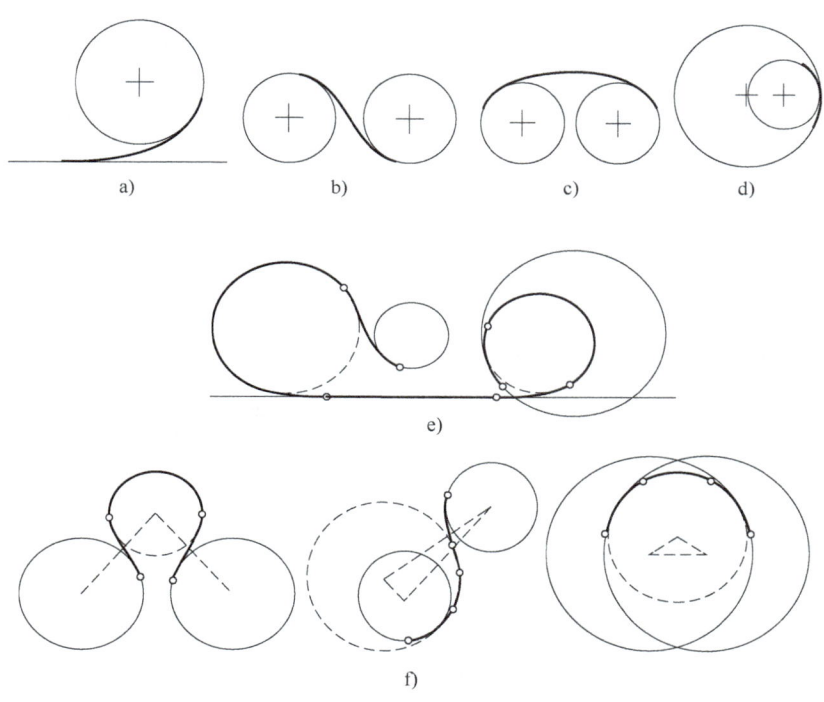

图 9-3 单元控制模式
a) 直—圆模式　b) 双圆模式（S 形曲线）　c) 双圆模式（C 形曲线）
d) 双圆模式（卵形曲线）　e) 直—圆—圆模式　f) 圆—圆—圆模式

以设计喇叭形立交为例，对 DVIP 中的动态模式法及线形布设的过程进行简要介绍。

依次选取起始控制单元［对向双车道匝道的中心线位（直线）］，终止控制单元（主线作为平行式加速车道的偏置线位）和连接单元（插入半径为 60m 的动圆）。

"动态模式法"对话框如图 9-4 所示。在此对话框中，用户可以对"起始方向""拖动位置""参数类型"进行选取，并且可以选择起始单元和终止单元之间参数控制。在确定参数后，可以拖动或直接确定平曲线位置。在此例中，启用"定半径差值"命令，半径差值是指双向匝道中心线与上主线的环行匝道中心线之间的距离，这里采用"-2.75"，负号表示减少，即 57.25m。

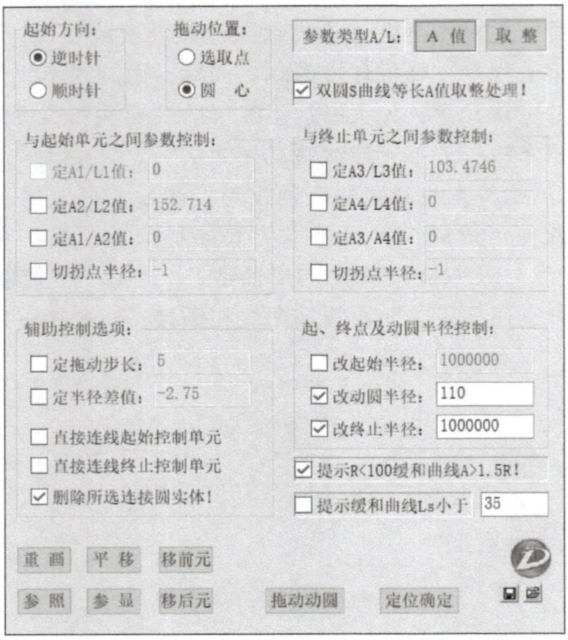

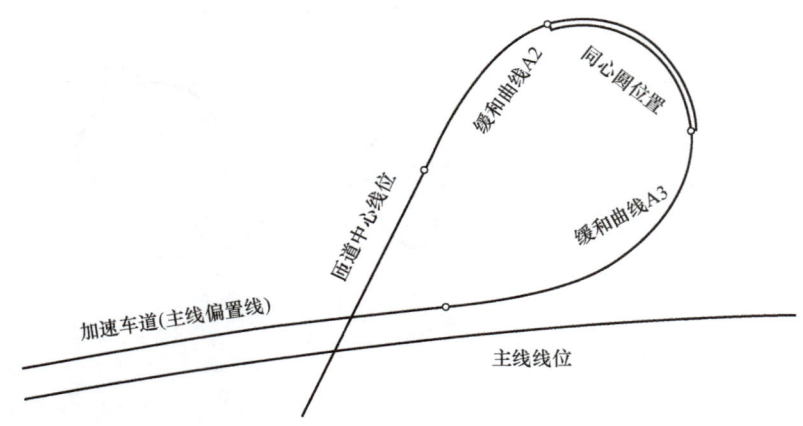

图 9-4 "动态模式法"对话框

动态模式法布设结果，如图 9-5 所示。

图 9-5 动态模式法布设结果

9.4.3 动态变速车道

变速车道是主线与匝道的连接部，其主要功能是实现主线与匝道车辆进出以及速度的过渡，是在整个互通式立交交通系统中最易发生交通事故的路段，因此，借助计算机辅助道路设计系统以最大限度地满足车辆安全地流出、流入主线以及加、减速的要求尤为重要。

变速车道在功能上可分为减速车道和加速车道；在形式上可分为直接式和平行式变速车

道；根据匝道的车道数又可分为单车道和双车道变速车道。对于变速车道的形状，减速车道原则上采用直接式，加速车道原则上采用平行式，但当变速车道为双车道时，减速车道和加速车道均采用直接式。

DVIP 中的动态变速车道包含单向变速车道和双向变速车道两个命令。下文对 DVIP 中的单向变速车道的布设过程进行简要介绍。

打开"动态布设直接（平行）式变速车道"对话框（图 9-6），依次选取主线、连接单元和终止控制单元（可不选）。

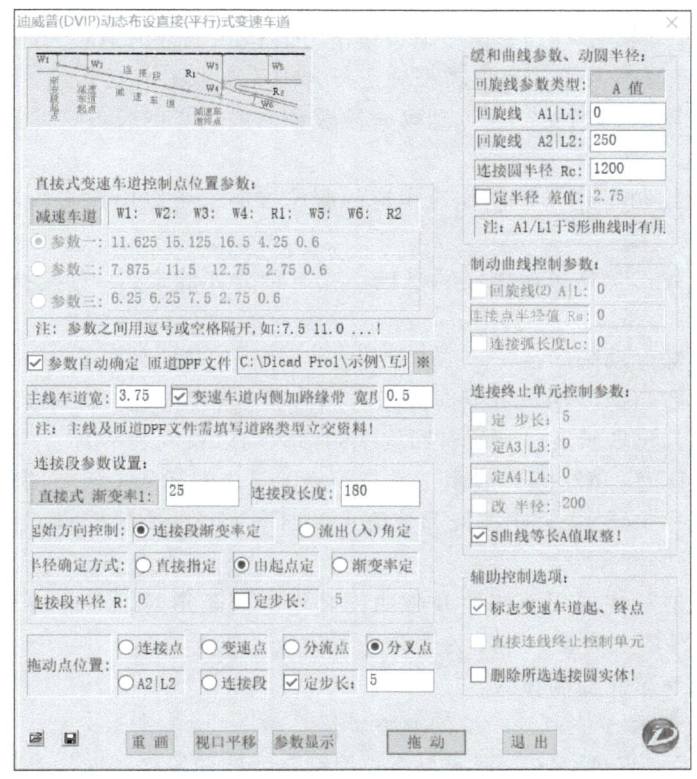

图 9-6 "动态布设直接（平行）式变速车道"对话框

1. 对话框左上角的图中直单向变速车道各参数的含义

1) W1——渐变段起点到主线的距离，渐变段起点一般是主线最外侧行车道的中心线位置；当主线有辅助车道时，渐变段起点一般是辅道中心线和主线最外侧行车道中心线连线的中心位置。

2) W2——渐变段终点到主线的距离，一般是匝道距离主线最外侧行车道刚好向外偏宽一个车道宽度时，匝道中心线距主线中心线的距离。

3) W3——主线硬路肩外边距+偏宽，表示主线硬路肩边线距中心线的距离加上圆角偏宽。圆角偏宽是指当硬路肩宽度不够时，在主线与匝道的分流处，当需给误行车辆提供返回余地时，行车道边缘应加宽一定的偏置值，偏置值应满足规范要求。

4) W4——匝道硬路肩外边距+偏宽，表示匝道硬路肩边线距匝道中心线距离加上圆角偏宽。

5) R——分流点（硬路肩）圆角半径，根据规范一般取 0.60~1.00m。

2. 直接式变速车道控制点位置参数

1) 减速车道或加速车道可单击"减速车道"按钮进行切换。

2) "参数一"根据设计要求依次输入 W1、W2、W3、W4 和 R 值，各参数间以空格或逗号隔开。对话框中提供了三组数据，用户在以后设计中遇相同横断面形式时，直接选取某一组即可。

3. 连接段参数的设置

1) 直接式、渐变率/平行式变速车道可单击"直接式 渐变率1："按钮进行切换。渐变率主要根据主线行车速度及出、入口类型确定符合规范要求的渐变率。

2) "连接段长度"为渐变段起点到第一段缓和曲线起点的长度，它是影响变速车道长度的一个关键参数。

3) "起始方向控制"用来控制变速车道的起始方向，可以由连接段渐变率定，也可以按流出流入角定。

4) "半径确定方式"是指连接段的半径。有三种方式确定："直接指定""由起点定""渐变率定"。

4. 缓和曲线参数、动圆半径

1) "回旋线参数类型"用户可根据情况选择 A 值或长度。选取 A 值，则所有回旋线的参数均以 A 值表示；选取长度，则所有回旋线的参数均以长度表示。

2) "回旋线 A1/L1、A2/L2"表示主线与相连圆弧之间插入一段或两段回旋线。

3) "连接圆半径 Rc"是影响线位和分流点处曲率半径的重要因素，可在拖动过程中进行调整。

4) "定半径差值"主要用于处理 B 喇叭内环做减速车道时，对向双车道匝道半径与内环终点半径的差值，增大为正，减小为负，一般为正。

5. 连接终止控制单元控制参数

1) "定步长"表示 A 值或是长度的取整步长。

2) "定 A3/L3""定 A4/L4"表示与终止控制单元的两段缓和曲线参数值，可在拖动过程中进行调整。

3) 选取"改半径"栏，可调整终止连接单元的半径值。主要用于处理 A 喇叭外环做减速车道时，外环终点半径与对向双车道匝道半径存在的差值。

6. 辅助控制选项

1) 选取"标志变速车道起、终点"项，图中会自动标出变速车道的起、终点位置。

2) 选取"直接连线终止控制单元"项，起始单元、连接单元和终止单元会自动连接成一个整体。

3) 选取"删除所选连接圆实体"项，在图中会将所选连接单元删除。单击"确定"按钮后进行拖动设计，随着鼠标拖动，屏幕上会动态显示一些设计参数——连接段长度、渐变段长度、变速车道长度、渐变率、起点半径、鼻端半径和起点桩号。用户可以根据规范确定合适的变速车道长度以及鼻端半径，大大简化了变速车道的设计过程。

当变速车道设计完成后屏幕会显示其起、终点的位置。动态变速车道布设结果，如

图 9-7 所示。

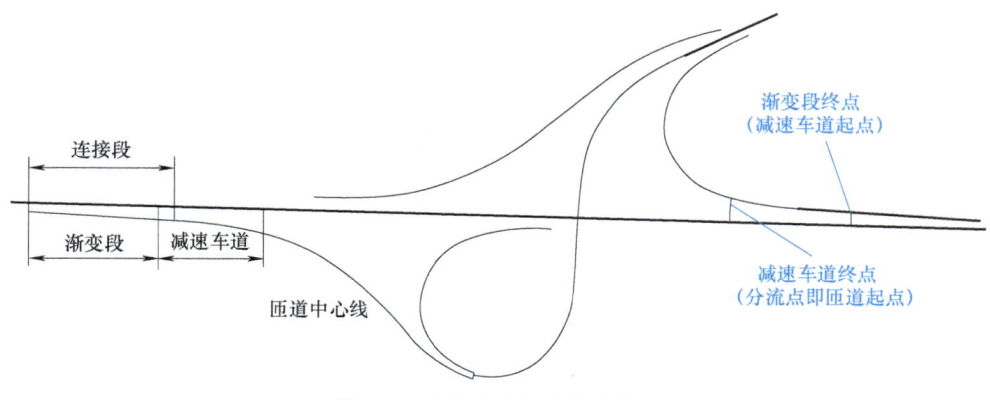

图 9-7 动态变速车道布设结果

9.4.4 纵断面设计

1. 自动截取纵横地面线

第一次建立数模，需进行数模控制参数设置及系统初始化。打开"数模控制参数设置"界面，如图 9-8 所示。

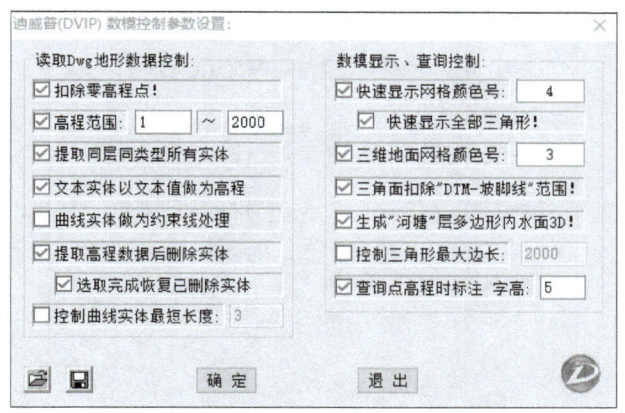

图 9-8 "数模控制参数设置"界面

在用户读取 Dwg 地形数据后，DTM 提示："请选取地形数据实体（散点、高程点）"，全部读取完毕后，会提示读入约束线个数。

接着单击"数模构三角网"按钮。数模构三角网如图 9-9 所示。

完成上述步骤后，接着读取地面线，运行"读取纵横地面线资料"命令后弹出如图 9-10 所示对话框，设置好参数，选择对应的线位，即可自动将纵地面线和横地面线资料读入 dpf 文件中。

2. 动态拉坡

进行动态拉坡先要根据项目情况和规范要求填写 dpf 文件中的"超高类型资料（Cgt）"

和"路面横坡度资料（Hp）"。

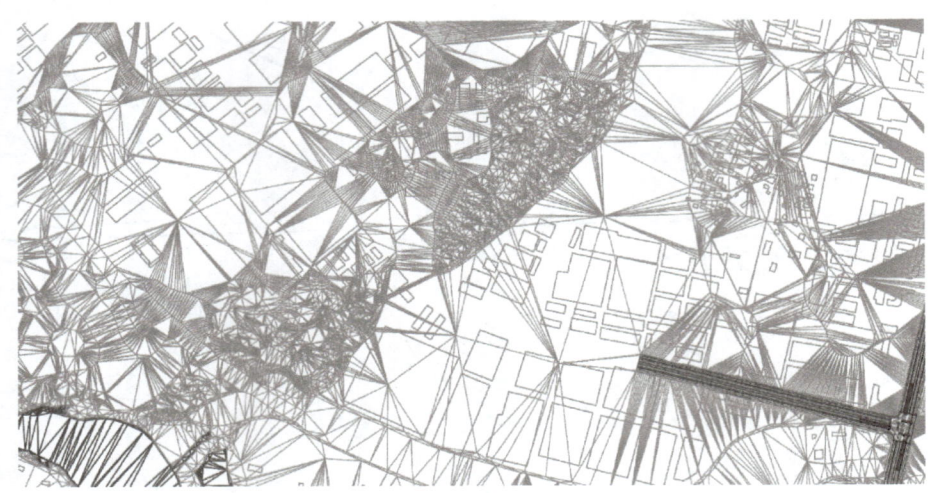

图 9-9　数模构三角网

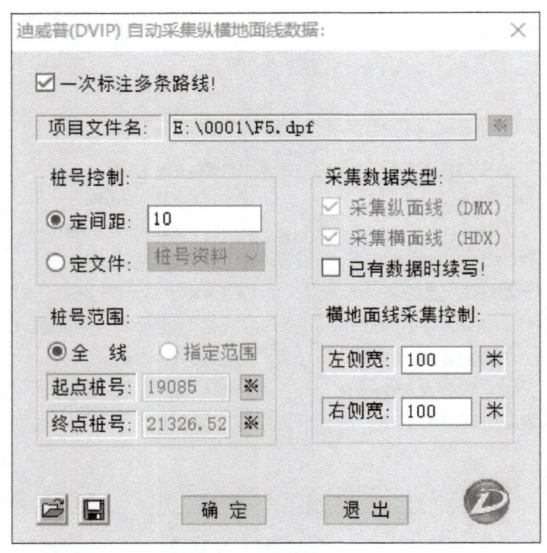

图 9-10　"自动采集纵横地面线数据"对话框

根据起、终点纵坡及控制点高程的要求，在 dpf 的竖曲线资料中可单击鼠标插入变坡点，并可动态拉动变坡点（图 9-11）。

纵断面设计修改完成后，可将竖曲线资料、控制点资料保存至指定的 dpf 文件中，以便下次设计时直接调用。dpf 文件中保存的竖曲线资料如图 9-12 所示。

3. 平纵横设计审核

纵断面设计结束后，可以调用"平纵横设计审核"命令，审核纵断面各要素是否满足规范要求（图 9-13）。

图 9-11 纵断面拉坡设计

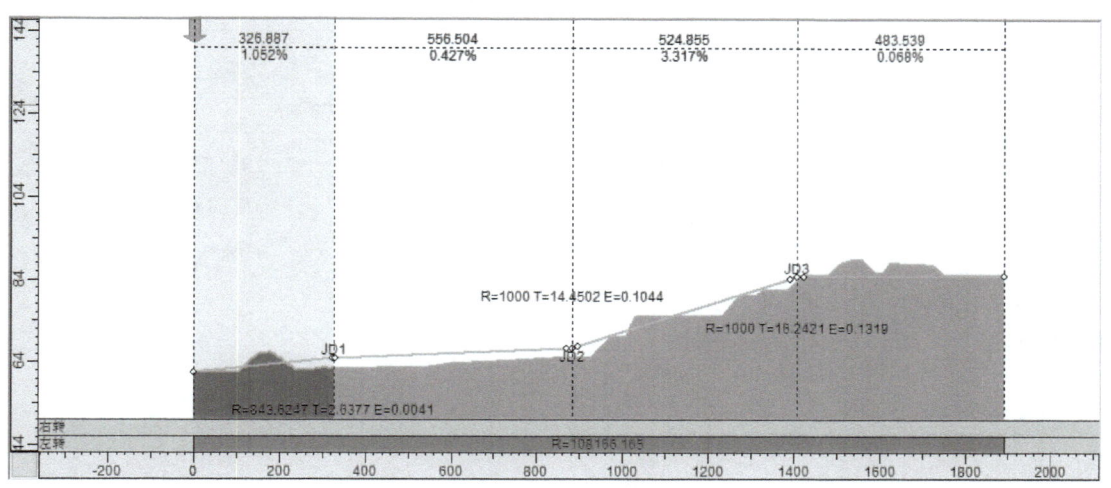

图 9-12 dpf 文件中保存的竖曲线资料

9.4.5 横断面设计

1. 横断面数据准备

在路线平面及纵断面设计完成以后,便可进行路基横断面的设计与土石方工程数量的计算。在 DVIP 中,进行横断面设计之前,需准备"横地面线资料(Hdx)""路槽深度资料(Lc)""路面宽度资料(Hmk)""挖方边坡资料(WBp)"等。

横断面设置边坡文件的顺序为:画边坡→设边坡→存边坡→dpf 文件中调用边坡。DVIP 中将这四个步骤集成到"设置边坡挡墙"对话框中,如图 9-14 所示。

单击"设置边坡线段"按钮,选择线位后弹出"设置边坡类型"对话框,如图 9-15 所示。

道路勘测设计

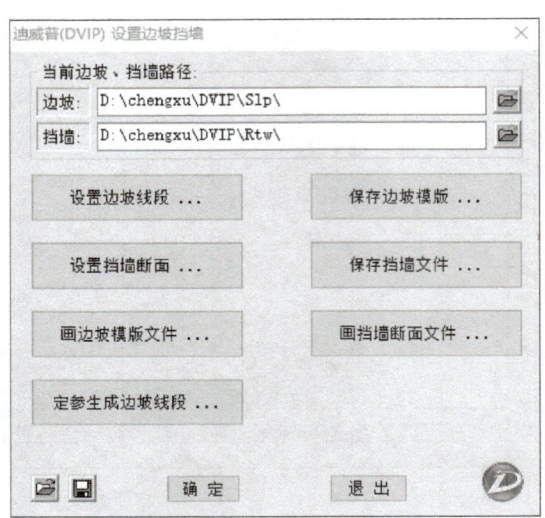

图 9-13 公路、城市道路及互通立交设计审核内容　　图 9-14 "设置边坡挡墙"对话框

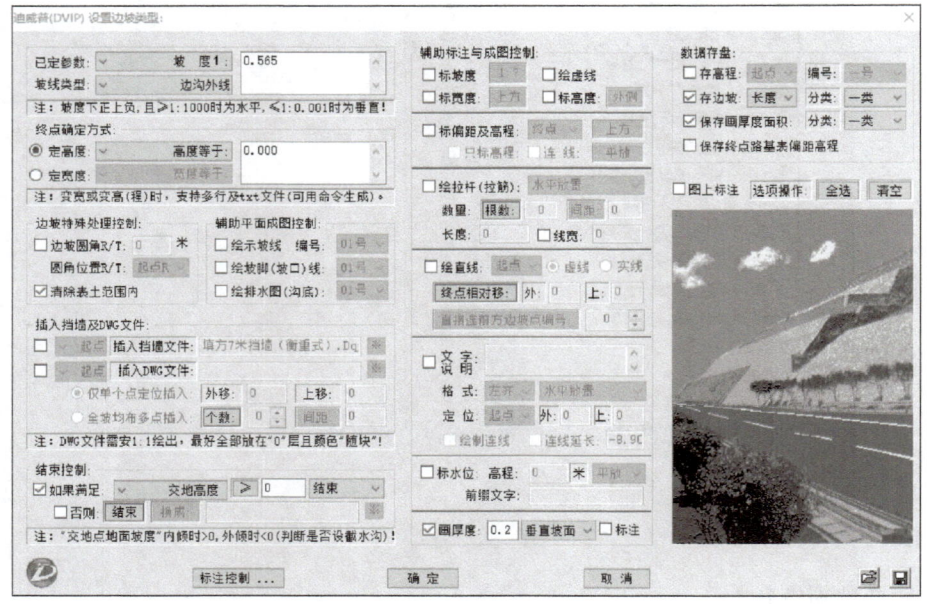

图 9-15 "设置边坡类型"对话框

2. 横断面成图与交互修改

经过数据准备后，打开 A3 图框，调用"横断面成图"命令，弹出"横断面设计与成图"对话框，如图 9-16 所示。

上述工作完成后，可以利用"横断面交互修改"命令刷新图上的数据和 dpf 文件中的数据。

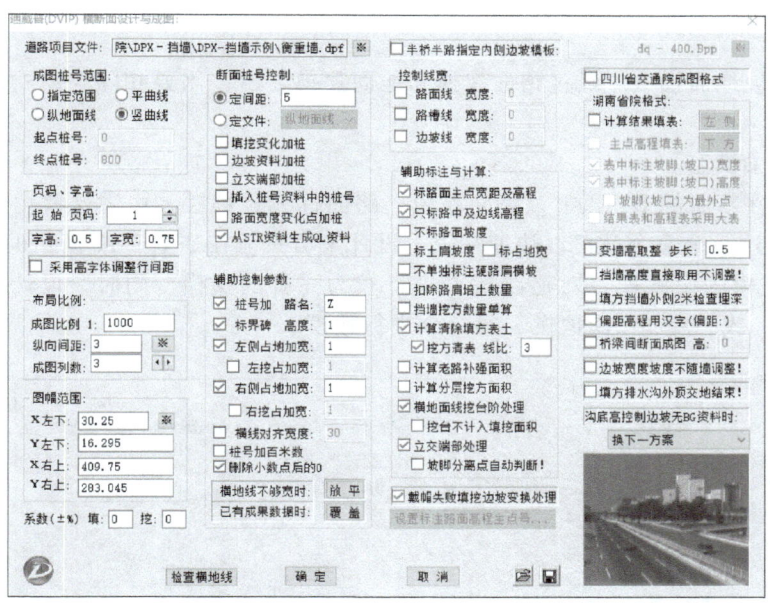

图 9-16 "横断面设计与成图"对话框

9.5 道路与立交建模

传统的路线设计主要是将公路分为平面、纵断面、横断面进行二维设计,对设计成果的评价则建立在设计人员的经验上。随着计算机技术的不断发展,人们更注重从视觉感知角度直观地对道路线形优劣进行评价。评价的手段是运用 CAD 或 3D Max 软件建立路线的三维模型,直观地再现路线平纵横线形组合,动态地观察道路线形组合、视距条件、交通标志标牌等安全因素是否满足要求。采用三维模型透视图不仅可以更为形象地进行多因素综合选线及道路优化,亦可用于向公众展示项目建成后的情况,征询意见,进行沟通,帮助公众直观地理解意图并做出反应,提高公众对公路建设项目的参与性。

道路三维建模是一种根据道路的平、纵、横基本数据以及地形数据等建立道路以及周围地形地物的三维空间模型,反映道路在空间上的立体形状,反映道路与周围地形、地物的关系,为用户提供全方位的工程情况视察的方法。

道路及立交建模过程一般包括以下内容:

1) 路面建模。路面的模型用空间四边形平面来模拟。三维模型的建立需确定每个四边形平面四个顶点的三维坐标。平面坐标(X, Y)根据路线平面坐标计算确定(包括任意桩号处的中线及离中线任意距离边线上点的坐标),垂直坐标(Z)由路线纵断面计算及超高计算完成。因此,在进行三维建模之前,应确保平纵横资料已填写好。

2) 地面建模。地面的模型用空间平面来模拟。目前的地面三维模型多采用空间三角形。DVIP 中的 DTM 模块可以根据采集的数据进行三角网联网,形成若干三角形,并进行纵横断面的插值,最后输出三维地模。该模块采用的是 Delaunay 算法,构网精度较高,构网速度快,一次性理论上可处理 4000 万个点。

3）路面标线。

4）生成护栏。

5）生成边坡地面模型。经过路面建模和地面建模之后，需要扣除路基边坡范围内的地面模型。

6）创建桥梁模型。

7）渲染。在新版的 DVIP 中，路面建模、路面标线、护栏、边沟这些内容通过"道桥快速 3D 建模"这一个命令就可以快速完成。设计人员只需在如图 9-17 所示的对话框中选择桩号范围及需建模的设施即可对道路桥梁进行较为完善的建模。同时，设计人员也可使用"生成 3D 标线"或"生成 3D 护栏"等命令进行建模。

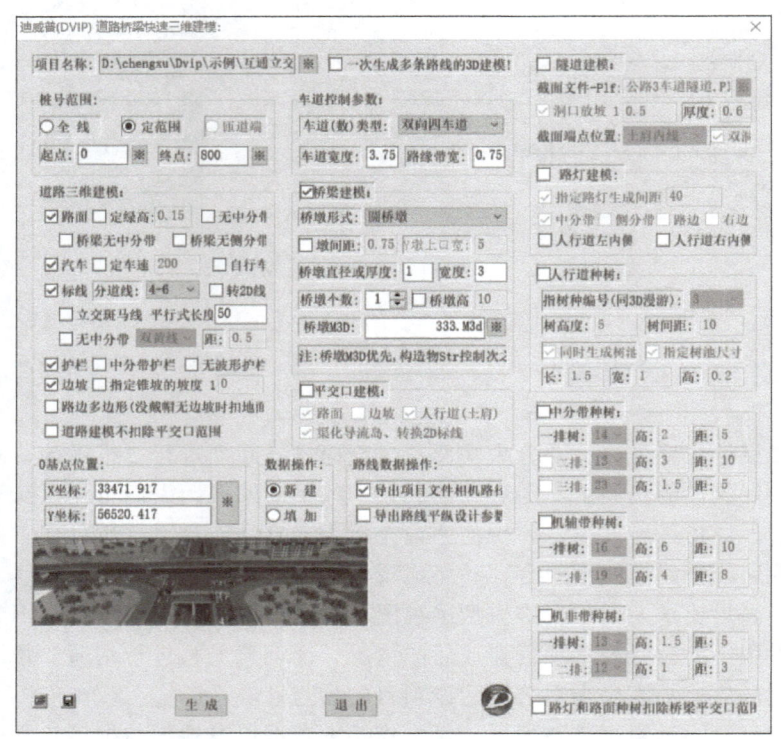

图 9-17 "道路桥梁快速三维建模"对话框

为了生成插入桥墩的桥梁光滑的地面，DVIP 中特别设置了"生成桥梁底面模型"对话框（图 9-18）。对于等截面桥梁，建议勾选"由构造物资料生成"选项；对于变截面桥梁，需要手工绘制出起、终点处桥梁底面定义线，并在对话框中确定好宽、高过渡方式。

在新版的 DVIP 中，路面建模完成之后，设计人员可直接在 3D 模块中观看效果图。若需对天空、地面、行车道、边坡等模型材质进行设置（图 9-19），可以单击 按钮在弹出的对话框中进行选择。

若需改变相机的起点、高度及空中环绕飞行方向等漫游设置（图 9-20），可以单击 按钮进行选择。

渲染效果图如图 9-21 所示。

第9章 道路计算机辅助设计

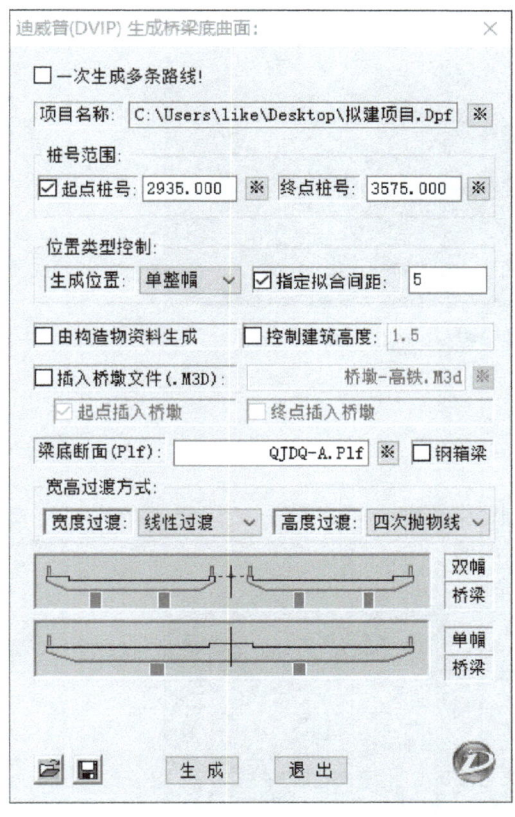

图 9-18 "生成桥梁底面模型"对话框

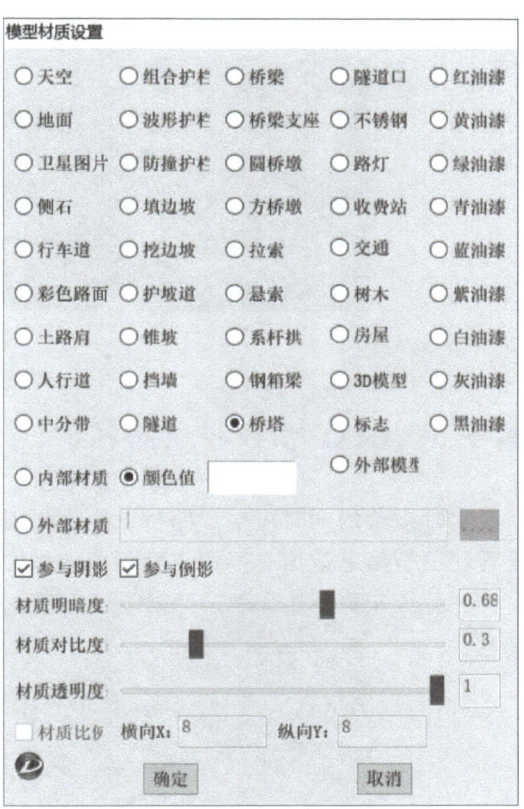

图 9-19 "模型材质设置"对话框

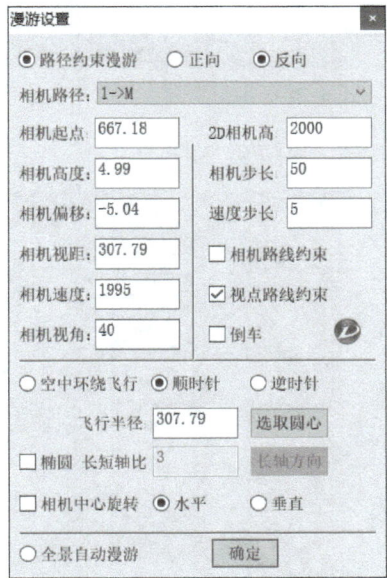

图 9-20 "漫游设置"对话框

图 9-21　渲染效果图

9.6　BIM 等专业功能拓展

实时漫游的同时可生成路桥三维效果图、全景图及动画；可进行交叉口交通仿真；可交互管理模型信息数据。互通立交枢纽效果图，如图 9-22 所示。

图 9-22　互通立交枢纽效果图

城市快速路加交叉口交通仿真，如图 9-23 所示。

图 9-23　城市快速路加交叉口交通仿真

桥梁加倾斜模型效果图,如图 9-24 所示。

图 9-24　桥梁加倾斜模型效果图

路桥快速建模及信息管理,如图 9-25 所示。

图 9-25　路桥快速建模及信息管理

习　题

1. 道路(路线)CAD 系统应有哪些主要功能和组成模块?
2. 请描述道路三维模型的主要作用以及其与 BIM 系统的关系。

参 考 文 献

［1］ 中华人民共和国交通运输部. 公路工程技术标准：JTG B01—2014［S］. 北京：人民交通出版社股份有限公司，2014.

［2］ 中华人民共和国交通运输部. 公路路线设计规范：JTG D20—2017［S］. 北京：人民交通出版社股份有限公司，2017.

［3］ 中华人民共和国交通运输部. 公路立体交叉设计细则：JTG/T D21—2014［S］. 北京：人民交通出版社股份有限公司，2014.

［4］ 中华人民共和国住房和城乡建设部. 城市道路工程设计规范（2016年版）：CJJ 37—2012［S］. 北京：中国建筑工业出版社，2016.

［5］ 中华人民共和国住房和城乡建设部. 城市道路交叉口设计规程：CJJ 152—2010［S］. 北京：中国建筑工业出版社，2010.

［6］ 中华人民共和国住房和城乡建设部. 城市道路路线设计规范：CJJ 193—2012［S］. 北京：中国建筑工业出版社，2012.

［7］ 中华人民共和国住房和城乡建设部. 城市道路交叉口规划规范：GB 50647—2011［S］. 北京：中国计划出版社，2011.

［8］ 中华人民共和国交通运输部. 公路项目安全性评价规范：JTG B05—2015［S］. 北京：人民交通出版社股份有限公司，2015.

［9］ AASHTO. A Policy on Geometric Design of Highways and Streets［M］. Washington D. C.：American Association of State Highway and Transportation Officials，2018.

［10］ 交通部公路司. 新理念公路设计指南［M］. 北京：人民交通出版社，2005.

［11］ 钱国超. 高速公路创新设计［M］. 北京：人民交通出版社，2008.

［12］ 徐耀赐. 公路几何设计［M］. 台北：五南图书出版股份有限公司，2010.

［13］ 许金良等. 道路勘测设计［M］. 5版. 北京：人民交通出版社股份有限公司，2018.

［14］ 张金水，张廷楷. 道路勘测与设计［M］. 3版. 上海：同济大学出版社，2015.

［15］ 裴玉龙，程国柱，张倩. 道路勘测设计［M］. 2版. 北京：人民交通出版社股份有限公司，2018.

［16］ 孙家驷，李松青，王卫花. 道路勘测设计［M］. 3版. 北京：人民交通出版社，2012.

［17］ 张金水，张廷楷. 道路勘测与设计［M］. 北京：人民交通出版社，2012.

［18］ 徐耀赐. 道路交通工程设计理论基础［M］. 北京：人民交通出版社股份有限公司，2020.

［19］ 四川省交通勘察设计研究院有限公司. 公路工程技术BIM标准构建应用指南［M］. 北京：机械工业出版社，2020.

［20］ 宋传增，李鑫磊，法政. 道路线形安全分析与评价应用［M］. 北京：中国建筑工业出版社，2017.

［21］ 刘利民. 新一代路线计算机辅助设计（CAD）软件研发与设计实践［M］. 北京：人民交通出版社股份有限公司，2020.

［22］ 上海市规划和国土资源管理局，上海市交通委员会，上海市城市规划设计研究院. 上海市街道设计导则［M］. 上海：同济大学出版社，2016.

［23］ 方守恩，陈雨人. 道路规划与几何设计［M］. 北京：人民交通出版社股份有限公司，2021.